U0142945

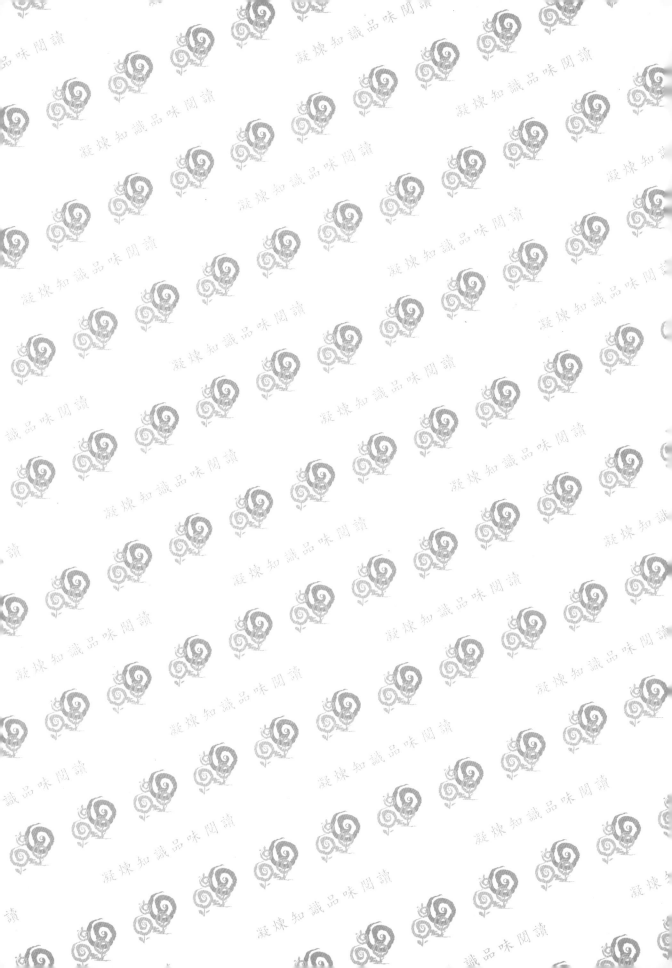

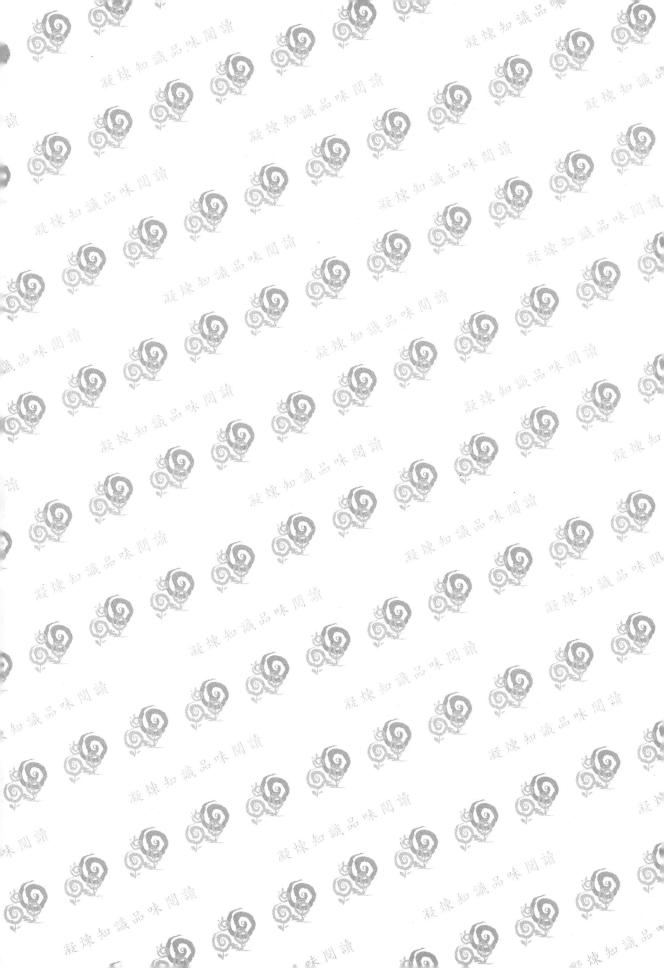

研究&方法

# 邏輯斯迴歸分析及離散選擇模型
## 應用SPSS

張紹勳、林秀娟 著

五南圖書出版公司 印行

# 自序

　　SPSS 是國際知名的統計軟體，SPSS 在財務金融、會計、公共衛生、生物醫學、工業工程、土木、醫學管理、航運管理、公共行政、人管、生產管理、行銷管理、教學 / 心理系、風險管理系、社會系、法學院、經濟系……等領域應用已深受肯定。尤其最新版 SPSS v25，跟舊版的畫面及指令都已大幅改變。

　　在「google scholar 學術搜尋」，查詢「logistic regression analysis」出現 2,020,000 篇以上論文；查詢「Probit regression analysis」出現 195,000 篇以上論文；查詢「Poisson regression analysis」出現 505,000 篇以上論文。可了解運用之廣泛及可運用的各個領域。

　　SPSS 國內使用者眾多，故撰寫理論、統計及方法論兼備的 SPSS 專業書籍，並附上範例資料檔供讀者實作：

　　一、《高等統計：應用 SPSS 分析》一書，該書內容包括：描述性統計、樣本數的評估、變異數分析、相關、迴歸建模及診斷、重複測量……等。

　　二、《多變量統計之線性代數基礎：應用 SPSS 分析》，該書內容包括：平均數之假設檢定、MANOVA、典型相關分析 (canonical correlation analysis)、判別分析 (discriminant analysis)、主成分分析、因素分析 (factor analysis)、集群分析、多向度量尺 / 多維標度法。

　　三、《邏輯斯迴歸及離散選擇模型：應用 SPSS 分析》一書，該書內容包括：邏輯斯迴歸、Probit 迴歸、多項式邏輯斯迴歸、Ordinal 迴歸、Poisson 迴歸、負二項迴歸……等。

　　四、《多層次模型 (HLM) 及重複測量：使用 SPSS 分析》一書，該書內容包括：線性多層次模型、Panel-data 迴歸……等。

　　五、《存活分析及 ROC：應用 SPSS》一書，該書內容包括：類別資料分析 ( 無母數統計 )、logistic 迴歸、存活分析、流行病學、配對與非配對病例對照研究資料、勝出比（Odds Ratio）的計算、篩檢工具與 ROC 曲線……Cox 比例危險模型、Kaplan-Meier 存活模型、參數存活分析有六種模型……等。

　　此外，研究者如何選擇正確的統計方法，包括適當的估計與檢定方法、與統計概念等，都是實證研究中很重要的內涵，這也是本書撰寫的目的之一。為了讓

研究者能正確且精準使用離散選擇模型，本書內文儘量結合「理論、方法、統計」，期望能夠對產學界有拋磚引玉的效果。

張紹勳 林秀娟 敬上

# Contents

## Chapter 02
# 邏輯斯 (Logistic) 迴歸的診斷 (diagnostics)    153

# Contents

## Chapter 03　離散選擇模型：多項機率迴歸 (NOMREG 指令 )　207

III

## Chapter 04　二元依變數：機率迴歸 (probit 指令)　271

## Chapter 05　單層 vs. 多層次：Ordered Logit 及其擴充模型 (ologit、oprobit、rologit meoprobit、asmprobit、asroprobit、heckoprobit 指令)　305

# Contents

---

**Chapter 06**

## Count 依變數之迴歸：Zero-inflated Poisson 迴歸 vs. negative binomial 迴歸　　345

# 線性迴歸vs.二元
# (Binary)依變數(邏輯斯
# 迴歸)

各統計軟體：類別型依變數之迴歸指令如下：

各統計軟體：類別依變數之迴歸指令

| | Model | STaTa 11 | SAS | R | LIMDEP | SPSS |
|---|---|---|---|---|---|---|
| **OLS** | | . regress | REG | lme ( ) | Regress$ | Regression |
| **Binary** | Binary logit | . logit,<br>. logistic | QLIM,<br>LOGISTIC,<br>GENMOD,<br>PROBIT | glm ( ) | Logit$ | Logistic<br>regression |
| | Binary<br>probit | . probit | QLIM,<br>LOGISTIC,<br>GENMOD,<br>PROBIT | glm ( ) | Probit$ | Probit |
| **Bivariate** | Bivariate<br>probit | . biprobit | QLIM | bprobit ( ) | Bivariateprobit$ | - |
| **Ordinal** | Ordinal<br>logit | . ologit | QLIM,<br>LOGISTIC,<br>GENMOD,<br>PROBIT | lme ( ) | Ordered$,<br>Logit$ | Plum |
| | Generalized<br>logit | . gologit2 | - | logit ( ) | - | - |
| | Ordinal<br>probit | . oprobit | QLIM,<br>LOGISTIC,<br>GENMOD,<br>PROBIT | polr ( ) | Ordered$ | Plum |
| | Multinomial<br>logit | . mlogit | LOGISTIC,<br>CATMOD | multinom ( ),<br>mlogit ( ) | Mlogit$, Logit$ | Nomreg |
| | Conditional | . clogit | LOGISTIC, | clogit ( ) | Clogit$, Logit$ | Coxreg |

# 1-1 迴歸的二大類：連續依變數 vs. 離散依變數

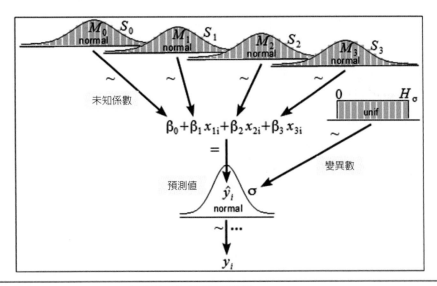

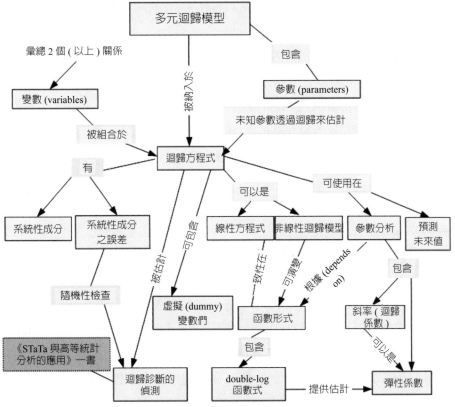

圖 1-1 多元迴歸模型之分析流程

## 一、迴歸的二大類：連續依變數 vs. 離散依變數

當你想要「預測」一件事情，最常用的統計工具就是「迴歸」(regression)，要被預測或被了解的變數叫做依變數 (dependent variable)，它可以是名目變數 (nominal)、順序變數 (ordinal)、等距變數 (interval) 以及比率變數 (ratio)。如果依變數是屬於後兩者，稱作連續變數 (continuous)，那麼可用線性迴歸 (linear regression) 去配適資料。

然而在實際的情況下，所蒐集回來的資料不見得會是連續變數，常常是名目變數與順序變數 ( 稱為間斷變數，discrete variable)，例如：醫學統計最常遇到的就是「死亡與否」、「有無生病」、「有無發生」，此時依變數只有兩種情況，那麼傳統的線性迴歸再也不適用於配適這樣的類別性資料，原因有很多，例如：殘差常態性不可能成立、依變數的預測值可能會超過 1 等等。此時若對依變數作一個轉換，稱作 Logistic 轉換，則可以解決以上諸多問題 ( 關於詳細的轉換過程，請參見教科書 )。

1. 傳統線性迴歸的迴歸係數 (regression coefficient) 的解釋為「當自變數增加一個單位，依變數則會增加多少單位」。

2. 但是在 logistic regression 的迴歸係數解釋為「當自變數增加一個單位，依變數 1 相對依變數 0 的機率會增加幾倍」，也就是說「自變數增加一個單位，依變數有發生狀況 ( 習慣稱為 event) 相對於沒有發生狀況 (non-event) 的比值」，這個比值就是勝算比 (Odds Ratio, OR)。你可以這樣說，除了迴歸係數的解釋方法不太相同之外，基本上可說傳統線性迴歸與 logistic regression 是一樣的分析。

3. 以上所提到的是當依變數是二元 (binary) 時的 logistic regression，不過有的時候依變數的類別會超過三類，例如：人格心理學就常常把人格分成「五大人格」，而且這五個人格之間是互斥性 ( 沒有順序關係 )，此時想要「預測」某個人的人格會是哪一種類型的迴歸方法，就是多項邏輯模型 (multinomial logistic regression)，它是 logistic regression 的擴充，解釋方法都一樣。唯一不同之處在於要將依變數其中一個類別設為「參照組」(baseline category / reference group)，假設依變數有三類「A,B,C」，那麼迴歸係數解讀為「當自變數增加一個單位，即類 A 相對於類 C 對依變數的發生機率會增加幾倍」，假設類 C 為選定的參照組 ( 分母，或說被比較的那一組 )，參照組可隨意設定為

「類 A, 類 B, 類 C」，因爲結果會完全一樣。

4. 當依變數是順序 (ordinal, 次序 / 有序 ) 尺度，例如：依「傷病等級」、「疼痛等級」分成四類，但是並非爲等距變數，此時要預測的統計工具可選用比例勝算模型 (odds proportional model) 或累積機率模型 (cumulative probability model)。此時迴歸係數的解讀爲「當自變數增加一個單位，等級 A 相對於「等級 B 與等級 C」對依變數的發生機率，或等級 A 與等級 B 相對於等級 C 對依變數的發生機率會增加幾倍」，所以是一種累積機率的概念，實務上也很常用。

5. 次序多分 ( 等第 )：例如：滿意度，從非常不滿意～非常滿意。此四分類的滿意度爲：

$P(Y \leq 1) = P(Y = 1)$

$P(Y \leq 2) = P(Y = 1) + P(Y = 2)$

$P(Y \leq 3) = P(Y = 1) + P(Y = 2) + P(Y = 3)$

| 非常不滿意 | 不太滿意 | 有點滿意 | 非常滿意 |
|---|---|---|---|
| $P(Y = 1)$ | $P(Y = 2)$ | $P(Y = 3)$ | $P(Y = 4)$ |

截距一　　　　截距二　　　　截距三

| $P(Y \leq 1)$ | $P(Y > 1)$ | | |
| $P(Y \leq 2)$ | | $P(Y > 2)$ | |
| $P(Y \leq 3)$ | | | $P(Y > 3)$ |

--------------------------------------------------------

$$odds = \frac{P(Y \leq j)}{P(Y > j)}$$

$$\text{logit}\,[P(Y \leq 1)] = \log\left[\frac{P(Y=1)}{P(Y>1)}\right] = \log\left[\frac{P(Y=1)}{P(Y=2)+P(Y=3)+P(Y=4)}\right]$$

$$\text{logit}\,[P(Y \leq 2)] = \log\left[\frac{P(Y \leq 2)}{P(Y>2)}\right] = \log\left[\frac{P(Y=1)+P(Y=2)}{P(Y=3)+P(Y=4)}\right]$$

$$\text{logit}\,[P(Y \leq 3)] = \log\left[\frac{P(Y \leq 3)}{P(Y>3)}\right] = \log\left[\frac{P(Y=1)+P(Y=2)+P(Y=3)}{P(Y=4)}\right]$$

$$\text{logit}\,[P(Y \leq j)] = \alpha_j - \beta X \,，\, j = 1, 2, ..., c - 1$$

當 c 有 4 組，自變數解釋爲：

$Y \leq 1$、$Y \leq 2$、$Y \leq 3$ 時，它們對 logistic 的影響。此外，會有 c-1 個截距，此模型又稱爲比例勝算 (proportional odds) 模型。如圖 1-2。

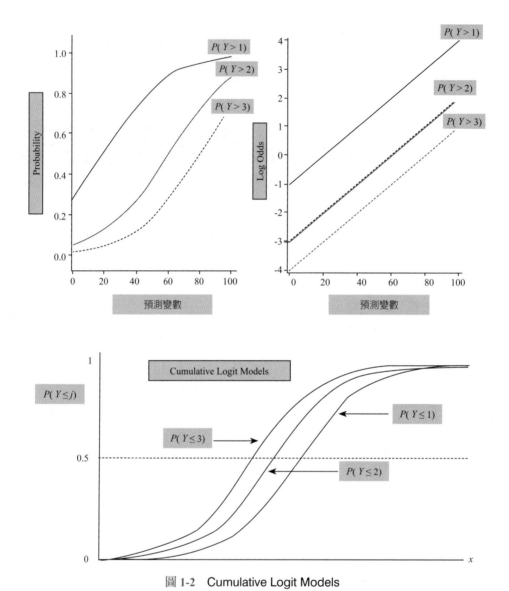

圖 1-2　Cumulative Logit Models

## 二、離散選擇模型之迴歸有哪些？

　　迴歸分析之目的是要建立一統計模型，透過此模型由所控制的自變數來預測依變數之期望值或可能值。本書介紹 SPSS 分析二分類 / 多分類之依變數，最常使用的統計分析模型之「binary logistic 迴歸、ordinal 迴歸、count 迴歸、mixture迴歸、censored 迴歸」外，STaTa 尚擴充模型的離散選擇模型，包括：「邏輯

斯迴歸搭配 ROC 曲線、多項邏輯斯迴歸、Alternative-specific multinomial probit regression、Alternative-specific multinomial 邏輯斯迴歸、邏輯斯迴歸搭配 ROC 曲線來作工具之分類準確性、Exact 邏輯斯迴歸、異質機率模型、Ordered Logistic 迴歸分析、多層次 ordered logistic 迴歸、Rank-ordered logistic 迴歸、特定方案 Rank-ordered logistic 迴歸、零膨脹 ordered probit regression 迴歸、配對資料的條件邏輯斯迴歸、特定方案 conditional Logistic model、離散選擇模型、分式多項式 (Fractional polynomial) 迴歸、多層次邏輯斯迴歸、巢狀邏輯斯迴歸、Panel-data 邏輯斯迴歸……」。詳情見作者《邏輯斯迴歸及離散選擇模型：應用 STaTa 統計》一書。

## 三、二元依變數、次序、multinomial 依變數的概念比較

傳統，最小平方法 (OLS) 估計法之線性迴歸，它不適合處理的變數，包括：

1. 是否染愛滋病毒？
2. 是否得癌症？
3. 家庭子女數？
4. 是否尋求民俗醫療？
5. 什麼人會有宗教信仰？
6. 學校學生打架事件發生次數。
7. 它們有的是二元依變數，回答 yes/no 兩種可能，有的則是從 0 到某個有限整數的次數。有的則是有次序的質性變數，統稱為受限的依變數 (limited dependent variable)。

---

在社會科學中，我們想解釋的現象也許是：

1. 二元 / 二分：勝 / 敗、( 投 / 不投 ) 票、票投 1 號 / 票投 2 號。

當我們的依變數是二分類，我們通常以 1 表示我們感興趣的結果 ( 成功 )，以 0 表示另外一個結果 ( 失敗 )。此二元分布稱為二項分布 (binomial distribution)。此種 logistic 迴歸之數學式為：

$$\log \left[\frac{P(Y=1)}{1 - P(Y=1)}\right] = \beta_0 + \beta_1 X_1$$

$$\frac{P(Y=1)}{1 - P(Y=1)} = e^{\beta_0 + \beta_1 X_1} = e^{\beta_0} (e^{\beta_1})^{X_1}$$

2. 次序多分 ( 等第 )：例如：滿意度 ( 從非常不滿意～非常滿意 )。此四分類的
滿意度爲：

$$P(Y \leq 1) = P(Y = 1)$$

$$P(Y \leq 2) = P(Y = 1) + P(Y = 2)$$

$$P(Y \leq 3) = P(Y = 1) + P(Y = 2) + P(Y = 3)$$

| 非常不滿意 | 不太滿意 | 有點滿意 | 非常滿意 |
|---|---|---|---|
| $P(Y = 1)$ | $P(Y = 2)$ | $P(Y = 3)$ | $P(Y = 4)$ |

截距一　　　　截距二　　　　截距三

| $P(Y \leq 1)$ | $P(Y > 1)$ | | |
|---|---|---|---|
| $P(Y \leq 2)$ | | $P(Y > 2)$ | |
| $P(Y \leq 3)$ | | | $P(Y > 3)$ |

---

$$odds = \frac{P(Y \leq j)}{P(Y > j)}$$

$$\text{logit} [P(Y \leq 1)] = \log [\frac{P(Y=1)}{P(Y>1)}] = \log [\frac{P(Y=1)}{P(Y=2)+P(Y=3)+P(Y=4)}]$$

$$\text{logit} [P(Y \leq 2)] = \log [\frac{P(Y \leq 2)}{P(Y>2)}] = \log [\frac{P(Y=1)+P(Y=2)}{P(Y=3)+P(Y=4)}]$$

$$\text{logit} [P(Y \leq 3)] = \log [\frac{P(Y \leq 3)}{P(Y>3)}] = \log [\frac{P(Y=1)+P(Y=2)+P(Y=3)}{P(Y=4)}]$$

$$\text{logit} [P(Y \leq j)] = \alpha_j - \beta X \text{，} j = 1, 2, ..., c - 1$$

當 c 有 4 組，自變數解釋爲：

$Y \leq 1$、$Y \leq 2$、$Y \leq 3$ 時，它們對 Logistic 的影響。此外，會有 c-1 個截距，
此模型又稱爲比例勝算 (proportional odds) 模型。

3. 多元勝算對數 (multinomial logit) 模型：三個候選人、政黨認同。

基本模型：

$$\log[\frac{P(Y = j)}{P(Y = c)}] = \alpha_j + \beta_j X_1 \text{，} j = 1, ..., c - 1$$

例如：三類別宗教傾向 (level = 3 類當比較基準點 )：無、道教、佛教。

$$\log [\frac{P(Y = 1)}{P(Y = 3)}] = \alpha_1 + \beta_1 X_1$$

$$\log [\frac{P(Y = 2)}{P(Y = 3)}] = \alpha_2 + \beta_2 X_1$$

## 四、二元邏輯斯模型的概念

邏輯斯模型 (logistic model) 是離散選擇法模型之一，屬於多項 (multinomial) 變數分析之一 ( 離散選擇模型之一 )，也是社會學、生物統計學、臨床、數量心理學、計量經濟學、市場行銷等統計實證分析的常用方法。

在統計學中，邏輯斯迴歸或次序迴歸或 multinomial 模型，都是一個迴歸模型，其中依變數 (DV) 是分類的。它們涵蓋二元 (binary) 依變數的情況，即輸出只能取兩個值 "0" 和 "1"，這些值代表：通過 / 失敗、贏 / 輸，活 / 死或健康 / 生病。依變數具有兩個以上「結果 / 類別 / 方案」時，多項 logistic 迴歸即可分析它，或者如果多個類別有排名 (ranking)，則用次序邏輯斯迴歸來分析。在經濟學術語中，邏輯斯迴歸是質性反應 / 離散選擇模型之一例子。

邏輯斯迴歸由統計學家 David Cox 於 1958 年開發。Bianry 邏輯斯模型用於一個或多個預測變數 ( 或獨立 ) 變數 ( 特徵 ) 來估計二元反應的概率 ( 勝出比 )。它允許人們說明，風險因素的存在，將給結果勝出概率提高了多少百分比。

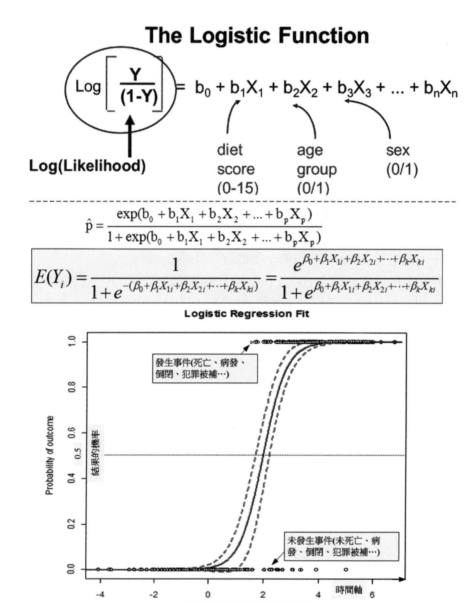

圖 1-3　Multiple logistic 函數之示意圖

## 五、離散選擇模型

離散選擇模型 (Discrete Choice Model, DCM)，其主要理論模型 DCM 模型很

多，包括：二項 Logistic(Binary Logistic)、多項 Logistic(Multi-nominal Logistic)、

巢狀 Logit(Nested Logit)、有序 Logistic / Probit(Ordered Logistic / Probit)、多層次混合 Logistic(Mixed Logistic)、配對資料的條件邏輯斯迴歸、Panel-data 邏輯斯迴歸、……等。常見的適配 DCM 軟體亦很多，包括 STaTa、SAS、NLOGIT、Python、R、Matlab……等，本書將以 STaTa 為主來介紹相應 DCM 的模型適配方法，希望透過這個分析過程，把 DCM 相關的理論知識和軟體應用方法作一個系統性的整理。

## 1-1-1 單變量：統計法分類

常見的資料分析統計方法，包括：t 檢定、變異數 F 檢定、相關 / 迴歸 r 等統計量，可歸納成表 1-1。

表 1-1 資料分析方法之參考表

| 自變數<br><br>依變數 | 單一類別變數<br>單因子 | 一個類別變數<br>兩因子關係 | 二個連續變數<br>兩因子線性<br>關係 | 多個類別變數<br>多因子關係<br>( 有依變數 ) | 多因子關係<br>( 無依變數 ) |
|---|---|---|---|---|---|
| 連續變數<br>( 平均數<br>為比較基<br>準 ) | 1. Z-test(e.g.常態分配之偏態 / 峰度檢定 )<br>2. t-test<br>3. ANOVA<br>4. 無母數統計<br>(Wilcoxon rank test 等 ) | ANOVA、ANCOVA | 相關分析、線性模型、時間序列(ARIMA) | 迴歸分析、時間序列 ( 自身相關、向量自我迴歸、VECM)、複迴歸之交互項 | 多變量分析：如因素分析、集群分析、MDS……等 |
| 類別變數<br>(% 為比較基準 ) | 1. Z-test<br>2. 卡方檢定 (e.g. 樣本代表性或隨機性檢定、樣本 non-responded bias、適合度檢定 ) | 類別資料分析：卡方檢定 ( 獨立性、% 同質性、對稱性檢定 )、Conjoint 分析等 | 廣義估計 (GEE) 分析法進行重複性資料的比較 | 對數線性 (loglinear) 模型、區別分析、Probit 模型、survival 模型、Multinomial Logistic 等。Multilevelmixed-effects 迴歸 | |

表 1-1　資料分析方法之參考表（續）

| 自變數<br>依變數 | 單一類別變數<br>單因子 | 一個類別變數<br>兩因子關係 | 二個連續變數<br>兩因子線性<br>關係 | 多個類別變數<br>多因子關係<br>（有依變數） | 多因子關係<br>（無依變數） |
|---|---|---|---|---|---|
| | 3. 勝出比 odds<br>　 ratio(logistic<br>　 迴歸）<br>4. risk ratio<br>5. Tetrachoric<br>　 相關 | | | | |

註：若分析資料，結合橫斷面及縱貫面，則採 Panel data 迴歸或 Multilevel and Longitudinal 模型、Treatment effects 模型（虛擬變數）

1. 因子：類別自變數。例如：性別、教學法、實驗處理效果 vs. 對照組。

2. 單因子：一個類別自變數；二因子：二個類別自變數。

3. 實驗處理或實驗水準：因子的類別或水準。

　　例如：實驗組 vs. 控制組；或高 vs. 中 vs. 低分組。

4. 獨立樣本：每一組受試者僅接受一種實驗處理。

5. 相依樣本：受試者需接受所有的實驗處理，例如：教學法。

表 1-2　常見之統計模型

| 依變數<br>(Dependent<br>Variable) | | 自變數 (Independent Variables) | |
|---|---|---|---|
| | | 全是類別變數 | 至少有一個整數或連續變數 |
| | 二分<br>(Binary) | 2×c×… 行列表分析；機率單元<br>(probit) 模型、勝算對數 (logit) 模型 | 機率單元模型、<br>成長曲線 (logistic) 迴歸 |
| | 無次序<br>(Nominal) | r×c×… 行列表分析；<br>多項 (multinomial) 之機率單元模<br>型、勝算對數模型 | 多項之機率單元模型、勝<br>算對數模型（成長曲線迴<br>歸） |
| | 有次序<br>(Ordinal) | r×c×… 行列表分析；<br>有序多分類之機率單元模型、依序<br>之勝算對數模型 | 有序多分類之機率單元模<br>型、依序之勝算對數模型 |
| | 整數<br>(Integer) | * 對數線型 (loglinear) 模型；<br>卜瓦松 (Poisson) 迴歸及其延伸 | 卜瓦松迴歸及其延伸 |
| | 連續<br>(Continuous) | 變異數分析 (ANOVA)；<br>線型或非線型迴歸 | 共變數分析 (ANCOVA)；<br>線型或非線型迴歸 |

* 註：嚴格說來，對數線型模型並不區分自變數與依變數，而是以行列表細格內之聯合次數分布為解釋對象，並以組成行列表的所有變數及其互動作為解釋變數。

## 推論統計主要工作

　　推論統計指用概率形式來決斷數據之間是否存在某種關係及用樣本統計值來推測總體特徵的一種重要的統計方法。推論統計包括總體參數估計和假設檢定，最常用的方法有 Z 檢定、t 檢定、卡方檢定等。推論統計主要工作如下：

1. 估計 (estimation)：利用一組由母體所取之隨機樣本資料的資訊，來推估母體之未知參數。常見有：(1)「點估計量」：由樣本資料計算的統計量，用來估計母體參數。(2)「區間估計」：某區間會涵蓋母體參數的可能性。(3)「信賴區間 (confidence interval)」：在特定機率下，估計母體參數可能落在的數值範圍。此特定的機率值可以稱爲信賴水準。

2. 假設檢定 (testing of hypothesis)：研究者對現象 ( 參數 ) 提出主觀的研究假設，再利用樣本特徵的資訊 ( 抽樣數據 ) 來對研究假設進行檢定，以作管理的正確決策。

　　整體來說，假設檢定都可分解成下列五個步驟：

(1) 設定虛無假定 $H_0$：針對母體設定之基本假設。對立假設 $H_1$：針對題意欲測試之方向設定之假設。

(2) 利用樣本數據來算出檢定統計量 (test statistics)：例如：卡方值、t 值、F 值、r 值、Z 值……。

(3) 給定顯著水準 $\alpha$ ( 通常 Type I error 設爲 0.05)，$\alpha$ 係指檢定顯著 ( 差異 / 關聯 ) 性之機率值。

(4) 找出「拒絕區」( 可查統計書之附錄表 ) 或計算 p-value( 本書 STaTa,CMA, RevMan 軟體會自動算出 p)。

　　所謂「p 值」是指在「虛無假設 $H_0$ 爲眞」的情況下，得到「$\geq$ 此一觀察結果之統計檢定的機率」。例如：假定檢定結果得 Z = 2.08，電腦報表顯示 p = 0.0367，表示得到 Z 值 $\geq$ 2.08 的機率只有 0.0367，故拒絕 $H_0$，或是說此項檢定達到 0.05 顯著水準。

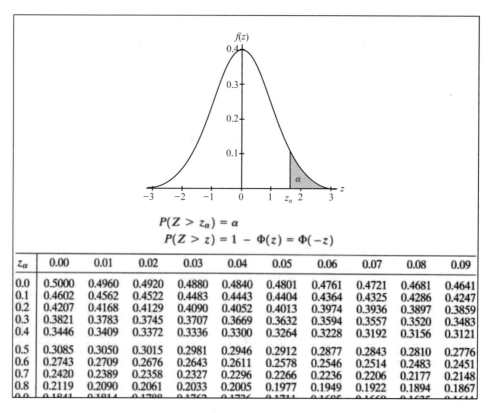

$$P(Z > z_\alpha) = \alpha$$
$$P(Z > z) = 1 - \Phi(z) = \Phi(-z)$$

| $z_\alpha$ | 0.00 | 0.01 | 0.02 | 0.03 | 0.04 | 0.05 | 0.06 | 0.07 | 0.08 | 0.09 |
|---|---|---|---|---|---|---|---|---|---|---|
| 0.0 | 0.5000 | 0.4960 | 0.4920 | 0.4880 | 0.4840 | 0.4801 | 0.4761 | 0.4721 | 0.4681 | 0.4641 |
| 0.1 | 0.4602 | 0.4562 | 0.4522 | 0.4483 | 0.4443 | 0.4404 | 0.4364 | 0.4325 | 0.4286 | 0.4247 |
| 0.2 | 0.4207 | 0.4168 | 0.4129 | 0.4090 | 0.4052 | 0.4013 | 0.3974 | 0.3936 | 0.3897 | 0.3859 |
| 0.3 | 0.3821 | 0.3783 | 0.3745 | 0.3707 | 0.3669 | 0.3632 | 0.3594 | 0.3557 | 0.3520 | 0.3483 |
| 0.4 | 0.3446 | 0.3409 | 0.3372 | 0.3336 | 0.3300 | 0.3264 | 0.3228 | 0.3192 | 0.3156 | 0.3121 |
| 0.5 | 0.3085 | 0.3050 | 0.3015 | 0.2981 | 0.2946 | 0.2912 | 0.2877 | 0.2843 | 0.2810 | 0.2776 |
| 0.6 | 0.2743 | 0.2709 | 0.2676 | 0.2643 | 0.2611 | 0.2578 | 0.2546 | 0.2514 | 0.2483 | 0.2451 |
| 0.7 | 0.2420 | 0.2389 | 0.2358 | 0.2327 | 0.2296 | 0.2266 | 0.2236 | 0.2206 | 0.2177 | 0.2148 |
| 0.8 | 0.2119 | 0.2090 | 0.2061 | 0.2033 | 0.2005 | 0.1977 | 0.1949 | 0.1922 | 0.1894 | 0.1867 |

圖 1-4　Z 分配

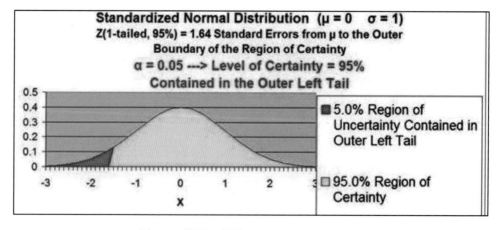

圖 1-5　單尾 Z 分配 ($\alpha = 0.05$，　Z = 1.64)

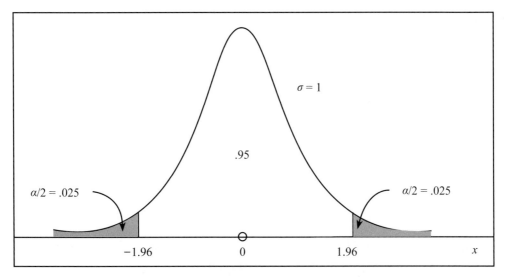

**圖 1-6　雙尾 Z 檢定 ($\alpha/2$ = 0.025，　Z = 1.96)**

註：一般電腦統計之迴歸分析報表，迴歸係數 $\beta$ 顯著性 t 檢定 (Z 檢定) 是以此「Z = 1.96」為假設檢定之臨界點。

(5) 作決策：通常，檢定統計量大於查表 (如卡方表、t 表、F 表……) 或 P-value $< \alpha$，則表示「達顯著」，反之亦然。

(6) 根據題意下結論。

補充說明：

(1) 檢定值 (test value)：只在平均值相等時之 95% 信賴區間之臨界值 (critical value)。

(2) 臨界值 (critical value)：在常態母族群時，指標準常態分布下小於等於 ($\leq$) 或大於等於 ($\geq$)$1 - \alpha$ 範圍之 Z 值。在樣本族群時，指依不同自由度下，小於等於 ($\leq$) 或大於等於 ($\geq$)$1 - \alpha$ 範圍之 t 值。

(3) 自由度 (df) 是指當以樣本統計量來估計母體參數時，樣本中能夠獨立或自由變動的個數 (Glenn & Littler, 1984)。例如：在估計變異數時，是利用離均差平方和 (sum of squares of deviations from mean) 除以其相對應的自由度後 (此即樣本的變異數)，再剔除掉樣本個數的影響 (除以總樣本數)。

(4) 統計學裡所教導的、不論是估計或是推論，都是建立於「簡單隨機抽樣法－抽出放回」設計的前提條件下，亦即是服從所謂「彼此相互獨立且具有相同的分配」(independent and identically distributed, 簡稱 i.i.d.) 的原理。

3. 樣本平均數的標準誤

樣本平均數抽樣分配的標準差，稱爲「標準誤」(standard error)。

$\sigma_{\overline{X}} = \dfrac{\sigma}{\sqrt{n}}$，其中，$\sigma_{\overline{X}}$ 爲樣本平均數的標準誤的符號。

$\sigma$ 爲母體標準差。

n 爲樣本大小。

4. 95% 信賴區間 (CI) 與標準誤 $\sigma_{\overline{X}}$

(1) 若母體標準差 $\sigma$ 已知，且樣本個數大於 30，我們使用 Z 分配。

$\overline{X} \pm Z_{\alpha/2} \times \dfrac{\sigma}{\sqrt{n}}$，Z = 1.96 時爲 95%CI。即 95% CI = $\overline{X} \pm 1.96\sigma_{\overline{X}}$。

(2) 若母體近似常態分配而母體標準差未知，且樣本個數小於 30，我們使用 t 分配。在給定信賴係數下，t 分配的值依賴自由度而定。

$\overline{X} \pm t_{(\alpha/2, n\text{-}1)} \times \dfrac{s}{\sqrt{n}}$，查表得 $t_{(n-1)}$ 值時，爲 95%CI。

(3) 母體比例 $p$ 的 95% 信賴區間的估計公式爲：

$p \pm 1.96\sqrt{\dfrac{p(1-p)}{n}}$，$p$ 成功率；$(1\text{-}p)$ 失敗率。

檢定結果，若 95%CI 未含 "0"，則表示該檢定達 0.05 顯著水準。

5. 假設檢定的意義

事先對母體參數 ( 如平均數、標準差、比例值等 ) 建立合理的假設，再由樣本資料來測驗此假設是否成立，以爲決策之依據的方法，稱爲統計假設檢定或假設檢定 (hypothesis testing)。在實際的生物試驗中，往往是針對欲了解或改進的方法進行檢測，比對原有或已知的方式 ( 對照組 )，以確知其差異性，此時即可利用統計假設檢定方式進行。假設之成立與否，全視特定樣本統計量與母體參數之間，是否有顯著差異 (significant difference) 而定，所以假設檢定又稱顯著性檢定 (test of significance)。

進行假設檢定時，同時有兩種互斥假設存在：

1. 虛無假設 (null hypothesis) $H_0$

通常爲我們所欲否定的敘述，一般即訂爲 $\theta = \theta_0$ ( 或 $\theta \leq \theta_0$、$\theta \geq \theta_0$ )，$\theta$ 爲母體參數，$\theta_0$ 爲母體參數假設值。

2. 對立假設 (alternative hypothesis) $H_1$

通常為我們所欲支持的敘述，有三種：

(1) 母體參數可能改變，訂為 $\theta \neq \theta_0$。

(2) 母體參數可能變大，訂為 $\theta > \theta_0$。

(3) 母體參數可能變小，訂為 $\theta < \theta_0$。

## 1-1-2 多變量：統計法分類

有關單變量：t 檢定、ANOVA 的範例解說，請見作者《高等統計分析：應用 SPSS 分析》一書，該書內容包括：描述性統計、樣本數的評估、變異數分析、相關、迴歸建模及診斷、重複測量……。

### 一、常用統計技術

在各種計量方法中，只針對單一變數進行分析的方法稱為「單變量分析」(univariate analysis)，比如用直方圖去分析某班學生的數學期末考成績分布；同時分析兩個變數的方法稱為「雙變量分析」(bivariate analysis)，這類的分析方法很多，比如用相關性分析 (correlation) 去探討中學生的身高與體重的關係。用簡單迴歸 (simple regression) 或 t-test 去比較小學生的體重有沒有因為性別 ( 男女兩組 ) 不同而不一樣。用 analysis of variance (ANOVA) 去分析不同屬性組織 ( 營利、非營利與公立共三組 ) 的組織績效是否有所不同，……等等。

多變量分析 (multivariate analysis) 是泛指同時分析兩個以上變數的計量分析方法。在實際的情況中，我們所關心的某種現象通常不只跟另一個變數有關係，比如會影響醫院績效的變數不只是醫院的屬性而已，可能還與醫院本身的經營策略、醫院所在的地區、健保給付方式等有密切關係，因此多變量分析應該對實際的研究工作較有幫助。不過多變量分析的數統推論與運算過程比較複雜，如果要靠人去進行相當費時費工，但是在電腦時代，這些繁複運算便不成問題，因此多變量分析漸漸被廣泛運用。

區別分析旨在運用於計算一組預測變數 ( 自變數 ) 包括知識、價值、態度、環保行為的線性組合，對依變數 ( 間斷變數 ) 接受有機農產品更高售價之意願加以分類，並檢定其再分組的正確率。

表 1-3 四種統計技術的比較

| 統計技術 | 自變數 ( 解釋變數 )$X_i$ | 依變數 ( 應變數 )Y |
|---|---|---|
| 1. 區別分析 (discriminant analysis) | 1. 自變數 ( 預測變數 (predictor variable)) 數量不限。<br>2. Interval scale or ratio scale( 連續變數 )。<br>3. Nominal scale or ordinal scale( 轉化為虛擬變數 )。 | 單一個依變數 ( 分組變數 )。<br>三項式以上 ( 三類以上 ) Nominalscale or ordinal scale。 |
| 2. 簡單迴歸分析 | 1. 單一個自變數 ( 預測變數 (predictor variable))。<br>2. Interval scale or ratio scale( 連續變數 )。<br>3. Nominal scale or ordinal scale( 轉化為虛擬變數 )。 | 單一個依變數 ( 效標變數 (criterion variable))。<br>Interval scale or ratio scale( 連續變數 )。 |
| 3. 複迴歸分析 ( 含 logistic regression) | 1. 兩個 ( 含 ) 以上自變數 ( 預測變數 (predictor variable))。<br>2. Interval scale or ratio scale( 連續變數 )。<br>3. Nominal scale or ordinal scale( 轉化為虛擬變數 )。 | 單一個依變數 ( 效標變數 (criterion variable))。<br>Interval scale or ratio scale( 連續變數 )。 |
| 4. 邏輯斯迴歸分析 | 1. 自變數 ( 預測變數 (predictor variable)) 數量不限。<br>2. Interval scale or ratio scale( 連續變數 )。<br>3. Nominal scale or ordinal scale( 轉化為虛擬變數 )。 | 單一個依變數。<br>兩項式 ( 二分 )Nominal scale。 |

邏輯斯迴歸用於預測類別變數 [ 通常是二元的 (banary)]。(1) 對於類別依變數，如果所有的預測變數都是連續變數且分布良好的，則通常使用判別 (discriminant) 函數分析。(2) 如果所有預測變數都是類別的 (categorical)，通常採用 logistic 分析。(3) 如果預測變數是連續變數和類別變數的混合或者它們不是很好地分布 ( ∵ 邏輯迴歸沒有對預測變數的分布做出假設 )，則往往選擇邏輯斯迴歸。Logistic 迴歸特別流行於醫學研究中，其中，依變數 (Y) 是患者是否患有疾病。

對於邏輯迴歸，預測的依變數是特定受試者將處於某一類別 ( 例如：小明患有某疾病的概率，給定其預測變數的分數集合 ) 的概率的函數。

區別分析： 判別樣品(受訪者)所屬類型(族群)的正確率

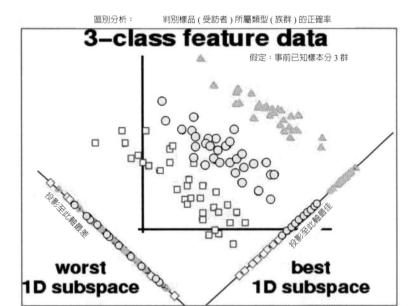

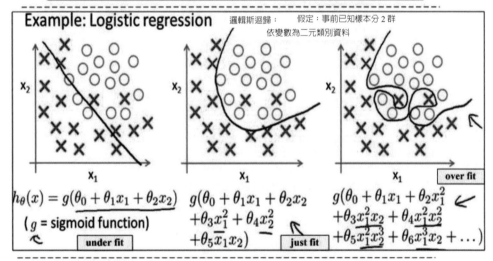

複迴歸分析： 透過誤差平方的最小化來尋找資料的最佳匹配函數

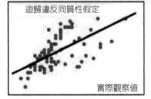

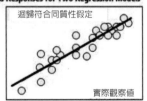

圖 1-7 區別分析與邏輯斯迴歸、 複迴歸分析之比較圖

## 二、MANOVA 與 Discriminant analysis 的差異

　　MANOVA 旨在了解各集群 ( 組 ) 樣本在哪幾個依變數的平均值達到顯著水準。區別分析透過得到自變數之線性組合方成函數，了解自變數 ( 觀測值 ) 在依變數 ( 集群、組數 ) 上分類的正確性，進而獲悉哪些自變數 ( 預測變數 ) 可以有效區分類別。

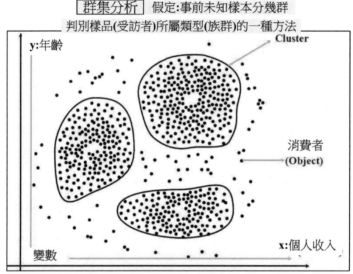

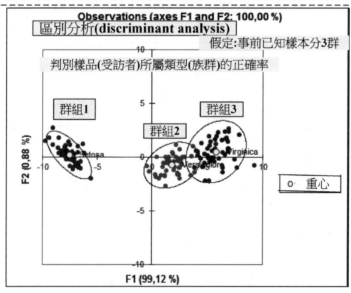

圖 1-8 　群集分析 vs. ANOVA vs. 區別分析的比較圖

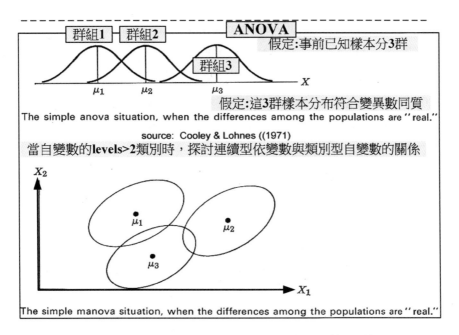

圖 1-8　群集分析 vs. ANOVA vs. 區別分析的比較圖 ( 續 )

　　最常見的多變量分析是複迴歸分析 (multiple regression)，除此之外，社會科學的研究還用到許多其他的多變量分析分法，以下簡單介紹幾種較常見的方法，以及這些方法在醫務管理的應用例子。

### 1. 多變量變異數分析 (Multivariate analysis of variance, MANOVA)

　　MANOVA 是 ANOVA 的延伸與拓展。MANOVA 與 ANOVA 最大的不同在於 ANOVA 一次只能分析一種依變數 ( 應變數 )，而 MANOVA 能夠同時比較兩個或以上的依變數。比如我們想比較前面三組骨癌病人的二年存活率與治療後的生活品質。如果用 ANOVA 的話，我們必須做兩次 ANOVA 分析，一次針對病人的三年存活率，另一次比較病人的生活品質差異。如果是用 MANOVA 的話，只要一次就可以同時分析這兩個我們所關切的預後指標。

　　事實上，在這種情況下，MANOVA 不僅在分析手續上比較省事，也比較準確，因為如果肝癌病人治療後三年存活率與生活品質這兩個指標之間有某種相關性的話 ( 比如生活品質較高對存活率有所幫助 )，則分開單獨分析 (ANOVA) 所得到的結果會有偏差。而用 MANOVA 可以考慮這兩個指標之間的關聯性，提供我們較準確的結果。

### 2. 多變量共變異數分析 (Multivariate analysis of covariance, MANCOVA)

這其實就是 MANOVA 與 ANCOVA 的結合，不僅可以同時比較多個依變數，還可以考慮或控制多個會影響依變數的變數。因此，我們可以使用 MANCOVA，在考量病人的病情並將這些變數的影響消除後，去同時比較這三組肝癌病人治療後的三年存活率與生活品質。

### 3. 因素分析 (factor analysis)

因素分析的主要目的，是要將一群互有關聯的變數，加以簡化成幾個有意義的面向或因素。在這裡，一個因素可以用來代表或取代這一群變數中某些性質相近的變數，因此我們透過因素分析，希望能用少數幾個主要因素去涵蓋一群眾多的變數。

因素分析在調查研究的資料精簡上很有幫助。在問卷或訪談調查中，研究人員經常會用好幾個問題去了解某一件事情，這也就是說研究人員用好幾個變數去衡量同一個概念。不過當變數愈多時，會加重分析工作的負荷，甚至降低分析的準確度。這時研究人員就可以考慮採用因素分析，看看這些相同概念的變數是否可以進一步加以統整或簡化。

例如：「調查研究法」，有哪些原因與可用來解釋在美國的拉丁美洲裔人士 (Latinos in the U.S.) 受到歧視情況的輕重。在一份由 Pew Research Center 在 2002 年對將近兩千多位在美國居住的拉丁美洲裔人士所進行的調查資料中，用七個問題去問受訪的拉丁美洲裔人士被歧視的情形，分別是：(1) 他們覺得在學校中歧視的情況嚴不嚴重？(2) 他們覺得在工作場合中歧視的情況嚴不嚴重？(3) 他們覺得歧視對阻礙他們在美國出人頭地的情況嚴不嚴重？(4) 他們覺得拉丁美洲裔人士之間彼此歧視的情況嚴不嚴重？(5) 他們遇到被不禮貌對待的情況有多頻繁？(6) 他們得到拙劣服務的情況有多頻繁？(7) 他們遇到被侮辱的情況有多頻繁？

每一個問題都代表一個與歧視相關的變數，因此這份資料中有七個衡量歧視的變數，如果不去簡化這些變數，那便有七個依變數，必須作七次迴歸分析，才能回答作業的問題。為了讓分析更簡潔，用因素分析去統整這七個變數，結果得到兩個因素，第一個因素是由前面四個變數所構成的，第二個因素是由後面三個變數所構成的。發現這樣的歸類很有意思，構成第一個因素的四個變數所衡量的都是拉丁美洲裔人士感覺受到歧視的程度；而構成第二個因素的變數都與他們所經歷受到歧視的行為的頻繁程度有關，因此將第一個因素命名為「受到歧視的

感受程度」(felt discrimination)，另一個因素爲「經歷歧視的程度」(experienced discrimination)。也就是說，這七個與歧視有關的變數其實可以用這兩個歧視的面向加以涵蓋。於是便將原本七個變數簡化成兩個因素或新變數，作爲進行迴歸分析的對象。

因素分析完全是根據我們所提供的變數資料，透過統計方法去進行，它無法了解每一個變數本身所代表的意義，所得到的結果 ( 因素的組成或歸類 ) 有沒有意義，必須由研究人員自己判斷。因素分析還提供一些方法讓研究人員對資料做進一步的調整或設定分析角度，以便產生最有意義的因素歸類。

因素分析在簡化問卷設計也很有用。比如我們要設計出一份新進員工的品格調查問卷，我們原來可能會用 50 個問題，以期全面去了解員工的品格。當我們想要簡化這份問卷的內容或長度，但又不想失去其周延性時，因素分析可以發揮作用。我們可以先用完整版的問卷，去蒐集足夠數量的資料 ( 比如 100 位新進員工的品格問卷 )，然後根據這 100 份問卷的資料，去進行因素分析，看能不能找出幾個有意義的重要品格面向 ( 因素 )，來涵蓋整份問卷。

### 4. 共變異數分析 (Analysis of covariance, ANCOVA)

ANCOVA 其實可以看做是 ANOVA 與迴歸分析的結合。傳統的 ANOVA 主要是用來比較兩組以上的樣本的平均值是否有差別，比如醫師要研究不同的治療組合對肝癌患者的預後是否有不同的效果，因此去比較：(1) 單純手術切除腫瘤、(2) 單純進行化療、(3) 以上兩種治療方式結合的病患的三年存活率。ANOVA 能用來比較這三組病患的三年存活率的平均值是否有明顯不同，讓研究人員了解這三種治療組合的效果。

不過，ANOVA 通常必須搭配隨機控制實驗來進行會比較好，因爲隨機分配比較能夠提供研究人員相同的比較基準 ( 比如使得這三組病人的病情分布情況大致上是相近的，不致於有某一組都是病情偏重的病人，其他組病人病情卻都較輕 )，這樣我們才能客觀地比較治療方式的效果差異。可是在這個例子中，這三組病人並不是透過隨機分配的方式去決定採用哪一種治療組合，醫師是依照每一位病人的病情 ( 肝腫瘤的大小、期數、病人的健康情況等 )，建議採取的治療方式，而這些病情變數都會對肝癌病人的存活率造成影響，因而在此情況下直接用 ANOVA 並不恰當，最理想的方式是 ANCOVA，因爲 ANCOVA 在比較這三組病人的存活率時，可以同時考慮或控制其他對病人存活率有影響的病情變數，使我

們在相同的背景或基礎上去比較這三組治療方式的效果。而控制其他變數對依變數的影響也是迴歸分析的基本功能，因此 ANCOVA 可以說是結合了 ANOVA 與迴歸分析的功能。

話說如此，事實上用複迴歸分析就可以達到 ANCOVA 的目的，只要在迴歸分析模式中加入組別的虛擬變數 (dummy variables)，我們就可以看到不同組別的平均值是否有明顯差別。以前面的例子來說，我們必須建立兩個虛擬變數，分別代表第一組與第二組的病人 ( 研究組 )，作為分析模式中的自變數，而以第三組為對照組，這樣我們就可以去比較第一組和第二組的病人分別與第三組病人的三年存活率有沒有差別。

### 5. 區別 ( 判別 ) 分析 (Discriminant analysis)

區別 ( 判別 ) 分析主要是用來找出一群個體分屬於不同群組的決定變數是哪些，並以此作為預測其他個體群組歸屬的依據。區別分析在醫療上應該有很廣的用途，特別是在高危險群的醫療處置方面可以發揮功能。比如我們可以拿一年來所有 ICU 病人的資料來做區別分析，我們將 ICU 病人分為兩組，一組病人在 ICU 中死亡，另一組病人順利轉入一般病房，而我們最關切的是哪些因素會決定 ICU 病人能夠順利轉入一般病房，或在 ICU 死亡。因此，我們可以用區別分析找出重要的影響變數，假如分析的結果告訴我們病人的年齡、診斷、手術與否、感染等變數是重要的決定因子，那我們就可以根據這些危險因子以及其影響程度，對每一位新進 ICU 的病人預測其預後 ( 是可能屬於順利轉出一般病房或死亡的對象 )，然後針對有較高死亡可能性的病人進行重點風險管理，或加強照護。

其實用邏輯斯迴歸 (logistic regression) 與多項邏輯斯迴歸 (multinomial logistic model) 也可以進行與區別分析相同的功能。前者用於處理兩個組別，後者用於兩個組別以上的情況。詳情請見作者《邏輯斯迴歸及離散選擇模型：應用 STaTa 統計》一書，該書內容包括：邏輯斯迴歸 vs. 多元邏輯斯迴歸、配對資料的條件 Logistic 迴歸分析、Multinomial logistic regression、特定方案 Rank-ordered logistic 迴歸、零膨脹 ordered probit regression 迴歸、配對資料的條件邏輯斯迴歸、特定方案 conditional logistic model、離散選擇模型、多層次邏輯斯迴歸……。

例如：區別分析在健保開始實施 DRGs 之後，醫院在病人照護與費用管理上面可能可以派得上用場。在 DRGs 給付制度之下，醫院照護某一種 case 的病

人的費用必須設法控制在健保局對該種 case 的給付定額之下，才不會虧損。因此醫院會很關心哪些情況的病人很有可能超過給付定額，哪些情況比較容易控制在給付額之內。因此我們可以用區別分析去找出這些重要的決定因素，然後根據這些因素去預測每一位病人的照護費用超過給付額的可能性。對於很有可能落入高額費用的高風險病人，醫院及醫師可以預作管理或因應，以避免超額情況的發生。

### 6. 集群分析 (Cluster analysis)

集群分析與區別分析有點類似，它們都希望根據個體的變數或特性，為一群個體進行分類，不過在集群分析中，我們事先並不知道這些個體的組別，完全是根據它們的變數資料去將相似特性的個體進行歸類。而在區別分析中，我們已經知道某些個體的所屬組別，用這些個體去進行區別分析，得知影響因子後，再來對其他個體做分類。

集群分析在分類方面很有用，能夠幫助研究人員從一大群個體資料中理出一些頭緒來，讓我們從中劃分出幾個有意義的群組。我們系上的 Dr. Gloria Bazzoli 與其他四位研究人員曾用 cluster analysis，根據幾個組織特性變數 ( 其所屬醫院所提供的服務類別、有否經營健保方案以及與其醫師之間維持何種關係 )，將美國眾多的醫院體系區分為五種主要類別。

理論上，我們應該可以透過集群分析來規劃 DRGs，根據每位病人住院的總成本 ( 醫療費用 )、主診斷、次診斷、年齡等資料，將所有住院案例分成許多組別，每一組裡面的案例在醫療費用、診斷與病人年齡有其相似性。

集群分析應該也可以運用到醫院藥品或醫材管理上面，比如我們可以根據每種藥品或醫材的成本、使用數量、使用科別、訂貨所需時間等變數，將院內所使用的所有藥品或醫材分為幾個重點類別，根據每類藥品或醫材的特性規劃管理方針。

不過，集群分析跟因素分析一樣，是根據我們所提供的資料做數統運算所得到的結果，結果是否有任何實質或理論上的意義，必須由我們去判斷，以及最後要採用幾個群組，可由區別分析來判定分群正確率。

## 三、統計技術的世代演進

第一代：函數關係模式

| | 統計技術 | 英文名稱 | 依變數 y | 依變數個數 | 自變數 x | 自變數個數 |
|---|---|---|---|---|---|---|
| 分析性反應變量 | 簡單迴歸 | Simple Regresssion | 分析性 | 1 | 分析性 | 1 |
| | 複迴歸 | Multiple Regression | 分析性 | 1 | 分析性 | K>1 |
| | 多變量迴歸分析 | | 分析性 | P | 分析性 | K>=1 |
| | 單因子變異數分析 | 1-Way ANOVA | 分析性 | 1 | 分類性 | I 組 |
| | 雙因子變異數分析 | 2-Way ANOVA | 分析性 | 1 | 分類性 | I,J 組 |
| | 單因子共變數分析 | 1-Way ANCOVA | 分析性 | 1 | 混合性 | 1 或 K |
| | 單因子多變量變異數分析 | 1-Way MANOVA | 分析性 | P | 分類性 | 1 |
| | 一般線性模式（多變量共變數分析） | General Linear Model (MANCOVA) | 分析性 | P | 混合性 | K |
| 分類性反應變數 | 區別分析 | Discriminate Analysis | 分類性 | I 組 | 分析性 | K |
| | 類別資料分析 | Categorical Data Analysis | 分類性 | >=1 | 分類性 | >=1 |
| | 對數線性模式 | Log Linear Model | 分類性 | >=1 | 混合性 | >1 |

第二代：相依關係模式

| | 統計技術 | 英文名稱 | 說明 |
|---|---|---|---|
| 變數相依 | 主成分分析 | Principle Component Analysis | 僅建構一個總指標 |
| | 正典相關分析 | Canonical Correlation Analysis | M<=K,P |
| | 因素分析 | Factor Analysis | 可萃取出 J 個潛伏因素 |
| 個案相依 | 集群分析 | Cluster Analysis | |
| | 多元尺度分析 | Multi Dimensional Scaling Analysis | 群內同質，群間異質。運用 N 個主體，根據 P 個準則，對 M 個客體進行評估之統計模式。 |

第三代：系統關係模型

| 系統關係模型 | 路徑分析 | Path Analysis | 探討分析性變數間之單向關係。變數間之影響具有線性即可加性。 |
|---|---|---|---|
| | 線性結構關係模式 | Linear Structure Relation Model | 潛伏變數存在雙向影響。潛伏變數與顯現變數之間則存在變數縮減關係。 |

## 1-2 簡單邏輯斯迴歸的概念

　　統計中的迴歸分析 (Regression Analysis) 最主要的應用是用來做預測，我們透過資料庫中的某些已知的訊息，便可對未知的變數做預測。我們在考慮解釋變數的選取時，必須要注意我們所選出來的解釋變數和反應變數是否存在著因果關係，除此之外，如果解釋變數間的關係非常密切，則彼此之間或許存在有共線性的關係，顯然不適合放在同一個模型中。然而，在模型配適的過程當中，如果判定係數 (R-square) 的值愈大，並不一定表示迴歸模型配適得愈好，因為只要解釋變數的個數增加，相對於判定係數而言也會愈大，而且對於解釋反應變數的解釋力也會變得複雜。

### 一、一般迴歸分析

　　在實際工作中往往會發現某一事物或某一現象的變化，而許多事物與現象也都是相互連結的。例如：某疾病的發病率與氣溫、溫度的關係；血壓下降程度與降壓藥的劑量和患者年齡的關係等。在這類問題中，反應變數 ($Y$) 同時會受到兩個或兩個以上自變數 ($X_1$、$X_2$、...) 的影響。研究這類多變數之間的關係，常用多元線性迴歸模型分析方法，在固定 $X_i$ 之下，隨機抽取 $X_i$，$i = 1, 2, ..., n$，則機率模型變為：

$$Y_i = \beta_0 + \beta_1 X_{i,1} + ... + \beta_k X_{i,k} + \varepsilon_i$$

通常假定 (assumption) $\varepsilon_i$ 符合常態分配 $N(0, \sigma^2)$ 且彼此獨立 (iid)。

其中，誤差 $\varepsilon$ 可解釋成「除了 $X$ 以外，其他會影響到 $Y$ 的因素」( 無法觀察到之

因素)，亦可解釋為「用 $X$ 來解釋 $Y$ 所產生的誤差」。既然是無法觀察到的誤差，故誤差 $\varepsilon$ 常稱為隨機誤差項 (error term)。

## 二、卜瓦松迴歸 (Poisson Regression)

這種迴歸模型可稱為對數線性模型 (loglinear model)，這種廣義的線性模型使用對數連結函數 (log link function)。主要使用於反應變數為間斷型資料。卜瓦松迴歸主要的應用是根據在某一段時間內已發生的次數，而以此資訊來推估未來的時間發生的行為。以銀行的信用卡客戶為例，我們可以根據某位顧客在過去一段時間內所刷卡的比例和消費金額，用來推算該顧客未來的消費行為和信用卡的使用機率，如此便可預估該顧客對其刷卡銀行的價值。

## 三、邏輯斯迴歸 (Logistic Regression)

這種迴歸模型可稱為邏輯斯模型 (logistic model)，這種廣義的線性模型使用邏輯斯連結函數 (logistic link function)。主要使用於反應變數為二元性資料，例如：「成功」或「失敗」。邏輯斯迴歸與傳統的迴歸分析性質相似，不過它是用來處理類別性資料的問題，由於類別性資料是屬於離散型的資料，所以我們必須將此離散型資料轉為介於 0 與 1 之間的連續型資料型態，才可以對轉換過後的連續型資料作迴歸。而主要目的，是為了要找出類別型態的反應變數和一連串的解釋變數之間的關係，因此和迴歸分析中最大的差別在於反應變數型態的不同，所以邏輯斯迴歸在運用上也需符合傳統迴歸分析的一般假設，也就是避免解釋變數之間共線性的問題，以及符合常態分配和避免殘差存在自我相關等的統計基本假設。邏輯斯迴歸在反應變數為離散型，且分類只有兩類或少數幾類時，便成了一個最標準的分析方法。然而，對於離散型變數有很多分析方法，而 Cox 根據兩個主要的理由選擇了邏輯斯分布：第一個理由是基於數學觀點而言，它是一個極賦彈性且容易使用的函數；第二個理由則是因為它適用於解釋生物學上的意義。

邏輯斯迴歸模型在統計的運用上已極為普遍，不但對於二元化的離散型資料使用率高，尤其在醫學方面的使用更為廣泛。在邏輯斯分布之下，不但可運用在單變量迴歸模型，也可推廣至多變量迴歸模型。

---

**定義：單變量的邏輯斯模型**

假設某一個肺癌患者在經過某種特殊治療 (X) 後，若存活者記為 1，死亡者記為 0，反應變數令為 $\pi(x)$ 代表存活者的機率，而 $\pi(x) = P(Y = 1 \mid x)$，則此機率 $\pi(x)$ 為一伯努利分配 (Bernoulli distribution) 的參數，因此

$$E[Y \mid x] = \pi(x) = \frac{\exp(\beta_0 + \beta_1 x)}{1 + \exp(\beta_0 + \beta_1 x)}$$

為一單變量的邏輯斯模型。

---

**定義：多變量的邏輯斯模型**

假設有 $i$ 個獨立的伯努利隨機變數，$Y = (Y_1, Y_2, ..., Y_i)$，而 $Y_i$ 皆為二元反應變數。$i = 1, 2, ..., I$。令 $X = (X_{i0}, X_{i1}, ..., X_{ik})$ 為第 $i$ 個自變數的向量，含有 $k$ 個自變數，其中

$$E[Y \mid x] = \pi(x) = \frac{\exp(\sum_{j=0}^{k} \beta_j x_{ij})}{1 + \exp(\sum_{j=0}^{k} \beta_j x_{ij})} \quad , \ i = 1, 2, ..., I$$

為多變量的邏輯斯模型。

---

當您希望能夠根據預測值變數集的數值來預測特性或結果的出現或缺席時，邏輯斯迴歸分析 (logistic regression) 就很有用。它和線性迴歸模型很相似，但是適合二元依變數的模型。邏輯斯迴歸係數可以用來估計模式中每一個自變數的勝算比。邏輯斯迴歸分析適用在較廣範圍的研究情況，而不是區別分析。

**範例：**對冠狀動脈心臟疾病 (CHD) 而言，什麼樣的生活型態特性是風險因素？假定以病人樣本來測量抽菸狀況、飲食、運動、酒精使用情形以及 CHD 狀況，您可以利用這四種生活型態變數來建置模型，並預測在病人樣本中 CHD 的陽性或陰性。之後可以用這個模式得到每個因素的勝算比 (odds ratio, OR) 的預估，舉例來說，告訴您吸菸者比不吸菸者更容易得到 CHD 的可能性。

統計量：對於每一個分析：總觀察值、選取的觀察值、有效觀察值。對每一個
類別變數：參數編碼。對於每一個步驟：輸入或移除的變數、疊代歷
程、2-log 概似、適合度、Hosmer-Lemeshow 適配度統計量、模式卡方
分布、改良卡方分布、分類表、相關變數、觀察組和預測機率圖、殘
差卡方。對於方程式中的每一個變數：係數 (B)、B 的標準誤、Wald 統
計、預估勝算比 (exp(B))、exp(B) 的信賴區間、若從模式移除項的對數
概似。對每一個不在方程式中的每個變數：統計量評分。對於每一個觀
察值：觀察組、預測機率、預測組、殘差、標準化殘差。

---

**定義：F 檢定**

(1) 若虛無假設 $H_0 : \beta_2 = 0, \beta_3 = 1$ 成立，則真正的模型應該是

$$Y_t = \beta_1 + X_{3t} + \beta_4 X_{4t} + ... + \beta_k X_{kt} + \varepsilon_t$$

我們將其稱為**受限制的模型** (restricted model)。我們若要估計該模型，應該
整理如下 ( 以 $Y_t - X_{3t}$ 作為被解釋變數 )

$$Y_t - X_{3t} = \beta_1 + \beta_4 X_{4t} + ... + \beta_k X_{kt} + \varepsilon_t$$

以 OLS 估計該受限制的模型後，可以計算出其殘差平方和 $ESS_R$。

(2) 相對於受限制的模型，若不假設虛無假設成立時的模型稱為**未受限制的模
型**（unrestricted model），亦即原始模型

$$Y_t = \beta_1 + \beta_2 X_{2t} + \beta_3 X_{3t} + ... + \beta_k X_{kt} + \varepsilon_t$$

以 OLS 估計未受限制的模型後，可以計算出其殘差平方和 $ESS_U$。

(3) 檢定統計量：$F$ 統計量

$$F = \frac{(ESS_R - ESS_U)/r}{ESS_U/(T-k)} \sim F(r, T-k)$$

式中 $r$ 代表限制式的個數，該例中 $r = 2$。

(4) 檢定的直覺：記得我們提到，解釋變數個數愈多，殘差平方和愈小 ($R^2$ 愈大)；因此受限制模型的殘差平方和 $ESS_R$，應該比受限制模型的殘差平方和 $ESS_U$ 大。若虛無假設是對的，則根據虛無假設所設定的受限制模型，其殘差平方和 $ESS_R$ 應該與 $ESS_U$ 差距不大 (因此 $F$ 統計量很小)；但是如果虛無假設是錯誤的，$ESS_R$ 應該與 $ESS_U$ 差距很大 ($F$ 統計量很大)。所以，如果所計算出的 $F$ 統計量很大，就拒絕虛無假設；但若 $F$ 統計量很小，就接受虛無假設。

---

**定義：Wald 檢定**

Wald 係數檢定：有時候受限制的模型並不是很容易寫出來，因此估計受限制的模型較不直接；這時可用 Wald 係數檢定。

(1) 改寫限制式：通常我們可將限制式 (虛無假設) 寫為

$$H_0 : R\beta = q$$

式中 $R$ 為 $r \times k$ 矩陣，$q$ 為 $r \times 1$ 向量，$r$ 就是我們所說的限制式個數。

例如：前例的虛無假設 $H_0 : \beta_2 = 0, \beta_3 = 1$ 中，若我們令

$$R = \begin{pmatrix} 0 & 1 & 0 & 0 & \cdots & 0 \\ 0 & 0 & 1 & 0 & \cdots & 0 \end{pmatrix} , \quad q = \begin{pmatrix} 0 \\ 1 \end{pmatrix}$$

則可將虛無假設改寫為 $H_0 : R\beta = q$。

(2) 檢定的直覺：若虛無假設 $H_0 : R\beta = q$ 是正確的，則 $R\hat{\beta} - q$ 應該非常接近 0；若 $R\hat{\beta} - q$ 跟 0 差距很遠，代表虛無假設 $H_0 : R\beta = q$ 是錯誤的。

(3) 檢定統計量：由 $\hat{\beta} \sim N(\beta, \sigma^2 (X'X)^{-1})$，因此

$$R\hat{\beta} \sim N(R\beta, \sigma^2 R (X'X)^{-1} R')$$

若虛無假設 $H_0 : R\beta = q$ 是正確的，則

$$R\hat{\beta} \sim N(q, \sigma^2 R (X'X)^{-1} R')$$

亦即 $R\hat{\beta} - q \sim N(0, \sigma^2 R (X'X)^{-1} R')$

因此 ( 這就是 $r$ 個標準化後的常態變數之平方和 )

$$(R\hat{\beta} - q)'(\sigma^2 R (X'X)^{-1} R')^{-1} (R\hat{\beta} - q) \sim \chi^2 (r)$$

而我們之前已知 ( 未受限制模型的誤差項變異數估計 )

$$\frac{(T-k)\hat{\sigma}^2}{\sigma^2} \sim \chi^2 (T-k)$$

因此

$$\frac{[(R\hat{\beta} - q)'(\sigma^2 R(X'X)^{-1} R')^{-1} (R\hat{\beta} - q)]/r}{\frac{(T-k)\hat{\sigma}^2}{\sigma^2}/(T-k)} \sim F(r, T-k)$$

而等式左邊即爲

$$F = \frac{(R\hat{\beta} - q)'(\hat{\sigma}^2 R(X'X)^{-1} R')^{-1} (R\hat{\beta} - q)}{r} \sim F(r, T-k)$$

這就是 **Wald 檢定統計量**。

(4) 決策準則：設定顯著水準 $\alpha$，並決定臨界值 $F_{1-\alpha}(r, T-k)$。

若 $F > F_{1-\alpha}(r, T-k)$ 就拒絕虛無假設；若 $F < F_{1-\alpha}(r, T-k)$ 就接受虛無假設。

## 1-2-1　簡單邏輯斯迴歸 (Logistic Regression Model) 的原理

迴歸分析可以幫助我們建立依變數 (dependent variable) 或稱反應變數 (response variable) 與自變數 (independent variable) 或稱共變數 (covariable) 間關係的統計模型，俾能藉由所選取的適當自變數以預測依變數，在所有統計分析工具中算是最常被使用。例如：想預測身高這個依變數，可以選取與依變數相關性高的自變數，諸如體重、父母親身高與國民所得等，進行身高對這些自變數的迴歸分析。

邏輯斯迴歸分析適用於依變數爲二元類別資料的情形，若自變數只有一個，則稱爲單變數邏輯斯迴歸分析 (univariate logistic regression)，若自變數超過一個以上，則稱爲多邏輯斯迴歸分析 (multivariate logistic regression)，又可稱爲

多元或複邏輯斯迴歸分析 ( 如下圖 )。

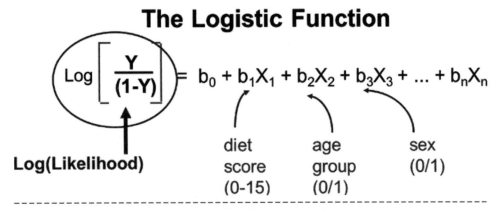

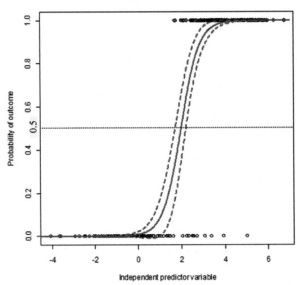

圖 1-9　multiple logistic 函數之示意圖

　　當依變數為二元的類別變數時，若想作迴歸分析，此時不能再使用一般的線性迴歸，而應該要改用二元邏輯斯迴歸分析。

　　二元邏輯斯迴歸式如下：

$$\text{logit}\,[\pi(x)] = \log\left(\frac{\pi(x)}{1 - \pi(x)}\right) = \log\left(\frac{P(x=1)}{1 - P(x=1)}\right) = \log\left(\frac{P(x=1)}{P(x=0)}\right) = \alpha + \beta x$$

公式經轉換為

$$\frac{P(x=1)}{P(x=0)} = e^{\alpha + \beta x}$$

1. 邏輯斯方程式很像原本的一般迴歸線性模式，不同點於現在的依變數變為事件發生機率的勝算比。

2. 因此現在的 $\beta$ 需解釋為，當 $x$ 每增加一單位時，事件發生的機率是不發生的 $\exp(\beta)$ 倍。

3. 為了方便結果的解釋與理解，一般來說我們會將依變數為 0 設為參照組 (event free)。

## 一、Logistic 迴歸的假定

　　邏輯斯迴歸的基本假定 (assumption) 與其他多變數分析之假設不同，因為它不需要假定分布類型，在邏輯分布中，自變數對於依變數之影響方式是以指數的方式來變動，此意味著邏輯斯迴歸無需具有符合常態分布的假設，但是如果預測變數為常態分布的話，結果會比較可靠。在邏輯斯迴歸分析中，自變數可以是類別變數 (category variable)，也可以是連續變數。

## 二、多元 Logistic 迴歸模型

**定義：簡單邏輯斯迴歸**

假設 $\pi(x) = E(y \mid x)$，則模型表示如下

$$\text{成功率}\ \pi(x) = \frac{e^{(\beta_0 + \beta_1 x)}}{1 + e^{(\beta_0 + \beta_1 x)}}$$

若將 $\pi(x)$ 作邏輯轉換，可得下列表示式

$$g(x) = \text{logit}\,[\pi(x)] = \ln\left(\frac{\pi(x)}{1 - \pi(x)}\right) = \beta_0 + \beta_1 x + e$$

經由此轉換，$g(x)$ 便符合線性迴歸模型的性質，此時 $g(x)$ 就為連續變數。

如果依變數爲二分變項時，邏輯斯迴歸有以下特性：

1. 條件期望值的迴歸式必須介於 0～1 之間，即

$$0 \leq E(y \mid x) = \pi(x) = \frac{\exp(\beta_0 + \beta_1 x)}{1 + \exp(\beta_0 + \beta_1 x)} \leq 1$$

2. 其誤差 $\varepsilon$ 分布是服從二項分布而不是服從常態分布。
3. 用來處理線性迴歸的分析原則也可以用在邏輯斯迴歸上。

### (一) Logistic 迴歸之特性：受限依變數的問題

　　線性迴歸 ( 以下稱最小平方法之 OLS) 是所有迴歸分析的入門與基礎。可是 OLS 有許多前提與假定，只有當這些前提與假定都存在時，OLS 所估算的線性函數參數值才會準確。其中有一個條件是依變數必須是呈常態分布的連續變數 ( 如某個小學二年級學生第一次月考的數學成績、某一個國家的國民體重、臺灣國內所有護理之家的住民跌倒率等等 )，可是有很多時候，我們研究或分析的依變數並非這種型態的變數，這時 OLS 便派不上用場。這些不符合 OLS 依變數條件要求的情況很多，計量經濟學通稱這些爲「受限的依變數」(limited dependent variables, LDV)，針對不同的 LDV，統計學家與計量經濟學家大多已經發展出不同的模型去處理。

　　在研究上經常遇到的一種 LDV 情況，就是依變數是二元變數 (binary variable)，這類的變數的數值只有兩種可能，常見的例子比如：

1. 公司財務健全 vs. 破產之預測。
2. 市民罹患冠心病 (coronary heart disease, CHD) 的狀態 ( 有罹患或者沒有罹患 )。
3. 應屆畢業大學生應徵職務的結果 ( 被錄取或者沒被錄取 )。

　　二元 logistic 迴歸模型適合使用 Logistic 迴歸程序或多元 logistic 迴歸程序。每種程序都有其他程序未提供的選項。理論上很重要的差異是 logistic 迴歸程序會產生所有的預測、殘差 (residual)、影響統計量 (influence)、以及在個別觀察值等級使用資料的適配度測試，而不管資料是如何輸入的，以及共變數形式的數量是否小於觀察值的總數量。但是多元 logistic 迴歸程序會內部整合觀察值以形成預測變數相同的共變異數形式的子母體，以產生預測、殘差，以及根據這些子母體的適配度測試。如果所有的預測變數都是類別變數，或是任何連續預測變數只

具有有限的變數值。

(1) 以使每個共變數樣式中都有數個觀察值。

(2) 子母體方式可以產生有效的適配度檢定和情報殘差，但是個別觀察值等級方法則不能。

### (二) 二元依變數的模型：Logistic 模型與 Probit 模型

　　解決受限依變數的問題的方法有好幾個，最常用的有兩種，第一種是「邏輯斯迴歸分析」(logistic regression，或稱為 logit model)，另一種是 probit model。這兩種方式都是透過非線性的函數去估算我們所感興趣的參數值，前者是使用 logistic 函數，後者是使用常態分布的累積函數。這兩種非線性函數的共同點是它們的數值永遠介於 0 與 1 之間，因此我們所得到的迴歸預測值不會像線性迴歸所得到預測值有超過 1 或低於 0 的情況。其實這兩種函數值的分布情況很相似，不注意的話，還看不出來它們的區別。下圖是 logistic 函數值的分布圖。

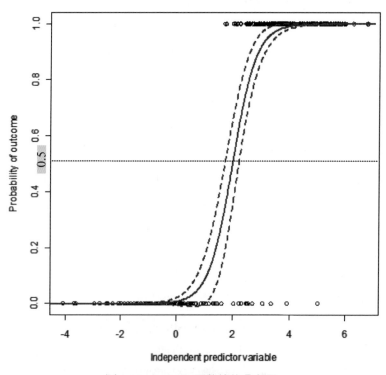

圖 1-10　logistic 函數值的分布圖

　　如果依變數的編碼是二進制，例如：違約 $(Y = 1)$，不違約：$(Y = 0)$，我們想知道的是預測違約的可能性，這就是典型邏輯斯迴歸，它於是創造一個潛在變數 (latent variable)$Y^*$，令解釋變數只有一個 $X$，則二元資料的分析模型如下：

$$y_j^* = \beta_0 + \sum_{i=1}^{N} \beta_i x_{i,j} + \varepsilon_j$$

$$\begin{cases} y_j = 1 & \text{if } y_j^* \geq \theta \\ y_j = 0 & \text{if } y_j^* < \theta \end{cases}$$

其中，$\theta$ 為決斷值。

### (三) Logistic function 轉換

　　原始分數代入：

$$P = \frac{1}{1 + e^{-y^*}}$$

　　所得機率如下：

| 原始分數 $y^*$(score) | Prob (Default) |
| --- | --- |
| −8 | 0.03% |
| −7 | 0.09% |
| −6 | 0.25% |
| −5 | 0.67% |
| −4 | 1.80% |
| −3 | 4.74% |
| −2 | 11.92% |
| −1 | 26.89% |
| 0 | 50.00% |
| 1 | 73.11% |
| 2 | 88.08% |
| 3 | 95.26% |

　　Logistic 迴歸就是利用 logistic 函數來建立模型，如：

$$E(Y_i) = \frac{1}{1 + e^{-(\beta_0 + \beta_1 X_{1i} + \beta_2 X_{2i} + \cdots + \beta_k X_{ki})}} = \frac{e^{\beta_0 + \beta_1 X_{1i} + \beta_2 X_{2i} + \cdots + \beta_k X_{ki}}}{1 + e^{\beta_0 + \beta_1 X_{1i} + \beta_2 X_{2i} + \cdots + \beta_k X_{ki}}}$$

其對應的函數圖形如下圖，形狀類似 S 形，$E(Y_i)$ 其值介於 0 與 1 間，為推估 $Y_i$ 的機率值。由上式可以解決一般線性模型其 $Y$ 值代表機率時，$Y$ 值超過 0 或 1 的窘境，使 logistic 模型非常適合解決應變數為分類變數情形。

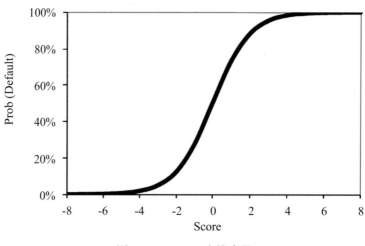

圖 1-11　Prob( ) 之機率圖

**(四) 簡單邏輯斯迴歸 (Logistic Regression Model) 的解說**

1. 令 $X$ 為連續解釋變數；$Y$ 為二元反應變數，即 $Y{\sim}B(1, \pi(x))$，其中 $\pi(x) = P(Y = 1 \mid X = x)$，為當 $X = x$ 時，$Y = 1$ 的機率。邏輯斯迴歸是假設 $\pi$ 與 $x$ 的關係為：

$$\log\left(\frac{\pi(x)}{1 - \pi(x)}\right) = \alpha + \beta x$$

$\pi$ 先取勝算 (odds) 再取 log 的這種轉換，就成為 logit 轉換。這也是邏輯斯迴歸名稱的由來。

$$\text{logit}\,[\pi(x)] = \log\left(\frac{\pi(x)}{1 - \pi(x)}\right) = \alpha + \beta x$$

(1) $\pi$ 與 $x$ 的關係亦可寫成：

$$\pi(x) = \frac{\exp(\alpha + \beta x)}{1 + \exp(\alpha + \beta x)}$$

(2) 邏輯斯迴歸是假設 $\pi$ 與 $x$ 的關係為一 S 形,如上圖。有時 $\pi$ 隨 $x$ 變大而 S 形變大,有時 $\pi$ 隨 $x$ 變大而 S 形變小。關鍵在係數 $\beta$。

2. 係數 $\beta$ 的解釋一:$\beta$ 與 S 形的上升或下降速度的關係

(1) $\frac{d\pi(x)}{dx} = \beta\pi(x)[1 - \pi(x)]$:在 $X = x$ 時,切線的斜率。即 $X$ 變化一單位,$\pi$ 變化 $\beta\pi(x)[1 - \pi(x)]$。

若 $\beta > 0$,$\pi$ 隨 $x$ 變大而 S 形變大。

若 $\beta < 0$,$\pi$ 隨 $x$ 變大而 S 形變小。

若 $\beta = 0$,$\pi$ 與 $x$ 無關。

S 形的上升或下降速度在 $\pi(x) = 0.5$ 時最快,為 $0.25\beta$。此時 $x = -\frac{\alpha}{\beta}$,稱為中位有效水準 (median effective level),並記為 $EL_{50} = -\frac{\alpha}{\beta}$,代表此時 $Y=1$ 的機率有 50%。

(2) 參數 $\beta$ 的解釋二:係數 $\beta$ 與勝算 (odds) 的關係

$\frac{\pi(x)}{1 - \pi(x)} = \exp(\alpha + \beta x) = e^{\alpha}(e^{\beta})^x$:$X$ 變化一單位,勝算變化的倍數為 $e^{\beta}$。(在 $X = x + 1$ 時,勝算為 $X = x$ 時的 $e^{\beta}$)

若 $\beta > 0$,勝算隨 $x$ 變大而變大。

若 $\beta < 0$,勝算隨 $x$ 變大而變小。

若 $\beta = 0$,勝算與 $x$ 無關。

(3) 參數 $\beta$ 的解釋三:係數 $\beta$ 與對數勝算 (log odds) 的關係

$\log\left(\frac{\pi(x)}{1 - \pi(x)}\right) = \alpha + \beta x$:$X$ 變化一單位,對數勝算變化 $\beta$ 單位。

## (五) 邏輯斯迴歸模型的統計分析

統計推論:最大概似估計量 $\hat{\beta} \sim N(\beta, *)$

1. 效應的區間估計:$\beta$ 的信賴區間為 $\hat{\beta} \pm z_{\alpha/2} ASE$

2. 顯著性檢定:$H_0 : \beta = 0$

(1) Z 檢定:$z = \frac{\hat{\beta}}{ASE} \overset{H_0}{\sim} N(0, 1)$

(2) Wald 檢定：$W = \left(\dfrac{\hat{\beta}}{ASE}\right)^2 \overset{H_0}{\sim} \chi_1$

(3) LRT：

$$\Lambda = \frac{\text{在 } H_0 \text{對時，概似函數的最大值}}{\text{無限制時，概似函數的最大值}} = \frac{l_0}{l_1}$$

$$-2 \log \Lambda = -2(\log l_0 - \log l_1) = -2\,(L_0 - L_1) \overset{H_0}{\sim} \chi_1$$

3. 當 $X = x$ 時，機率的估計：

(1) 點估計：

$$\hat{\pi}(x) = \frac{\exp(\hat{\alpha} + \hat{\beta}x)}{1 + \exp(\hat{\alpha} + \hat{\beta}x)}$$

(2) 區間估計：

① 先計算：$\alpha + \beta x$ 的信賴區間。

(a) $Var\,(\hat{\alpha} + \hat{\beta}x) = Var\,(\hat{\alpha}) + x^2 Var\,(\hat{\beta}) + 2x\,\mathrm{Cov}\,(\hat{\alpha}, \hat{\beta})$

(b) $(\hat{\alpha}, \hat{\beta}x) \pm z_{\alpha/2}\,ASE$

② 再轉換成 $\pi(x)$ 的信賴區間。

## ( 六 ) 簡單邏輯斯迴歸 (Logistic Regression Model) 的特性

如果用 $\pi(x)$ 代表 logistic 函數，其轉換公式為：

$$\pi(x) = \frac{1}{1 + e^{-x}}$$

1. 當 $x = 0$ 時，$e^{-x} = e^0 = 1$，因此 $\pi(0) = 1/(1 + 1) = 0.5$

2. 當 $x = \infty$ ( 無限大 ) 時，$e^{-x} = e^{-\infty} = 0$，因此 $\pi(\infty) = 1/(1 + 0) = 1$

3. 當 $x = -\infty$ ( 負無限大 ) 時，$e^{-x} = e^{\infty} = \infty$，因此 $\pi(-\infty) = 1/(1 + \infty) = 0$

相反地，$1 - \pi(x) = 1 - \dfrac{1}{1 + e^{-x}} = \dfrac{e^{-x}}{1 + e^{-x}}$

再對上面公式，取 odds ratio 之自然對數：$\log\left(\dfrac{\pi}{1 - \pi}\right) = \beta_0 + \beta_1 X + e_i$ 此數學式即是 logistic 迴歸式，這些參數彼此關係如下表。

$$\ln\left(\frac{P}{1-P}\right) = a + bX$$

$$\frac{P}{1-P} = e^{a+bX}$$

$$P = \frac{e^{a+bX}}{1+e^{a+bX}}$$

註：P 成功率，(1 − P) 失敗率，odds ratio = P/(1 − P)

1. 當勝算機率 (odds)$\pi$ 從 0 增加到 1 時，odds 從 0 增加到∞，而對數 logit 則從 − ∞ 增加到∞。

2. 當 $\pi = 1/2$ 時，odds = 1，而 logit = 0。

3. 當 $\pi > 1/2$ 時，logit > 0。

4. 當 $\pi < 1/2$ 時，logit < 0。

此外，

1. 當 $\beta_1 > 0$，$X$ 變大，$\pi$ 也變大。

2. 當 $\beta_1 < 0$，$X$ 變大，$\pi$ 變小。

3. $|\beta_1|$ 愈大，logistic 曲線愈陡。

   但是在 logistic regression model 裡，這不是斜率的意思。

4. 斜率會隨著 $X$ 不同而不同。

   如果 $\pi = 0.5$，則勝算比 (odds) 為 $\frac{\pi}{1-\pi} = 1$，再取自然對數，可得：

   $$\log\left(\frac{\pi}{1-\pi}\right) = \log(1) = 0$$

   即 $0 = \beta_0 + \beta_1 X$

   所以 $X = -\beta_0 / \beta_1$

   當 $X = -\beta_0 / \beta_1$，$\pi = 0.5$。

5. $\beta_1 \times \pi(1-\pi)$ 是 logistic 曲線在特定 $\pi$ 值時的切線斜率。

   若自變數 $X$ 預測得知 $\pi = 0.5$ 則，在這個 $X$ 值上切線的斜率是 $0.25 \times \beta_1$。

   當 $\pi = 1/2$ 時，切線斜率最大，logit = 0，也就是當 $X = -\beta_0 / \beta_1$ 時。

## 小結

在定量分析的實際研究中，線性迴歸模型 (Linear Regression Model) 是最行的統計方式。但許多社會科學問題的觀察，都只是分類而非連續的，此時線性迴歸就不適用了。

對於離散型 ( 類別 ) 變數有很多分析方法，有兩個原因使人會選擇邏輯斯迴歸：(1) 基於數學觀點，邏輯為一個極富彈性且容易使用的函數。(2) 適用於解釋生物／醫學上的意義。

利用邏輯斯迴歸的目的是在於建立一個最精簡和最能適配 (fit) 的分析結果，而且在實用上合理的模型，建立模型後可用來預測依變數與一組預測變數之間的關係。

在一般的迴歸分析中，dependent variable (DV) 是連續變數 (continuous variable)；如果 DV 不是連續變數，而是二分變數 (dichotomous variable，如：男或女、存活或死亡、通過考試與否 ) 等情況，這時你就必須使用 logistic regression 了。

當然，如果你堅持的話，你也可以跑 OLS regression，一樣會得到結果的。如果你得到的 coefficient 是 0.056 的話，解讀就是：當 IV 增加 1 的時候，DV 發生的機率增加 5.6%。然而，這樣作是有缺點的，通常沒辦法準確地估算 IV 對 DV 的影響 ( 通常是低估 )。

為了解決這個問題，統計學家用 odds ratio ( 勝算比 ) 於 logistic regression 之中。要說勝算比之前，要先了解什麼是勝算。勝算指的是：一件事情發生的機率與一件事情沒發生機率的比值。以拋硬幣為例，拿到正面與拿到反面的機率都是 0.5，所以 odds ratio 就是 0.5 / 0.5 = 1。如果一件事情發生的機率是 0.1，那勝算是 0.1 / 0.9 = 1/9。如果一件事情發生的機率是 0.9，那勝算是 0.9 / 0.1 = 9。所以勝算是介於 0 與無限大之間。

odds ratio 則是兩件事情的 odds 作比較。舉個例子來說，如果高學歷的人高薪的勝算 (odds) 是 2.33，低學歷的人高薪的勝算是 0.67，那與低學歷的人比起來，高學歷的人高薪的勝算是他們的 3.48 倍 (2.33/0.67)，所以勝算比 (odds ratio) 就是 3.48。

最後要提到的當依變數是次序尺度，例如：「病患受傷等級」分成四

類，但是並非為等距變數，此時要預測的統計工具可選用比例勝算模型 (odds proportional model) 或累積機率模型 (cumulative probability model)。此時迴歸係數的解讀為：當自變數 X 增加一個單位，「依變數 $Y_1$ 相對依變數 $Y_2$ 與 $Y_3$ 的機率」以及「依變數 $Y_1$ 與 $Y_2$ 相對依變數 $Y_3$」的機率會增加幾倍，所以是一種累積機率的概念，實務上也很常用。

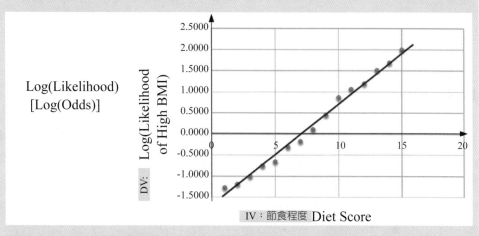

圖 1-12　log(odds), log( 概似比 ) 之示意圖

　　那如何解讀邏輯斯迴歸的結果呢？通常你會看到文章裡呈現兩種結果：一種如果沒特別指名的話，就叫迴歸係數 (coefficient)，它的 DV 是某件事的 log odds ratio，是勝算比取了自然對數；一種是 odds ratio。這兩種值是可以互相轉換的，如果你的 log odds ratio 得到的係數 (coefficient) 是 0.405，你可以計算 odds ratio，在 STaTa 指令列輸入「. display exp(0.405) 」，會得到 1.500。所以在讀文章的時候，一定要讀清楚作者呈現的是 log odds ratio 或是 odds ratio。

　　Logistic 迴歸之結果怎麼解讀呢？可從 log odds ratio 開始，解讀是：當 IV 增加一單位，log odds 會增加「某」多少量。其實這解讀與 OLS regression 的解讀是一樣。如果你看到的是 odds ratio，解讀是：當 IV 增加一單位，odds 會增加 ( 某 − 1)×100%。兩種解讀方式都套上剛剛的數字，那結果會是：

1. log odds ratio：當 IV 增加 1，log odds ratio of 某件事會增加 0.405。

2. odds ratio：當 IV 增加 1，odds of 某件事會增加 (1.5 − 1)×100% =

50%。如果本來是 2，增加 50% 的話，會變成 2×50% + 2 = 3。換句話說，你也可以直接解讀為：當 IV 增加 1，odds 某件事 ( 或是某件事的勝算。注意：這裡是勝算，不是勝算比 ) 會變成原本的值乘以 1.5。

如果你的勝算比 odds ratio 的 coefficient 是 0.667，那應該怎麼解讀呢？當 IV 增加 1，某件事的勝算會變成原本的值 (or 勝算 ) 乘以 0.667。所以原本的勝算比如果是 3 的話，當 IV 增加 1 時，某件事的勝算會變成 2。你也可以說：當 IV 增加 1 時，某件事的勝算會減少 (1 − .667)×100% = 33%。

## 1-2-2　Odds ratio 之意義

「性別、種族、國籍、有病嗎、破產嗎？」都是類別變數 (categorical variable)。針對兩個獨立類別變數可利用卡方檢定來推論其間的相關性是否顯著，若是兩個配對類別變數可以利用 McNemar's 檢定來推論。但以上兩個方法均是在虛無假說 ($H_0$：兩個類別變數沒有相關 ) 的條件下來檢定兩個獨立類別變數之間是否有顯著的相關，並無法呈現兩者相關性的強弱。在此將介紹勝算比 (odds ratio)，它可用來呈現兩個類別變數相關的強度。

勝算比之應用例子，包括：

1. 以資訊風險管理來看資訊科技採用的效果。
2. 人類病毒疣 ( 經由人類乳突病毒引起 ) 可能為年輕患者的風險因子發生乳癌透過關聯性資料採礦。
3. 探討產險資料之交互作用。
4. 修正條件分配勝率矩陣時最佳參考點之選取方法。
5. 利用混合加權方法對於罕見遺傳變異進行關聯性分析。
6. Meta 分析在 HIV 與肺結核的關係。
7. 慢性病與大腸直腸癌及瘜肉之相關：以配對病例對照研究。
8. 人民幣國際化程度與前景的實證分析。
9. 外資評等對股價短期影響之研究。
10. 使用分枝與限制演算法分析乳癌中的單核苷酸多型性相互作用。
11. 應用跨研究之單核苷酸多態性標記予以建立整合性遺傳風險預測模型。

12. 探討國中教師工作倦怠因素之研究。

13. 應用資料探勘技術分析多重疾病間的共病現象。

14. 學用不符對就業滿意度的影響。

15. 從年齡動態網路探討疾病盛行率。

16. 二元配對資料下，根據條件勝算比建構之正確非劣性檢定。

17. 山地鄉原住民兒童過動注意力缺損症盛行率及相關危險因子之臨床調查。

18. 父母親死亡對青少年自殺死亡影響之重疊病例對照研究。

19. 國中學生個人、家庭及學校生活與幸福感關係之研究。

20. 代謝異常指標的長期追蹤家庭資料之迴歸分析研究。

21. 乾癬患者合併症及醫療資源利用。

22. 男女在教育機會上是否平等―以國中升高中 ( 第一志願 ) 來探討。

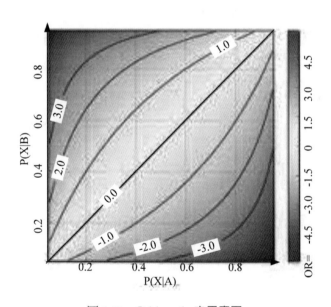

圖 1-13　Odds ratio 之示意圖

## 一、勝算比 (Odds Ratio, OR) 是機率問題

概率 (probabilities) 介於 0 和 1 。比方說，成功的概率是 0.8，因此 P = 0.8。

失敗的概率則是：Q = 1 – P = 0.2。

賠率是從 0 至無窮大概率和範圍來決定。比值被定義為成功的概率的比率和

故障的可能性。

成功的機率：**odds**( 成功 )= P /(1 – P) 或 P / Q = 0.8/0.2 = 4，也就是說，成功的機率是 4 比 1。

失敗的機率：**odds**( 失敗 )= Q / P = 0.2/0.8 = 0.25，它真正的意思是失敗的賠率是 1 比 4。成功和失敗的機率彼此是倒數，即 1/4 = 0.25 和 1/0.25 = 4。

接下來，我們將添加一個變數的公式，這樣我們可以計算勝算比。

這個例子是改編自 Pedhazur(1997)。假設十分之七的男性被錄取到一個工科學校，而十分之三的女性被錄取。故男性被錄取概率是：

P = 7/10 = 0.7    Q = 1 – 0.7 = 0.3

如果你是男性，被錄取的概率是 0.7，沒有被錄取的概率是 0.3。

相反地，女性被錄取的概率是：

P = 3/10 = 0.3    Q = 1 – 0.3 = 0.7

如果你是女性，被錄取的概率是 0.3，沒有被錄取的概率是 0.7。

現在我們可以用概率來計算錄取的機率為男性和女性，

**odds**( 男 )= 0.7/0.3 = 2.33333

**odds**( 女 )= 0.3/0.7 = 0.42857

接下來，被錄取的 odds ratio 是：

OR = 2.3333/.42857 = 5.44

因此，對於男性，被錄取的 odds 為女性的 5.44 倍。

## 二、例子：勝算比 (OR)、Natural Log of Odds Ratio(LOR) 的定義

下表 2×2 交叉表中，a, b, c, d 分別代表實驗組、控制組的成功失敗的細格人數 (cell frequenceies)。

表 1-4　**2×2 交叉表之示意**

| | **實驗組 (treated group)** | **對照組 (not treated group)** |
|---|---|---|
| 失敗 (Events) | $a_i$ 人 | $b_i$ 人 |
| 成功 (Non-Events) | $c_i$ 人 | $d_i$ 人 |

定義：勝算比 (Odds Ratio, OR)、勝算比之自然對數 (Natural Log of Odds Ratio, LOR)

以上面之 $2 \times 2$ 交叉表來說，勝算比 $(OR) = \dfrac{a \times d}{c \times b}$

勝算比之自然對數 $(LOR) = Ln(\dfrac{a \times d}{c \times b})$

## 三、勝算比 (OR)、Natural Log of Odds Ratio(LOR) 的計算

表 1-5　以人數來計算 OR 及 LOR 之示意

| 公式 | $OR = \dfrac{a \times d}{c \times b}$ | | $LOR = Ln(\dfrac{a \times d}{c \times b})$ | |
|---|---|---|---|---|
| | 實驗組 (treated group) | | 對照組 (not treated group) | |
| Events | $a_i$ 人 | | $b_i$ 人 | |
| Non-Events | $c_i$ 人 | | $d_i$ 人 | |

實例 1：實驗組與控制組之效果沒顯著差異

　　有關風險的計算，OR 及 LOR 的算法，如下二個表所示。

表 1-6　OR 及 LOR 的計算值 ( 情況一，以「負面事件」人數來算 )

| 人數 | OR= 1 | LOR=0 | OR= 1 | LOR=0 |
|---|---|---|---|---|
| | Experimental group ( 有處理 ) | Control group ( 無處理 ) | Experimental group ( 有處理 ) | Control group ( 無處理 ) |
| Events | 10 人 | 10 人 | 100 人 | 100 人 |
| Non-Events | 5 人 | 5 人 | 50 人 | 50 人 |

**實例 2：實驗組效果顯著優於控制組**

**表 1-7** OR 及 LOR 的計算值 ( 情況二，以「成敗」人數來算 )

| 人數 | OR= 4 | LOR=1.39 | OR=0.25 | LOR= -1.39 |
| --- | --- | --- | --- | --- |
| | 實驗組之處理 | 對照組 | 實驗組之處理 | 對照組 |
| 失敗 (Events) | 20 人 | 10 人 | 10 人 | 20 人 |
| 成功 (Non-Events) | 10 人 | 20 人 | 20 人 | 10 人 |

**實例 3：機率來算 OR, LOR**

相對地，若 2×2 交叉表，改以聯合機率分配 (population cell probabilities)，則其風險的計算，如下表所示。

**表 1-8** OR 及 LOR 的計算值 ( 情況三，以「成敗」機率來算 )

| 機率 | OR= 1 | LOR=0 | OR=16 | LOR= 2.77 |
| --- | --- | --- | --- | --- |
| | 實驗組之處理 | 對照組 | 實驗組之處理 | 對照組 |
| 失敗 (Events) | 0.4 | 0.4 | 0.4 | 0.1 |
| 成功 (Non-Events) | 0.1 | 0.1 | 0.1 | 0.4 |

**表 1-9** 實例：風險減少 ( ∵勝算比 < 1 )

| | Experimental group (E) | Control group (C) | 合計 |
| --- | --- | --- | --- |
| Events(E) | EE = 15 | CE = 100 | 115 |
| Non-Events(N) | EN = 135 | CN = 150 | 285 |
| 合計 subjects(S) | ES = EE + EN = 150 | CS = CE + CN = 250 | 400 |
| Event rate (ER) | EER = EE / ES = 0.1, or 10% | CER = CE / CS = 0.4, or 40% | |

**表 1-10** 實例：風險增加 ( ∵勝算比 > 1 )

| | Experimental group (E) | Control group (C) | 合計 |
| --- | --- | --- | --- |
| Events(E) | EE = 75 | CE = 100 | 175 |
| Non-Events(N) | EN = 75 | CN = 150 | 225 |
| 合計 subjects(S) | ES = 150 | CS = 250 | 400 |
| Event rate (ER) | EER = 0.5 (50%) | CER = 0.4 (40%) | |

舉例來說，如果今天我們想知道：吃了 A 家快餐店跟拉肚子有沒有相關性？

表 1-11　**Odss ration** 之交叉表示意

| | D( 診斷出疾病的人 )<br>拉肚子 | D_bar( 沒有疾病的人 )<br>沒有拉肚子 |
|---|---|---|
| 實驗組：吃 A 家快餐店<br>E( 有暴露於危險因子的人 ) | a 人 | b 人 |
| 控制組：無吃 A 家快餐店<br>E_bar( 無暴露於危險因子的人 ) | c 人 | d 人 |

其中：

　　E：吃了 A 家快餐店的人數

　　E_bar：沒有吃 A 家快餐店的人數

　　D：有拉肚子的人數

　　D_bar：沒有拉肚子的人數

1. odds ratio 計算公式

　　對於吃了 A 家快餐店的人們，$\dfrac{有拉肚子人數}{沒拉肚子人數} = \dfrac{a}{b}$　　　　　　　　　(1-1)

　　　沒吃 A 家快餐店的人們，$\dfrac{有拉肚子人數}{沒拉肚子人數} = \dfrac{c}{d}$　　　　　　　　　(1-2)

$\text{Odds Ratio(OR)} = \dfrac{吃了A家快餐店拉肚子比率}{沒吃A家快餐店拉肚子比率} = \dfrac{a \times d}{c \times b}$

(1) 若 Odds Ratio (OR) > 1，那就表示，吃了 A 家快餐店的人，拉肚子的 Odds 高於沒吃的人 ( 而且 OR 愈高，這個趨勢愈明顯 )。

(2) 若 Odds Ratio (OR) = 1，那就表示，有沒有吃 A 家快餐店跟拉肚子沒有什麼相關。兩者 Odds 一樣多嘛。

(3) 相反地，若 OR < 1，則吃 A 家快餐店的人，拉肚子的 Odds 低於沒吃的人。

2. 當我們藉由統計得出 Odds Ratio 之時，往往還要搭配信賴區間來看最後的結果。這是怎麼說呢？

　　承接本例子，如果我們不幸得出 OR = 1.5，單純看來，似乎 A 家快餐店不要吃比較好。

但是如果我們又算出了 95% 信賴區間是 [0.9, 2.1]，包含「OR = 1」點，所以有一定機率，A 家快餐店還是可以吃的 (OR = 1 ，有沒有吃跟拉肚子沒有相關 )。

反之，如果今天 95%CI = [1.2, 1.8]，未含「OR = 1」點，則 A 家快餐店就不能吃了。

上述例子，A 家快餐店能不能吃，係實驗設計的 OR 值；相對地，OR 亦可應用至非實驗設計之調查法。例如：下表所示，OR = 0.436(<1)，顯示隔代教養會提高「子女偏差行為」的風險比。

表 1-12 「odds ratio」交叉表的應用數據

|  | 實地實驗組：隔代教養 | 對照組：正常家庭 | $\text{odds ratio} = \dfrac{1 \times 34}{39 \times 2} = 0.436$ <br> $\text{Ln(odds ratio)} = \text{Ln}(0.436) = -0.83$ |
|---|---|---|---|
| Event:<br>偏差行為 | 已知 1 人 | 已知 2 人 | |
| No Event:<br>正常行為 | 推算 (40 − 1) = 39 | 推算 (36 − 2) = 34 | |
| 合計 | 已知 $N_E = 40$ | 已知 $N_E = 36$ | |

## 1-2-3 列聯表 (contingency table)、相對風險、勝算比 (odds ratio) 及卡方檢定 (crosstabs、logistic regression 指令 )

「性別、種族、國籍、有病嗎、破產嗎？」都是類別變數 (categorical variable)。針對兩個獨立類別變數可利用卡方檢定來推論其間的相關性是否顯著，若是兩個配對類別變數，可以利用 McNemar's 檢定來推論。但以上兩個方法均是在虛無假說 (H₀：兩個類別變數沒有相關 ) 的條件下來檢定兩個獨立類別變數之間是否有顯著的相關，並無法呈現兩者相關性的強弱。在此將介紹勝算比 (odds ratio)，它可用來呈現兩個類別變數相關的強度。

例如：傳統實驗設計，如下表所示，OR = 0.436(<1)，顯示實驗處理「死亡率」event 低於控制組。

表 1-13　**Event( 死亡否 ) 與實驗組別 (treated) 之交叉表**

| 自變數＼依變數 | 實驗組 (treated) | 對照組 (control) | 手算公式： |
|---|---|---|---|
| Event:<br>死亡 | A = 1 人 | B = 2 人 | $\text{odds ratio} = \dfrac{1 \times 34}{39 \times 2} = 0.436$ |
| No Event:<br>存活 | C = 39 人 | D = 34 人 | $\text{Ln(odds ratio)} = \text{Ln}(0.436) = -0.83$ |
| 合計 | 已知 $N_E = 40$ | 已知 $N_E = 36$ | |

範例：列聯表 (contingency table)、相對風險 (relative risk)、勝算比 (odds ratio) 及卡方檢定

　　研究者想知道，吃 Aspirin 能有效抑制心臟病復發嗎 (disease)？採用「案例組－控制組」研究設計，實驗處理組吃 Aspirin 藥片 (case 組 )，控制組吃安慰劑 (Placebo 組 )。經若干月後，醫師再檢查這 250 名病患是否有心臟病復發嗎？

| Group | Heart Disease | | Total |
|---|---|---|---|
| | Yes + | No − | |
| Placebo | 20 | 80 | 100 |
| Aspirin | 15 | 135 | 150 |
| Total | 35 | 215 | 250 |

Odds ratio( 安慰劑對阿司匹林有心臟病 ) = (20/80)/(15/135) = 2.25

相對風險 ( 安慰劑對阿司匹林有心臟病 ) = (20/100)/(15/150) = 0.2/0.1 = 2

( 服用安慰劑的人心臟病發作的風險是阿司匹林人的兩倍 )

## 一、資料檔之內容

　　資料檔「crosstab.sav」，如下圖所示，共有 250 名心臟病患。

表 1-14 「crosstab.sav」資料檔 (N = 250 名心臟病患)

## 二、分析結果與討論

<u>Step 1</u> 用 (crosstabs 指令 )

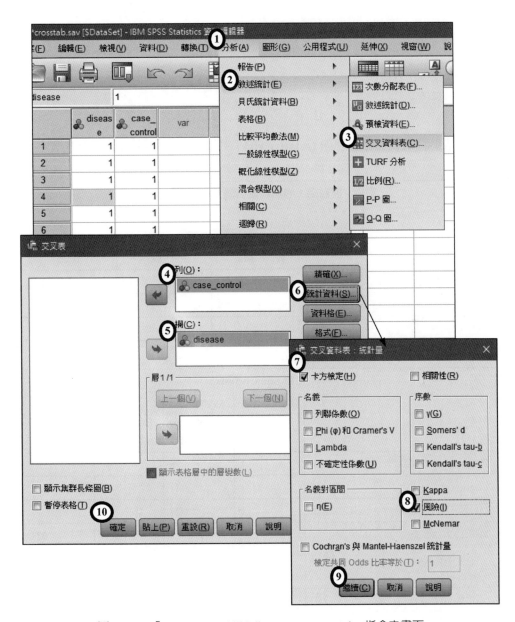

圖 1-14 「case_control BY disease」 crosstabs 指令之畫面

對應的指令語法：

```
title "交叉表：crosstab.sav 資料檔，crosstab.sps".

CROSSTABS
    /TABLES=case_control BY disease
    /FORMAT=AVALUE TABLES
    /STATISTICS=CHISQ RISK
    /CELLS=COUNT
    /COUNT ROUND CELL.
```

【分析結果說明】：相對風險 (relative risk)、勝算比 (odds ratio) 及卡方檢定

### 案例 - 控制組 * 心臟病復發嗎 Crosstabulation

Count

| | | 心臟病復發嗎 | | Total |
|---|---|---|---|---|
| | | yes 心臟病 | no 心臟病 | |
| 案例 - 控制組 | 安慰劑 | 20 | 80 | 100 |
| | 吃 Aspirin | 15 | 135 | 150 |
| Total | | 35 | 215 | 250 |

### Chi-Square Tests

| | Value | df | Asymptotic Significance (2-sided) | Exact Sig. (2-sided) | Exact Sig. (1-sided) |
|---|---|---|---|---|---|
| Pearson Chi-Square | 4.983[a] | 1 | .026 | | |
| Continuity Correction[b] | 4.187 | 1 | .041 | | |
| Likelihood Ratio | 4.876 | 1 | .027 | | |
| Fisher's Exact Test | | | | .039 | .021 |
| Linear-by-Linear Association | 4.963 | 1 | .026 | | |
| N of Valid Cases | 250 | | | | |

a. 0 cells (0.0%) have expected count less than 5. The minimum expected count is 14.00.
b. Computed only for a 2×2 table

1. 卡方值 = 4.983 (p < .05)，表示「=case_control、disease」這二個類別變數有顯著關聯。

<table>
<tr><th colspan="4">Risk Estimate</th></tr>
<tr><th rowspan="2"></th><th rowspan="2">Value</th><th colspan="2">95% Confidence Interval</th></tr>
<tr><th>Lower</th><th>Upper</th></tr>
<tr><td>Odds Ratio for 案例 - 控制組 ( 安慰劑 / 吃 Aspirin)</td><td>2.250</td><td>1.090</td><td>4.643</td></tr>
<tr><td>For cohort 心臟病復發嗎 = yes 心臟病</td><td>2.000</td><td>1.076</td><td>3.717</td></tr>
<tr><td>For cohort 心臟病復發嗎 = no 心臟病</td><td>.889</td><td>.795</td><td>.994</td></tr>
<tr><td>N of Valid Cases</td><td>250</td><td></td><td></td></tr>
</table>

1. odds ratio = 2.250 倍。無吃比有吃阿司匹林心臟病發作的勝算比是 2.250 倍。
2. 相對風險 = 2.0 倍，無吃比有吃阿司匹林心臟病發作的勝算比是 2 倍。

〈參考表 1-13 下的範例〉

Step2  Logistic 迴歸分析 (logistic regression 指令 )

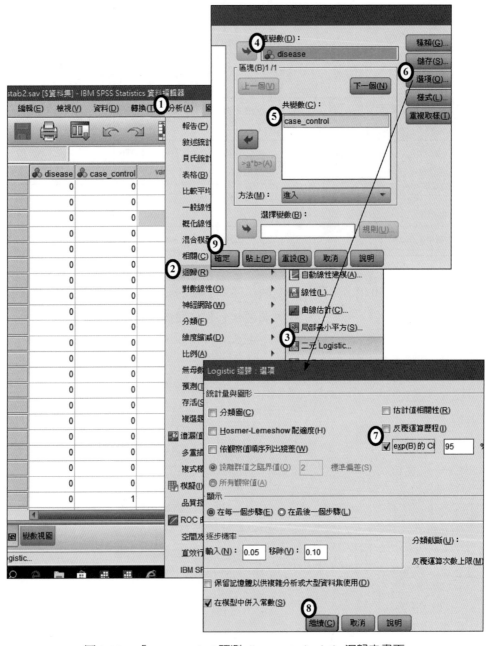

圖 1-15    「case_control 預測 disease」 logistic 迴歸之畫面

對應的指令語法：

```
title " crosstab2.sav 資料檔 ".

GET
  FILE='D:\CD 範例 \crosstab.sav'.

RECODE case_control (1=0) (2=1).
EXECUTE.

SAVE OUTFILE='D:\CD 範例 \crosstab2.sav'
  /COMPRESSED.
subtitle "「case_control 預測 disease」 logistic 迴歸 ".
LOGISTIC REGRESSION VARIABLES disease
  /METHOD=ENTER case_control
  /PRINT=CI(95)
  /CRITERIA=PIN(0.05) POUT(0.10) ITERATE(20) CUT(0.5).
```

**Block 1: Method = Enter**

Variables in the Equation

|  |  | B | S.E. | Wald | df | Sig. | Exp(B) |
|---|---|---|---|---|---|---|---|
| Step 1[a] | case_control | .811 | .370 | 4.815 | 1 | .028 | 2.250 |
|  | Constant | 1.386 | .250 | 30.749 | 1 | .000 | 4.000 |

a. Variable(s) entered on step 1: case_control.

1. 在上表，迴歸係數 B、S.E.(standard errors)、及 p-values(Sig.)，都可看出 case_control 預測 disease 達統計顯著性。

2. case_contro(0 = 安慰劑 ) 增加一單位 (1 = 吃 Aspirin)，「odds of no 心臟病」就增加 2.250 單位。

3. 邏輯斯迴歸式為 $Ln\left(\dfrac{P(Y=1|X=x)}{P(Y=0|X=x)}\right) = \alpha + \beta_1 x_1 + ... + \beta_k x_k$

4. B 欄：是 logistic 迴歸式中，自變數對依變數的預測值，在 logistic 迴歸式是以 log-odds 為單位，它類似 OLS 迴歸式：

$$\log(\frac{p}{1-p}) = \log(\frac{發生事件}{未發生事件}) = b_0 + b_1 * x_1 + b_2 * x_2 + b_3 * x_3 + b_4 * x_4 + b_5 * x_5 + \cdots$$

5. 邏輯斯迴歸式：$E(Y_i) = \dfrac{1}{1 + e^{-(\beta_0 + \beta_1 X_{1i} + \beta_2 X_{2i} + \cdots + \beta_k X_{ki})}} = \dfrac{e^{\beta_0 + \beta_1 X_{1i} + \beta_2 X_{2i} + \cdots + \beta_k X_{ki}}}{1 + e^{\beta_0 + \beta_1 X_{1i} + \beta_2 X_{2i} + \cdots + \beta_k X_{ki}}}$

6. S.E. 欄：logistic 迴歸係數的標準誤 (standard errors associated with the coefficients)。

7. Exp(B)：是這預測因子 (predictors) 的勝算比 (odds ratios)。

8. Wald 及 Sig 二欄：分別是 Wald chi-square 檢定及其雙尾 p-value，它的虛無假設「$H_0$：the coefficient (parameter) is 0」。若 p 值小於 ($\alpha = 0.05$) 則 logistic 迴歸係數達統計學上的顯著。

9. $Ln\left(\dfrac{P_{\text{no 心臟病}}}{1 - P_{\text{no 心臟病}}}\right) = Ln\left(\dfrac{P_{\text{no 心臟病}}}{P_{\text{yes 心臟病}}}\right) = 1.386 + 0.811 \times (\text{case\_control} = 1)$

$= \exp(1.386) + \exp(0.811) \times (\text{case\_control} = 1)$

其中 (case\_control = 1) 表示若括弧內的判別式成立，則代入 1，若不成立則代入 0。

上列迴歸方程式可解釋為未控制「其他共變數」的影響時，吃 Aspirin「no 心臟病」的勝算為吃安慰劑的 2.25 ( $= \exp^{0.811}$) 倍，且有統計上顯著的差異 (p = 0.028 < .05)。

10. $\ln(\text{ODDS}) = 0.575 + 0.811 \times (\text{case\_control} = 1)$

odds prediction equation 是 $\text{ODDS} = e^{(a + bx)}$

對 case\_contro(0 = 吃安慰劑 ) 而言，$\text{ODDS} = e^{(1.386 + 0.811(0))} = e^{(1.386)} = 4.00$

對 case\_contro(1 = 吃 Aspirin) 而言，$\text{ODDS} = e^{(1.386 + 0.811(1))} = e^{(2.197)} = 9.00$

也就是說，吃 Aspirin 者「no 心臟病」的可能性比吃安慰劑的可能性高 9 倍。

## 1-2-4 卡方 ⊂ logistic 迴歸：同意人類可實驗貓大腦注入藥物嗎？(logistic regression、crosstabs 指令 )

二元 (binary) logistic 迴歸，也稱為 logit 模型，用來模擬 binary 結果變數 ( 即依變數、反應變數 )。在 logistic 迴歸模型中，依變數的 log odds，係是一群預測變數 (predictor variables) 的線性組合。

邏輯斯迴歸用於預測類別變數 [ 通常是二元的 (binary)]。(1) 對於類別依變數，如果所有的預測變數都是連續變數且分布良好的，則通常使用判別 (discriminant) 函數分析。(2) 如果所有預測變數都是類別的 (categorical)，通常採用 logistic 分析。(3) 如果預測變數是連續變數和類別變數的混合或者它們不是很

好地分布 ( ∵ 邏輯迴歸沒有對預測變數的分布做出假設 )，則往往選擇邏輯斯迴歸。Logistic 迴歸特別流行於醫學研究中，其中，依變數 (y) 是患者是否患有疾病。

對於邏輯迴歸，預測的依變數是特定受試者將處於某一類別 ( 例如：小明患有某疾病的概率，給定其預測變數的分數集合 ) 的概率的函數。

所謂，binary 是指「0、1」所組合的數據，故 SPSS 的 logit 迴歸或 logistic 迴歸，依變數的編碼，只限「0、1」，編碼不可是「1、2」。

範例：Binary logistic 迴歸：同意人類可實驗貓大腦注入藥物嗎？

Wuensch 和 Poteat(1998) 的心理學研究，發表在「Journal of Social Behavior and Personality, 1998, 13, 139-150」係很有名的邏輯斯迴歸的例子。要求大學生(N = 315) 假裝他們在大學研究委員會任職，聽證會由大學教職員進行動物研究投訴。抱怨 (complaint) 包括用簡單但情緒化的語言來描述研究。實驗測試：貓進行立體定位手術，並將套管植入它們的大腦中。然後透過套管將化學物質注入貓的大腦，並進行貓各種心理測試 (various psychological tests)。測試完成後，對貓的大腦進行組織學分析。因為有人認為，研究亦可用計算機模擬完成，故本例被投訴要求撤銷「研究者進行此項研究的授權」，並將貓移交給提出投訴的動物權利組織。

Wuensch 和 Poteat(1998) 為了保護他的研究，研究者解釋如何採取措施確保動物在任何時候都不會感到疼痛，而且計算機模擬不能代替動物研究的解釋。每位參與者閱讀下列五種：描述研究目標和益處之不同情境，包括：

1. 化妝品 (cosmetic)：測試新型護髮液的化學毒性。
2. 理論 (theory)：評估關於大腦中特定細胞核功能的兩種敵對理論 (competing theories)。
3. 肉類 (meat)：測試合成生長激素 (synthetic growth hormone) 據說有增加肉類產量的潛力。
4. 獸醫 (veterinary)：試圖尋找治療家貓和瀕危野生貓科動物的腦部疾病的治療方法。
5. 醫療 (medical)：評估可治癒年輕成年人虛弱疾病(debilitating disease)的治療法。

在閱讀案例材料後，315 個參與者被要求決定 (decide) 是否撤銷 Wissen 博士

的授權進行研究，並且填寫 Dr. Forysth 的道德職位問卷 (Journal of Personality and Social Psychology, 1980, 39, 175-184)，其中包括 20 題 Likert-type 的問卷，每個項目都有一個從 " 完全不同意 " 到 " 完全同意 " 的 9 點計分量表。(1) 在這個工具的相對主義 (relativism) 構面得分較高的人就拒絕普遍的概念道德原則 (universal moral principles)，更喜歡對行為進行個人和情境分析。(2) 在理想主義 (idealism) 構面得分較高的人就認為，道德行為總是只會帶來好的後果，決不會造成不好的後果，也決不會混淆好的和壞的後果。

委員會常見犯錯是：將自己投射到別人身上，因此本研究假定 (assumed) 所有人都透過「好 vs. 壞」權衡結果來做出道德決定 (ethical decisions)：但是對於理想主義者 (idealism) 來說，任何不良後果的存在都可能使行為變得不道德，而不管後果如何。Hal Herzog 及其在西卡羅來納州的學生所做的研究表明，動物權利活動家傾向於高度理想主義和低相對主義。「理想主義和相對主義、性別」與大學生同不同意對動物研究的態度有關嗎？讓我們進行邏輯斯迴歸來求解。

## 一、資料檔之內容

資料檔「Logistic.sav」，如圖 1-16 所示，共有 315 個人。

| decision | idealism | relatvsm | gender | cosmetic | theory | meat | veterin | idealism_LN |
|---|---|---|---|---|---|---|---|---|
| 0 | 8.0000 | 7.6000 | 0 | 1 | 0 | 0 | 0 | 2.08 |
| 0 | 5.0000 | 5.9000 | 1 | 1 | 0 | 0 | 0 | 1.61 |
| 0 | 5.2000 | 5.7000 | 0 | 1 | 0 | 0 | 0 | 1.65 |
| 1 | 5.5000 | 4.7000 | 1 | 1 | 0 | 0 | 0 | 1.70 |
| 0 | 7.5000 | 5.7000 | 0 | 1 | 0 | 0 | 0 | 2.01 |
| 0 | 7.7000 | 7.6000 | 0 | 1 | 0 | 0 | 0 | 2.04 |
| 0 | 7.4000 | 7.3000 | 1 | 1 | 0 | 0 | 0 | 2.00 |
| 0 | 5.3000 | 5.0000 | 0 | 1 | 0 | 0 | 0 | 1.67 |
| 1 | 6.0000 | 7.9000 | 0 | 1 | 0 | 0 | 0 | 1.79 |
| 0 | 6.5000 | 6.9000 | 0 | 1 | 0 | 0 | 0 | 1.87 |
| 0 | 7.6000 | 3.9000 | 0 | 1 | 0 | 0 | 0 | 2.03 |
| 1 | 5.7000 | 5.6000 | 0 | 1 | 0 | 0 | 0 | 1.74 |
| 1 | 4.7000 | 7.4000 | 0 | 1 | 0 | 0 | 0 | 1.55 |
| 0 | 6.6000 | 6.7000 | 0 | 1 | 0 | 0 | 0 | 1.89 |
| 1 | 5.6000 | 5.0000 | 1 | 1 | 0 | 0 | 0 | 1.72 |
| 0 | 7.5000 | 6.2000 | 0 | 1 | 0 | 0 | 0 | 2.01 |
| 1 | 5.1000 | 7.3000 | 0 | 1 | 0 | 0 | 0 | 1.63 |
| 1 | 6.5000 | 5.5000 | 0 | 1 | 0 | 0 | 0 | 1.87 |
| 1 | 4.5000 | 5.8000 | 1 | 1 | 0 | 0 | 0 | 1.50 |
| 0 | 6.9000 | 5.7000 | 1 | 1 | 0 | 0 | 0 | 1.93 |
| 0 | 8.0000 | 6.7000 | 0 | 1 | 0 | 0 | 0 | 2.08 |

圖 1-16 「Logistic.sav」 資料檔內容 (N = 315 個人 )

## 二、分析結果與討論

Step 1 僅受試者性別 (Gender)，當作二分預測變數 (Dichotomous Predictor)

首先，讓我們考慮一個簡單的 [ 雙變量 (bivariate)] 邏輯斯迴歸，將受試者的決定 (decisions) 當作為二分 (dichotomous) 準則變數：0 =" 停止研究 (stop the research)"，1 ="繼續研究(continue the research)"。性別 (gender) 是二分預測變數，性別編碼為：0 = 女性，1 = 男性。

我們的迴歸模型將會預測 logit，也就是做出一個或另一個決定的可能性的自然對數。即 $\ln(\dfrac{\hat{Y}}{1-\hat{Y}}) = a + bX$，其中 $\hat{Y}$ 是用 1 編碼的事件的預測概率 ( 繼續研究 ) 而不是 0 ( 停止研究 )，性別變數 $X$ 是預測變數。

我們的模型將透過疊代最大概似過程 (ML) 來建構。ML 程序將以迴歸係數

的任意值來開始，並建構用於預測觀測數據的初始模型。然後，它將評估這種預測中的誤差並改變迴歸係數，以便在新模型下使觀測數據的可能性更大。重複這個過程直到模型收斂。也就是說，直到最新模型和先前模型之間的差異是微不足道的 (trivial)。

圖 1-17 「gender 預測 decision」 logistic 迴歸的畫面

對應的指令語法：

```
title "logistic 迴歸：Logistic.sav 資料檔，Logistic.sps".
subtitle "簡單 logistic 迴歸：「gender 預測 decision」".
LOGISTIC REGRESSION VARIABLES decision
```

```
/METHOD=ENTER gender
/CRITERIA=PIN(.05) POUT(.10) ITERATE(20) CUT(.5).
```

## 【A. 分析結果說明】：簡單 logistic 迴歸

| Case Processing Summary | | | |
|---|---|---|---|
| Unweighted Cases[a] | | N | Percent |
| Selected Cases | Included in Analysis | 315 | 100.0 |
| | Missing Cases | 0 | .0 |
| | Total | 315 | 100.0 |
| Unselected Cases | | 0 | .0 |
| Total | | 315 | 100.0 |

a. If weight is in effect, see classification table for the total number of cases.

1. 看看統計輸出，可看到 315 個 cases 納入分析。

## 【B. 分析結果說明】：分類表

| Classification Table[a,b] | | | | | |
|---|---|---|---|---|---|
| | | | Predicted | | |
| | | | 同意動物實驗嗎 | | Percentage Correct |
| Observed | | | stop | continue | |
| Step 0 | 同意動物實驗嗎 | stop | 187 | 0 | 100.0 |
| | | continue | 128 | 0 | .0 |
| | Overall Percentage | | | | 59.4 |

a. Constant is included in the model.
b. The cut value is .500

1. Block 0 輸出模型之截距 (SPSS 將其稱為 Constant) 的模型。考慮到兩個決策選項的基準比率 (187/315 = 59% 決定停止研究，41% 決定允許研究繼續 )，並且沒有其他訊息，最好的策略是預測。

**【C. 分析結果說明】**：納入迴歸式的變數：分有沒有納入共變數二種情況

<table>
<tr><th colspan="7">Variables in the Equation</th></tr>
<tr><th></th><th></th><th>B</th><th>S.E.</th><th>Wald</th><th>df</th><th>Sig.</th><th>Exp(B)</th></tr>
<tr><td>Step 0</td><td>Constant</td><td>-.379</td><td>.115</td><td>10.919</td><td>1</td><td>.001</td><td>.684</td></tr>
</table>

1. 在「Variables in the Equation」，不含斜率 (intercept-only model) 時，ln(odds) = -.379。上等式左右兩邊都取 exponentiate，即可求得預測的 odds [Exp(B)] = 0.684，表示「decision =1(continue the research)」的勝算是 0.684。由於 128 人決定 decided to continue the research，但 187 人決定 stop the research，故實際觀察的 (observed) odds 是 128/187 = 0.684。

2. 邏輯斯迴歸式為 $Ln\left(\dfrac{P(Y=1|X=x)}{P(Y=0|X=x)}\right) = \alpha + \beta_1 x_1 + ... + \beta_k x_k$

3. B 欄：是 logistic 迴歸式中，自變數對依變數的預測值，在 logistic 迴歸式是以 log-odds 為單位，它類似 OLS 迴歸式：

$$\log(\frac{p}{1-p}) = \log(\frac{發生事件}{未發生事件}) = b_0 + b_1 * x_1 + b_2 * x_2 + b_3 * x_3 + b_4 * x_4 + b_5 * x_5 + \cdots$$

4. 邏輯斯迴歸式：$E(Y_i) = \dfrac{1}{1 + e^{-(\beta_0 + \beta_1 X_{1i} + \beta_2 X_{2i} + \cdots + \beta_k X_{ki})}} = \dfrac{e^{\beta_0 + \beta_1 X_{1i} + \beta_2 X_{2i} + \cdots + \beta_k X_{ki}}}{1 + e^{\beta_0 + \beta_1 X_{1i} + \beta_2 X_{2i} + \cdots + \beta_k X_{ki}}}$

5. S.E. 欄：logistic 迴歸係數的標準誤 (standard errors associated with the coefficients)。

6. Exp(B)：是這預測因子 (predictors) 的勝算比 (odds ratios)。

<table>
<tr><th colspan="8">Variables in the Equation</th></tr>
<tr><th></th><th></th><th>B</th><th>S.E.</th><th>Wald</th><th>df</th><th>Sig.</th><th>Exp(B)</th></tr>
<tr><td>Step 1<sup>a</sup></td><td>男性嗎</td><td>1.217</td><td>.245</td><td>24.757</td><td>1</td><td>.000</td><td>3.376</td></tr>
<tr><td></td><td>Constant</td><td>-.847</td><td>.154</td><td>30.152</td><td>1</td><td>.000</td><td>.429</td></tr>
<tr><td colspan="8">a. Variable(s) entered on step 1: 男性嗎 .</td></tr>
</table>

1. Wald 及 Sig 二欄：分別是 Wald chi-square 檢定及其雙尾 p-value，它的虛無假設「$H_0$：the coefficient (parameter) is 0」。若 p 值小於 ($\alpha = 0.05$) 則 logistic 迴歸係數達統計學上的顯著。

2. 在上表，迴歸係數 B、S.E. (standard errors)、及 p-values(Sig.)，都可看出 gender 預測 decision 均達統計顯著性。

3. 女性 (gender = 0) 增加一單位 (gender = 1 男性)，「odds of continue the research」就增加 3.376 單位。

4. $Ln\left(\dfrac{P_{\text{continue the research}}}{1-P_{\text{continue the research}}}\right) = Ln\left(\dfrac{P_{\text{continue the research}}}{P_{\text{stop the research}}}\right) = 0.429 + 3.376 \times (\text{gender} = 1)$

$= \exp(-0.847) + \exp(1.217) \times (\text{gender} = 1)$

其中 (gender = 1) 表示若括弧內的判別式成立，則代入 1，若不成立則代入 0。

上列迴歸方程式可解釋為未控制「idealism、relatism、cosmetic、theory、meat」的影響時，男性決定「continue the research」的勝算為女性的 3.376 $(=\exp^{1.217})$ 倍，且有統計上顯著的差異 (p = 0.000)。

上列迴歸方程式亦可解釋為在「沒有其他解釋」的影響下，男性決定「continue the research」頻率的相對風險為女性的 5.223 $(=\exp^{1.653})$ 倍，且有統計上顯著的差異 (p < 0.05)。

5. ln(ODDS)= -.847+1.217Gender

odds prediction equation 是 ODDS= $e^{(a+bx)}$

對女性 (gender = 0) 而言，ODDS = $e^{(.847+1.217(0))} = e^{(.847)} = 0.429$

對男性 (gender = 0)而言，ODDS = $e^{(.847+1.217(1))} = e^{(0.37)} = 1.448$

也就是說，男性決定繼續研究的可能性比決定停止研究的可能性高 1.448 倍。

6. 對女性而言，轉換勝算為機率值 (convert odds to probabilities)，可求得：

$$\hat{Y} = \frac{ODDS}{1+ODDS} = \frac{0.429}{1.429} = 0.30$$

對男性而言，轉換勝算為機率值 (convert odds to probabilities)，可求得：

$$\hat{Y} = \frac{ODDS}{1+ODDS} = \frac{1.448}{2.448} = 0.59$$

也就是說，我們的模型預測 59% 的男性會決定繼續研究。

【**D.** 分析結果說明】：特異度 **(1-α)**、敏感度 **(1-β)**、偽陽性 **(α)**、偽陰性 **(β)**

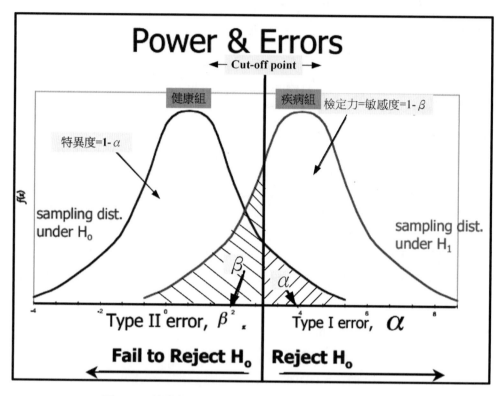

圖 1-18　檢定力 $(1-\beta)$ vs. Type I 誤差 $\alpha$ 及 Type II 誤差 $\beta$

| | | | Predicted | | |
|---|---|---|---|---|---|
| | | | 同意動物實驗嗎 | | Percentage Correct |
| | Observed | | stop | continue | |
| Step 1 | 同意動物實驗嗎 | stop | 140 | 47 | 74.9 |
| | | continue | 60 | 68 | 53.1 |
| | Overall Percentage | | | | 66.0 |

**Classification Table[a]**

a. The cut value is .500

1. 「Classification Table」顯示，該規則允許我們正確分類觀察預測事件 (deciding to continue the research) 的受試者有 68/128 = 53%，它就是預測的敏感度 (sensitivity of prediction)：Pr(correct | event did occur)，也就是正確預測事件發生的百分比。我們也看到，特異性 (specificity) =140/187 = 75%，Pr(correct | event did not occur)，也就是正確預測的未發生的百分比。總體而言，我們的預測在 315 次中為 208 次，總體成功率為 66%。回想一下，有 intercept 模型只有 59%。

2. 我們可以聚焦分類的錯誤率。

   (1) 偽陽性 (**false positive**，$\alpha$) 會預測事件發生時，但事實並非如此。決策「decision to continue the research」有 115 次。該預測錯誤有 47 次，偽陽性($\alpha$) 為 47/115 = 41%。

   (2) 偽陰性 (**false negative**，$\beta$) 會預測「the event would not occur when, in fact, it did occur」事件在事實上不會發生時就不會發生。決策「not to continue the research」有 200 次。這個預測錯誤有 60 次，因為 60/200 = 30% 的偽陰性率。

   Step 2 卡方檢定 (**Pearson Chi-Square Contingency Table 分析**)

   卡方檢定旨在分析二個類別之間的關聯性。本例卡方檢定旨在分析性別 (gender) 與動物研究決策 (decision) 之間是否存在顯著關係卡方檢定的分析如圖 1-19。

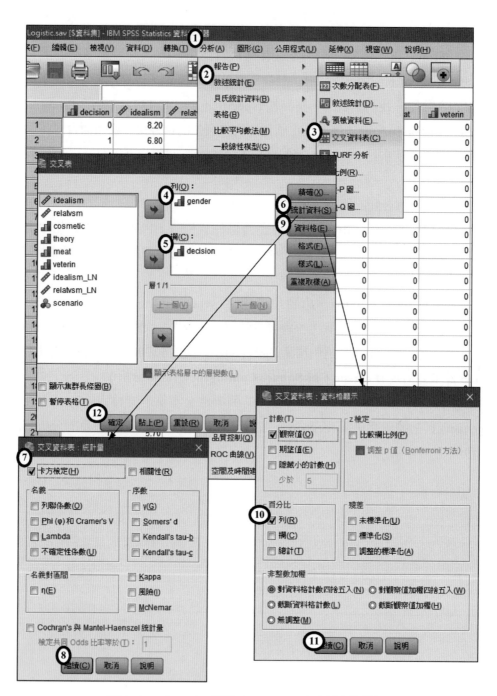

圖 1-19　「gender 關聯 decision」　卡方檢定的畫面

對應的指令語法：

```
subtitle "「gender 關聯 decision」卡方檢定 ".
CROSSTABS
    /TABLES=gender BY decision
    /FORMAT=AVALUE TABLES
    /STATISTICS=CHISQ
    /CELLS=COUNT ROW
    /COUNT ROUND CELL.
```

【E. 分析結果說明】：卡方檢定之交叉表

**男性嗎 * 同意動物實驗嗎 Crosstabulation**

| | | | 同意動物實驗嗎 | | |
|---|---|---|---|---|---|
| | | | stop | continue | Total |
| 男性嗎 | Female | Count | 140 | 60 | 200 |
| | | % within 男性嗎 | 70.0% | 30.0% | 100.0% |
| | Male | Count | 47 | 68 | 115 |
| | | % within 男性嗎 | 40.9% | 59.1% | 100.0% |
| Total | | Count | 187 | 128 | 315 |
| | | % within 男性嗎 | 59.4% | 40.6% | 100.0% |

1. 求得「gender 關聯 decision」卡方值 = 25.653 (df = 1)，它與先前用 logistic 迴歸所求得 (Chi-Square = 25.685) 很相似。故在簡單的例子，你想像 "this logistic regression is nearly equivalent to a simple Pearson Chi-Square"，但要記住，一旦你添加額外的預測變數 ( 可以是分類的或連續變數 )，你就不能用簡單的 Pearson 卡方檢定。

**Chi-Square Tests**

| | Value | df | Asymptotic Significance (2-sided) | Exact Sig. (2-sided) | Exact Sig. (1-sided) |
|---|---|---|---|---|---|
| Pearson Chi-Square | 25.685[a] | 1 | .000 | | |
| Continuity Correction[b] | 24.492 | 1 | .000 | | |

| | | | | | |
|---|---|---|---|---|---|
| Likelihood Ratio | 25.653 | 1 | .000 | | |
| Fisher's Exact Test | | | | .000 | .000 |
| Linear-by-Linear Association | 25.604 | 1 | .000 | | |
| N of Valid Cases | 315 | | | | |

a. 0 cells (0.0%) have expected count less than 5. The minimum expected count is 46.73.

b. Computed only for a 2x2 table

### Step 3 多重預測變數 (Multiple Predictors)：Categorical 及 Continuous 混合

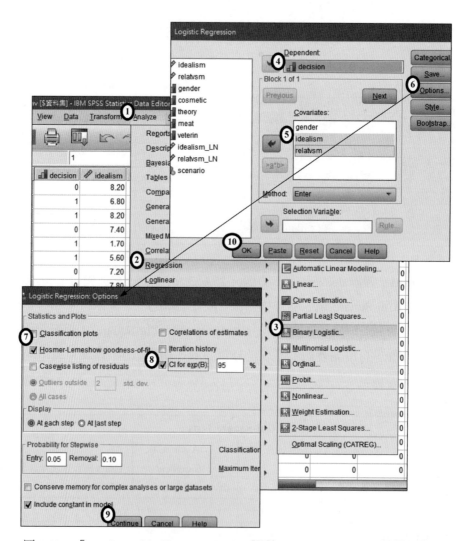

圖 1-20 「gender、 idealism、 relatvsm 預測 decision」 logistic 迴歸的畫面

對應的指令語法：

```
subtitle "「gender、idealism、relatvsm預測decision」logistic迴歸".
LOGISTIC REGRESSION VARIABLES decision
  /METHOD=ENTER gender idealism relatvsm
  /PRINT=GOODFIT CI(95)
  /CRITERIA=PIN(0.05) POUT(0.10) ITERATE(20) CUT(0.5).
```

【F. 分析結果說明】：改善了模型適配度

**Block 1: Method = Enter**

**Model Summary**

| Step | -2 Log likelihood | Cox & Snell R Square | Nagelkerke R Square |
|------|-------------------|----------------------|---------------------|
| 1 | 346.503[a] | .222 | .300 |

a. Estimation terminated at iteration number 4 because parameter estimates changed by less than .001.

1. 定義：$\log L(\tilde{\beta}_i)$ 為所有 $\beta$ 均為零的情況下所求出之對數最大概似值

$$-2[\log L(\tilde{\beta}_i) - \log L(\hat{\beta}_i)]$$

2. 回想，只一個預測變數 gender 時，2 Log Likelihood = 399.913(df = 1)；此時再加二個「倫理思想」預測變數「idealism relatvsm」時，2 Log Likelihood= 346.503 (df = 2)，對數概似值減了 53.41。再將此 53.41 及 df = 2 都鍵入 Computer 畫面 ( 下圖 )，即可求卡方值的 p 值。

Step 4 **Hosmer-Lemeshow 適合度檢定**

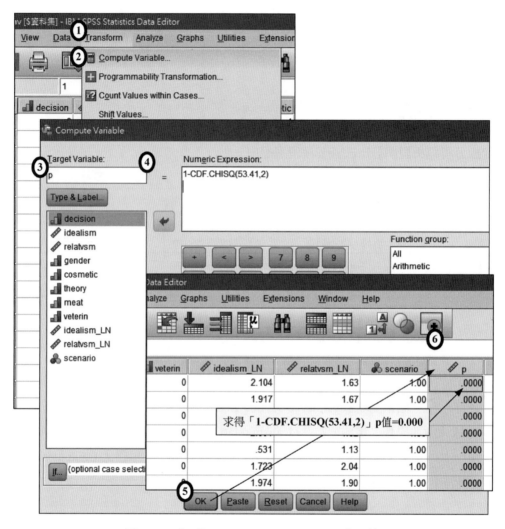

圖 1-21 求 「1-CDF.CHISQ(53.41,2)」 之 p 值

　　我們的結論是，加入道德意識形態「idealism relatvsm」二變數，顯著改善了模型適配度，$\chi^2(2, N = 315) = 53.41, p < .001$。

【G. 分析結果說明】：分類成功率改善多少？

<table>
<thead>
<tr><th colspan="7">Classification Table<sup>a</sup></th></tr>
<tr><th></th><th></th><th></th><th colspan="2">Predicted</th><th rowspan="2">Percentage<br>Correct</th></tr>
<tr><th></th><th></th><th></th><th colspan="2">同意動物實驗嗎</th></tr>
<tr><th></th><th>Observed</th><th></th><th>stop</th><th>continue</th><th></th></tr>
</thead>
<tbody>
<tr><td>Step 1</td><td>同意動物實驗嗎</td><td>stop</td><td>151</td><td>36</td><td>80.7</td></tr>
<tr><td></td><td></td><td>continue</td><td>55</td><td>73</td><td>57.0</td></tr>
<tr><td></td><td>Overall Percentage</td><td></td><td></td><td></td><td>71.1</td></tr>
</tbody>
</table>

a. The cut value is .500

1. 請注意，我們的整體分類成功率已從 66% 提高至 71%。

【H. 分析結果說明】：**Hosmer-Lemeshow 檢定：適合度檢定**

1. Hosmer-Lemeshow 統計值：越大值表示該十分位數 (decile) 的實際值和預測值之間差異越大。

2. H-L 檢定的 p 值愈大，則 Andrews test statistic 的值愈小。

| Hosmer and Lemeshow Test | | | |
|---|---|---|---|
| Step | Chi-square | df | Sig. |
| 1 | 8.810 | 8 | .359 |

1. 計算卡方統計量，將觀察到的頻率與線性模型下的預期頻率進行比較。當卡方不顯著 ($p > 0.05$) 時，表示數據適配模型很好。

2. Hosmer-Lemeshow 適配度檢定，$\chi^2 = 8.81$，$p = 0.846$ ($p > 0.05$) 未達顯著水準，表示上述三個自變數所建立的迴歸模式適配度非常理想。

| | | 同意動物實驗嗎 = stop | | 同意動物實驗嗎 = continue | | |
|---|---|---|---|---|---|---|
| **Contingency Table for Hosmer and Lemeshow Test** | | | | | | |
| | | Observed | Expected | Observed | Expected | Total |
| Step 1 | 1 | 29 | 29.331 | 3 | 2.669 | 32 |
| | 2 | 30 | 27.673 | 2 | 4.327 | 32 |
| | 3 | 28 | 25.669 | 4 | 6.331 | 32 |
| | 4 | 20 | 23.265 | 12 | 8.735 | 32 |
| | 5 | 22 | 20.693 | 10 | 11.307 | 32 |
| | 6 | 15 | 18.058 | 17 | 13.942 | 32 |
| | 7 | 15 | 15.830 | 17 | 16.170 | 32 |
| | 8 | 10 | 12.920 | 22 | 19.080 | 32 |
| | 9 | 12 | 9.319 | 20 | 22.681 | 32 |
| | 10 | 6 | 4.241 | 21 | 22.759 | 27 |

Step 5 **Box-Tidwell 交互作用檢定**

雖然邏輯斯迴歸通常被認為沒有假定 (assumptions)，但我們確實假定連續預測變數和 logit (log odds) 之間的關係是線性的。這個假定可透過，模型中包含連續預測數量和它們的日誌之間的相互作用來測試。如果這種相互作用很重要，那麼這個假定就會違反。我應該告誡你，樣本量也是一個因素，所以當樣本數 N 很大時，你不應該關心一個顯著的相互作用。

下面將展示如何新增預測變數的自然對數。如果預測變數的值為 0 或更小，則將每個得分添加一個常數，使得沒有值為零或更小。

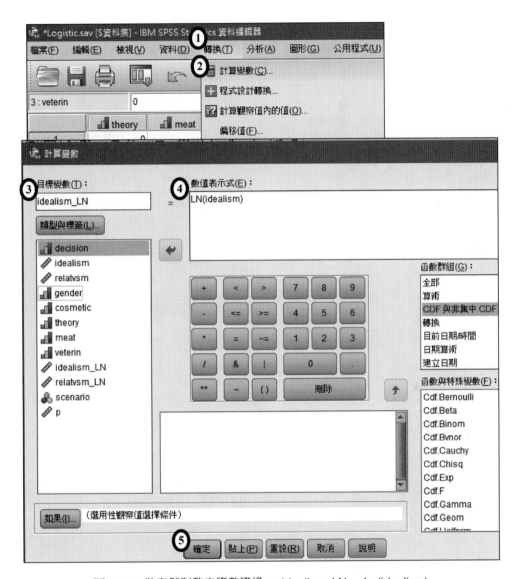

圖 1-22　做自然對數之變數變換 ： idealism_LN = Ln(idealism)

　　下圖顯示了如何輸入「交互條件」。在左側窗格中，選擇要包含在交互中的兩個預測變量，然後單擊「＞a * b＞」按鈕。

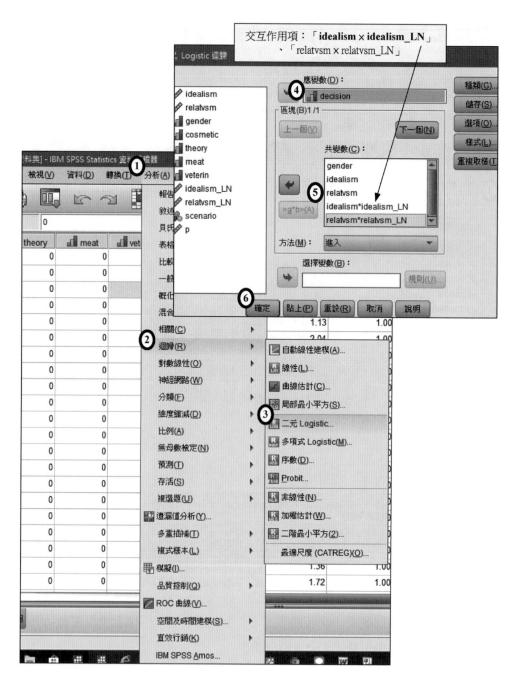

圖 1-23　模型納入交互作用項：「idealism × idealism_LN」、「relatvsm × relatvsm_LN」(Box-Tidwell 交互作用檢定)

**Box-Tidwell** 檢定之對應的指令語法：

```
LOGISTIC REGRESSION VARIABLES decision
    /METHOD=ENTER gender idealism relatvsm idealism*idealism_LN relatvsm*relatvsm_LN
    /CRITERIA=PIN(.05) POUT(.10) ITERATE(20) CUT(.5).
```

## 【I. 分析結果說明】：Box-Tidwell 交互作用檢定結果

| Variables in the Equation | | B | S.E. | Wald | df | Sig. | Exp(B) |
|---|---|---|---|---|---|---|---|
| Step 1[a] | 男性嗎 | 1.147 | .269 | 18.129 | 1 | .000 | 3.148 |
| | 理想主義得分 | 1.130 | 1.921 | .346 | 1 | .556 | 3.097 |
| | 相對主義得分 | 1.656 | 2.637 | .394 | 1 | .530 | 5.240 |
| | 理想主義得分 by ln( 理想主義 ) | -.652 | .690 | .893 | 1 | .345 | .521 |
| | 相對主義得分 by ln( 相對主義 ) | -.479 | .949 | .254 | 1 | .614 | .620 |
| | Constant | -5.015 | 5.877 | .728 | 1 | .393 | .007 |

a. Variable(s) entered on step 1：男性嗎，理想主義得分，相對主義得分，理想主義得分 * ln( 理想主義 )，相對主義得分 * ln( 相對主義 )。

1. 「idealism × idealism_LN」、「relatvsm × relatvsm_LN」交互作用項都未達顯著 (p > 0.05)。故本例可忽略這二個交互作用項。假如其中一個「交互作用項」達顯著，則應嘗試添加預測變數的 powers[ 即多項式 (polynomial)]。

Step 6 當 K > 2 個類別 (categorical) 之預測變數 (predictor)

除了「gender、idealism、relatvsm」，再增加「cosmetic、theory、meat、veterin」四個情境變數。

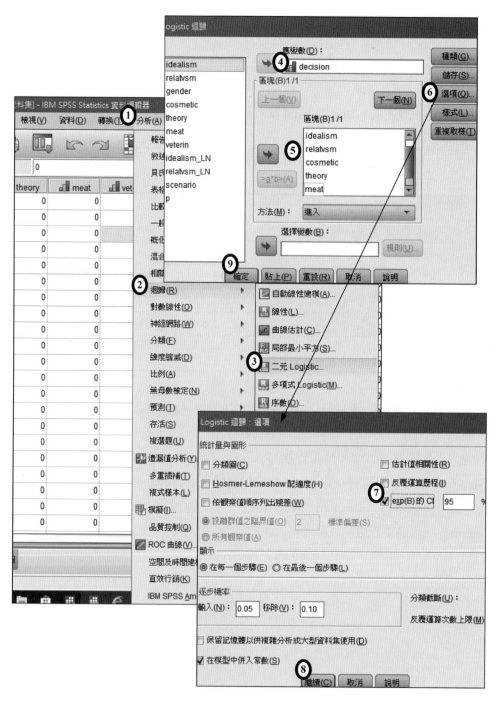

圖 1-24 「多個類別型預測變數」 logistic 迴歸之畫面

對應的指令語法：

```
subtitle "使用K > 2個類別(categorical)預測變數(predictor)".
LOGISTIC REGRESSION VARIABLES decision
  /METHOD=ENTER gender idealism relatvsm cosmetic theory meat veterin
  /PRINT=CI(95)
  /CRITERIA=PIN(0.05) POUT(0.10) ITERATE(20) CUT(0.5).
```

**【J. 分析結果說明】：「多個類別型預測變數」logistic 迴歸分析**

**Block 0: Beginning Block**

**Variables not in the Equation**

| | | | Score | df | Sig. |
|---|---|---|---|---|---|
| Step 0 | Variables | 男性嗎 | 25.685 | 1 | .000 |
| | | 理想主義得分 | 47.679 | 1 | .000 |
| | | 相對主義得分 | 7.239 | 1 | .007 |
| | | 測新型護髮液的化學毒性 | .003 | 1 | .955 |
| | | 兩種敵對理論 | 2.933 | 1 | .087 |
| | | 增加肉類產量 | .556 | 1 | .456 |
| | | 貓科腦部疾病的治療法 | .013 | 1 | .909 |
| | Overall Statistics | | 77.665 | 7 | .000 |

1. 定義：$\log L(\widetilde{\beta}_i)$ 為所有 $\beta$ 均為零的情況下所求出之對數最大概似值

$$-2[\log L(\widetilde{\beta}_i) - \log L(\hat{\beta}_i)]$$

2. Block 0 "Variables not in the Equation" 印出，假如將單個預測變量添加到模型中 (已經具有截距 )，則 -2 LL 將下降多少 Score。

**Block 1.**

**Omnibus Tests of Model Coefficients**

|        |       | Chi-square | df | Sig. |
|--------|-------|------------|----|------|
| Step 1 | Step  | 87.506     | 7  | .000 |
|        | Block | 87.506     | 7  | .000 |
|        | Model | 87.506     | 7  | .000 |

1. 上表格給出了包含預測變數的模型的整體檢定「**Block 1**. Under **Omnibus Tests of Model Coefficients**」( 在模型係數的綜合測試下 )，卡方 = 87.506 (p < .05)，表示你界定的模型總體上比 null 模型 ( 沒有預測變數的模型 ) 好得多。即剛剛界定的模型明顯優於只有截距項的模型。

**Model Summary**

| Step | -2 Log likelihood | Cox & Snell R Square | Nagelkerke R Square |
|------|-------------------|----------------------|---------------------|
| 1    | 338.060[a]        | .243                 | .327                |

a. Estimation terminated at iteration number 5 because parameter estimates changed by less than .001.

1. 上表，-2*log likelihood（= 338.060）可用來比較 nested 模型，但範例不會在此處顯示。上表亦印了兩個 pseudo $R^2$ 的測量值，pseudo $R^2$ 值越大代表模型越適配。本例，Nagelkerke $R^2$ = 0.327，它只是檢查您的模型是否解釋了數據中合理的變化量 (a reasonable amount of the variance in the data)。雖然本例，32.7% 的值不高，但它卻有高度的統計顯著性。

2. 「Model Summary」顯示，多個類別型預測變數比較優，因為模型適配度 $R^2$ 再次增加，且 -2*log likelihood 從 346.503 降至 338.06。這是否具有統計意義？$\chi^2$ 是 df = 4( 每個虛擬變數就占一個 df) 的兩個 -2*log likelihood 值 8.443 之間的差異。你可使用 compute 指令求出「p = 1-CDF.CHISQ(8.443,4)」upper-tailed 的 p 值 = 0.0766，表示達統計顯著性。但是，我們將保留這些虛擬變數，因為我們對每個虛擬變量進行比較都有先驗興趣 (priori interest)。

**Classification Table[a]**

| | Observed | | Predicted | | |
|---|---|---|---|---|---|
| | | | 同意動物實驗嗎 | | Percentage Correct |
| | | | stop | continue | |
| Step 1 | 同意動物實驗嗎 | stop | 152 | 35 | 81.3 |
| | | continue | 54 | 74 | 57.8 |
| | Overall Percentage | | | | 71.7 |

a. The cut value is .500

1. Classification Table，顯示分類成功率小幅增加，從 71% 升至 72%。

2. Classification Table 就可手算出 Logit 迴歸模型的：Sensitivity, Specificity, False Positive Rate, and False Negative Rate ( 使用內定的 cutoff = 0.5)。

| | |
|---|---|
| Sensitivity | 正確預測事件的百分比 |
| Specificity | 未發生正確預測的百分比 |
| False Positive Rate | 預測事件的不正確百分比 |
| False Negative Rate | 預測不存在的不正確百分比 |

本例，預測的事件是繼續研究 (continue the research) 的決定 (decision)。

**Variables in the Equation**

| | | B | S.E. | Wald | df | Sig. | Exp(B) | 95% C.I.for EXP(B) | |
|---|---|---|---|---|---|---|---|---|---|
| | | | | | | | | Lower | Upper |
| Step 1[a] | gender | 1.255 | .277 | 20.586 | 1 | .000 | 3.508 | 2.040 | 6.033 |
| | idealism | -.701 | .114 | 37.891 | 1 | .000 | .496 | .397 | .620 |
| | relatvsm | .326 | .127 | 6.634 | 1 | .010 | 1.386 | 1.081 | 1.777 |
| | cosmetic | -.709 | .420 | 2.850 | 1 | .091 | .492 | .216 | 1.121 |
| | theory | -1.160 | .428 | 7.346 | 1 | .007 | .314 | .136 | .725 |
| | meat | -.866 | .424 | 4.164 | 1 | .041 | .421 | .183 | .966 |
| | veterin | -.542 | .410 | 1.751 | 1 | .186 | .581 | .260 | 1.298 |
| | Constant | 2.279 | 1.033 | 4.867 | 1 | .027 | 9.766 | | |

a. Variable(s) entered on step 1: gender, idealism, relatvsm, cosmetic, theory, meat, veterin.

1. 「Variables in the Equation」印出迴歸係數 (regression coefficients) 及勝算比 (odds ratios)。

2. Wald $\chi^2$ 值：在其他預測因子的背景下，檢定每個預測因子的獨特貢獻：即保持其他預測因子不變。也就是說，消除預測變數之間的任何重疊。請注意，本例除了 cosmetic research 及 veterinary research 二個虛擬變數外，其餘五個預測變數都達「$\alpha = .05$」統計顯著性。我們也注意到，Wald $\chi^2$ 常被批評為過於保守，即缺乏足夠的檢定力 (power = $1 - \beta$)。另一變通方法是透過，從完整 (full) 模型中刪除每個預測變數並檢定它減少多少「-2 log likelihood」所增加的顯著性，來檢定每個預測變數是否該刪除。當然，這會要求你建構 p + 1 個模型，其中，p 是預測變數的數量。

接著來解釋 4 個情境變數 ($\varepsilon$ 虛擬變數) 的勝算比 (odds ratios)。

(1) 理想主義 (idealism) 的 0.496($\approx 0.5$) 勝算比表示，被訪者的理想主義得分每增加 1 分，勝算的概率就會減半。為了更容易解釋，將這個勝算比倒置，理想主義上每增加一個點，受訪者不贊成研究的機率就翻倍。

(2) 相對主義 (relativism) 效果較小，且呈相反方向，9 點計分量表的相對主義，每增加一單位，決定「同意研究」的可能性增加「1.39 倍 (乘法因子)」。

(3) 場景 (scenario) 虛擬變數的 odds ratios，是比較「醫療以外的每個場景與醫療場景」。對於理論 (theory) 虛擬變數，odds ratios = 0.314，表示同意 theory-testing research 的可能性是醫學研究的 0.314 倍。

(4) coding 情景變數影響的虛擬變數，倒置的 odds ratios ($\frac{1}{0.421} = 2.38$)，表示：同意醫療情景的可能性是肉類 (meat) 情景的 2.38 倍，它高於理論 (theory) 情景的 3.22 倍。

## 1-2-5 簡單 Logistic 迴歸分析：年齡與罹患冠心病 (CHD) 關係 (logistic regression 指令 )

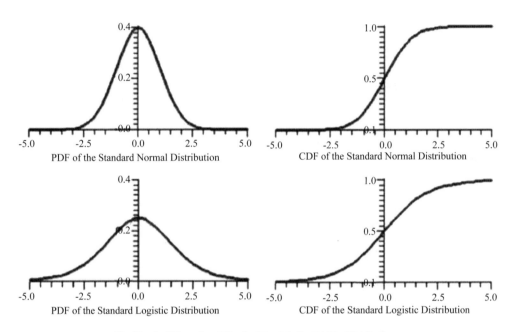

The Standard Normal and Standard Logistic Probability Distributions

圖 1-25　標準常態 vs. 標準 logistic 分布圖

### 一、資料檔之內容

例如：調查 125 名病人，年齡 (age) 與罹患冠心病 (CHD) 關係，蒐集數據如圖 1-26。

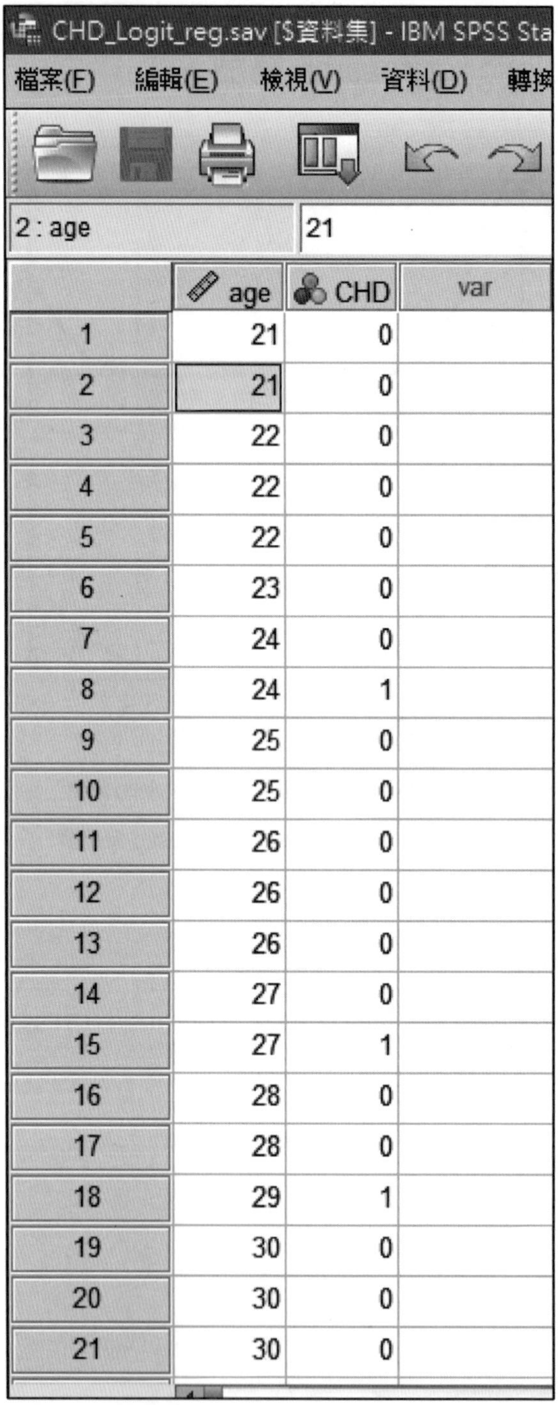


| | age | CHD | var |
|---|---|---|---|
| 1 | 21 | 0 | |
| 2 | 21 | 0 | |
| 3 | 22 | 0 | |
| 4 | 22 | 0 | |
| 5 | 22 | 0 | |
| 6 | 23 | 0 | |
| 7 | 24 | 0 | |
| 8 | 24 | 1 | |
| 9 | 25 | 0 | |
| 10 | 25 | 0 | |
| 11 | 26 | 0 | |
| 12 | 26 | 0 | |
| 13 | 26 | 0 | |
| 14 | 27 | 0 | |
| 15 | 27 | 1 | |
| 16 | 28 | 0 | |
| 17 | 28 | 0 | |
| 18 | 29 | 1 | |
| 19 | 30 | 0 | |
| 20 | 30 | 0 | |
| 21 | 30 | 0 | |

圖 1-26　年齡 (age) 與罹患冠心病 (CHD) 之資料檔 「CHD_Logit_reg.sav」

倘若採傳統 OLS 的線性函數是：CHD $= \beta_0 + \beta_1 \times$ Age。OLS 的分析基礎，如下圖之散布圖所示，因為資料分散圖顯示二組群之分布並非常態，故採 OLS 迴歸分析，似乎不太合理。

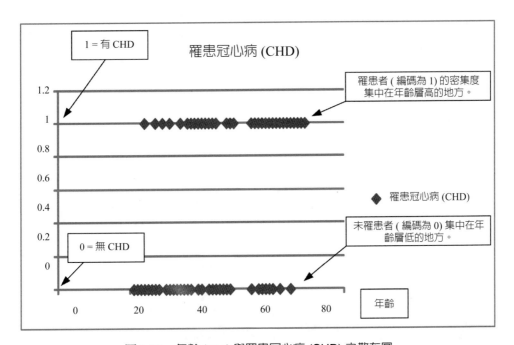

圖 1-27　年齡 (age) 與罹患冠心病 (CHD) 之散布圖

相對地，Logistic model 是透過 $\pi(\beta_0 + \beta_1 \times$ Age$)$ 來描述 Age 與 CHD 的關係，分析公式為：CHD$_i = \pi(\beta_0 + \beta_1 \times$ Age$_i) + e_i$ (i = 1～125)。我們的目的是要去估算或找到 $\beta_0$ 與 $\beta_1$ 這兩個值，使 $\pi(\beta_0 + \beta_1 \times$ Age$_i)$ 的 125 個數值最接近資料中，這 N = 125 個 CHD$_i$ 的值。

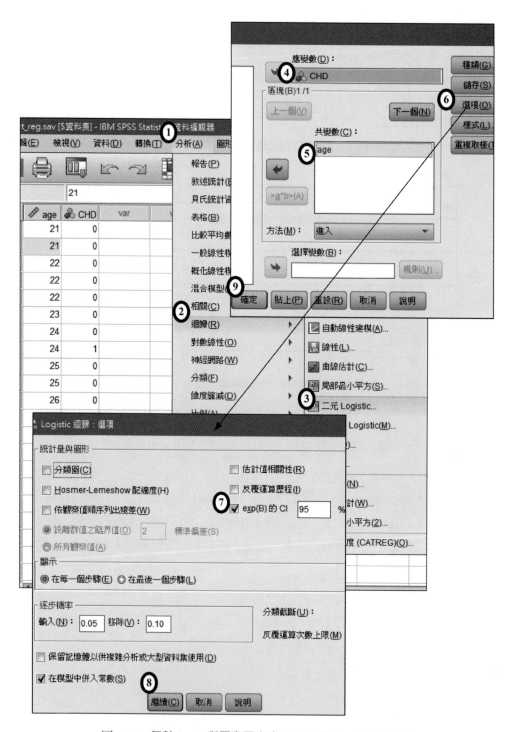

圖 1-28　年齡 (age) 與罹患冠心病 (CHD) 之 Logit 分析畫面

　　對應的指令語法：

```
title "Logistic 迴歸式「CHD=β₀ +β₁× age」，簡單 Logit 迴歸 .sps".
GET
  STATA FILE='D:\CD 範例 \CHD_Logit_reg.sav'.

LOGISTIC REGRESSION VARIABLES CHD
  /METHOD=ENTER age
  /PRINT=CI(95)
  /CRITERIA=PIN(0.05) POUT(0.10) ITERATE(20) CUT(0.5).
```

　　非線性迴歸分析 ( 如 logistic regression) 在估算或尋找參數值 ($\beta_0$ 與 $\beta_1$) 時，所用的數學原理不再是「最小平方和」，而是「最大可能性」(maximum likelihood)，意思是說所找到的這一組參數值，會使得所預測到的 N = 125 個 $\pi(\beta_0 + \beta_1 \times Age_i)$ 數值 ( 因為有 125 個年齡的值 ) 分別符合資料中 125 個 $CHD_i$ 值的整體可能性達到最大。有趣的是，線性迴歸的「最小平方和」恰好也符合非線性迴歸的「最大可能性」的原理，事實上「最小平方和」是「最大可能性」一種特殊情況。因此，線性關係中，使用「最小平方和」與「最大可能性」所估算的參數值會是一致的。不過「最大可能性」可以適用的不僅在線性關係，連非線性關係也可以運用，而「最小平方和」只適用於線性關係的分析。

　　OLS 在運用「最小平方和」估算參數值時有公式可以直接去計算，但是非線性模型在運用「最大可能性」原理時，並非直接去計算參數值，而是由電腦一再嘗試疊代運算 (iteration)，直到所找到的參數值達到最大可能性。所以一般電腦統計軟體在非線性迴歸模型的結果中都會呈現經過了幾次的疊代運算，才找到這組最理想 ( 最具代表性 ) 的參數值。

　　當我們找到參數值 ($\beta_0$ 與 $\beta_1$) 時，便可以去計算 $\pi(\beta_0 + \beta_1 \times Age_i)$ 的值，所得到的這 125 個數值其實就是代表各個年齡的人得到 CHD 的可能性。因此，logistic 函數的好處，就是將原本是「有或無 CHD(0,1)」的結果，轉變成每一個年齡得到 CHD 的發生「機率」Pr(age)。針對上面的 125 位民眾的年齡與 CHD 的資料，我用 logistic model 去分析，假設得到的結果是 $\beta_0 = -5.310$，$\beta_1 = 0.111$，將此組 ($\beta_0$, $\beta_1$) 帶入 $\pi(-5.310 + 0.111 \times Age_i)$ 去計算各個年齡的人預期得到 CHD

的可能發生率：

年齡 X 與罹患冠心病機率的關係式為 $\Pr(age_i) = \pi = \dfrac{e^{-5.31+0.111\times age_i}}{1 + e^{-5.31+0.111\times age_i}}$

經過邏輯轉換後：$g(x) = \ln\dfrac{\pi(x)}{1-\pi(x)} = b_0 + b_1 X$

$$\ln(\dfrac{\pi}{1-\pi}) = -5.310 + 0.111(\text{年齡})$$

則此時 CHD 與年齡就呈線性關係。

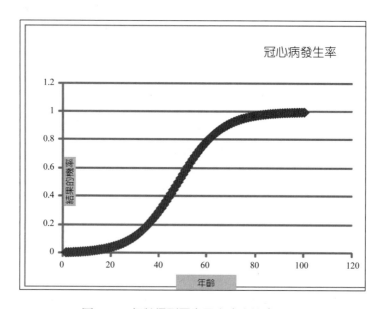

圖 1-29　年齡得到罹患冠心病之機率 Pr(x)

我們可以來比較用 logistic model 所預估的各年齡的人得到 CHD 的可能性與前面用年齡分組所得到的結果，將線性迴歸線畫在同一個散布圖，可以看到這兩種方式所得到的結果有重疊在一起，但是用 logistic model 所得到的結果與實際的情況相當吻合。

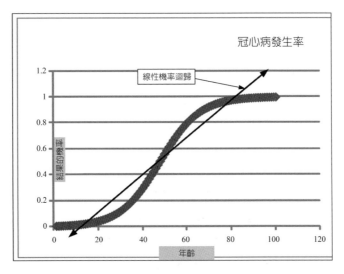

圖 1-30    線性機率迴歸 vs. Logistic 迴歸 ( 當 $\beta > 0$ 時 )

## Logistic 迴歸的好處

在面對二元依變數的情況，logistic model 可能是被運用得最廣的，特別是在生物統計、醫學與流行病學的研究方面，logistic model 有其優勢存在，因為 logistic model 所得到的自變數的係數值透過簡單的換算，就可以得到生物醫學上常用到的一個指標值─「勝算比」(odds ratio)。在 logistic model 中，如果我們使用的自變數也是二元變數，更能夠凸顯在結果解讀上的方便。

我們在將上述 125 筆資料根據年齡分成兩組 ( 如下表 )，第一組是年齡大於或等於 40 歲的人，另一組包含年齡小於 40 歲的人。用一個新變數 (group) 來代表這兩組，第一組是 group = 1，第二組是 group = 0。第一組中有 58.7% 的人得到 CHD，41.3% 的人沒有得到 CHD，其得到 CHD 的勝算 (odds，也就是這一組的人得到 CHD 的機會與沒得到 CHD 的機會的相對值 ) = 58.7% / 41.3% = 1.423。較年輕組中有 16.2% 的人得到 CHD，83.8% 的人沒有得到 CHD，其得到 CHD 的勝算 = 16.2% / 83.8% = 0.194。如果我們將第一組的勝算除以第二組的勝算，便可以得到這兩組得到 CHD 的勝算比值 (odds ratio)。此處所得到的結果告訴我們，年長組的人罹患 CHD 相較於沒有罹患 CHD 的情況，是年輕組的 7.353 倍。

```
----------------Group=1--------------Group=0
----------------Age>=40--------------Age<40
chd="1"---------58.7%----------------16.2%"
chd="0"---------41.3%----------------83.8%"
Odds-----------1.423----------------0.194
Odds ratio------1.423/0.194=7.353
```

現在我們用 logistic model 去分析 CHD 與這兩組的關係 ( 將自變數由 Age 改成 group)，所得到 group 的參數是 1.995049。很有趣的是，當我們去取這個值的指數時，exp(1.995049) = 7.35256，剛好是等於前面計算出來的 odds ratio。

需要強調的是，odds ratio 並不是指這兩組人罹患 CHD 的平均可能性的比值。這兩組人罹患 CHD 的平均可能性分別是 58.73% 與 16.22%，其比值是 3.62。

至於 logistic regression 結果的係數或勝算比值要如何解讀，這裡用一個簡例來說明：探討年齡與性別與冠心病發的關係，自變數分別是年齡 (1-100，連續變數 ) 與性別 ( 男與女，二元變數，女 = 1，男 = 0)。如果年齡與性別的係數分別是 0.1 與 −0.5，若直接從係數值來看，我們應該說冠心病發機率與年齡呈正相關，年齡愈大，冠心病發的機率愈大；冠心病發機率與女性的性別呈負相關，女性冠心病發機率要比男性來得小。

如果將係數轉換成勝算比值 (odds ratio)，年齡與性別的 odds ratio 分別為 1.105 與 0.6065(odds ratio=exp( 係數值 ))。解釋的方式是：年齡每增加 1 歲，冠心病發的勝算值 ( 病發機率 / 未病發機率的比值 ) 是未增加前的 1.105 倍。在二變數方面，會更容易解釋：女性冠心病發的勝算值 ( 病發機率 / 未病發機率的比值 ) 只有男性的 0.6065 倍。

此外，我們也可以說男性冠心病發的勝算值為女性的 1.648(1/0.6065) 倍。($e^{-0.5}$ = 0.6065)。其實，如果我們將性別變數的男性改設定為 1，女性為 0，再跑一次 logistic regression，所得到的係數會是 0.5( 從 −0.5 變成 0.5)，而 odds ratio = $e^{0.5}$ = 1.648，意義完全一樣，只是比較的基礎不同而已。

如果要解釋 logistic model 中乘積項或交互項 (interaction term) 的係數或勝算比值的意義，就比較複雜了，不過大體上的相關性說明原則應該是跟前面所說的一樣。比如有一個乘積項是性別 x 抽菸與否 ( 抽菸 = 1，未抽菸 = 0)，如果此乘積項的係數是 0.2( 正值，$e^{0.2}$ =1.22)，可以解讀為：女性抽菸後得到冠心病的勝

算率爲男性的 1.22 倍；此即意謂：與男性相較之下，抽菸對女性 ( 性別：女 = 1，男 = 0) 得到冠心病發的影響要比抽菸對男性的影響來得大；或是：女性從不抽菸變成抽菸所帶來冠心病發的風險，要比男性從不抽菸變成抽菸所帶來冠心病發的風險來得高；也就是：女性性別與抽菸互動之下，與冠心病發機率有正相關。( 乘積項的勝算比率是女性抽菸得到冠心病的勝算比率 / 男性抽菸得到冠心病的勝算比率 )。

## 二、分析結果與討論

```
title "Logistic 迴歸式「CHD=β₀ +β₁× age」，簡單 Logit 迴歸 .sps".
GET
  STATA FILE='D:\CD 範例 \CHD_Logit_reg.sav'.

LOGISTIC REGRESSION VARIABLES CHD
  /METHOD=ENTER age
  /PRINT=CI(95)
  /CRITERIA=PIN(0.05) POUT(0.10) ITERATE(20) CUT(0.5).
```

**Logistic** 迴歸分析結果

【A. 分析結果說明】

| Block 1: Method = Enter | | | |
|---|---|---|---|
| **Model Summary** | | | |
| Step | -2 Log likelihood | Cox & Snell R Square | Nagelkerke R Square |
| 1 | 147.700[a] | .166 | .223 |
| a. Estimation terminated at iteration number 4 because parameter estimates changed by less than .001. | | | |

**Classification Table[a,b]**

| | | | Predicted | | |
|---|---|---|---|---|---|
| | | | CHD | | Percentage |
| Observed | | | 0 | 1 | Correct |
| Step 1 | CHD | 0 | 58 | 14 | 80.6 |
| | | 1 | 26 | 27 | 50.9 |
| | Overall Percentage | | | | 68.0 |

a. The cut value is .500

**Variables in the Equation**

| | | B | S.E. | Wald | df | Sig. | Exp(B) | 95% C.I.for EXP(B) Lower | Upper |
|---|---|---|---|---|---|---|---|---|---|
| Step 1[a] | age | .072 | .017 | 18.806 | 1 | .000 | 1.075 | 1.040 | 1.110 |
| | Constant | -3.576 | .790 | 20.485 | 1 | .000 | .028 | | |

a. Variable(s) entered on step 1: age.

1. 邏輯斯迴歸式為 $\ln\left(\dfrac{P(Y=1\mid X=x)}{P(Y=0\mid X=x)}\right) = \alpha + \beta_1 x_1 + \ldots + \beta_k x_k$。

2. B 欄：是 logistic 迴歸式中，自變數對依變數的預測值，在 logistic 迴歸式是以 log-odds 為單位，它類似 OLS 迴歸式：

   $\log(\dfrac{p}{1-p}) = \log(\dfrac{\text{發生事件}}{\text{未發生事件}}) = b_0 + b_1 * x_1 + b_2 * x_2 + b_3 * x_3 + b_4 * x_4 + b_5 * x_5 + \cdots$。

3. 邏輯斯迴歸式：$E(Y_i) = \dfrac{1}{1 + e^{-(\beta_0 + \beta_1 X_{1i} + \beta_2 X_{2i} + \cdots + \beta_k X_{ki})}} = \dfrac{e^{\beta_0 + \beta_1 X_{1i} + \beta_2 X_{2i} + \cdots + \beta_k X_{ki}}}{1 + e^{\beta_0 + \beta_1 X_{1i} + \beta_2 X_{2i} + \cdots + \beta_k X_{ki}}}$。

4. S.E. 欄：logistic 迴歸係數的標準誤 (standard errors associated with the coefficients)。

5. Exp(B)：是這預測因子 (predictors) 的勝算比 (odds ratios)。

6. Wald 及 Sig 二欄：分別是 Wald chi-square 檢定及其雙尾 p-value，它的虛無假設「$H_0$：the coefficient (parameter) is 0」。若 p 值小於 ($\alpha = 0.05$) 則 logistic 迴歸係數達統計學上的顯著。

7. 在上表，迴歸係數 B、S.E.(standard errors)、及 p-values(Sig.)，都可看出 case_control 預測 disease 達統計顯著性。

8. age 每增加一單位 (1 歲 )，「odds of 心臟病 (CHD)」就增加 1.075 單位。

9. $\ln\left(\dfrac{P_{no心臟病}}{1-P_{no心臟病}}\right) = \ln\left(\dfrac{P_{no心臟病}}{P_{yes心s心}}\right) = -3.576 + .072 \times age$

$= \exp(.028) + \exp(1.075) \times age$

上列迴歸方程式可解釋為未控制「其他共變數」的影響時，age 每增加一單位「得心臟病」的勝算就增加 1.075 (= $\exp^{0.072}$) 倍，且有統計上顯著的差異 (p < .05)。

## 1-3 邏輯斯迴歸的建模 (logistic regression 指令 )

邏輯斯迴歸 (logistic regression 或 logit regression)，即邏輯模型 ( 英語：logit model，也譯作「評定模型」、「分類評定模型」) 是離散選擇法模型之一，屬於多元變量分析範疇，是社會學、生物統計學、臨床、數量心理學、計量經濟學、市場行銷等統計實證分析的常用方法。

## 1-3-1 Logistic 迴歸分析：三個預測因子有二個連續變數、一個次序變數 ( 大學申請入學之錄取條件？)

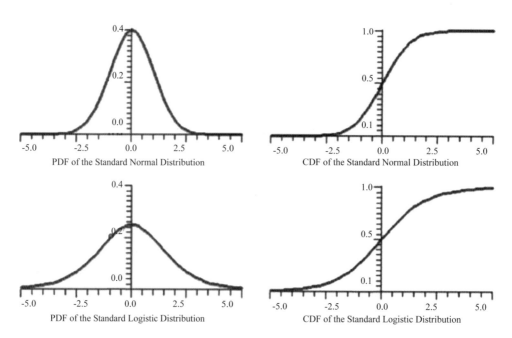

The Standard Normal and Standard Logistic Probability Distributions

圖 **1-31** 標準常態 vs. 標準 Logistic 分布圖

　　Logistic 迴歸旨在估計勝算比 (odds ratio)；Cox 迴歸旨在估計危險比 (hazard ratio)。logistic 迴歸，也稱為 logit 模型，用來模擬 binary 結果變數 ( 即依變數、反應變數 )。在 logistic 迴歸模型中，依變數的 log odds，是一群預測變數 (predictor variables) 的線性組合。

　　Binary 是指「0、1」所組合的數據，故 STaTa 的 logit 迴歸或 logistic 迴歸，依變數的編碼，只限「0、1」，不可「1、2」。

　　對於較多變數且每個變數分成較多類組之資料，二元變數，其相對的列聯表 (contingency table) 會出現稀疏性，直接針對資料去找尋邏輯斯迴歸模型 (logistic regression model) 及對數線性模型 (log-linear model) 時，空細格 (empty cell) 會使參數估計值出現發散現象 ( 可改用 exlogistic 指令，Exact logistic regression)，因此使用 STaTa 一些統計方法做資料分析，要注意如何篩選出那些才是重要的解釋

變數或將變數 level( 類組 ) 適當的合併，以降低稀疏性的發生率，使我們得到收斂的結果。

## 一、邏輯斯迴歸分析之重點

1. 邏輯斯迴歸模型解釋、邏輯斯迴歸的推論。
2. 模型檢驗、屬質變數的邏輯值模型、多元邏輯斯迴歸。
3. 樣本大小與檢定 (power)。

## 二、Logistic 迴歸的原理：勝算比 (odds ratio) 或稱為相對風險 (relative risk)

以「受訪者是否 (0, 1) 發生某事件 (event)」( 死亡、病發、倒閉、犯罪被捕……) 之二元 (binary) 依變數為例。logistic 迴歸係假設解釋變數 (x) 與受試者是否發生某事件 (y) 之間必須符合下列 logistic 函數：

$$P(y \mid x) = \frac{1}{1 + e^{-\sum b_i \times x_i}}$$

其中 $b_i$ 代表對應解釋變數的係數，y 屬二元變數 (binary variable)，若 y = 1 表示受訪者有發生某事件 ( 死亡、病發、倒閉、犯罪被捕……)；反之，若 y = 0 則表示該受訪者未發生某事件。因此 P(y = 1|x) 表示當自變數 x 已知時，該受訪者有發生某事件的機率；P(y = 0|x) 表示當自變數 x 已知時，該受訪者未發生某事件的機率。

Logistic 函數之分子分母同時乘以 $e^{\sum b_i \times x_i}$ 後，上式變為：

$$P(y \mid x) = \frac{1}{1 + e^{-\sum b_i \times x_i}} = \frac{e^{\sum b_i \times x_i}}{1 + e^{\sum b_i \times x_i}}$$

將上式之左右兩側均以 1 減去，可以得到：

$$1 - P(y \mid x) == \frac{1}{1 + e^{\sum b_i \times x_i}}$$

再將上面二式相除，則可以得到：

$$\frac{P(y \mid x)}{1 - P(y \mid x)} == e^{\sum b_i \times x_i}$$

針對上式，兩邊同時取自然對數，可以得到：

$$\ln\left(\frac{P(y\,|\,x)}{1-P(y\,|\,x)}\right) == \ln\left(e^{\sum b_i \times x_i}\right) = \sum b_i \times x_i$$

經由上述公式推導可將原自變數非線性的關係，轉換成以線性關係來表達。其中 $\frac{P(y\,|\,x)}{1-P(y\,|\,x)}$ 可代表受訪者有發生某事件 (e.g. 死亡、病發、倒閉、犯罪被捕……) 的勝算比 (odds ratio) 或稱為相對風險 (relative risk)。

## 三、Cox 存活模型與 logistic 模型之比較

Noh 等人 (2005) 發現，Cox 模型具有較低的型 I 錯誤 ($\alpha$)。由於降低型 I 錯誤可以減少解釋變數 (e.g. 錯誤授信 ) 對結果變數的預測失準 (e.g. 金融機構所造成的損失 )，而 Cox 存活模型係半參數模型，不必指心是否違反常態 / 韋伯 / 脆弱分布之假定 (assumption)。

舉例來說，金融放款違約問題，存活分析最主要的好處在於可以預測違約接近的時點，雖然 logistic 模型亦可預測出未來一段時間內的違約機率，但不能預測接近違約的時點。

Logistic 迴歸 (logistic 指令 ) 旨在估計勝算比 (odds ratio)；Cox 迴歸 (stcox、svy: stcox 指令 ) 及參數存活模型 (streg、svy: streg、stcrreg、xtstreg、mestreg 指令 ) 旨在估計危險比 (hazard ratio)。

Cox 存活模型之詳情，請見作者《生物醫學統計分析》一書。

範例：多元 logistic 迴歸 (logistic regression 指令 )

在 logistic 迴歸式是以 log-odds 為單位，它類似 OLS 迴歸式：

$$\log(\frac{p}{1-p}) = \log(\frac{發生事件}{未發生事件}) = b_0 + b_1{*}x_1 + b_2{*}x_2 + b_3{*}x_3 + b_4{*}x_4 + \cdots$$

有 400 名學生申請入學資料，如下表所示。這個「binary_Logistic.sav」(dataset)，依變數 admit：代表入學申請是否被錄取。預測變數有三個：GRE，GPA 和排名 (rank)，前二者是連續變數；rank 是類別變數代表你想就讀學院的學術威望 (1 代表最高的威望，4 代表最低的威望 )。共有 400 名入學申請名單。

表 1-15　**400 名學生申請入學資料**

| ID | 依變數 | 預測變數 | | |
|----|--------|----------|--|--|
| | Admit( 申請入學被錄取嗎 ) | GRE 成績 | GPA 成績 | Rank( 威望 ) |
| 1 | 0 | 380 | 3.61 | 3 |
| 2 | 1 | 660 | 3.67 | 3 |
| 3 | 1 | 800 | 4 | 1 |
| 4 | 1 | 640 | 3.19 | 4 |
| 5 | 0 | 520 | 2.93 | 4 |
| 6 | 1 | 760 | 3 | 2 |
| 7 | 1 | 560 | 2.98 | 1 |
| 8 | 0 | 400 | 3.08 | 2 |
| 9 | 1 | 540 | 3.39 | 3 |
| 10 | 0 | 700 | 3.92 | 2 |
| 11 | 0 | 800 | 4 | 4 |
| 12 | 0 | 440 | 3.22 | 1 |
| 13 | 1 | 760 | 4 | 1 |
| 14 | 0 | 700 | 3.08 | 2 |
| 15 | 1 | 700 | 4 | 1 |
| 16 | 0 | 480 | 3.44 | 3 |
| 17 | 0 | 780 | 3.87 | 4 |
| 18 | 0 | 360 | 2.56 | 3 |
| 19 | 0 | 800 | 3.75 | 2 |
| 20 | 1 | 540 | 3.81 | 1 |
| … | … | … | … | … |
| 392 | 1 | 660 | 3.88 | 2 |
| 393 | 1 | 600 | 3.38 | 3 |
| 394 | 1 | 620 | 3.75 | 2 |
| 395 | 1 | 460 | 3.99 | 2 |
| 396 | 0 | 620 | 4 | 2 |
| 397 | 0 | 560 | 3.04 | 3 |
| 398 | 0 | 460 | 2.63 | 2 |
| 399 | 0 | 700 | 3.65 | 2 |
| 400 | 0 | 600 | 3.89 | 3 |

## 四、資料檔之內容

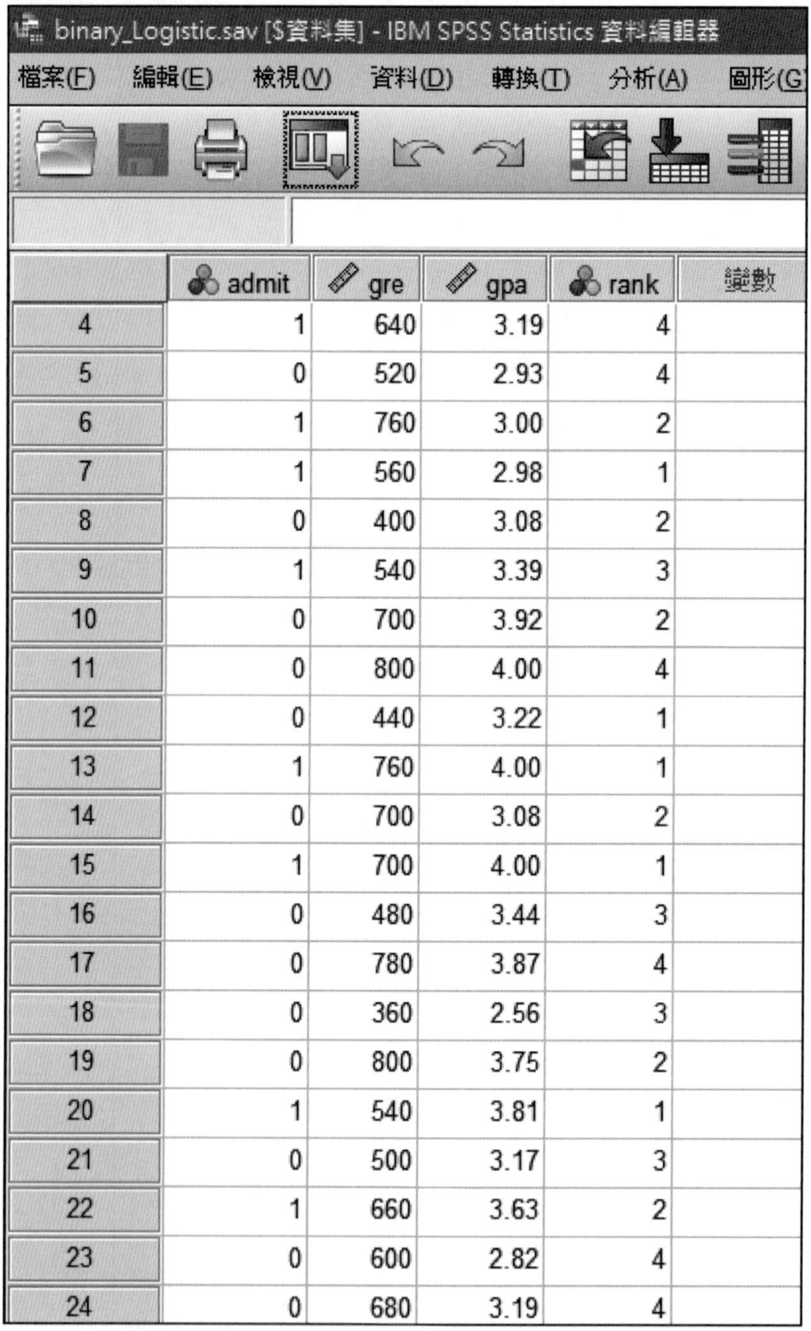

| | admit | gre | gpa | rank | 變數 |
|---|---|---|---|---|---|
| 4 | 1 | 640 | 3.19 | 4 | |
| 5 | 0 | 520 | 2.93 | 4 | |
| 6 | 1 | 760 | 3.00 | 2 | |
| 7 | 1 | 560 | 2.98 | 1 | |
| 8 | 0 | 400 | 3.08 | 2 | |
| 9 | 1 | 540 | 3.39 | 3 | |
| 10 | 0 | 700 | 3.92 | 2 | |
| 11 | 0 | 800 | 4.00 | 4 | |
| 12 | 0 | 440 | 3.22 | 1 | |
| 13 | 1 | 760 | 4.00 | 1 | |
| 14 | 0 | 700 | 3.08 | 2 | |
| 15 | 1 | 700 | 4.00 | 1 | |
| 16 | 0 | 480 | 3.44 | 3 | |
| 17 | 0 | 780 | 3.87 | 4 | |
| 18 | 0 | 360 | 2.56 | 3 | |
| 19 | 0 | 800 | 3.75 | 2 | |
| 20 | 1 | 540 | 3.81 | 1 | |
| 21 | 0 | 500 | 3.17 | 3 | |
| 22 | 1 | 660 | 3.63 | 2 | |
| 23 | 0 | 600 | 2.82 | 4 | |
| 24 | 0 | 680 | 3.19 | 4 | |

圖 1-32 「binary_Logistic.sav」 資料檔内容 (N=400 個人，4 個變數)

## 五、分析結果與討論

Step 1 思考可用的分析法

1. Logistic 迴歸：本範例之解說重點。

2. Probit 迴歸：Probit 分析結果，類似 logistic 迴歸，這可依你個人偏好來選誰。

3. 最小平方法 (OLS) 迴歸：binary 反應變數，套在 OLS 迴歸，就變成條件機率所建構的「線性機率模型」。但誤差 (殘差) 就會違反「誤差同質性及常態性」的假定，導至結果產生無效的標準差及假設檢定。有關這類疑問，你可參考 Long(1997, p.38-40)。

4. Two-group 的區別 / 判別(discriminant) 分析：亦是二元依變數之多變量分析法。

5. Hotelling's $T^2$：依變數「0 / 1」當作 grouping 變數。三個預測變數當作依變數。此法雖可行，但是只能求得「整體」檢定的顯著性，無法知道 3 個「個別」係數的顯著性，而且無法得知每個 "predictor" 調整後對其他二個 "predictor" 的影響力。

Step 2 **Logistic 迴歸：三個預測因子有二個連續變數及一個次序變數**

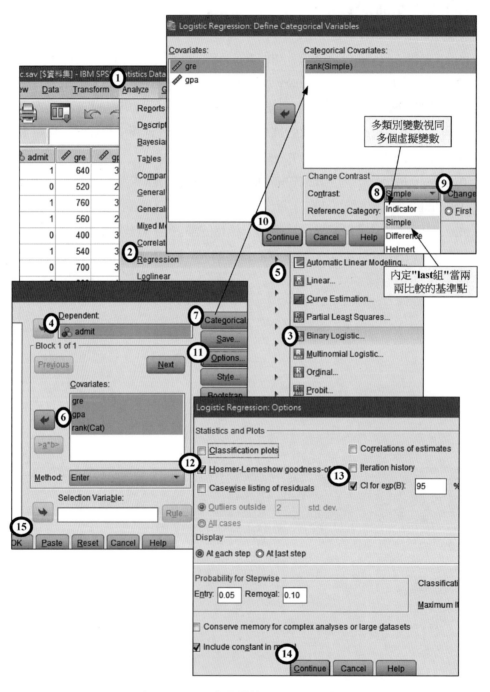

圖 1-33　logit 界定 gre 及 gpa 為自變數，rank 為「factor variable」

對應的指令語法：

```
title " 多元 Logistic 迴歸 .sps".
GET
  STATA FILE='D:\CD 範例 \binary_Logistic.sav'.

* 多類別變數 rank( 次序變數 )：內定 "last 組 " 當兩兩比較的基準點 .
LOGISTIC REGRESSION VARIABLES admit
  /METHOD=ENTER gre gpa rank
  /CONTRAST (rank)= Simple
  /PRINT=GOODFIT CI(95)
  /CRITERIA=PIN(0.05) POUT(0.10) ITERATE(20) CUT(0.5).
```

| Hosmer and Lemeshow Test | | | |
|---|---|---|---|
| Step | Chi-square | df | Sig. |
| 1 | 11.085 | 8 | .197 |

| Contingency Table for Hosmer and Lemeshow Test | | | | | | |
|---|---|---|---|---|---|---|
| | | admit = 0 | | admit = 1 | | |
| | | Observed | Expected | Observed | Expected | Total |
| Step 1 | 1 | 36 | 35.492 | 4 | 4.508 | 40 |
| | 2 | 35 | 33.505 | 5 | 6.495 | 40 |
| | 3 | 26 | 32.108 | 14 | 7.892 | 40 |
| | 4 | 32 | 30.463 | 8 | 9.537 | 40 |
| | 5 | 31 | 28.749 | 9 | 11.251 | 40 |
| | 6 | 28 | 27.243 | 12 | 12.757 | 40 |
| | 7 | 29 | 25.663 | 11 | 14.337 | 40 |
| | 8 | 19 | 23.827 | 21 | 16.173 | 40 |
| | 9 | 21 | 20.751 | 19 | 19.249 | 40 |
| | 10 | 16 | 15.199 | 24 | 24.801 | 40 |

1. Hosmer and Lemeshow Test：chi-square = 11.085，$p > 0.05$，表示界定模型，至少有一個解釋變數的迴歸係數不為 0。

**Classification Table[a,b]**

| | | | Predicted | | |
|---|---|---|---|---|---|
| | | | admit | | Percentage Correct |
| Observed | | | 0 | 1 | |
| Step 1 | admit | 0 | 254 | 19 | 93.0 |
| | | 1 | 97 | 30 | 23.6 |
| | Overall Percentage | | | | 71.0 |

a. The cut value is .500

1. 本模型之分類正確率為 71%。

**Variables in the Equation**

| | | B | S.E. | Wald | df | Sig. | Exp(B) | 95% C.I.for EXP(B) | |
|---|---|---|---|---|---|---|---|---|---|
| | | | | | | | | Lower | Upper |
| Step 1[a] | gre | .002 | .001 | 4.284 | 1 | .038 | 1.002 | 1.000 | 1.004 |
| | gpa | .804 | .332 | 5.872 | 1 | .015 | 2.235 | 1.166 | 4.282 |
| | rank | | | 20.895 | 3 | .000 | | | |
| | rank(1) | 1.551 | .418 | 13.787 | 1 | .000 | 4.718 | 2.080 | 10.702 |
| | rank(2) | .876 | .367 | 5.706 | 1 | .017 | 2.401 | 1.170 | 4.927 |
| | rank(3) | .211 | .393 | .289 | 1 | .591 | 1.235 | .572 | 2.668 |
| | Constant | -4.882 | 1.113 | 19.234 | 1 | .000 | .008 | | |

a. Variable(s) entered on step 1: gre, gpa, rank.

1. 邏輯斯迴歸式為 $\ln\left(\dfrac{P(Y=1\,|\,X=x)}{P(Y=0\,|\,X=x)}\right) = \alpha + \beta_1 x_1 + ... + \beta_k x_k$。

2. B 欄：是 logistic 迴歸式中，自變數對依變數的預測值，在 logistic 迴歸式是以 log-odds 為單位，「B」值愈大，表示該自變數對依變數的收關性 (relevance) 愈高。它類似 OLS 迴歸式。

   $\log(\dfrac{p}{1-p}) = \log(\dfrac{發生事件}{未發生事件}) = b_0 + b_1*x_1 + b_2*x_2 + b_3*x_3 + b_4*x_4 + b_5*x_5 + \cdots$

3. 因界定「/CONTRAST (rank)= Simple」，是將多類別變數 rank( 次序變數 )

視為四個虛擬變數「rank = 1，rank = 2，rank = 3; rank = 4 是省略類別」，「Simple」內定 "last 組 " 當兩兩比較的基準點。

本例 rank(1)、rank(2)，係數 B 達到「正向」顯著性 (p < .05)，代表自變數 Rank 四組中：「Rank 1 vs. Rank 4」、「Rank 2 vs. Rank 4」對二元變數 admit 「正向」顯著差異的效果，但「Rank 3 vs. Rank 4」對二元變數 admit 則無「正向」顯著差異的效果。所謂「正向係數 B」顯著差異，例如：「Rank 1 vs. Rank 4」是指「Rank 1 組對依變數的效果優於 Rank 4 組」；反之則反。

4. 邏輯斯迴歸式：$E(Y_i) = \dfrac{1}{1 + e^{-(\beta_0 + \beta_1 X_{1i} + \beta_2 X_{2i} + \cdots + \beta_k X_{ki})}} = \dfrac{e^{\beta_0 + \beta_1 X_{1i} + \beta_2 X_{2i} + \cdots + \beta_k X_{ki}}}{1 + e^{\beta_0 + \beta_1 X_{1i} + \beta_2 X_{2i} + \cdots + \beta_k X_{ki}}}$ 。

5. S.E. 欄：Logistic 迴歸係數的標準誤 (standard errors associated with the coefficients)。

6. Exp (B)：是這預測因子 (predictors) 的勝算比 (odds ratios)。

7. Wald 及 Sig 二欄：分別是 Wald chi-square 檢定及其雙尾 p-value，它的虛無假設「$H_0$：the coefficient (parameter) is 0」。若 p 值小於 ($\alpha$ = 0.05) 則 logistic 迴歸係數達統計學上的顯著。

8. 在上表，C、standard errors、Waldc、p-values 及 95%CI，都可看出 GRE 和 GPA 均達統計顯著性。

9. 邏輯斯迴歸式為 $\ln\left(\dfrac{P(Y=1\,|\,X=x)}{P(Y=0\,|\,X=x)}\right) = \alpha + \beta_1 x_1 + \ldots + \beta_k x_k$

$$\ln\left(\frac{P_{\text{admit}}}{1 - P_{\text{admit}}}\right) = -4.882 + 0.002\,gre + 0.804\,gpa + 1.55(rank = 1) + 0.876(rank = 2)$$
$$+ 0.21(rank = 3)$$

10. 「在沒有其他解釋變數」的影響下，gre 每增加一單位，其勝算比就增加 1.002 (=$\exp^{0.002}$) 倍，且有統計上顯著的差異 (p < 0.05)。

    「在沒有其他解釋變數」的影響下，gpa 每增加一單位，其勝算比就增加 2.235 (=$\exp^{0.804}$) 倍，且有統計上顯著的差異 (p < 0.05)。

11. 虛擬變數之 Rank( 你就讀學院的威望 )，由最高「Rank 1」降低一個單位，至「Rank 2」，就會降低「log odds of admission」0.675 單位。

12. 邏輯斯迴歸式：$E(Y_i) = \dfrac{1}{1 + e^{-(\beta_0 + \beta_1 X_{1i} + \beta_2 X_{2i} + \cdots + \beta_k X_{ki})}} = \dfrac{e^{\beta_0 + \beta_1 X_{1i} + \beta_2 X_{2i} + \cdots + \beta_k X_{ki}}}{1 + e^{\beta_0 + \beta_1 X_{1i} + \beta_2 X_{2i} + \cdots + \beta_k X_{ki}}}$ 。

13. logit 以最大概似 (maximum likelihood) 來適配二元反應變數的 logit 模型。

### 1-3-2 如何挑選「多元 Logit 迴歸之最佳模型」：早產兒之 危險因子 (logistic regression 指令)

範例：如何界定最優的 logit 模型呢？(logistic regression 指令)

## 一、問題說明

為了解早產兒之影響因素有哪些？(分析單位：個人)

研究者蒐集數據並整理成下表，此「lowbwt.sav」資料檔內容之變數如下：

| 變數名稱 | 說明 | 編碼 Codes/Values |
|---|---|---|
| 結果變數 / 依變數：low | 早產兒嗎 | 0,1(binary data) |
| 解釋變數 / 自變數：lwt | 產婦體重 | |
| 解釋變數 / 自變數：age | 產婦年齡 | |
| 解釋變數 / 自變數：race_2 | 其他種族 vs. 黑人白人 | 0,1(binary data) |
| 解釋變數 / 自變數：race_3 | 白人種族 vs. 黑人其他種族 | 0,1(binary data) |
| 解釋變數 / 自變數：ftv | number of physician visits during the first trimester | |

## 二、資料檔之內容

「lowbwt.sav」資料檔內容如下圖。

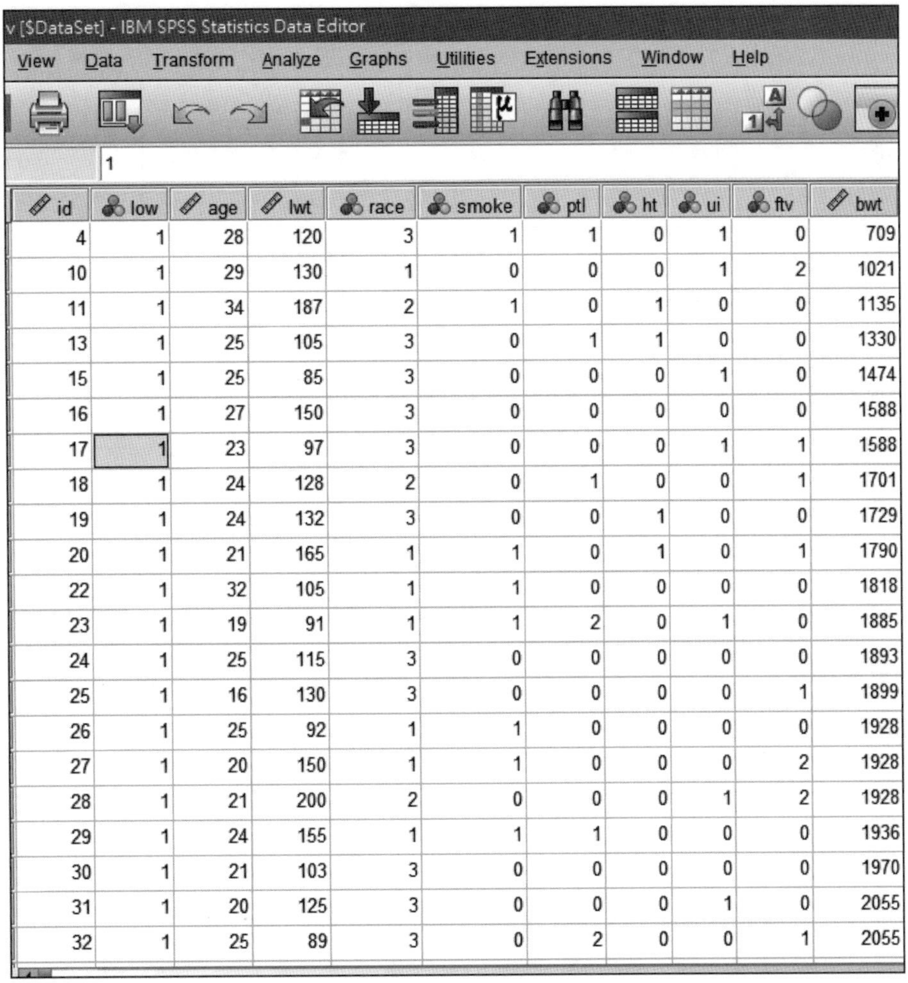


| id | low | age | lwt | race | smoke | ptl | ht | ui | ftv | bwt |
|---|---|---|---|---|---|---|---|---|---|---|
| 4 | 1 | 28 | 120 | 3 | 1 | 1 | 0 | 1 | 0 | 709 |
| 10 | 1 | 29 | 130 | 1 | 0 | 0 | 0 | 1 | 2 | 1021 |
| 11 | 1 | 34 | 187 | 2 | 1 | 0 | 1 | 0 | 0 | 1135 |
| 13 | 1 | 25 | 105 | 3 | 0 | 1 | 1 | 0 | 0 | 1330 |
| 15 | 1 | 25 | 85 | 3 | 0 | 0 | 0 | 1 | 0 | 1474 |
| 16 | 1 | 27 | 150 | 3 | 0 | 0 | 0 | 0 | 0 | 1588 |
| 17 | 1 | 23 | 97 | 3 | 0 | 0 | 0 | 1 | 1 | 1588 |
| 18 | 1 | 24 | 128 | 2 | 0 | 1 | 0 | 0 | 1 | 1701 |
| 19 | 1 | 24 | 132 | 3 | 0 | 0 | 1 | 0 | 0 | 1729 |
| 20 | 1 | 21 | 165 | 1 | 1 | 0 | 1 | 0 | 1 | 1790 |
| 22 | 1 | 32 | 105 | 1 | 1 | 0 | 0 | 0 | 0 | 1818 |
| 23 | 1 | 19 | 91 | 1 | 1 | 2 | 0 | 1 | 0 | 1885 |
| 24 | 1 | 25 | 115 | 3 | 0 | 0 | 0 | 0 | 0 | 1893 |
| 25 | 1 | 16 | 130 | 3 | 0 | 0 | 0 | 0 | 1 | 1899 |
| 26 | 1 | 25 | 92 | 1 | 1 | 0 | 0 | 0 | 0 | 1928 |
| 27 | 1 | 20 | 150 | 1 | 1 | 0 | 0 | 0 | 2 | 1928 |
| 28 | 1 | 21 | 200 | 2 | 0 | 0 | 0 | 1 | 2 | 1928 |
| 29 | 1 | 24 | 155 | 1 | 1 | 1 | 0 | 0 | 0 | 1936 |
| 30 | 1 | 21 | 103 | 3 | 0 | 0 | 0 | 0 | 0 | 1970 |
| 31 | 1 | 20 | 125 | 3 | 0 | 0 | 0 | 1 | 0 | 2055 |
| 32 | 1 | 25 | 89 | 3 | 0 | 2 | 0 | 0 | 1 | 2055 |

圖 1-34　「lowbwt.sav」 資料檔內容 (N = 189 個人 )

## 觀察資料之特徵

```
title " 多元 Logit 迴歸之最佳模型 .sps".
subtitle " 觀察資料之特徵 ".
GET
  STATA FILE='D:\CD 範例 \lowbwt.sav'.

FREQUENCIES VARIABLES=race
  /ORDER=ANALYSIS.
```

| race | | Frequency | Percent | Valid Percent | Cumulative Percent |
|---|---|---|---|---|---|
| Valid | white | 96 | 50.8 | 50.8 | 50.8 |
| | black | 26 | 13.8 | 13.8 | 64.6 |
| | 其他色 | 67 | 35.4 | 35.4 | 100.0 |
| | Total | 189 | 100.0 | 100.0 | |

---

**定義：廣義邏輯斯迴歸模型 (generalized logistic regression model)**

此模型首先指定某一組爲參考組，接著其他組一一與此參考組做比較，其數學式如下：

$$\log\left(\frac{\pi_j}{\pi_1}\right) = \alpha_j + \beta_j x \text{，} j = 2, \cdots J$$

若反應變數分三類，例如：不重要、中等重要、很重要，則可得兩個數學式如下：

$$\log\left(\frac{\pi_{中等重要}}{\pi_{不重要}}\right) = \alpha_2 + \beta_2 x \text{ 及 } \log\left(\frac{\pi_{很重要}}{\pi_{不重要}}\right) = \alpha_3 + \beta_3 x$$

以上兩個數學式，可視爲兩個二元邏輯斯迴歸模型。

---

## 三、分析結果與討論

**Step 1** 解釋變數全部納入 **logistic** 分析

假設你研究架構，logistic 模型已規劃五個解釋變數，如下圖。

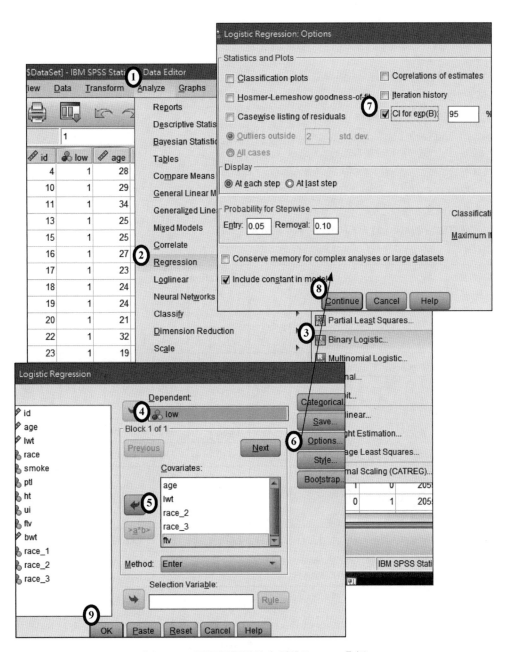

圖 1-35　五個解釋變數全部納入 logit 分析

對應的指令語法：

```
title " 多元 Logit 迴歸之最佳模型 .sps".
GET
    STATA FILE='D:\CD 範例 \lowbwt.sav'.

subtitle " 五個解釋變數全部納入 logistic".
LOGISTIC REGRESSION VARIABLES low
    /METHOD=ENTER age lwt race_2 race_3 ftv
    /PRINT=CI(95)
    /CRITERIA=PIN(0.05) POUT(0.10) ITERATE(20) CUT(0.5).
```

**Variables in the Equation**

| | | B | S.E. | Wald | df | Sig. | Exp(B) | 95% C.I.for EXP(B) Lower | Upper |
|---|---|---|---|---|---|---|---|---|---|
| Step 1[a] | age of mother | -.024 | .034 | .499 | 1 | .480 | .976 | .914 | 1.043 |
| | weight of mother at pounds | -.014 | .007 | 4.743 | 1 | .029 | .986 | .973 | .999 |
| | race==black | 1.004 | .498 | 4.066 | 1 | .044 | 2.729 | 1.029 | 7.240 |
| | race== 其他色 | .433 | .362 | 1.430 | 1 | .232 | 1.542 | .758 | 3.136 |
| | number of physician visits during the first trimester | -.049 | .167 | .087 | 1 | .768 | .952 | .686 | 1.321 |
| | Constant | 1.295 | 1.071 | 1.462 | 1 | .227 | 3.652 | | |

a. Variable(s) entered on step 1: age of mother, weight of mother at pounds, race==black, race== 其他色 , number of physician visits during the first trimester.

1. 影響造成產婦生早產兒的因素，包括：lwt( 媽媽體重太輕 )、race_2( 其他種族比白黑人更易早產 )，但 age、ftv 則不影響早產兒。

**Step 2** 只剩有顯著之二個解釋變數，才納入 logistic 分析

```
title " 多元 Logit 迴歸之最佳模型 .sps".
GET
  STATA FILE='D:\CD 範例 \lowbwt.sav'.


subtitle " 只剩有顯著之二個解釋變數 ".
LOGISTIC REGRESSION VARIABLES low
  /METHOD=ENTER lwt race_2 race_2
  /PRINT=CI(95)
  /CRITERIA=PIN(0.05) POUT(0.10) ITERATE(20) CUT(0.5).
```

**Variables in the Equation**

| | | B | S.E. | Wald | df | Sig. | Exp(B) | 95% C.I.for EXP(B) Lower | Upper |
|---|---|---|---|---|---|---|---|---|---|
| Step 1[a] | weight of mother at pounds | -.017 | .006 | 6.822 | 1 | .009 | .983 | .971 | .996 |
| | race==black | .891 | .465 | 3.669 | 1 | .055 | 2.439 | .979 | 6.072 |
| | Constant | 1.198 | .796 | 2.266 | 1 | .132 | 3.315 | | |

a. Variable(s) entered on step 1: weight of mother at pounds, race==black.

1. 邏輯斯迴歸式：$E(Y_i) = \dfrac{1}{1 + e^{-(\beta_0 + \beta_1 X_{1i} + \beta_2 X_{2i} + \cdots + \beta_k X_{ki})}} = \dfrac{e^{\beta_0 + \beta_1 X_{1i} + \beta_2 X_{2i} + \cdots + \beta_k X_{ki}}}{1 + e^{\beta_0 + \beta_1 X_{1i} + \beta_2 X_{2i} + \cdots + \beta_k X_{ki}}}$

$$\ln\left(\frac{P_{bwt<=2500g}}{1 - P_{bwt<=2500g}}\right) = 1.198 - 0.017 \times \text{lwt} + 0.891 \times (\text{race} = 2)$$

上列迴歸方程式可解釋為，在控制 race 的影響後，媽媽體重 (lwt) 每增加 1 磅生出早產兒的勝算為 $0.983(=\exp^{-0.017})$ 倍，且達到統計上的顯著差異 ($p < 0.05$)。在控制產婦體重 (lwt) 的影響後，白人產婦生出早產兒的勝算為黑人的 $2.9439(=\exp^{0.891})$ 倍，且有統計上顯著的差異 ($p < 0.05$)。

2. B 欄：是 logistic 迴歸式中，自變數對依變數的預測值，在 logistic 迴歸式是以 log-odds 為單位，「B」值愈大，表示該自變數對依變數的攸關性 (relevance)

愈高。它類似 OLS 迴歸式：

$$\log(\frac{p}{1-p}) = \log(\frac{\text{發生事件}}{\text{未發生事件}}) = b_0 + b_1*x_1 + b_2*x_2 + b_3*x_3 + b_4*x_4 + b_5*x_5 + \cdots$$

3. S.E. 欄：logistic 迴歸係數的標準誤 (standard errors associated with the coefficients)。

4. Exp(B)：是這預測因子 (predictors) 的勝算比 (odds ratios).。

5. Wald 及 Sig 二欄：分別是 Wald chi-square 檢定及其雙尾 p-value，它的虛無假設「$H_0$：the coefficient (parameter) is 0」。若 p 值小於 ($\alpha = 0.05$) 則 logistic 迴歸係數達統計學上的顯著。

## 1-3-3 練習題：邏輯斯迴歸分析 ( 母蟹 crab 有追求者嗎？)

範例：*母馬蹄蟹有追求者嗎？*

### 一、問題說明

為了解母馬蹄蟹被追求之因素有哪些？( 分析單位：母馬蹄蟹 )

研究者蒐集數據並整理成下表，此「crab.sav」資料檔內容之變數如下：

| 變數名稱 | 說明 | 編碼 Codes/Values |
|---|---|---|
| 結果變數 / 依變數：y | 母馬蹄蟹有追求者嗎 | 0,1(binary data) |
| 解釋變數 / 自變數：width | 母蟹寬度 | 21～33.58 公分 |
| 解釋變數 / 自變數：color | 母蟹分 4 顏色 | 1～4 色彩程度 |
| 解釋變數 / 自變數：satell | 原先追求者 ( 在洞口守候公蟹 ) 數目，再分割為有及無追求者兩類 (y) | 0～15 隻公蟹守候 |

「crab.sav」資料檔內容如下圖。

| color | spine | width | satell | weight | y | n | dark | a | wmean |
|---|---|---|---|---|---|---|---|---|---|
| 4 | 3 | 22.50 | 4 | 1.48 | 1 | 1 | 0 | 1 | 22.69 |
| 3 | 3 | 22.00 | 0 | 1.40 | 0 | 1 | 1 | 1 | 22.69 |
| 3 | 3 | 23.10 | 0 | 1.65 | 0 | 1 | 1 | 1 | 22.69 |
| 2 | 1 | 22.90 | 0 | 1.60 | 0 | 1 | 1 | 1 | 22.69 |
| 2 | 2 | 23.20 | 4 | 1.95 | 1 | 1 | 1 | 1 | 22.69 |
| 3 | 3 | 23.00 | 0 | 1.80 | 0 | 1 | 1 | 1 | 22.69 |
| 3 | 3 | 22.50 | 0 | 1.55 | 0 | 1 | 1 | 1 | 22.69 |
| 3 | 3 | 23.10 | 0 | 1.55 | 0 | 1 | 1 | 1 | 22.69 |
| 2 | 2 | 22.90 | 0 | 1.60 | 0 | 1 | 1 | 1 | 22.69 |
| 3 | 3 | 23.00 | 1 | 1.65 | 1 | 1 | 1 | 1 | 22.69 |
| 4 | 2 | 21.00 | 0 | 1.85 | 0 | 1 | 0 | 1 | 22.69 |
| 2 | 1 | 23.10 | 0 | 2.00 | 0 | 1 | 1 | 1 | 22.69 |
| 2 | 3 | 22.90 | 4 | 1.60 | 1 | 1 | 1 | 1 | 22.69 |
| 2 | 1 | 22.50 | 1 | 1.60 | 1 | 1 | 1 | 1 | 22.69 |
| 3 | 3 | 23.80 | 0 | 1.80 | 0 | 1 | 1 | 2 | 23.84 |
| 3 | 3 | 23.80 | 6 | 1.80 | 1 | 1 | 1 | 2 | 23.84 |
| 4 | 3 | 23.70 | 0 | 1.80 | 0 | 1 | 0 | 2 | 23.84 |
| 3 | 3 | 24.20 | 0 | 1.90 | 0 | 1 | 1 | 2 | 23.84 |
| 3 | 3 | 24.10 | 0 | 1.80 | 0 | 1 | 1 | 2 | 23.84 |
| 2 | 1 | 23.70 | 0 | 1.95 | 0 | 1 | 1 | 2 | 23.84 |
| 2 | 2 | 24.00 | 0 | 1.70 | 0 | 1 | 1 | 2 | 23.84 |

圖 1-36 「crab.sav」 資料檔內容 (N=173 隻母蟹)

## 二、分析結果與討論

本例可自己練習，解答，請見作者《邏輯斯迴歸及離散選擇模型：應用STaTa 統計》一書，該書內容包括：邏輯斯迴歸 vs. 多元邏輯斯迴歸、配對資料的條件 Logistic 迴歸分析、Multinomial Logistic Regression、特定方案 Rank-ordered logistic 迴歸、零膨脹 ordered probit regression 迴歸、配對資料的條件邏輯斯迴歸、特定方案 conditional logistic model、離散選擇模型、多層次邏輯斯迴歸……。

# 1-4　邏輯斯迴歸之建模法 (logistic regression、fp / fracpoly 指令 )

## 1-4-1　評比敵對模型，適配指標有七種：ROC……

　　常見迴歸模型 ( 單層 vs. 多層 )、( 單模型 vs. 混合模型 )、( 多元迴歸 vs.SEM、VAR、VECM)、( 單階段 vs. 多階段 )、( 連續 vs. 離散結果變數 )……，其「模型適配度」檢定法有下列七種：

1. 專家之配對比較量表 (scale of paired comparison)：AHP 法 ( 層級分析法 ) 之 C.I. 及 R.I<0.1，不同評審給分才有一致性。請見作者《模糊多準評估法及統計》一書。

2. SEM 適配度的準則 (Criteria for Goodness-of-fit)，如下表：

(1) 整體模型適配 (Overall model fit)
– Chi-Square test( 建議值 p-value > 0.05)

(2) 增量適配指標 (Incremental fit indices)
– Comparative Fit Index( 建議值 CFI >= 0.90)
– Non-Normed Fit Index( 建議值 NNFI >= 0.90)

(3) 殘差為主的指標 (Residual-based Indices)
– Root Mean Square Error of Approximation( 建議值 RMSEA,= 0.05)
– Standardized Root Mean Square Residual( 建議值 SRMR <= 0.05)
– Root Mean Square Residual ( 建議值 RMR <= 0.05)
– Goodness of Fit Index ( 建議值 GFI >= 0.95)
– Adjusted Goodness of Fit Index ( 建議值 AGFI >= 0.90)

(4) 比較兩個模型之指標 (Model Comparison Indices)
– Chi-Square Difference Test
– Akaike 資訊準則 ( 兩個競爭模型之 AIC 較小者，適配越佳 )
– Bayesian Information Criterion ( 兩個競爭模型之 BIC 較小者，適配越佳 )

　　SEM 進一步詳情，請見作者《STaTa 在結構方程模型及試題反應理論》一書。

3. 資訊準則 (information criterion, IC)：SPSS 提供 NOMREG 指令 (Multinomial Logistic Regression)「/PRINT ic」可印出 AIC、BIC。

資訊準則 (information criterion) 亦可用來說明模型的解釋能力 ( 較常用來作為模型選取的準則，而非單純描述模型的解釋能力 )。

(1) AIC (Akaike Information Criterion)

$$AIC = \ln\left(\frac{ESS}{T}\right) + \frac{2k}{T}$$

(2) BIC (Bayes Information Criterion) 或 SIC(Schwartz) 或 SBC

$$BIC = \ln\left(\frac{ESS}{T}\right) + \frac{k\ln(T)}{T}$$

(3) AIC 與 BIC 愈小，代表模型的解釋能力愈好（用的變數愈少，或是誤差平方和愈小）。

其中：K 是參數的數量，L 是概似函數。

假設條件是模型的誤差服從獨立常態分布。

讓 n 為觀察數，RSS 為殘差平方和，那麼 AIC 變為：

AIC = 2k + n ln(RSS/n)

增加自由參數的數目，提高了模型適配性。AIC 鼓勵數據適配的優良性但是儘量避免出現過度適配 (overfitting) 的情況。

所以，優先考慮的模型應是 AIC 值**最小**的那一個。赤池訊息量準則的方法是尋找可以最好地解釋數據但包含最少自由參數的模型。

4. 誤差愈小者愈佳。例如：樣本外預測。

通常，執行樣本外預測的程序為：

**Step 1** 以樣本內 $\{y_1, y_2, \cdots, y_N\}$ 來估計時間序列模型。

**Step 2** 建構預測：$\hat{y}_{(N+1)\leftarrow N}, \hat{y}_{(N+2)\leftarrow(N+1)}, \cdots, \hat{y}_{(T)\leftarrow(T-1)}$。

**Step 3** 以「$e = \hat{y} - y$」公式來建構預測誤差：$\hat{e}_{(N+1)\leftarrow N}, \hat{e}_{(N+2)\leftarrow(N+1)}, \cdots, \hat{e}_{(T)\leftarrow(T-1)}$。

**Step 4** 計算 $MS_E$ 的估計式：

$$\widehat{MSE} = \frac{1}{P} \sum_{j=T-P}^{T-1} \hat{e}_{j+1,j}^2$$

**Step 5** 如果有兩個時間數列模型 $A$ 與 $B$，我們可以分別求得：誤差均方 $MSE_A$ 與 $MSE_B$。若 $MSE_A < MSE_B$，則稱模型 $A$ 之預測表現比 $B$ 佳。

5. LR( 概似檢定 ) 法：常用在 ARIMA(p,d,q)、VAR、SVAR( 結構式向量自我迴歸 )、兩階段迴歸模型、似不相關迴歸、多層混合模型、logistic 迴歸、次序迴歸……。

時間序列請見作者《Panel-data 迴歸模型：STaTa 在廣義時間序列的應用》一書。多層次模型請見作者《多層次模型 (HLM) 及重複測量：使用 STaTa》一書。及《邏輯斯迴歸及離散選擇模型：應用 STaTa 統計》等書，都有實例介紹 LR( 概似檢定 ) 法。

6. 判定係數 $R^2$：連續依變數之多元迴歸，其 $R^2$ 值愈大表示模型適配愈佳；相對地，離散依變數之多元迴歸 (e.g. 機率迴歸、xtprobit、Zero-truncated negative binomial、Poisson 等迴歸 ) 之 pseudo $R^2$ 值愈大亦表示模型適配愈佳。

$$pseudo\text{-}R^2 = 1 - L1/L0$$

其中，L0 和 L1 分別是 constant-only、full model log-likelihoods。

進一步詳情，請見作者《STaTa 與高等統計分析》一書。

7. 繪 logistic 迴歸式之 Receiver Operating Characteristics (ROC) 曲線。

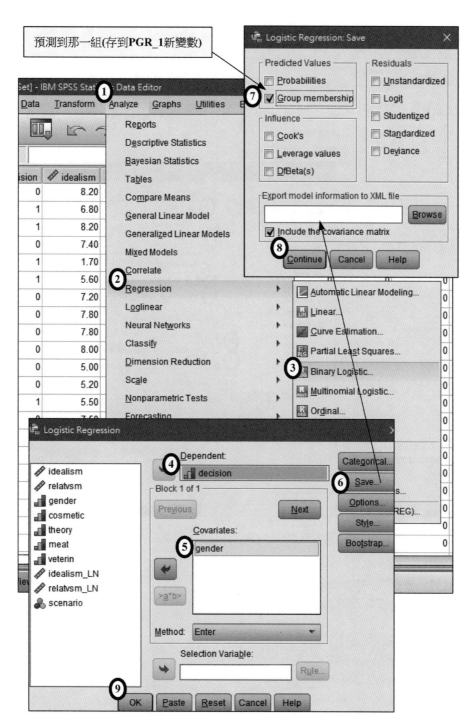

圖 1-37　繪 Logistic 迴歸式之 Receiver Operating Characteristics (ROC) 曲線 [ 預測到那一組 ( 存到 PGR_1 新變數 )]

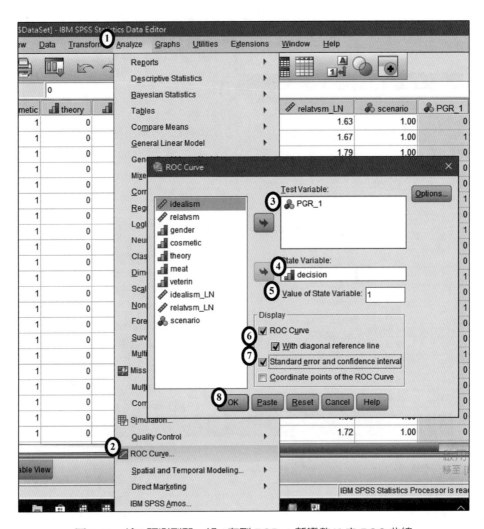

圖 1-38　繪 [ 預測到那一組 ( 存到 PGR_1 新變數 )] 之 ROC 曲線

預測到那一組 ( 存到 PGR_1 新變數 )
title "logistic 迴歸之 ROC 曲線 .sps，Logistic.sav 資料檔 ".
GET
　FILE='D:\CD 範例 \Logistic.sav'.

subtitle "「gender 預測 decision」logistic 迴歸 ".
* 產生：預測到那一組 ( 存到 PGR_1 新變數 ).
LOGISTIC REGRESSION VARIABLES decision
　/METHOD=ENTER gender

```
/PRINT=GOODFIT CI(95)
/CRITERIA=PIN(0.05) POUT(0.10) ITERATE(20) CUT(0.5).

subtitle "decision 預測精準度:ROC".
ROC PGR_1 BY decision (1)
  /PLOT=CURVE(REFERENCE)
  /PRINT=SE
  /CRITERIA=CUTOFF(INCLUDE) TESTPOS(LARGE) DISTRIBUTION(FREE) CI(95)
  /MISSING=EXCLUDE.
```

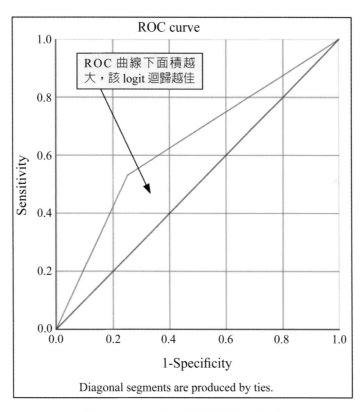

圖 1-39　decision 預測精準度：ROC

　　AUC 數值一般的判別準則如下，若模型 AUC = 0.692 ≈ 0.7，落入「可接受的區別力 (acceptable discrimination)」區。

| AUC = 0.5 | 幾乎沒有區別力 (no discrimination) |
|---|---|
| 0.5 ≦ AUC < 0.7 | 較低區別力 ( 準確性 ) |
| 0.7 ≦ AUC<0.8 | 可接受的區別力 (acceptable discrimination) |
| 0.8 ≦ AUC<0.9 | 好的區別力 (excellent discrimination) |
| AUC ≧ 0.9 | 非常好的區別力 (outstanding discrimination) |

Logistic 迴歸分析請見作者：《邏輯斯迴歸及離散選擇模型：應用 STaTa 統計》一書。

## 1-4-2 邏輯斯迴歸之共變數係數調整法 (fractional polynomial regression):STaTa 範例 (fp 或 fracpoly 指令 )

範例：分式多項式迴歸之建模方法 (Model-Building Strategies and Methods for Fractional polynomial regression)

### 一、問題說明

為了解 dfree 之危險因子有哪些？( 分析單位：個人 )

研究者蒐集數據並整理成下表，此「hosmeruis.sav」資料檔內容之變數如下：

| 變數名稱 age | 說明 | 編碼 Codes / Values |
|---|---|---|
| 結果變數 / 依變數：dfree | remained drug free for 12 months | 0,1(binary data) |
| 解釋變數 / 自變數：age | age at enrollment-years | 20～56 歲 |
| 解釋變數 / 自變數：beck | beck depression score at admission | 0～54 分 |
| 解釋變數 / 自變數：ivhx | iv drug use history at admission | 1～3 次數 |
| 解釋變數 / 自變數：ndrugtx | number of prior drug treatments | 0～40 次數 |
| 解釋變數 / 自變數：race | 種族 | 0,1(binary data) |
| 解釋變數 / 自變數：treat | treatment randomization assignment | 0,1(binary data) |
| 解釋變數 / 自變數：site | 處理治療地點 treatment site | 0,1(binary data) |

## 二、資料檔之內容

「hosmeruis.sav」資料檔內容如下圖。

| id | age | beck | ivhx | ndrugtx | race | treat | site | dfree |
|----|-----|-------|------|---------|------|-------|------|-------|
| 1 | 39 | 9.00 | 3 | 1 | 0 | 1 | 0 | 0 |
| 2 | 33 | 34.00 | 2 | 8 | 0 | 1 | 0 | 0 |
| 3 | 33 | 10.00 | 3 | 3 | 0 | 1 | 0 | 0 |
| 4 | 32 | 20.00 | 3 | 1 | 0 | 0 | 0 | 0 |
| 5 | 24 | 5.00 | 1 | 5 | 1 | 1 | 0 | 1 |
| 6 | 30 | 32.55 | 3 | 1 | 0 | 1 | 0 | 0 |
| 7 | 39 | 19.00 | 3 | 34 | 0 | 1 | 0 | 1 |
| 8 | 27 | 10.00 | 3 | 2 | 0 | 1 | 0 | 0 |
| 9 | 40 | 29.00 | 3 | 3 | 0 | 1 | 0 | 0 |
| 10 | 36 | 25.00 | 3 | 7 | 0 | 1 | 0 | 0 |
| 11 | 38 | 18.90 | 3 | 8 | 0 | 1 | 0 | 0 |
| 12 | 29 | 16.00 | 1 | 1 | 0 | 1 | 0 | 0 |
| 13 | 32 | 36.00 | 3 | 2 | 1 | 1 | 0 | 1 |
| 14 | 41 | 19.00 | 3 | 8 | 0 | 1 | 0 | 0 |
| 15 | 31 | 18.00 | 3 | 1 | 0 | 1 | 0 | 0 |
| 16 | 27 | 12.00 | 3 | 3 | 0 | 1 | 0 | 0 |
| 17 | 28 | 34.00 | 3 | 6 | 0 | 1 | 0 | 0 |
| 18 | 28 | 23.00 | 2 | 1 | 0 | 1 | 0 | 0 |
| 19 | 36 | 26.00 | 1 | 15 | 1 | 1 | 0 | 1 |
| 20 | 32 | 18.90 | 3 | 5 | 0 | 1 | 0 | 1 |
| 21 | 33 | 15.00 | 1 | 1 | 0 | 0 | 0 | 1 |

圖 1-40 「hosmeruis.sav」 資料檔內容 (N = 575 個人)

**觀察資料之特徵**

```
* 開啟資料檔
. use hosmeruis, clear

--------------------------------------------------------------------------
              storage  display   value
variable name type     format    label     variable label
--------------------------------------------------------------------------
id            double   %10.0g               identification code
age           double   %10.0g               age at enrollment-years
beck          double   %10.0g               beck depression score at admission
ivhx          double   %10.0g     ivhx      iv drug use history at admission
ndrugtx       double   %10.0g               number of prior drug treatments
race          double   %10.0g     race      race
treat         double   %10.0g     treat     treatment randomization assignment
site          double   %10.0g     site      treatment site
dfree         double   %10.0g     dfree     remained drug free for 12 months
--------------------------------------------------------------------------
```

　　儘管 SPSS 沒有提供 "Fractional polynomial regression" 指令，本題解法，你可參考作者《邏輯斯迴歸及離散選擇模型：應用 STaTa 統計》一書，該書內容包括：邏輯斯迴歸 vs. 多元邏輯斯迴歸、配對資料的條件 Logistic 迴歸分析、Multinomial Logistic Regression、特定方案 Rank-ordered logistic 迴歸、零膨脹 ordered probit regression 迴歸、配對資料的條件邏輯斯迴歸、特定方案 conditional logistic model、離散選擇模型、多層次邏輯斯迴歸……。

## 1-5 邏輯斯迴歸搭配 ROC 曲線來做篩檢工具之分類準確性

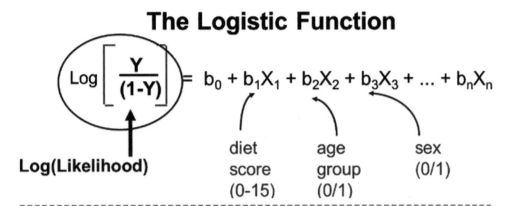

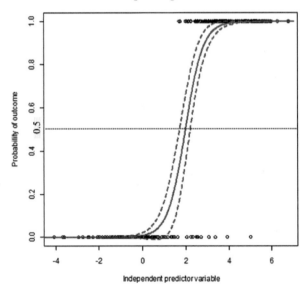

圖 1-41　multiple logistic 函數之示意圖

### 1-5-1 Type I 誤差 $\alpha$ 及 Type II 誤差 $\beta$：ROC 圖切斷點的由來

#### 一、檢定力 (1-$\beta$) vs. Type I 誤差 $\alpha$ 及 Type II 誤差 $\beta$

統計檢定進行時，除了可探測結果之顯著性，相對的存在一定的風險，即可能發生誤差 (error) 的機會。

假設檢定的目的就是利用統計的方式，推測虛無假設 $H_0$ 是否成立。若虛無假設事實上成立，但統計檢驗的結果不支持虛無假設 ( 拒絕虛無假設 )，這種錯誤稱為第一型錯誤 $\alpha$。若虛無假設事實上不成立，但統計檢驗的結果支持虛無假設 ( 接受虛無假設 )，這種錯誤稱為第二型錯誤 $\beta$。

1. 何謂顯著水準 $\alpha$ (significance level $\alpha$)？何謂型 I 誤差 (type I error)？何謂型 II 誤差 (type II error)？何謂檢定力 (the power of a test)？

   (1) 顯著水準 $\alpha$ (significance level $\alpha$)：$\alpha$ 指決策時所犯第一型誤差的「最大機率」，所以依據統計研究的容忍程度，一般我們在檢定前都要先界定最大的第一型誤差，再進行檢定。

   (2) 第一型誤差 $\alpha$ (type I error)：當虛無假設 $H_0$ 為真，卻因抽樣誤差導致決策為拒絕 $H_0$，此種誤差稱為型 I 誤差。型 I 誤差 = 拒絕 $H_0$ | $H_0$ 為真，$\alpha$ = P(Reject $H_0$ | $H_0$ is true)

   (3) 第二型誤差 $\beta$ (type II error)：當虛無假設 $H_0$ 為假，卻因抽樣誤差導致決策不拒絕 $H_0$，此種誤差稱為型 II 誤差。型 II 誤差 = 不拒絕 $H_0$ | $H_0$ 為假，$\beta$ = P(Non-Reject $H_0$ | $H_0$ is false)

   (4) 當虛無假設 $H_0$ 為假，經檢定後拒絕 $H_0$ 的機率稱為檢定力 (power)。( 也就是正確拒絕 $H_0$ 的機率 )。power = P(Reject $H_0$ | $H_0$ is false)

2. 顯著水準即是型 I 誤差的最大機率，當 $\alpha$ 愈大則 $\beta$ 愈小 power 愈大。

3. 當 $\alpha$ 為 0 則無法拒絕 $H_0$ 則根本不會有 power。

4. 樣本數 n 愈大則 $\alpha$、$\beta$ 愈小 power 愈大。

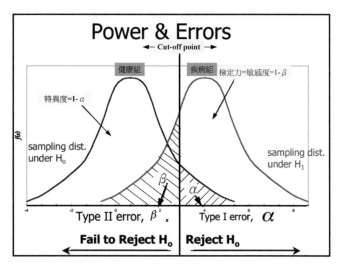

圖 1-42　檢定力 $(1-\beta)$ vs. Type I 誤差 $\alpha$ 及 Type II 誤差 $\beta$

當我們在進行統計檢定時，基本上根據有限的樣本數量，對母體的實際分布作一推估，必然會有誤差之風險。這種「誤差」可分二種：

(1) 第一型誤差 (type I error) $\alpha$：當虛無假設 $H_0$ 為真，卻因抽樣誤差導致決策為拒絕 $H_0$ (the probability of rejecting a true null hypothesis)，此種誤差稱為 $\alpha$ 誤差。犯 Type I error 之機率即為 $\alpha$。

(2) 第二型誤差 (type II error) $\beta$：當虛無假設 $H_0$ 為假，卻因抽樣誤差導致決策不拒絕 $H_0$ (the probability of failing to reject a false null hypothesis)，此種誤差稱為 $\beta$ 誤差。Type II error 之機率為 $\beta$。

第一型誤差 $(\alpha)$、第二型誤差 $(\beta)$ 與 ROC 分類之關係，如下表：

| 決定 (Decision) | 真實情況 (TRUE STATE) / 工具檢驗結果 | |
| --- | --- | --- |
| | $H_1$ 為真 ( 結果陽性 )，即 $H_0$ 為假 | $H_0$ 為真 ( 工具檢驗結果為陰性 ) |
| 拒絕 $H_0$ ( 判定為有病 ) | 疾病組正確檢驗結果為有病 ( 陽性 ) 機率 p $= 1 - \beta$ **敏感度** (True Positive, TP)：a | Type I error: 健康組誤診為陽性 機率 p $= \alpha$ False Positive(FP)：b |
| 接受 $H_0$ ( 判定為沒病 ) | Type II error: 疾病組誤診為無病 機率 p $= \beta$ False Negative(FN)：c | 健康組正確檢驗結果為無病 ( 陰性 ) 機率 p $= 1 - \alpha$ **特異度** (True Negative, TN)：d |

根據檢定之前提與結果正確與否，可產生兩種不同之誤差情況，分別爲第一型誤差 α 及第二型誤差 β。以利用驗孕棒驗孕爲例。若用驗孕棒爲一位孕婦驗孕，眞實結果是沒有懷孕，這是第一型錯誤。若用驗孕棒爲一位未懷孕的女士驗孕，眞實結果是已懷孕，這是第二型錯誤。

## 二、切斷點 (cut-off point) 調動對 Type I 誤差 ($\alpha$) 與 Type II 誤差 ($\beta$) 的影響

臨床上對於糖尿病初期診斷最常使用的是空腹血糖值測定，正常人空腹血糖值平均是 100 mg/dl，標準差爲 8.5 mg/dl，而糖尿病患者空腹血糖值平均爲 126 mg/dl，標準差爲 15.0 mg/dl，假設兩族群的空腹血糖值皆爲常態分布。假如現在想利用空腹血糖值來建立一個簡單的診斷是否有糖尿病的診斷工具，假如空腹血糖值大於切斷點 C 則判定有糖尿病，反之，小於切斷點 C 則無糖尿病，下圖是以 C = 115 爲切斷點下，Type I 誤差 ($\alpha$) 及 Type II 誤差 ($\beta$) 的關係。

由下圖可看出：當我們把切斷點 C 值提高 ( 往右移 ) 時，Type I 誤差 ($\alpha$) 機率降低，但同時卻升高了 Type II 誤差 ($\beta$) 的機率，根據檢定力公式：power=1-$\beta$，當 Type II 誤差 $\beta$ 越大，則檢定力 power 也隨之變小。

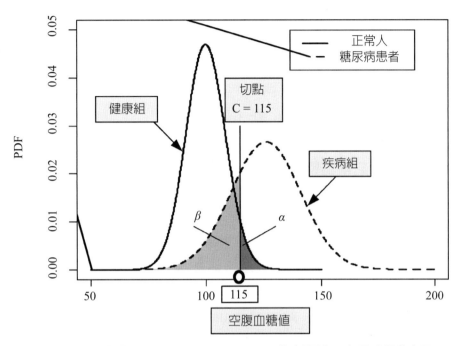

圖 1-43　當我們把切斷點提高時，Type I error($\alpha$) 機率降低，但同時卻升高了 Type II error($\beta$) 的機率

　　以驗孕棒驗孕爲例，若調高驗孕棒敏感度 ( 斷點往左移 )，雖可降低 $\alpha$ 誤差，但卻提高 $\beta$ 誤差。有關如何求得風險評級最佳斷點，STaTa 提供 rocfit、roctab 二個指令。詳情請見作者《生物醫學統計》一書「6-3-3」節及「6-3-4」節。

## 三、P 值 (P-values) 計算：通常以 Type I error( 通常取 $\alpha$ = 0.05) 為 P 值比較的臨界值

1. P 值是計算在虛無假設 $H_0$ 成立時，比觀測的檢定統計值 ( 如 $\chi^2$, z, t, HR...) 更極端 ( 與虛無假設不一致 ) 的機率。

2. 當 P 值很小時 ( 通常取 P < 0.05)，有二種可能：(1) 虛無假設 $H_0$ 是正確的，但我們觀測到一筆發生機率很低的資料 ( 這顯然不太可能發生 )；(2) 虛無假設 $H_0$ 是錯的，資料不是來自虛無假設，這個可能性比較大，所以有充分證據來拒絕 (reject) 虛無假設。

3. P 值可視爲當虛無假設 $H_0$ 成立時，依據資料會拒絕虛無假設的「風險」(risk)，當風險很小時 ( 通常取 P < 0.05)，我們當然傾向拒絕虛無假設，所以當這風險小於我們設定的顯著水準 $\alpha$ 時，我們就有充分證據來拒絕虛無假設。

## 1-6 Logit+ROC 曲線來評比：敵對 logit 模型，誰優？

### 1-6-1 ROC 曲線、cut-off 點

#### 一、ROC 曲線之重點整理

在疾病篩檢診斷工具正確性評估研究上，一般會考量以同一組實驗對象接受多種不同篩檢或診斷工具。對於此種施測工具分類正確性評估。此 2×2 ROC 分類表，源自下表之第一型誤差 ($\alpha$) 及第二型誤差 ($\beta$)，二者關係如下：

第一型誤差 ($\alpha$)、第二型誤差 ($\beta$) 與 ROC 分類之對應關係，如下表：

| | 真實情況 (TRUE STATE) / 工具檢驗結果 | |
|---|---|---|
| | $H_1$ 為真 ( 結果陽性 )，即 $H_0$ 為假 | $H_0$ 為真 ( 工具檢驗結果為陰性 ) |
| 決定 (Decision) | | |
| 拒絕 $H_0$ ( 判定為有病 ) | 疾病組正確檢驗結果為有病 ( 陽性 )<br>機率 $p = 1 - \beta$<br>**敏感度** (True Positive, TP) : a | Type I error: 健康組誤診為陽性<br>機率 $p = \alpha$<br>False Positive(FP): b |
| 接受 $H_0$ ( 判定為沒病 ) | Type II error: 疾病組誤診為無病<br>機率 $p = \beta$<br>False Negative(FN) : c | 健康組正確檢驗結果為無病 ( 陰性 )<br>機率 $p = 1 - \alpha$<br>**特異度** (True Negative, TN) : d |

以發展障礙之篩檢工具為例，其結果如下表之 2×2 分類表，它有四個 ( 交叉細格 ) 測驗準確度績效 (performance)，分別為：敏感度 (Sensitivity)、精確度 (Specificity)、陽性預測值 (Positive Predictive Value, PPV)、陰性預測值 (Negative Predictive Value, NPV)。

準確度績效之診斷 (Diagnosis)：

假陽性：是指健康的人診斷試驗結果為不正常，如同無辜的人。

假陰性：是指有病的人診斷試驗結果為正常，如同逍遙法外的歹徒。

篩檢測驗與診斷效標分類的四種可能結果與測驗準確度指標

| 發展篩檢測驗的結果 \ 決策 | 發展狀態 判定為遲緩 | 判定為發展正常 | Total |
|---|---|---|---|
| 陽性 (Positive) | a (true-positive) | b (false-positive) | a + b |
| 陰性 (Negative) | c (false-negative) | d (true-negative) | c + d |
| Total | a + c | b + d | a + b + c + d |

Sensitivity = a / (a + c)

Specificity = d / (b + d)

Positive predictive value = a / (a + b)

Negative predictive value = d / (c + d)

Overall accuracy = (a + d) / (a + b + c + d)

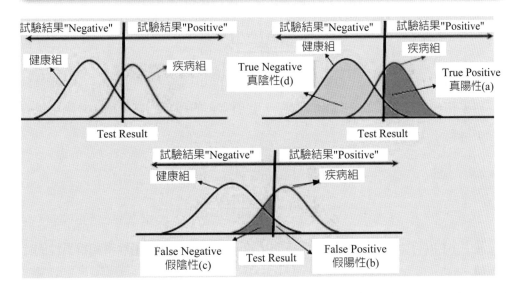

圖 1-44　將真陽性、假陽性、假陰性、真陰性之細格人數分別以 a, b, c, d 來表示

| 細格人數 | Disease(+) 生病 | Disease(-) 健康 | |
|---|---|---|---|
| Test Result(+) 陽性 | a 真陽性 | b 假陽性 | a + b |
| Test Result(-) 陰性 | c 假陰性 | d 真陰性 | c + d |
| | a + c | b + d | |

1. Sensitivity( 敏感度 )( 即檢定力 = 敏感度 = 1 − β)：為有病者診斷結果為陽性的比率 = 真陽性率 = 真陽性 / 生病 = a/a + c
   當高靈敏診斷試驗的結果為陰性，此為未罹患此疾病相當可靠的指標

2. Specificity( 特異度 )( 即 1 − α)：為沒病者診斷結果為陰性的比率 = 真陰性率 = 真陰性 / 健康 = d/b + d
   在特異性高的診斷試驗，結果陽性即表有病，因為罕見偽陽性。

3. Positive Predictive Value, PPV( 陽性預測值 )：診斷試驗結果呈現陽性且確實有病者的比率 = 真陽性 / 陽性試驗結果 = a/a + b

4. Negative Predictive Value, NPV( 陰性預測值 )：診斷試驗結果呈陰性且確實無患病者的比率 = 真陰性 / 陰性試驗結果 = d/c + d

5. 概似比 (Likelihood Ratios, LR)
   概似比為兩個機率值的比值，即在有病病人中一個特定測驗結果的機率和沒病病人中一個特定測驗結果的機率比值，概似比可以表示為：

$$LR(t) = \frac{P(T=t \mid D=1)}{P(T=t \mid D=0)}$$

其中 t 可以是一個單一測驗值，一個測驗區間，一個決策門檻的一端。當測驗結果和一個門檻值的一端相關聯時，我們有正的和負的概似比，分別可以表示為：

$$LR(+) = \frac{P(T=1 \mid D=1)}{P(T=1 \mid D=0)}$$

$$LR(-) = \frac{P(T=0 \mid D=1)}{P(T=0 \mid D=0)}$$

其中，LR(+) 為敏感度和假陽性率的比值，而 LR(−) 為假陽性率和特異性的比值。

分子：疾病中診斷試驗 ( 陽性或陰性 ) 比率。

分母：無疾病中診斷試驗 ( 陽性或陰性 ) 比率。

概似比反映一個特定的測驗結果在判斷有病和沒病之間的證據大小。當概似比的值等於 1 代表在病人有病和沒病的情況下，測驗結果是相等的；而當概似比的值大於 1 代表測驗結果在病人有病的情況下有較大的可能性；反之，當概似比的值小於 1 則代表測驗結果在病人沒病的情況下有較大的可能性。

概似比 (LR) 公式，亦可改寫成：

$$LR(+) = \frac{Pr\{T+/D+\}}{Pr\{T+/D-\}} = \frac{真陽性率}{假陽性率} = \frac{Sensitivity}{(1-Specificity)} = \frac{(a/a+c)}{(b/b+d)}$$

$$LR(-) = \frac{Pr\{T-/D+\}}{Pr\{T-/D-\}} = \frac{真陰性率}{假陰性率} = \frac{1-Sensitivity}{Specificity} = \frac{(c/a+c)}{(d/b+d)}$$

6. 概似比 (Likelihood Ratios, LR) 數值所代表的臨床意義

| 概似比 (LR) | 詮釋 (Interpretation) |
|---|---|
| LR > 10 | 強有力證據，有疾病 (Strong evidence to rule in disease) |
| 5～10 | 中度證據，有疾病 (Moderate evidence to rule in disease) |
| 2～5 | 弱的證據，有疾病 (Weak evidence to rule in disease) |
| 0.5～2.0 | No significant change in the likelihood |
| 0.2～0.5 | 弱的證據，無疾病 (Weak evidence to rule out disease) |
| 0.1～0.2 | 中度證據，無疾病 (Moderate evidence to rule out disease) |
| LR < 0.1 | 強有力證據，無疾病 (Strong evidence to rule out disease) |

## 二、切斷點 (cut-off point) 移動對 Type I 誤差 ($\alpha$) 與 Type II 誤差 ($\beta$) 的影響

臨床上對於糖尿病初期診斷最常使用的是空腹血糖值測定，正常人空腹血糖值平均是 100 mg/dl，標準差為 8.5 mg/dl，而糖尿病患者空腹血糖值平均為 126 mg/dl，標準差為 15.0 mg/dl，假設兩族群的空腹血糖值皆為常態分布。假如現在想利用空腹血糖值來建立一個簡單的診斷是否有糖尿病的診斷工具，假如空腹血糖值大於切斷點 C 則判定有糖尿病，反之，小於切斷點 C 則無糖尿病，下圖是以 C = 115 為切斷點下，Type I 誤差 ($\alpha$) 及 Type II 誤差 ($\beta$) 的關係。

由下圖可看出：當我們把切斷點 C 值提高 ( 往右移 ) 時，Type I 誤差 ($\alpha$) 機率降低，但同時卻升高了 Type II 誤差 ($\beta$) 的機率，根據檢定力公式：power=1-$\beta$，當 Type II 誤差 $\beta$ 愈大，則檢定力 power 也隨之變小。

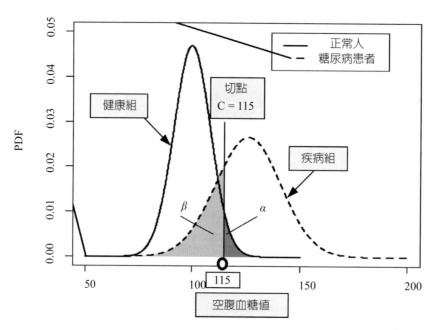

圖 1-45　當我們把切斷點提高時，　Type I error($\alpha$) 機率降低，　但同時卻升高了 Type II error($\beta$) 的機率

　　以驗孕棒驗孕爲例，若調高驗孕棒敏感度 ( 斷點往左移 )，雖可降低 $\alpha$ 誤差，但卻提高 $\beta$ 誤差。有關如何求得風險評級最佳斷點，STaTa 提供 rocfit、roctab 二個指令。詳情請見作者《生物醫學統計》一書「6-3-3」節及「6-3-4」節。

## 三、p 值 (P-values) 計算：通常以 Type I error( 取 $\alpha$=0.05) 爲 p 值比較的臨界值

1. p 值是計算在虛無假設 $H_0$ 成立時，比觀測的檢定統計值 ( 如 $\chi^2$, $z$, $t$, $HR$... ) 更極端 ( 與虛無假設不一致 ) 的機率。

2. 當 p 值很小時 ( 通常取 P < 0.05)，有二種可能：(1) 虛無假設 $H_0$ 是正確的，但我們觀測到一筆發生機率很低的資料 ( 這顯然不太可能發生 )；(2) 虛無假設 $H_0$ 是錯的，資料不是來自虛無假設，這個可能性比較大，所以有充分證據來拒絕 (reject) 虛無假設。

3. p 值可視爲當虛無假設 $H_0$ 成立時，依據資料會拒絕虛無假設的「風險」(risk)。當風險很小時 ( 通常取 P < 0.05)，我們當然傾向拒絕虛無假設，所以當這風險小於我們設定的顯著水準 $\alpha$ 時，我們就有充分證據來拒絕虛無假設。

## 1-6-2 簡單 Logit 模型搭配 ROC 曲線來找最佳 cut-off 點

ROC 曲線結合了敏感度和特異度兩個指標，除了判別某一診斷工具的準確度外，還可更進一步地建議診斷工具的最佳切點 (best cut-off point)。一般常用尋找切點的方法是 Youden 指數 (index)，即將每一個切點的敏感度 (sensitivity) 與特異度 (specificity) 相加，並取最大值，即為最佳切點。

範例：簡單 logit 模型，cut-off 點該挑哪一個呢？(model-building strategies and methods for logistic regression)

對應的指令語法：

```
* 如下方法可以產生一個 ROC 圖，它在圖上顯示測試變數分割點。基本策略如下：
* 1. Use the OMS command to direct the "Coordinates of the Curve" table in ROC output to a data file. This table will include the Test Variable cut-points, the Sensitivity, and the "1 - Specificity" (or false positive) values for each point on the ROC curve.
* 2. The ROC command follows the OMS command, with the COORDINATES keyword included in the /PRINT subcommand.
* 3. The file that was created by the OMS command is opened and is sorted by "1 - Specificity" and Sensitivity. For adjacent points with identical "1 - Specificity" values, the "1 - Specificity" value of the later point (with the higher Sensitivity) is increased by .0001. This adjustment is explained in Step 5 below,
* 4. A scatterplot is drawn with the Sensitivity as the Y axis and the "1 - Specificity" as the X axis. The cut-point variable is used to label the cases.
* 5. The graph is opened in the chart editor. The diagonal line is drawn by requesting a reference line with the fomula "Y = 1*X". A straight interpolation line is also requested. (The lines connecting each point on the graph are straight. The entire line is not straight.)
* The reason for adjusting the "1 - Specificity" in Step 3 is due to a characteristic of interpolation lines in SPSS scatterplots. When 2 or more points are exactly tied on the X-axis variable, the interpolation line will pass through the mean of their Y-axis values, rather than passing in a vertical line through each of the points as an ROC curve should do. The very minor adjustment of "1 - Specificity" avoids exact ties on the X-axis so that the line moves almost vertically from the point with lower Sensitivity to the point with higher Sensitivity. With an adjustment of only .0001, the deviation from vertical is imperceptible.
```

```
* 程式如下 .

title "ROC 最佳 cut-off 點 .sps".
* This job reads an example data set and draws an ROC curve.
* It also saves the "Coordinates of the Curve" values to a new data file.
* That new data file is opened and the ROC is redrawn

data list free / testvar gold wt.
begin data.
1 0 21
1 1 0
2 0 30
2 1 0
3 0 40
3 1 12
4 0 25
4 1 22
5 0 15
5 1 35
6 0 9
6 1 21
7 0 0
7 1 15
end data.
execute.

* 以 wt 變數來加權 .
weight by wt.
SAVE OUTFILE='d:\ROC_testval_input.sav'
/COMPRESSED.

*--------------------------.
* OMS.
OMS
/SELECT TABLES
/IF COMMANDS = ["ROC Curve"]
SUBTYPES = ["Coordinates of the Curve"]
```

```
/DESTINATION FORMAT = SAV NUMBERED = TableNumber_
 OUTFILE = "d:\testval_coord.sav"
 / tag = 'tvrocl' .


*ROC 指令用原始之預測變數 testvar.
 ROC
 testvar BY gold (1)
 /PLOT = CURVE(REFERENCE)
 /PRINT = SE COORDINATES
 /CRITERIA = CUTOFF(INCLUDE) TESTPOS(LARGE) DISTRIBUTION(FREE) CI(95)
 /MISSING = EXCLUDE .


 omsend tag = 'tvrocl' .


 get file "D:\testval_coord.sav" .


* The following sort and conditional transformation are performed to avoid having
the
* interpolation go through the mean of 2 sensitivity values with tied (1-Specificity)
values .


 SORT CASES BY
 @1Specificity (A) Sensitivity (A) .
  if (@1specificity <= lag(@1specificity)) @1specificity = lag(@1specificity) +
.0001.
 exe.


 GRAPH
 /SCATTERPLOT(BIVAR)=@1Specificity WITH Sensitivity BY
 PositiveifGreaterThanorEqualTo (NAME)
 /MISSING=LISTWISE
 /TITLE= 'ROC with cutpoints: ' 'Testvar as test; Gold as State'.


* Open the graph in the chart editor.
* Draw the diagonal by requesting a reference line from a formula from the chart
editor's
* Options menu. The formula is Y = 1*X .
```

* Request an interpolation line from the Options menu ro Interpolation Line icon .Choose a straight line.
* If there were some outliers in the state variable group (Gold = 1 in this example) with test variable values
* lower than any Gold=0 cases, so that the last step in the ROC curve would be a straigt vertical line
* at @1specificity=1 to the (1,1) coordinates, the conditional transformation above will increase the @1specificity
* to 1.0001 (or 1.0002 if the vertical line covered 2 cutpoints). If this happens, the X axis will extend to 1.2 and will need to
* be reduced to 1.0002 (for example) in the Chart Editor. The final X axis tick mark will still be labelled as 1.

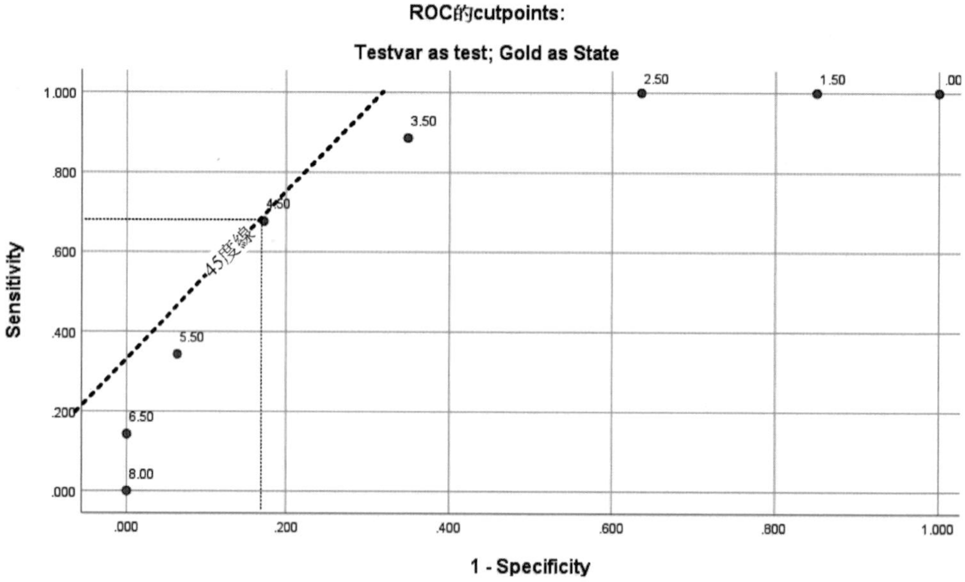

圖 1-46　找出 ROC 「testvar 預測 gold (1)」 之最佳 cut-off 點

　　圖形之縱軸 (y-axis) 為真陽性率 (true positive rate; TPR)，又稱為敏感度 (sensitivity)；橫軸 (x-axis) 為偽陽性率 (false-posiitive rate; FPR)，以 1－ 特異度 (specificity) 表示，而敏感度為將結果正確判斷為陽性的機率，特異度係將結果正確判斷為負向或陰性的機率。當指定一個分界點 (cut-point) 來區分檢驗的陽性與陰性時，這個分界點會影響到診斷工具的敏感度 (sensitivity) 及特異度

(specificity)。在醫學上，敏感度表示有病者被判為陽性的機率，而特異度表示無病者被判為陰性的機率。在曲線上的任何一個點都會對應到一組敏感度與「1-特異度」，而敏感度與特異度會受到分界點移動的影響。

## 1-6-3 練習題：多元 Logit 模型搭配 ROC 曲線來找最佳 cut-off 點

本章節將續本書「1-3 邏輯斯迴歸的建模」例子，樣本數據一樣，同為「hosmeruis.sav」或叫「uis.sav」檔。之前邏輯斯迴歸之建模法，這裡再加入 ROC 曲線之分類法。

有關 ROC 曲線，詳情請見作者《生物醫學統計分析》一書。

範例：多元 logit 模型，cut-off 點該挑哪一個呢？(model-building strategies and methods for logistic regression)

## 一、問題說明

為了解 dfree 之危險因子有哪些？( 分析單位：個人 )

研究者蒐集數據並整理成下表，此「hosmeruis.sav」資料檔內容之變數如下：

| 變數名稱 age | 說明 | 編碼 Codes / Values |
|---|---|---|
| 結果變數 / 依變數：dfree | remained drug free for 12 months | 0,1(binary data) |
| 解釋變數 / 自變數：age | age at enrollment-years | 20～56 歲 |
| 解釋變數 / 自變數：beck | beck depression score at admission | 0～54 分 |
| 解釋變數 / 自變數：ivhx | iv drug use history at admission | 1～3 次數 |
| 解釋變數 / 自變數：ndrugtx | number of prior drug treatments | 0～40 次數 |
| 解釋變數 / 自變數：race | 種族 | 0,1(binary data) |
| 解釋變數 / 自變數：treat | treatment randomization assignment | 0,1(binary data) |
| 解釋變數 / 自變數：site | 處理治療地點 treatment site | 0,1(binary data) |

## 二、資料檔之內容

「hosmeruis.sav」資料檔內容如下圖。

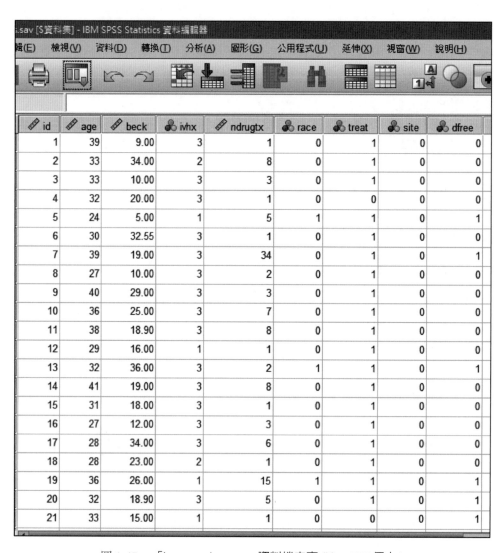

圖 1-47 「hosmeruis.sav」 資料檔內容 (N = 575 個人)

## 三、分析結果與討論

**Step 1** 變數變換

```
title "多 Logit 迴歸 +ROC 來選最佳模型 .sps".
GET
   STATA FILE=' D:\CD 範例 \hosmeruis.dta'.

subtitle "先變數變換".
compute t = (ndrugtx+1)/10.
   EXECUTE.
COMPUTE ndrgfp1 =1/(t ).
   EXECUTE.
COMPUTE ndrgfp2= ndrgfp1*LG10(t).
  EXECUTE.

* 產生交互作用項 agendrgfp1.
COMPUTE agendrgfp1 = age*ndrgfp1.
   EXECUTE.
* 產生交互作用項 racesite.
COMPUTE racesite = race*site.
   EXECUTE.
SAVE OUTFILE='D:\CD\hosmeruis2.sav'
   /COMPRESSED.
```

**Step 2** 先 **logit** 分析，再求 **ROC** 分類之正確率

之前，「1-4-2 邏輯斯迴歸之共變數係數調整法」例子，已找出較佳的解釋變數，有十個：age、ndrgfp1、ndrgfp2、ivhx2、ivhx3、race、treat、site、agendrgfp1、racesite。

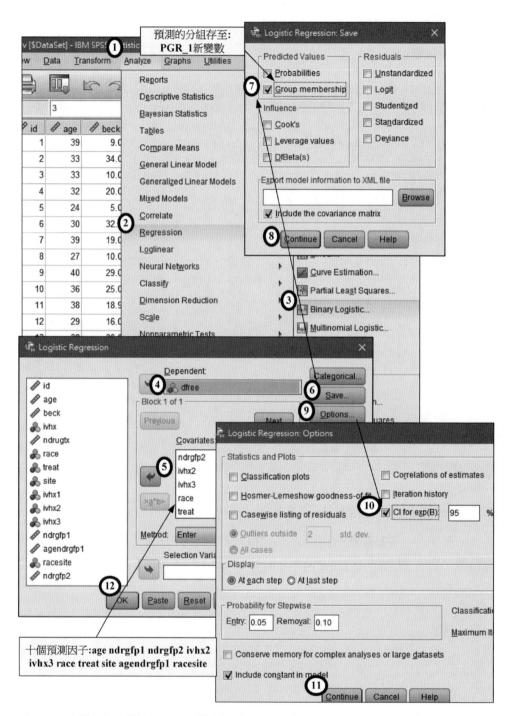

圖 1-48　十個解釋變數的邏輯斯迴歸之畫面（改用 「hosmeruis2.sav」 資料檔）（預測的分組存至 :PGR_1 新變數）

對應的指令語法：

```
title " 多 Logit 迴歸 +ROC 來選最佳模型 .sps".
subtitle " 多元 Logit 迴歸 , 用 ROC 來選最佳模型 ".
GET
    STATA FILE='D:\CD 範例 \hosmeruis2.dta'.

LOGISTIC REGRESSION VARIABLES dfree
    /METHOD=ENTER age ndrgfp1 ndrgfp2 ivhx2 ivhx3 race treat site agendrgfp1 racesite
    /SAVE=PGROUP
    /PRINT=CI(95)
    /CRITERIA=PIN(0.05) POUT(0.10) ITERATE(20) CUT(0.5).
* 預測的分組存至 :PGR_1 新變數 .
```

**【A. 分析結果說明】十個解釋變數的邏輯斯迴歸之結果**

**Variables in the Equation**

| | | B | S.E. | Wald | df | Sig. | Exp(B) | 95% C.I.for EXP(B) Lower | Upper |
|---|---|---|---|---|---|---|---|---|---|
| Step 1[a] | age at enrollment-years | .117 | .029 | 16.317 | 1 | .000 | 1.124 | 1.062 | 1.189 |
| | ndrgfp1 | 1.669 | .407 | 16.804 | 1 | .000 | 5.307 | 2.389 | 11.787 |
| | ndrgfp2 | .999 | .269 | 13.762 | 1 | .000 | 2.714 | 1.602 | 4.601 |
| | ivhx==previous | -.635 | .299 | 4.514 | 1 | .034 | .530 | .295 | .952 |
| | ivhx==recent | -.705 | .262 | 7.263 | 1 | .007 | .494 | .296 | .825 |
| | race | .684 | .264 | 6.708 | 1 | .010 | 1.982 | 1.181 | 3.326 |
| | treatment randomization assignment | .435 | .204 | 4.556 | 1 | .033 | 1.545 | 1.036 | 2.303 |
| | treatment site | .516 | .255 | 4.101 | 1 | .043 | 1.676 | 1.017 | 2.761 |
| | agendrgfp1 | -.015 | .006 | 6.419 | 1 | .011 | .985 | .973 | .997 |
| | racesite | -1.429 | .530 | 7.280 | 1 | .007 | .239 | .085 | .676 |
| | Constant | -6.844 | 1.219 | 31.504 | 1 | .000 | .001 | | |

a. Variable(s) entered on step 1: age at enrollment-years, ndrgfp1, ndrgfp2, ivhx==previous, ivhx==recent, race, treatment randomization assignment, treatment site, agendrgfp1, racesite.

1. 十個解釋變數對二元依變數都達顯著的預測力 (p<.05)。

Step 3 ROC 分類之正確率，會隨著 cut-off 值移動而變動，故要 ROC 曲線再評比：首先，未指定 cut-off 值

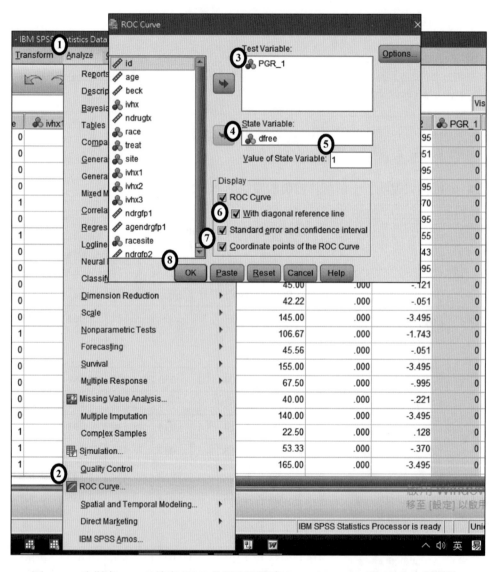

圖 1-49　未指定 cut-off 值之 ROC 分類之正確率 (cut-off=0.5，　用 PGR_1 新變數 )

對應的指令語法：

```
subtitle " 未指定 cut-off 值之 ROC 分類之正確率 ".

ROC PGR_1 BY dfree (1)
   /PLOT=CURVE(REFERENCE)
   /PRINT=SE COORDINATES
   /CRITERIA=CUTOFF(INCLUDE) TESTPOS(LARGE) DISTRIBUTION(FREE) CI(95)
   /MISSING=EXCLUDE.
```

**Area Under the Curve**

Test Result Variable(s):  Predicted group

| Area |
|---|
| .542 |

The test result variable(s): Predicted group has at least one tie between the positive actual state group and the negative actual state group. Statistics may be biased.

**Coordinates of the Curve**

Test Result Variable(s):  Predicted group

| Positive if Greater Than or Equal To a | Sensitivity | 1 - Specificity |
|---|---|---|
| -1.00 | 1.000 | 1.000 |
| .50 | .109 | .026 |
| 2.00 | .000 | .000 |

The test result variable(s): Predicted group has at least one tie between the positive actual state group and the negative actual state group.

a. The smallest cutoff value is the minimum observed test value minus 1, and the largest cutoff value is the maximum observed test value plus 1. All the other cutoff values are the averages of two consecutive ordered observed test values.

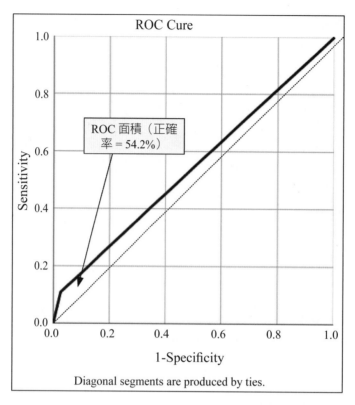

圖 1-50　未指定 cut-off 值之 ROC 面積 ( 正確率 =54.2%) (cut-off=0.5，　不是最佳的 )

　　本例的後續步驟如下，可惜 SPSS 不像 STaTa 可自定 cut-off 值，依序自定 cut-off 為：0.6、0.5、0.1、0.15、0.2、0.25…。解答請見作者《邏輯斯迴歸及離散選擇模型：應用 STaTa 統計》一書。

Step 4　指定：**cutoff(.6)**

指定 cut-off 值 (.6) 之 ROC 分類之正確率 ( 用 PGR_1 新變數 )。

Step 5　指定：**cutoff(.05)**

Step 6　指定：**cutoff(.1)**

Step 7　指定：**cutoff(.15)**

Step 8　指定：**cutoff(.2)**

Step 9　指定：**cutoff(.25)**

本例用 Stata 之 lsens 指令找出最佳 cut-off 值在 dfree 為 0.255。如下表所示。

```
. estat classification, cutoff(.255)

Logistic model for dfree


              -------- True --------
Classified |       D        ~D  |     Total
-----------+--------------------+-----------
     +     |      96       159  |      255
     -     |      51       269  |      320
-----------+--------------------+-----------
   Total   |     147       428  |      575

Classified + if predicted Pr(D) >= .255
True D defined as dfree != 0
--------------------------------------------------
Sensitivity                     Pr( +| D)   65.31%
Specificity                     Pr( -|~D)   62.85%
Positive predictive value       Pr( D| +)   37.65%
Negative predictive value       Pr(~D| -)   84.06%
--------------------------------------------------
False + rate for true ~D        Pr( +|~D)   37.15%
False - rate for true D         Pr( -| D)   34.69%
False + rate for classified +   Pr(~D| +)   62.35%
False - rate for classified -   Pr( D| -)   15.94%
--------------------------------------------------
Correctly classified                        63.48%
--------------------------------------------------
```

1. lsens 指令找出最佳 cut-off 值在 dfree 為 0.255。即「Sensitivity+Specificity」達到極大化。

2. Sensitivity 為 65.31%；Specificity 為 62.85%。

   Step 10 指定：**cutoff(.3)**

   Step 11 指定：**cutoff(.5)**

**Step 12** 改用 **Stata** 之 **lsens** 指令旨在 **graph sensitivity and specificity versus probability cutoff**

```
. quietly logit dfree age ndrgfp1 ndrgfp2 ivhx2 ivhx3 race treat site agendrgfp1
racesite
. lsens
```

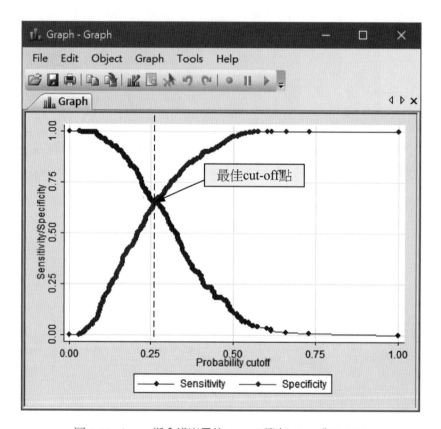

圖 **1-51** lsens 指令找出最佳 cut-off 值在 dfree 為 0.255

　　上圖，縱軸 (y-axis) 爲眞陽性率 (true positive rate; TPR)，又稱爲敏感度 (sensitivity) 再除以特異度的比值；橫軸 (x-axis) 爲截斷點機率。其中，敏感度爲將結果正確判斷爲陽性的機率，特異度係將結果正確判斷爲負向或陰性的機率。當指定一個分界點 (cut-point)來區分檢驗的陽性與陰性時，這個分界點會影響到診斷工具的敏感度及特異度。

在醫學上，敏感度表示有病者被判爲陽性的機率，而特異度表示無病者被判爲陰性的機率。在曲線上的任何一個點都會對應到一組敏感度與「1-特異度」，而敏感度與特異度會受到分界點移動的影響。

Step 13  lroc 指令旨在 compute area under ROC curve and graph the curve

```
. quietly logit dfree age ndrgfp1 ndrgfp2 ivhx2 ivhx3 race treat site agendrgfp1
racesite
. lroc

Logistic model for dfree

number of observations =      575
area under ROC curve   =    0.6989
```

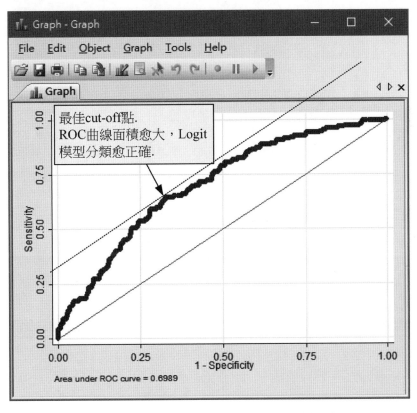

圖 1-52　lroc 指令找出最佳 cut-off 值 ( 最大 ROC 曲線面積爲 0.6989)

Step 14

```
. logit dfree age ndrgfpl ndrgfp2 ivhx2 ivhx3 race treat site agendrgfpl racesite

Logistic regression                              Number of obs   =      575
                                                 LR chi2(10)     =    55.77
                                                 Prob > chi2     =   0.0000
Log likelihood = -298.98146                      Pseudo R2       =   0.0853

-------------------------------------------------------------------------------
      dfree |     Coef.    Std. Err.      z     P>|z|    [95% Conf. Interval]
------------+------------------------------------------------------------------
        age |  .1166385    .0288749    4.04   0.000    .0600446    .1732323
    ndrgfpl |  1.669035    .407152     4.10   0.000    .871032     2.467038
    ndrgfp2 |  .4336886    .1169052    3.71   0.000    .2045586    .6628185
      ivhx2 | -.6346307    .2987192   -2.12   0.034   -1.220109   -.0491518
      ivhx3 | -.7049475    .2615805   -2.69   0.007   -1.217636   -.1922591
       race |  .6841068    .2641355    2.59   0.010    .1664107    1.201803
      treat |  .4349255    .2037596    2.13   0.033    .035564     .834287
       site |  .516201     .2548881    2.03   0.043    .0166295    1.015773
   agendrgfpl| -.0152697    .0060268   -2.53   0.011   -.0270819   -.0034575
   racesite | -1.429457    .5297806   -2.70   0.007   -2.467808   -.3911062
       _cons | -6.843864    1.219316   -5.61   0.000   -9.23368    -4.454048
-------------------------------------------------------------------------------
```

Step 15 繪「**Pregibon's dbeta-Pr(dfree)**」散布圖

```
. predict p
(option pr assumed; Pr(dfree))
. predict db, db
. graph twoway scatter db p, xlabel(0(.2)1) ylabel(0 .15 .3)
```

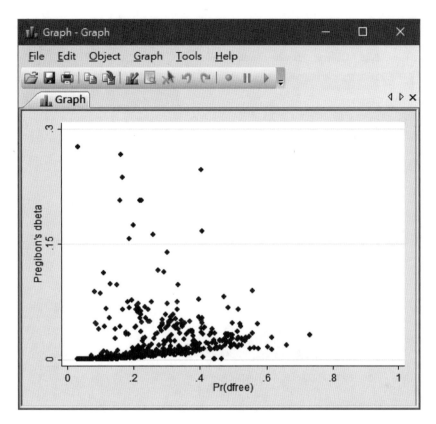

圖 1-53　繪 「Pregibon's dbeta-Pr(dfree)」 散布圖

**Step 16** 繪「H-L dX^2 - Pr(dfree)」散布圖

```
. predict dx, dx2
. graph twoway scatter dx p [weight=db], xlabel(0(.2)1) ylabel(0 15 30) msymbol(oh)
(analytic weights assumed)
```

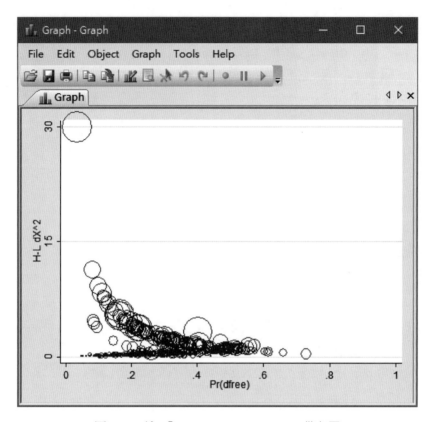

圖 1-54　繪　「H-L dX＾2 - Pr(dfree)」　散布圖

## 1-7 小樣本 :Exact logistic regression( 是否染愛滋病毒之二種血清檢測值 )(exlogistic 指令 )

由於 SPSS 並無 "exact logistic regression" 指令，故可參考作者《邏輯斯迴歸及離散選擇模型：應用 STaTa 統計》一書。

STaTa 提供 exlogistic 指令，專門針對小樣本、分層資料做邏輯斯迴歸，謂之 exact logistic regression。

**Exact Logistic Regression** 的應用

中樞聽覺障礙與阿茲海默症：從耳道到大腦皮質

背景：聽覺障礙的原因包含周邊聽覺障礙、中樞聽覺障礙、注意力問題或聽覺理解問題，造成病人生活困難，更可能引發失智症者妄想。近年來，聽覺障礙與阿茲海默症 (Alzheimer's disease, AD) 的關係逐漸受到重視，國外甚至有學者提出聽覺障礙可能是阿茲海默症的危險因子。中樞聽覺動用的腦區包含顳葉、前額葉與頂葉，若此為早期阿茲海默症受損腦區，中樞聽覺可能受到影響。

目的：本研究欲比較不同年齡層 ( 極 ) 輕度阿茲海默症病人與認知健康者中樞聽覺之差異，並加以探討阿茲海默症與中樞聽覺障礙的關係。

方法：予隨機抽樣之 AD 組與認知健康組一般及神經心理學測驗、周邊聽力測驗、聽覺理解測驗與中樞聽力測驗 (Dichotic Digits Test, DDT 及 Dichotic Sentence Identification, DSI)，並分析兩組左右耳同時接受不同聲音時的反應。

結果：共 102 位 AD 病人 (60–69 歲 32 位、70–79 歲 33 位、80 歲以上 37 位 ) 與 91 位健康者 (60–69 歲 35 位、70–79 歲 31 位、80 歲以上 25 位 ) 完成本研究。依年齡分層比較，三個年齡層在周邊聽覺、聽覺理解與中樞聽覺的表現皆為 AD 組較差；經 Pearson's Correlation Coefficient 分析，AD 組額葉功能與中樞聽力測驗分數有正相關；經 Exact Logistic Regression 分析，DDT 總分與 DSI 總分愈高的受試者，為 AD 的勝算比皆愈低，且在三個年齡層皆達顯著。

結論：三個年齡層中，阿茲海默症病人的中樞聽覺表現皆較認知健康組差，且中樞聽覺表現與阿茲海默症之關聯在 Exact Logistic Regression 中達統計顯著。

**範例：是否染愛滋病毒之二種血清檢測值**

STaTa 提供 exlogistic 指令，專門針對小樣本、分層資料做邏輯斯迴歸，謂之 exact logistic regression。

## 一、問題說明

爲了解是否染愛滋病毒 (HIV) 之二種血清 (cd4、cd8) 檢測值？( 分析單位：抽血人 )

研究者蒐集數據並整理成下表，此「hiv1.sav」資料檔內容之變數如下：

| 變數名稱 | 說明 | 編碼 Codes/Values |
|---|---|---|
| 結果變數 / 依變數：hiv | 1=positive HIV; 0=negative HIV | 0,1(binary data) |
| 解釋變數 / 自變數：cd4 | 血清 CD4 値 | ordinal 0, 1, 2 |
| 解釋變數 / 自變數：cd8 | 血清 CD8 値 | ordinal 0, 1, 2 |

## 二、資料檔之內容

「hiv1.sav」資料檔內容如下圖。

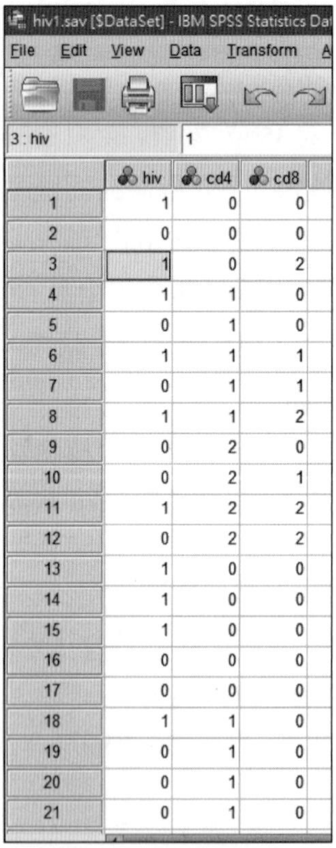


| | hiv | cd4 | cd8 |
|---|---|---|---|
| 1 | 1 | 0 | 0 |
| 2 | 0 | 0 | 0 |
| 3 | 1 | 0 | 2 |
| 4 | 1 | 1 | 0 |
| 5 | 0 | 1 | 0 |
| 6 | 1 | 1 | 1 |
| 7 | 0 | 1 | 1 |
| 8 | 1 | 1 | 2 |
| 9 | 0 | 2 | 0 |
| 10 | 0 | 2 | 1 |
| 11 | 1 | 2 | 2 |
| 12 | 0 | 2 | 2 |
| 13 | 1 | 0 | 0 |
| 14 | 1 | 0 | 0 |
| 15 | 1 | 0 | 0 |
| 16 | 0 | 0 | 0 |
| 17 | 0 | 0 | 0 |
| 18 | 1 | 1 | 0 |
| 19 | 0 | 1 | 0 |
| 20 | 0 | 1 | 0 |
| 21 | 0 | 1 | 0 |

圖 1-55　「hiv1.sav」 資料檔內容 (N = 47 抽血人 )

## 三、分析結果與討論

1. 邏輯斯迴歸式為 $\ln\left(\dfrac{P(Y=1 \mid X=x)}{P(Y=0 \mid X=x)}\right) = \alpha + \beta_1 x_1 + \ldots + \beta_k x_k$

   $$\ln\left(\frac{P_{\text{有}HIV}}{1-P_{\text{有}HIV}}\right) = -2.387 \times cd4 + 1.592 \times cd8$$

2. 上列迴歸方程式可解釋為在控制 cd8 的影響後，血清 cd4 每增加 1 單位有 HIV 的勝算為 $0.0918(=\exp^{-2.3876})$ 倍，且達到統計上的顯著差異 (p = 0.0004)。

3. 控制 cd4 的影響後，血清 cd8 每增加 1 單位有 HIV 的勝算為 $4.915(=\exp^{1.5923})$ 倍，且達到統計上的顯著差異 (p = 0.0528)。

# chapter

# 02

# 邏輯斯(Logistic)迴歸的
# 診斷(diagnostics)

　　迴歸分析旨在建立一統計模型，透過此模型由所控制的自變數來預測依變數之期望值或可能值。迴歸診斷 (diagnostics) 是檢查你界定迴歸模型，是否符合該迴歸的假定 (assumptions)。不符合迴歸假定的分析，係會產生估計的偏誤(bias)。

　　邏輯斯迴歸 (logistic regression 或 logit regression)。英語：logit model，也譯作「評定模型」、「分類評定模型」是離散選擇法模型之一，屬於多元變數分析範疇，是社會學、生物統計學、臨床、數量心理學、計量經濟學、市場行銷等統計實證分析的常用方法。

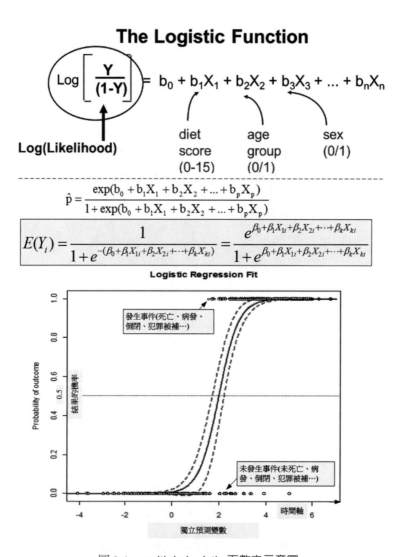

圖 2-1　multiple logistic 函數之示意圖

# 2-1 邏輯斯迴歸的假定 (assumption)

## 2-1-1 邏輯斯迴歸的 IIA 假定

### 一、邏輯斯分布公式

$$P(Y=1 \,|\, X=x) = \frac{e^{x'\beta}}{1 + e^{x'\beta}}$$

其中，迴歸係數 $\beta$ 用最大概似來估計。

### 二、IIA 假定

「Independent and irrelevant alternatives」方案彼此獨立之假定，也稱作「IIA 效應」，指 logit 模型中的各個替選方案是獨立不相關的。

假如，一個新產品 D 引入市場，有能力占有 20% 的市場：

Case 1：如果滿足 IIA 假定，各個產品 ( 方案 ) 獨立作用，互不關聯 ( 互斥 )：新產品 D 占有 20% 的市場份額，剩下的 80% 在 A、B、C 之間按照 6：3：1 的比例瓜分，分別占有 48%，24% 和 8%。

Case 2：如果不滿足 IIA 假定，比如新產品 ( 方案 )D 跟產品 B 幾乎相同，則新產品 D 跟產品 B 嚴重相關。新產品 D 奪去產品 B 的部分市場，占有總份額的 20%，產品 B 占有剩餘的 10%，而產品 A 和 C 的市場份額保持 60% 和 10% 不變，這推論不是正確的。

### (一) 滿足 IIA 假定的優點
1. 可以獲得每個個性化的選擇集合的一致的參數估計。
2. 各個類別的子集之一般化的估計。
3. 節省電腦演算法的計算時間。
4. 可選項 ( 方案 ) 數目很多的時候尤其如此。

### (二) IIA 假定的檢定法
STaTa 有關 IIA 檢定的相關指令，包含：

> asroprobit 指令旨在：Alternative-specific rank-ordered probit regression。
>
> clogit 指令旨在：Conditional (fixed-effects) logistic regression。
>
> hausman 指令旨在：Hausman specification test。
>
> nlogit 指令旨在：Nested logit regression。
>
> suest 指令旨在：Seemingly unrelated estimation。
>
> bayes: clogit 指令旨在：Bayesian conditional logistic regression。

### (三) IIA 問題的解決方法

1. 多項 Probit 模型 (mlogit、mprobit、asmprobit 指令 )

2. 一般化極值模型有分三種模型：

    (1) 巢式 logit 模型 (nestreg、nlogit、bayes: mecloglog、bayes: meglm、bayes: menbreg、bayes: meologit、bayes: mepoisson、bayes: meprobit、bayes: mixed 指令 )。

    (2) 配對資料的條件 logit 模型 (clogit、asclogit、nlogit、rologit、slogit、bayes: menbreg、menbreg 指令 )。

    (3) 廣義分類logit 模型 (glm、binreg、gllamm、gmm、ivpoisson、nbreg 指令 )。

3. 混合效果 logit 模型 (gllamm、bayes: mecloglog、bayes: meglm、bayes: meintreg、bayes: melogit 等指令 )。

## 三、二元依變數之認定模型有三類

| 依變數／結果變數 | 統計量 | 組別比較 | 迴歸模型 |
|---|---|---|---|
| 1. 連續變數 numerical | 平均數 mean | t-test/ANOVA | Linear regression |
| 2. 類別變數 categorical | 百分比 percentage | Chi-square test | Logistic regression |
| 3. 存活時間 persontime | KM estimates (survival curves) | Log-rank test | Cox regression |

註：Cox regression 請見作者《生物醫學統計》一書。Linear regression 請見作者《STaTa 與高等統計分析》一書。

## 2-2 界定誤差 (specification error)

模型界定 (model specification) 是指：該模型應適當界定 ( 應納入模型的變數有遺漏嗎？不相關變數有被排除嗎？)。

### 2-2-1 多元 ( 複 ) 線性迴歸診斷 (diagnostics) 之重點整理

1. 利用 OLS(ordinary least squares) 估計法來做多元迴歸是社會學研究中最常用的統計分析方法。利用此法的基本條件是依變數為一個分數型的變數 ( 等距尺度測量的變數 )，而自變數之測量尺度則無特別的限制。當自變數為類別變數時，你可依類別數 (k) 建構 k-1 個數值為 0 與 1 之虛擬變數 (dummy variable) 來代表不同之類別。因此，如果能適當的使用的話，多元迴歸分析是一相當有力的工具。

2. 多元迴歸分析主要有三個步驟：
   [Step 1] 利用單變數和雙變數分析來檢視各個準備納入複迴歸分析的變數是否符合 OLS 線性迴歸分析的基本假定。
   [Step 2] 選定迴歸模式，並評估所得到的參數估計和適合度檢定 (goodness of fit)。
   [Step 3] 在你認真考慮所得到的迴歸分析結果前，應做殘餘值 (residuals) 之診斷分析 (diagnosis)。但通常你是先確定迴歸模式之設定 (specification) 是否恰當後，才會做深入之殘餘值分析。

3. 迴歸分析的第一步是──檢視每個即將納入迴歸分析模式的變數。首先，你必須先確定依變數有足夠的變異 (variability)，而且是接近常態分配 ( 迴歸係數的估計並不要求依變數是常態分配，但對此估計做假設測定時，則是要求殘餘值應為常態分配。而依變數離開常態分配的狀態很遠時，殘餘值不是常態分配的可能性增大 )。其次，各自變數也應該有適當的變異，並且要了解其分配之形狀和異常的個案 (outlying cases；outliers)。

   你可用直方圖 (histogram) 和 Normal P-P(probability plot) 圖等來測定依變數是否拒絕其為常態分配的假設，以及是否有異常之個案。同樣的，你可用直方圖和其他單變數之統計來檢視各個自變數之分配形狀、程度，以及異常個案等。

4. 做雙變數相關之分析的主要目的是檢視變數間之關係是否為線性關係 (linearity) 和是否為共線性 (collinearity) 之情況。最基本的作法是看雙變數之相關矩陣。如果依變數與自變數間之關係很弱或比自變數間之相關弱的話，就應質疑所設定之多元迴歸模式是否適當。

檢視自變數與依變數間是否為線性關係的基本作法是看雙變數間之散布圖 (scatter plot)。進階且比較好的作法是在控制其他自變數後，再看某一自變數與依變數間之部分線性關係 (partial linearity)。線性關係是迴歸分析重要的假定 (assumption)，而且指的是自變數與依變數間之部分線性關係。你並不用太關心自變數間是否為線性關係，但如對自變數間關係之設定有誤時，也會導致你對虛假關係不適當的控制和解釋上的錯誤。

探索自變數與依變數間部分線性關係的方式是在控制其他自變數後，逐一檢視某一自變數及進一步加入此自變數之平方後，看看兩個迴歸模式間是否達顯著之差異。如果是的話，則此自變數與依變數間之關係並不是線性關係。

當發現自變數與依變數間並非線性關係時，除了將該自變數之平方加入迴歸分析的方法外，也可將該自變數做對數轉換 (log transformation)，例如你常將個人之收入做對數轉換之處理。究竟如何處理是適當的，是以理論為基礎。

5. 在決定迴歸分析的模式後，你應進一步檢視自變數間是否有多元共線性 (multicollinearity) 的問題，也就是自變數間是否有高度相關的問題。如果自變數間高度相關的話，會影響到對迴歸係數之假設測定。你可以用因素分析來檢查自變數間是否有多元共線性，或者是逐一將某一自變數 ( 當成為依變數 ) 和所有其他自變數做多元迴歸分析。

STaTa 所提供之 collinearity 的統計量包括 Tolerance、VIF(variance inflation factor) 和 Condition Index 等。這些統計是有關聯性的。如 Tolerance 與 VIF 就是互為倒數，如果是 Tolerance 愈小，就表示該自變數與其他自變數間之共線性愈高或幾乎是其他自變數的線性組合。

STaTa 共線性診斷的指令如下：

orthog 指令：計算正交變數 (Orthogonalize variables and compute orthogonal polynomials)。
_rmcoll 指令：去除共線性變數 (Remove collinear variables)。
_check_omit 指令：檢查共線性行為 (Programmer's utility for checking collinearity behavior)。
_rmcoll2list 指令：檢查兩個變數列表的共線性 (Check collinearity in union of two lists of variables)。
_rmcollright 指令：從迴歸式右邊刪除共線變數 (Remove collinear variables from the right)。

6. 如果自變數是類別的變數，你可以將這些類別一一建構成為虛擬變數。依照類別數目 (k)，你只需建構 k-1 個虛擬變數即可。如性別有兩類，因此你只需建構一個「男性」的虛擬變數。如果受訪者為男性，則其「男性」變數為 1，如為女性，則其「男性」變數為 0。同理，如果一個類別變數有四類，如血型是分成 A、B、O、AB 四區，則你可將此類別變數建構成「B」、「O」及「AB」等三個虛擬變數。當受訪者是在 A 時，其在此三虛擬變數的值會都是 0。至於將那個類別做為參考類別 (reference category)，也就是不建構為虛擬變數的類別，通常是次數最多的類別。你也可依理論或研究假設的需要，來考量是將那個類別作為參考類別。

當你將這些虛擬變數納入迴歸模式後，個別虛擬變數的迴歸係數 (如果達統計顯著的話)，就是此虛擬變數所代表之類別與參考類別間在截距上的差距。如果你假設此類別變數對依變數的影響，不只是在截距上的不同，且會有不同的斜率，也就是與另一自變數間有交互作用 (interaction)，你可以進一步將虛擬變數與此另一自變數相乘而成另一新變數 (如「男性*受教育年數」)。你可將原來的兩個自變數及此新變數一起納入迴歸分析中。如果此新變數之迴歸係數達顯著的話，則其意義是與虛擬變數相乘之自變數 (如受教育年數) 對依變數的影響會因虛擬變數所代表的類別不同 (如性別) 而有不同的斜率 (即影響力)。例如：當受教育年數對收入的影響，男性比女性來得大時，則迴歸分析結果可能一方面表現在「男性」此一虛擬變數的正向係數達顯著，表示在受同樣教育年數的條件下，男性的起薪比女性高，另一方面也表現在「男

性 × 受教育年數」之正向係數達顯著，表示男性每年受教育對收入的回報大過女性。

此外，當你假設自變數與依變數的關係為 U 型時，或是依變數會隨自變數之數值增大而變化趨緩時，你就可建構一自變數的平方，將此自變數及其平方一起納入，如果此平方的變數達顯著，則你可知此自變數對依變數的影響不是直線性的。

7. 如果你的迴歸分析是建立在一個因果模式上，那你可進行多層次迴歸分析。看你研究的焦點為何，你可逐一將自變數加入迴歸模式中，然後看不同階段之迴歸模式的整體解釋力和各個自變數解釋力的變化。

8. 嚴謹的迴歸分析是要進一步對 residuals 做檢視後，才報告分析所得到之結果。殘餘值是指每個個案將其自變數之數值代入迴歸模式中計算在依變數之預測值，然後將實際觀察到之值與此預測值相減後所得到之殘餘。對殘餘值之診斷主要有兩項：

(1) Influence diagnosis：此診斷要看的是有無一些異常的個案可能對迴歸模式的估計造成不當的影響，並膨脹 standard errors。特別是當樣本數較小時，你要當心此可能性。在 STaTa 的迴歸分析之 Save 的選項中，可將標準化處理後之殘餘值 (standardized residuals) 儲存起來。STaTa 也會將標準化之殘餘值大於 3 的個案之 ID 報告出來。如果此類個案數目不多的話 ( 依機率，每一百個標準化之殘餘值中會有五個殘餘值之 z 值大於 2)，那你就可說是沒有異常個案影響迴歸模式估計的問題。

(2) Normality 與 hetroskedasticity：OLS 迴歸分析假定在 prediction function 之不同 level 的殘餘值是常態分配，而且變異量是相同的。因此，你可利用單變數之分析來檢視預測值和殘餘值是否為常態分配，以及兩者間是否有相關 ( 依照假定迴歸模式之殘餘項應和自變數間沒有相關 )，以及殘餘值在 prediction function 之各 level 是否有相同之變異。

### 2-2-2 線性迴歸的診斷

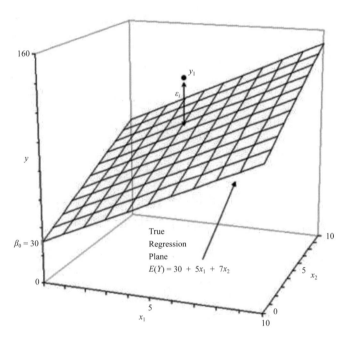

圖 2-2 多元迴歸之示意圖

多元迴歸，又稱複迴歸 (multiple regression model)，其模型為：

$$y = \beta_0 + \beta_1 X_1 + \beta_2 X_2 + \cdots + \beta_k X_k + e$$

(1) 模型的參數 $\beta_k$ 對每個觀察值而言都是相同的。

(2) $\beta_k$：當 $X_k$ 增加一單位，而所有其他變數均保持不變時的 E(y) 變動。

多元迴歸分析之先前假定 (assumptions)，包括：

1. 迴歸係數是線性 (linearity)：預測變數和依變數之間是線性關係。即迴歸係數 $\beta_k$ 是一次方。

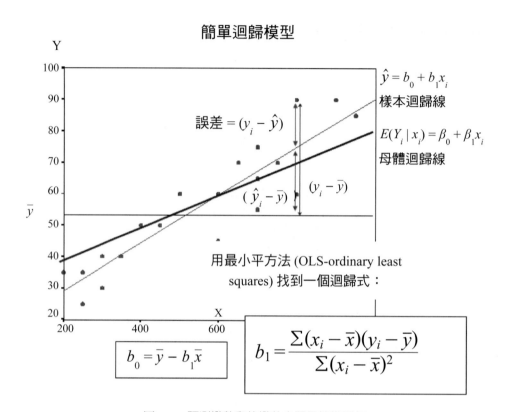

圖 2-3　預測變數和依變數之間是線性關係

2. 常態性 (normality)：OLS 是假定 (assumption) $e_i$ 為常態分配，$e_i \sim N(0, \sigma^2)$ 或 $y_i \sim$ 符合常態分配，平均數 0，變異數為 $\sigma^2$。

3. 誤差變異數同質 [homogeneity of variance (homoscedasticity)]：殘差 $e_i = Y_i - \hat{Y}_i$，$e_i$ 是觀測值 $Y_i$ 與配適值之間的差。迴歸分析之先前條件就是，誤差變異應該是常數的 ( 恆定 )。

Var($e_i$) = $\sigma^2$ 變異數同質性。

每組的殘差項的變異數均相等。而每一組的變異數實際上是指「X = $x_i$」條件下的 Y 之變異數，因此 $\sigma^2$ 也可以表為 $\sigma^2_{Y|X}$。

4. 誤差獨立性 (Independence)：每一個觀察值的誤差，應與其他觀察值的誤差無關聯。$e_i$ 彼此不相關，即 Cov($e_i, e_j$) = 0。

假設在母體中，對於每一個 $x_i$ 值而言，其相對應的 $y_i$ 值
遵循某種機率分配，且期望值為

$$E(y_i|x_i) = \beta_0 + \beta_1 x_i$$

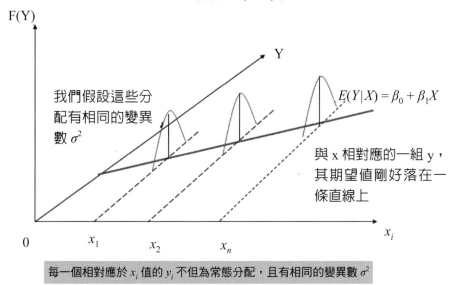

圖 2-4　殘差同異性之示意圖

對殘餘值之診斷主要有兩項：

(1) 有影響力的極端值 (influence diagnosis)：此診斷要看的是有無一些異常的個案可能對迴歸模式的估計造成不當的影響，並膨脹 standard errors。特別是當樣本數較小時，你要當心此可能性。STaTa list 指令「if」選項可將標準化之殘餘值大於 3 的觀察值之 ID 報告出來。如果此類觀察值數目不多的話 ( 依機率，每一百個標準化之殘餘值中會有五個殘餘值之 z 值大於 2)，那你就可說是沒有異常個案影響迴歸模式估計的問題。

(2) Normality 與 hetroskedasticity：你可利用單變數之分析來檢視預測值和殘餘值是否為常態分配，以及兩者間是否有相關 ( 依照假定迴歸模式之殘餘項應和自變數間沒有相關 )，以及殘餘值在 prediction function 之各 level 是否有相同之變異。在 STaTa 之迴歸分析中也是利用 predictive 指令將 predicted values 和 residuals 儲存後做進一步的分析。你也可直接利用 Plots 內的選項來做這些檢視的工作。

5. Model specification：該模型應適當界定 ( 應納入模型的變數有遺漏嗎？不相關變數有被排除嗎？)。

6. Collinearity( 即線性相關 )：預測變數們之間若有高度共線性，就會造成迴歸係數的錯計。

## 2-2-3 邏輯斯迴歸的界定適當嗎？優質辦校之因素 (logistic regression 指令 )

模型界定 (model specification) 是指：該模型應適當界定 ( 應納入模型的變數有遺漏嗎？不相關變數有被排除嗎？)。

為了使你的邏輯斯迴歸分析有效，你的模型必須滿足邏輯斯迴歸的假定 (assumption)。當邏輯斯迴歸分析的假定不能滿足時，你可能會遇到，諸如係數估計偏差或邏輯斯迴歸係數非常大的標準誤差等問題，這些問題可能導致無效的統計推斷。

因此，在你使用你的模型進行統計推斷之前，就需要檢查一下你的模型是否足夠好，並檢查影響係數估計值的影響因素。在本章中，將重點介紹如何評估模型適配，如何診斷模型中的潛在問題，以及如何識別對模型適配或參數估計有顯著影響的觀察值。先來回顧一下邏輯斯迴歸假定。

A1. 真實條件概率是自變數的邏輯斯函數 (The true conditional probabilities are a logistic function of the independent variables)。

A2. 沒有重要的變數被省略 (No important variables are omitted)。

A3. 沒有納入不該的額外變數 (No extraneous variables are included)。

A4. 自變數的測量沒有誤差(The independent variables are measured without error)。

A5. 觀察值彼此互相獨立 (The observations are independent)。

A6. 自變數不是其他變數的線性組合：共線性 (The independent variables are not linear combinations of each other)。

範例：Logit 模型界定適當嗎？

當你建立邏輯斯迴歸模型時，你假設結果變數的對數是自變數的線性補償 (linear ombination)。這涉及兩個方面，因為你正在處理你的邏輯斯迴歸方式的等式「=」左右雙方。首先，考慮方程左側的結果變數的連接函數。你假設 logit 函

數 ( 邏輯斯迴歸 ) 的標準誤 (se) 是正確的。其次，在方程的右邊，你假設已經包括了所有相關變數，沒有包括不應該在模型中的任何變數，而 logit 函數是預測變數的線性組合。但可能發生的是，logit 函數作為連接函數不是正確的選擇，或者結果變數的 logit 與獨立變數之間的關係不是線性關係。在這兩種情況下，你都有一個界定錯誤 (specification error)。與使用其他替代連接功能選項（例如：概率 ( 基於常態分布 ) 相比，連接功能的錯誤指定通常不會太嚴重。在實務中，你更關心你的模型是否具有所有相關的預測因子，並且它們的線性組合是否足夠。

STaTa linktest 指令可用於檢測你模型的界定錯誤 (specification error)，它是 logit 或 logistic 指令之事後指令。連接測試背後的想法是，如果模型被正確指定，那麼除了機會之外，還不能找到統計學上顯著的其他預測因子。本例執行 logit 或 logistic 指令之後，linktest 再使用線性預測值 (_hat 系統變數 ) 及線性預測值的平方 (_hatsq) 二者當預測因子來重建模型。

變數 _hat，因為它是來自模型的預測值，理應是統計學上顯著的預測因子，否則你界定的模型是錯誤的。另一方面，假如你的模型被正確地指定，變數 _hatsq 不應該具有很多預測能力。因此，如果 _hatsq 是顯著的 ($p < 0.05$)，那麼 linktest 也會顯著的，這意味著你已經省略了相關的自變數，或者你的連接函數沒有被正確界定。

## 一、問題說明

本例旨在了解優質辦校之影響因素有哪些？( 分析單位：學校 )

研究者蒐集數據並整理成下表，此「apilog.sav」資料檔內容之變數如下：

| 變數名稱 | 說明 | 編碼 Codes/Values |
|---|---|---|
| 結果變數 / 依變數：hiqual | 優質學校嗎 | 0,1 (binary data) |
| 解釋變數 / 自變數：yr_rnd | 全年制學校嗎 Year Round School | 0,1 (binary data) |
| 解釋變數 / 自變數：meals | 免費餐的學生比例 pct free meals | 0～100% |
| 解釋變數 / 自變數：cred_ml | 合格教師比例 , Med vs Lo | 0,1 (binary data) |
| 解釋變數 / 自變數：awards | 有資格獲得獎勵嗎 eligible for awards | 0,1 (binary data) |

## 二、資料檔之內容

「apilog.sav」資料檔內容如下圖。

| snum | dnum | schqual | hiqual | yr_rnd | meals | enroll | cred | cred_ml |
|------|------|---------|--------|--------|-------|--------|------|---------|
| 3460 | 463 | 1 | 0 | 1 | 78 | 638 | 1 | 0 |
| 2520 | 633 | 2 | 0 | 0 | 49 | 308 | 2 | 1 |
| 5245 | 247 | 1 | 0 | 1 | 83 | 444 | 1 | 0 |
| 5572 | 229 | 2 | 0 | 1 | 26 | 549 | 2 | 1 |
| 5054 | 644 | 2 | 0 | 0 | 36 | 247 | 3 | . |
| 4203 | 688 | 1 | 0 | 0 | 34 | 150 | 3 | . |
| 5694 | 696 | 1 | 0 | 0 | 68 | 304 | 3 | . |
| 1768 | 401 | 1 | 0 | 1 | 99 | 1209 | 1 | 0 |
| 5978 | 757 | 3 | 1 | 0 | 43 | | 3 | . |
| 1454 | 385 | 1 | 0 | 0 | 61 | 314 | 1 | 0 |
| 2707 | 283 | 1 | 0 | 0 | 71 | | 1 | 0 |
| 776 | 521 | 2 | 0 | 0 | 66 | 554 | 3 | . |
| 2810 | 102 | 2 | 0 | 0 | 54 | 345 | 3 | . |
| 394 | 461 | 3 | 1 | 0 | 0 | 264 | 3 | . |
| 2754 | 459 | 1 | 0 | 0 | 79 | 277 | 2 | 1 |
| 4811 | 390 | 1 | 0 | 1 | 57 | 432 | 2 | 1 |
| 4400 | 351 | 3 | 1 | 0 | 36 | 360 | 3 | . |
| 1241 | 137 | 3 | 1 | 0 | 35 | 370 | 2 | 1 |
| 1912 | 401 | 2 | 0 | 0 | 78 | 399 | 1 | 0 |
| 5316 | 501 | 2 | 0 | 0 | 26 | 436 | 1 | 0 |
| 1860 | 401 | 3 | 1 | 0 | 22 | 376 | 2 | 1 |

圖 2-5 「apilog.sav」 資料檔內容 (N = 1,200 個人，707 個學校 )

### 觀察資料之特徵

| variable name | storage type | display format | value label | variable label |
|---------------|--------------|----------------|-------------|----------------|
| hiqual | byte | %9.0g | high | 優質學校嗎 |
| yr_rnd | byte | %4.0f | yr_rnd | 全年制學校嗎 Year Round School |
| meals | byte | %4.0f | | 免費餐的學生比例 pct free meals |
| cred_ml | byte | %9.0g | ml | 合格教師比例 , Med vs Lo |
| awards | byte | %7.0g | awards | 有資格獲得獎勵嗎 eligible for awards |

## 三、分析結果與討論

Step 1 多元 **logistic** 迴歸分析

在「apilog.sav」資料檔中，cred_ml 自變數是 707 所學校之合格證書教師是中或低百分比。對於這個學校的人群，你認為變數 yr_rnd，meals 和 cred_ml 是預測學校 api 分數，api 連測二年再分成依變數 ( 結果變數 )hiqual 之「high、not_high 二類別」的預測因素。

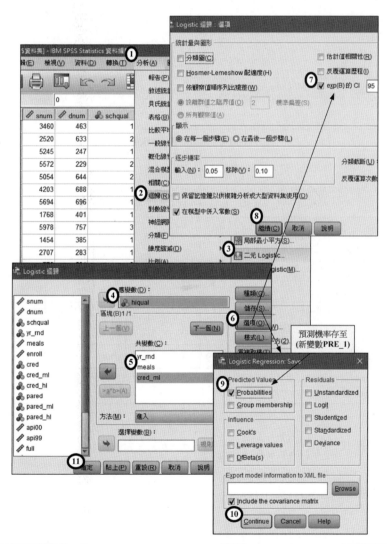

圖 2-6　三個解釋變數　「yr_rnd meals cred_ml」　預測 hiqual 之 logistic 迴歸畫面 ( 預測機率存至新變數 PRE_1)

對應的指令語法：

```
title "logit 模型的診斷 .sps".
GET
  STATA FILE='D:\CD 範例 \apilog.sav'.

subtitle "Step1：model1 三個解釋變數 ( 無交互作用 )".
LOGISTIC REGRESSION VARIABLES hiqual
  /METHOD=ENTER yr_rnd meals cred_ml
  /SAVE=PRED
  /PRINT=CI(95)
  /CRITERIA=PIN(0.05) POUT(0.10) ITERATE(20) CUT(0.5).
* Logistic 迴歸預測機率 ( 存到新變數 PRE_1)。
```

**Variables in the Equation**

| | | B | S.E. | Wald | df | Sig. | Exp(B) | 95% C.I.for EXP(B) Lower | Upper |
|---|---|---|---|---|---|---|---|---|---|
| Step 1[a] | 全年制學校嗎 Year Round School | -1.186 | .502 | 5.587 | 1 | .018 | .306 | .114 | .817 |
| | 免費餐的學生比例 pct free meals | -.093 | .008 | 122.599 | 1 | .000 | .911 | .896 | .926 |
| | 合格教師比例， Med vs Lo | .742 | .315 | 5.534 | 1 | .019 | 2.099 | 1.132 | 3.893 |
| | Constant | 2.411 | .399 | 36.564 | 1 | .000 | 11.148 | | |

a. Variable(s) entered on step 1: 全年制學校嗎 Year Round School，免費餐的學生比例 pct free meals，合格教師比例，Med vs Lo。

1. 邏輯斯迴歸式為 $\ln\left(\dfrac{P(Y=1\,|\,X=x)}{P(Y=0\,|\,X=x)}\right) = \alpha + \beta_1 x_1 + ... + \beta_k x_k$

$$\ln\left(\frac{P_{high\_qulity}}{1-P_{high\_qulity}}\right) = 2.411 - 1.186 \times yr\_rnd - 0.093 \times meals + 0.742 \times cred\_ml$$

三個預測因子都是統計學上顯著的預測因子。上列迴歸方程式可解釋為，在控制其他自變數的影響後，全年學校「yr_rnd=1」成為高品質 api 的勝算為

非全年學校「yr_rnd=0」的 0.3056(=exp$^{-1.186}$) 倍，且有統計上顯著的差 (p = 0.018)。

在控制其他自變數的影響後，免費餐的學生比例 (meals) 每增加一單位，成為高品質 api 的勝算降為 0.911 (=exp$^{-0.093}$) 倍，且達到統計上的顯著差 (p = 0.000)。

「中度」合格教師比例的學校 (cred_ml =0) 其學生 api 品質的勝算為「低度」合格教師比例 (cred_ml =1) 的 2.099(=exp$^{0.742}$) 倍，且有統計上的顯著差 (p = 0.019)。

2. B 欄：是 logistic 迴歸式中，自變數對依變數的預測值，在 logistic 迴歸式是以 log-odds 為單位，「B」值愈大，表示該自變數對依變數的依關性 (relevance) 愈高。它類似 OLS 迴歸式：

$$\log(\frac{p}{1-p}) = \log(\frac{發生事件}{未發生事件}) = b_0 + b_1*x_1 + b_2*x_2 + b_3*x_3 + b_4*x_4 + b_5*x_5 + \cdots$$

3. 邏輯斯迴歸式：$E(Y_i) = \dfrac{1}{1+e^{-(\beta_0+\beta_1 X_{1i}+\beta_2 X_{2i}+\cdots+\beta_k X_{ki})}} = \dfrac{e^{\beta_0+\beta_1 X_{1i}+\beta_2 X_{2i}+\cdots+\beta_k X_{ki}}}{1+e^{\beta_0+\beta_1 X_{1i}+\beta_2 X_{2i}+\cdots+\beta_k X_{ki}}}$

4. S.E. 欄：Logistic 迴歸係數的標準誤 (standard errors associated with the coefficients)。

5. Exp(B)：是這預測因子 (predictors) 的勝算比 (odds ratios)。

6. Wald 及 Sig 二欄：分別是 Wald chi-square 檢定及其雙尾 p-value，它的虛無假設「$H_0$：the coefficient (parameter) is 0」。若 p 值小於 ($\alpha$ = 0.05) 則 logistic 迴歸係數達統計學上的顯著。

7. logit 以最大概似 (maximum likelihood) 來適配二元反應變數的 logit 模型。

Step 2 單一方程式的界定連接檢定 (Specification link test for single-equation
models)

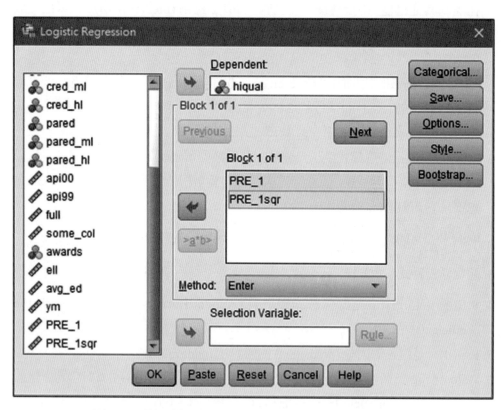

圖 2-7 「預測值及預測值平方」 當 logit 的解釋變數之畫面

對應的指令語法：

```
subtitle "Step2：單一方程式的界定連接檢定 ".
subtitle2 " 上次 Logistic 迴歸，預測機率存至新變數 PRE_1".
COMPUTE PRE_1sqr=PRE_1 * PRE_1.
EXECUTE.

* 仍用 logistic 迴歸 .
COMPUTE PRE_1sqr=PRE_1 * PRE_1.
EXECUTE.

LOGISTIC REGRESSION VARIABLES hiqual
  /METHOD=ENTER PRE_1 PRE_1sqr
  /PRINT=CI(95)
  /CRITERIA=PIN(0.05) POUT(0.10) ITERATE(20) CUT(0.5).
```

**Variables in the Equation**

| | | B | S.E. | Wald | df | Sig. | Exp(B) | 95% C.I.for EXP(B) Lower | Upper |
|---|---|---|---|---|---|---|---|---|---|
| Step 1[a] | Predicted probability | 10.343 | 1.707 | 36.729 | 1 | .000 | 31030.006 | 1094.274 | 879908.666 |
| | PRE_1sqr | -3.899 | 1.883 | 4.290 | 1 | .038 | .020 | .001 | .811 |
| | Constant | -4.071 | .331 | 151.628 | 1 | .000 | .017 | | |

a. Variable(s) entered on step 1: Predicted probability, PRE_1sqr.

1. Logistic 迴歸預測機率 ( 變數 PRE_1)，因為它是來自模型的預測值，理應是統計學上顯著的預測因子，否則你界定的模型是錯誤的。另一方面，假如你的模型被正確地指定，變數 $(PRE\_1)^2$ ( 變數 PRE_1sqr) 不應該具有很多預測能力。因此，如果 $(PRE\_1)^2$ 是顯著的 $(p < 0.05)$，這意味著你已經省略了相關的自變數，或者你的連接函數沒有被正確界定。

2. 本例，三個預測因子都是統計學上顯著的預測因子。但 $(PRE\_1)^2$ 迴歸係數 $(p = 0.038)$ 亦達到顯著的 $(p < 0.05)$，表示你可能省略了相關的自變數，或者你的連接函數沒有被正確界定。糾正這種情況的第一件事是看看你是否包含了所有相關的變數通常你會認為你已經包含了所有的變數，但是你忽略了一些預測變數之間可能的交互作用 (interactions)。

**Step 3** 再多納入解釋變數「交互作用項」

所以你試圖在模型中添加一個交互項，就建一個交互變數「ym = yr_rnd* meals」，並將其添加到你的模型中，然後再次嘗試 **Step 2** 作法。

```
title "logit 模型的診斷 .sps".
GET
  STATA FILE='D:\CD 範例 \apilog2.sav'.


subtitle "Step3：model2 三個解釋變數 ( 交互作用 ym)".
COMPUTE ym=yr_rnd*meals.
EXECUTE.


LOGISTIC REGRESSION VARIABLES hiqual
  /METHOD=ENTER yr_rnd meals cred_ml ym
  /SAVE=PRED
  /PRINT=CI(95)
  /CRITERIA=PIN(0.05) POUT(0.10) ITERATE(20) CUT(0.5).
* Logistic 迴歸預測機率 ( 存到新變數 PRE_2).


COMPUTE PRE_2sqr=PRE_2 * PRE_2.
EXECUTE.


* 改用 OLS 迴歸 .
REGRESSION
  /MISSING LISTWISE
  /STATISTICS COEFF OUTS R ANOVA
  /CRITERIA=PIN(.05) POUT(.10)
  /NOORIGIN
  /DEPENDENT hiqual
  /METHOD=ENTER PRE_2 PRE_2sqr.
```

**Variables in the Equation**

| | | B | S.E. | Wald | df | Sig. | Exp(B) | 95% C.I.for EXP(B) Lower | Upper |
|---|---|---|---|---|---|---|---|---|---|
| Step 1[a] | 全年制學校嗎 Year Round School | -2.817 | .863 | 10.667 | 1 | .001 | .060 | .011 | .324 |
| | 免費餐的學生比例 pct free meals | -.101 | .010 | 106.817 | 1 | .000 | .903 | .886 | .921 |
| | 合格教師比例，Med vs Lo | .780 | .321 | 5.913 | 1 | .015 | 2.180 | 1.163 | 4.087 |
| | yr_rnd*meals | .046 | .019 | 5.957 | 1 | .015 | 1.047 | 1.009 | 1.086 |
| | Constant | 2.668 | .430 | 38.555 | 1 | .000 | 14.412 | | |

a. Variable(s) entered on step 1: 全年制學校嗎 Year Round School，免費餐的學生比例 pct free meals，合格教師比例，Med vs Lo, yr_rnd*meals。

1. 讓你來比較 model 1 及 model 2。

   model 1 為：

   $$\ln\left(\frac{P_{high\_qulity}}{1-P_{high\_qulity}}\right) = 2.411 - 1.186 \times yr\_rnd - 0.093 \times meals + 0.742 \times cred\_m1$$

   logit(api 高分嗎) = 2.411 − 1.186* 全年制學校嗎 −.093* 免費餐的學生比例 + 0.742* 合格教師比例

   model 2 為：

   $$\ln\left(\frac{P_{high\_qulity}}{1-P_{high\_qulity}}\right) = 2.668 - 2.817*yr\_rnd - 0.101*meals + 0.78*cred\_m1 + 0.046*ym$$

   logit(api 高分嗎) = 2.668 − 2.817* 全年制學校嗎 −0.101* 免費餐的學生比例 + 0.78* 合格教師比例 + 0.046*ym 交互作用項

2. 因為交互作用項 ym 的係數 (B = 0.046, p < 0.05)，表示免費餐的學生比例(meals) 影響 api 高分的效果，受到學校是否為全年制 (yr_rnd) 的干擾 (調節)。更確切來說，如果該學校不是年終制學校，meals 對結果變數 hiqual 的 logit 影響是 −0.101；相反地，學校是年終制學校，meals 對結果變數 hiqual 的效果是 −0.101 + 0.046 = −0.055。這現象是合理的，因為全年制學校通常在免費或

低價餐的比例 (meals)，會高於非全年制學校。因此，在全年制學校裡，meals 不再像普通學校那麼有影響力。這告訴你，如果你沒有正確地界定模型，meals 自變數的參數估計是有偏誤 (bias)。

**\* model 2 添加交互項「ym = yr_rnd \* meals」，OLS 迴歸 .**
**Coefficients[a]**

| Model | | Unstandardized Coefficients | | Standardized Coefficients | | |
|---|---|---|---|---|---|---|
| | | B | Std. Error | Beta | t | Sig. |
| 1 | (Constant) | .000 | .012 | | -.018 | .986 |
| | Predicted probability | .979 | .129 | .743 | 7.562 | .000 |
| | PRE_2sqr | .034 | .152 | .022 | .225 | .822 |

a. Dependent Variable：優質學校嗎

1. 本模型添加交互項「ym = yr_rnd \* meals」之後，PRE_2 達顯著性、$(PRE\_2)^2$ 未達 (p > 0.05) 顯著性。且 4 個自變數的係數都達顯著性，表示你界定模型是好的。

2. 雖然 STaTa 有提供 linktest 指令 (Specification link test for single-equation models)，SPSS 則無此指令，但是，linktest 指令有時不是很好的工具，須有理論基礎來建模。
   我們需要記住，linkest 只是輔助檢查你模型的工具，它仍有限制。如果我們有一個理論來指導我們的模型建構，我們再根據理論來檢查我們的模型，有理論支持你的模型會更好的。

3. 由於影響依變數的因子眾多 ( 組合 )，到底你界定的 logit 模型，哪一個模型較佳？那要看 pseudo R-square 值越高，則模型越優。

4. Logit 模型尚須注意：logistic 迴歸預測值 (PRE_1) 理應達到顯著，且 $(PRE\_1)^2$ 亦達到顯著，可能是線性自變數對依變數的變化量不是直線關係 ( 如圖 2-8)。STaTa 可用 boxtid 外掛指令來解決；SPSS 使用者可參考作者《高等統計分析：應用 SPSS 分析》一書，「2-3-2 曲線關係就違反直線性假定：改用加權 (weighted) OLS 迴歸」。

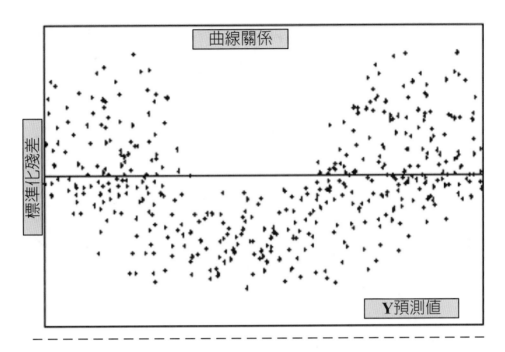

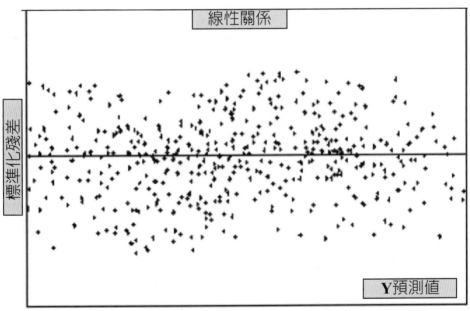

圖 2-8　殘差 vs. Y 預測值關係：呈線性、 曲線關係

## 2-3 共線性 (collinearity) 診斷：優質辦校之因素 (logistic regression 指令 )

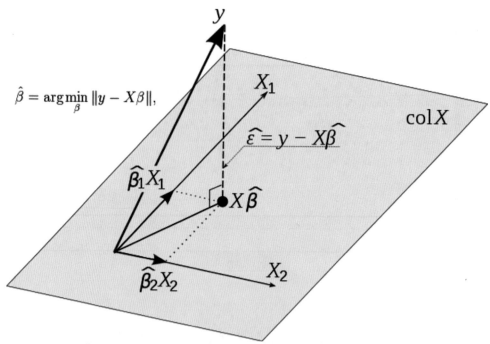

其中，$\|.\|$是$\mathbf{R^n}$維空間中標準norm。預測值$X\beta$恰是自變數的向量之線性組合。因此，殘差向量「y-X$\beta$」在y正交投影在X時，會得到最小長度。最大平方估計法即可解答「y=Py」延著X軸的向量分解之係數值。

圖 2-9　X1, X2 對 Y 預測之共線性示意圖

線性迴歸分析：共線性問題

許多研究者在作迴歸分析的時候，常常沒有對於自變數之間的相關性作審慎的評估，就貿然地將許多個自變數同時放到迴歸方程式裡頭：

$$Y \sim \text{Gaussian (Normal)}$$
$$\textit{Variance } (Y) = 1, \text{ where } E[Y] = \mu$$
$$Y = \beta_0 + \beta_1 X_1 + \beta_2 X_2 + \cdots + \beta_p X_p + \textit{Error}$$

以上面這個方程式為例，研究同時將 $X_1$、$X_2$……直到 $X_p$ 放到線性迴歸方程式裡頭，因此研究者可得到 p 個未標準化迴歸係數（在本例 $\beta$ 指的是未標準化迴歸係數），每一個迴歸係數的意義是「在排除了其他所有自變數對依變數的預測效果之下，這個自變數與依變數的關係」，因此許多人員都忽略了其實同時也是「考慮其他自變數跟這個自變數的關係之下，這個自變數與依變數的關係」，因此當自變數之間的相關性太高的時候，會導致多元共線性 (multi-collinearity) 的產生。

## 一、共線性的變數

1. 許多變數可能會以某種規律性的方式一起變動，這種變數被稱為是共線性 (collinearity)。

2. 當有數個變數牽涉在模型內時，這樣的問題歸類為共線性或多元共線性 (multicollinearity)。

3. 當模型出現共線性的問題時，要從資料中衡量個別效果 ( 邊際產量 ) 將是非常困難的。

4. 當解釋變數幾乎沒有任何變異時，要分離其影響是很困難的，這個問題也是屬於共線性的情況。

5. 共線性所造成的後果：

   (1) 只要解釋變數之間有一個或一個以上的完全線性關係。則完全共線性或完全線性重合的情況會存在，則最小平方估計式無法定義。例如：若 $r_{23}$ (correlation coefficient)$=\pm 1$，則 Var($b_2$) 則是沒有意義的，因為 0 出現在分母中。

(2) 當解釋變數之間存在近似的完全線性關係時，最小平方估計式的變異數、標準誤和共變數中有一些可能會很大，則表示：樣本資料所提供有關於未知參數的資訊相當的不精確。

(3) 當估計式的標準誤很大時，則檢定結果不顯著。問題在於共線性變數未能提供足夠的資訊來估計它們的個別效果，即使理論可能指出它們在該關係中的重要性。

(4) 對於一些觀察值的加入或刪除，或者刪除一個明確的不顯著變數是非常敏感的。

(5) 如果未來的樣本觀察值之內的共線性關係仍然相同，正確的預測仍然是可能的。

## 二、如何分辨與降低共線性？

1. 相關係數 $X_1$、$X_2$，若 $Cov(X_1, X_2) > 0.9$ 時，則表示有強烈的線性關係
   例：如何判斷 $X_1$、$X_2$、$X_3$ 有 collinear 呢？請見範例之 STaTa 分析。

2. 估計「輔助迴歸」(auxiliary regressions)
   $$X_2 = a_1x_1 + a_3x_3 + \cdots + a_kx_k + e$$
   若 $R^2$ 高於 0.8，其含意為 $X_2$ 的變異中，有很大的比例可以用其他解釋變數的變異來解釋。

3. STaTa 所提供之 collinearity 的統計包括 Tolerance、VIF(variance inflation factor) 和 collin 等指令。

## 三、共線性對迴歸的衝擊

多元共線性是指多元迴歸分析中，自變數之間有相關存在的一種現象，是一種程度的問題 (degree of matters)，而不是全有或全無 (all or none) 的狀態。多元共線性若是達嚴重的程度時，會對多元迴歸分析造成下列的不良影響：

1. 膨脹最小平方法 (least squares) 估計參數值的變異數和共變數，使得迴歸係數的估計值變得很不精確。

2. 膨脹迴歸係數估計值的相關係數。

3. 膨脹預測值的變異數，但對預測能力不影響。

4. 造成解釋迴歸係數及其信賴區間估計之困難。

5. 造成整體模式的檢定達顯著，但各別迴歸係數之檢定不顯著的矛盾現象和解

釋上之困擾。

6. 造成迴歸係數的正負號與所期望者相反的衝突現象，這是由於自變數間之壓抑效果 (suppress effect) 造成的。

## 四、共線性之診斷法

一個比較簡單的診斷方法是察看自變數間的相關係數矩陣，看看該矩陣中是否有元素值 ( 即自變數兩兩之間的相關係數值 ) 是大於 0.90 以上者，若有，即表示該二變數互為多元共線性變數，並認為該迴歸分析中有嚴重的多元共線性問題存在。另一個比較正式、客觀的診斷法，則為使用第 j 個自變數的「變異數膨脹因子」(variance inflation factor) 作為判斷的指標，凡變異數膨脹因子指標值大於 10 者，即表示第 j 個自變數是一個多元共線性變數。在一般的迴歸分析中，針對這種多元共線性問題，有些統計學家會建議將多元共線性變數予以刪除，不納入迴歸方程式中。但避免多元共線性問題所造成困擾的最佳解決方法，不是刪除該具有多元共線性變數，而是使用所謂的「偏差迴歸分析」(biased regression analysis, BRA)。其中以「山脊型迴歸」(ridge regression) 最受到學者們的重視和使用；除此之外，尚有「主成分迴歸」(principal component regression)、「潛在根迴歸」(latent root regression)、「貝氏法迴歸」(Baysean regression)、「遞縮式迴歸」(shrinkage regression) 等，不過這些偏差迴歸分析法所獲得的迴歸係數值都是「有偏差的」(biased)，亦即這些迴歸係數的期望值不等於母群體的迴歸係數值，所以稱作偏差迴歸係數估計值，而本補救多元共線性問題的方法即稱作偏差迴歸分析法。

## 五、範例：共線性之診斷法

### (一) 問題說明

本例旨在了解優質辦校之影響因素有哪些？( 分析單位：學校 )

研究者蒐集數據並整理成下表，此「apilog.sav」資料檔內容之變數如下：

| 變數名稱 | 說明 | 編碼 Codes/Values |
|---|---|---|
| 結果變數／依變數：hiqual | 優質學校嗎 | 0,1 (binary data) |
| 解釋變數／自變數：yr_rnd | 全年制學校嗎 Year Round School | 0,1 (binary data) |
| 解釋變數／自變數：meals | 免費餐的學生比例 pct free meals | 0～100% |
| 解釋變數／自變數：cred_ml | 合格教師比例，Med vs Lo | 0,1 (binary data) |
| 解釋變數／自變數：awards | 有資格獲得獎勵嗎 eligible for awards | 0,1 (binary data) |

## (二) 資料檔之內容

承前例之資料檔「apilog.sav」，其內容如下圖。

| snum | dnum | schqual | hiqual | yr_rnd | meals | enroll | cred | cred_ml |
|---|---|---|---|---|---|---|---|---|
| 3460 | 463 | 1 | 0 | 1 | 78 | 638 | 1 | 0 |
| 2520 | 633 | 2 | 0 | 0 | 49 | 308 | 2 | 1 |
| 5245 | 247 | 1 | 0 | 1 | 83 | 444 | 1 | 0 |
| 5572 | 229 | 2 | 0 | 1 | 26 | 549 | 2 | 1 |
| 5054 | 644 | 2 | 0 | 0 | 36 | 247 | 3 | |
| 4203 | 688 | 1 | 0 | 0 | 34 | 150 | 3 | |
| 5694 | 696 | 1 | 0 | 0 | 68 | 304 | 3 | |
| 1768 | 401 | 1 | 0 | 1 | 99 | 1209 | 1 | 0 |
| 5978 | 757 | 3 | 1 | 0 | 43 | . | 3 | . |
| 1454 | 385 | 1 | 0 | 0 | 61 | 314 | 1 | 0 |
| 2707 | 283 | 1 | 0 | 0 | 71 | . | 1 | 0 |
| 776 | 521 | 2 | 0 | 0 | 66 | 554 | 3 | |
| 2810 | 102 | 2 | 0 | 0 | 54 | 345 | 3 | |
| 394 | 461 | 3 | 1 | 0 | 0 | 264 | 3 | . |
| 2754 | 459 | 1 | 0 | 0 | 79 | 277 | 2 | 1 |
| 4811 | 390 | 1 | 0 | 1 | 57 | 432 | 2 | 1 |
| 4400 | 351 | 3 | 1 | 0 | 36 | 360 | 3 | |
| 1241 | 137 | 3 | 1 | 0 | 35 | 370 | 2 | 1 |
| 1912 | 401 | 2 | 0 | 0 | 78 | 399 | 1 | 0 |
| 5316 | 501 | 2 | 0 | 0 | 26 | 436 | 1 | 0 |
| 1860 | 401 | 3 | 1 | 0 | 22 | 376 | 2 | 1 |

圖 2-10 「apilog.sav」 資料檔內容 (N = 1,200 個人，707 個學校 )

在「apilog.sav」資料檔中，cred_ml 自變數是 707 所學校之合格證書教師是中或低百分比。對於這個學校的人群，你認為變數 yr_rnd，meals 和 cred_ml 是預測學校 api 分數「api 連測二年再分成依變數 hiqual 之 high、not_high 二類別」的預測因素。

### (三) 分析結果與討論

假設你用人工方式，故意新建 perli 變數為「yr_rnd、meals」之和，人工成 perli 變數與「yr_rnd、meals」二者都有高度共線性。接著再將高度共線性的三個自變數，納入 logit 分析。

由於 STaTa 提供 logit、logistic 具有人工智慧，會將高度共線性的自變數自動刪除。請看本例的示範。

**Step 1** **Logit 會自動刪除高相關的自變數嗎？**

答：是的。

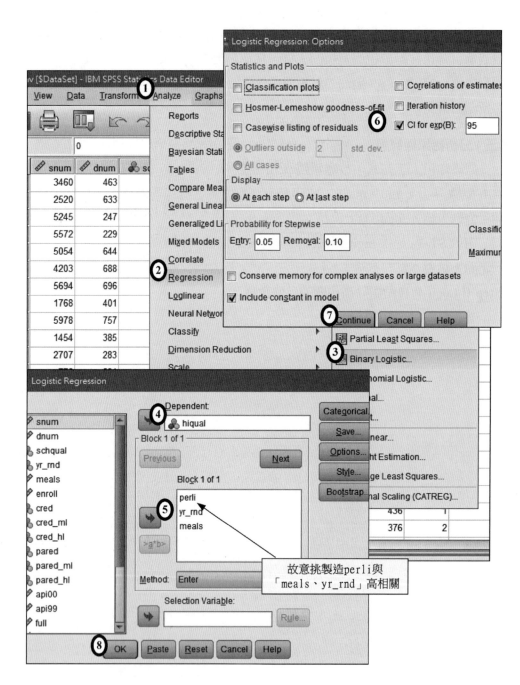

圖 2-11　故意挑與「meals、 yr_rnd」高相關 perli，三者當 Logistic 迴歸的解釋變數

對應的指令語法：

```
title "logit 模型的共線性診斷 .sps".
GET
  STATA FILE='D:\CD 範例 \apilog.sav'.


subtitle "Step1：Logit 會自動刪除高相關的自變數 )".

* 故意挑製造 perli 與「meals、yr_rnd」高相關 .
compute perli=yr_rnd + meals.
  execute.

LOGISTIC REGRESSION VARIABLES hiqual
  /METHOD=ENTER perli meals yr_rnd
  /PRINT=CI(95)
  /CRITERIA=PIN(0.05) POUT(0.10) ITERATE(20) CUT(0.5).
```

**Variables in the Equation**

| | | B | S.E. | Wald | df | Sig. | Exp(B) | 95% C.I.for EXP(B) Lower | Upper |
|---|---|---|---|---|---|---|---|---|---|
| Step 1[a] | perli | -.107 | .006 | 274.297 | 1 | .000 | .898 | .887 | .910 |
| | 全年制學校嗎 Year Round School | -.883 | .354 | 6.217 | 1 | .013 | .413 | .206 | .828 |
| | Constant | 3.616 | .242 | 223.405 | 1 | .000 | 37.173 | | |

a. Variable(s) entered on step 1: perli, 全年制學校嗎 Year Round School.

1. 由於 perli 變數與「yr_rnd、meals」二者都有高度共線性，故 logit 分析時，
   yr_rnd 變數自動被挑除。

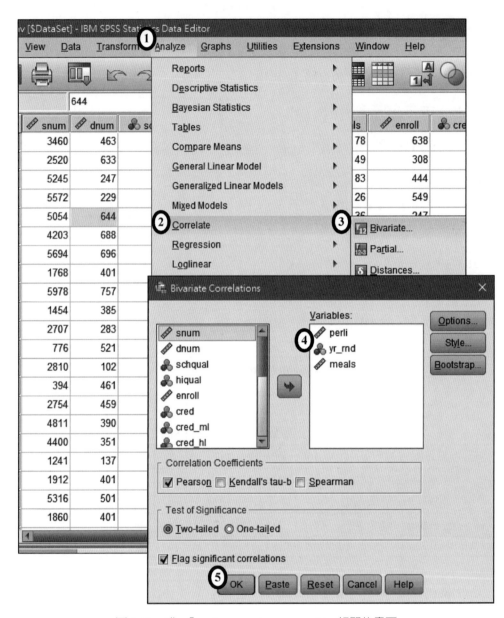

圖 2-12　求 「perli、 meals、 yr_rnd」 相關的畫面

對應的指令語法：

```
subtitle "求「perli、meals、yr_rnd」積差相關".
```

| Correlations | | perli | 全年制學校嗎 Year Round School | 免費餐的學生比例 pct free meals |
|---|---|---|---|---|
| perli | Pearson Correlation | 1 | .320** | 1.000** |
| | Sig. (2-tailed) | | .000 | .000 |
| | N | 1200 | 1200 | 1200 |
| 全年制學校嗎 Year Round School | Pearson Correlation | .320** | 1 | .309** |
| | Sig. (2-tailed) | .000 | | .000 |
| | N | 1200 | 1200 | 1200 |
| 免費餐的學生比例 pct free meals | Pearson Correlation | 1.000** | .309** | 1 |
| | Sig. (2-tailed) | .000 | .000 | |
| | N | 1200 | 1200 | 1200 |

**. Correlation is significant at the 0.01 level (2-tailed).

1. corr 指令求得積差相關，亦可看出 perli、yr_rnd、meals 三者高度相關。

   Pearson 的相關係數：

   樣本相關係數 $r = \dfrac{SS_{xy}}{\sqrt{SS_{xx}SS_{yy}}} = b_1 \dfrac{S_x}{S_y}$

   母體相關係數 $\rho = \dfrac{Cov(X, Y)}{\sigma_X \sigma_Y} = \dfrac{E[(X - \mu_X)(Y - \mu_Y)]}{\sigma_X \sigma_Y}$

**Step 2** 調節多重共線性 ( 多加一個自變數 **full**、一個交互作用項 **y×full**)

調節多重共線性是常見的事，因為自變數之間的任何高相關就表示共線性。當發生嚴重的多重共線性時，係數的標準誤差趨於非常大（膨脹），有時估計的邏輯斯迴歸係數可能非常不可靠。以本例來說，logit 分析的依變數為 hiqual，原先的預測變數為「avg_ed, yr_rnd, meals」，再多加「yr_rnd ×full」交互作用項。結果顯示「有交互作用項 y×full」比「無交互作用項 y×full」模型適配得更好。

```
* 為試探可否加入交互作用項？故先產生 yxfull 交互作用項 .
compute yxfull= yr_rnd * full.
```

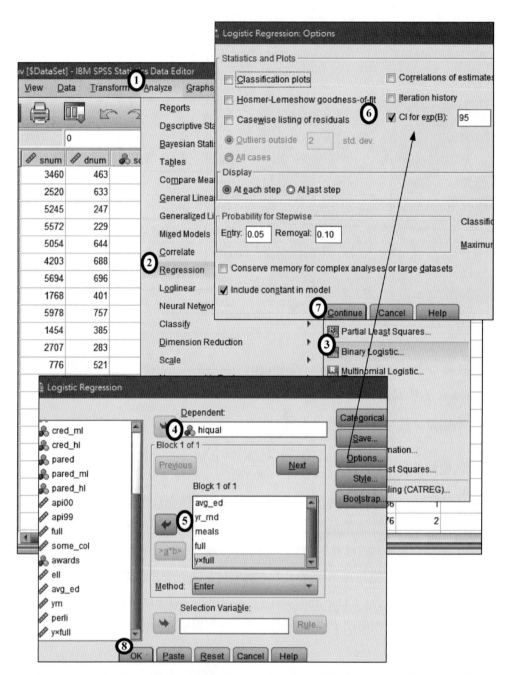

圖 2-13　原先 「avg_ed yr_rnd meals full」 再多加交互作用項 y×full 之 logit 畫面

對應的指令語法：

```
subtitle "Step2：model3 調節多重共線性 ( 多加一個自變數 full、一個交互作用項 y×full)".
LOGISTIC REGRESSION VARIABLES hiqual
  /METHOD=ENTER perli yr_rnd  meals full y×full
  /PRINT=CI(95)
  /CRITERIA=PIN(0.05) POUT(0.10) ITERATE(20) CUT(0.5).
```

## 【A. 分析結果說明】

**Model Summary**

| Step | -2 Log likelihood | Cox & Snell R Square | Nagelkerke R Square |
|------|-------------------|----------------------|---------------------|
| 1 | 527.669[a] | .553 | .772 |

a. Estimation terminated at iteration number 7 because parameter estimates changed by less than .001.

1. 多加一個自變數 full、一個交互作用項 y×full，模型適配度 Nagelkerke $R^2$ = 77.2%。$R^2$ 高於下列之原始 logistic 迴歸：「avg_ed、yr_rnd、meals」三者當自變數。

2. 回到原始 logistic 迴歸：「avg_ed、yr_rnd、meals」三者當自變數，可求得模型適配度 Nagelkerke $R^2$ = 76.1%。

3. 由於 logistic 迴歸，SPSS 會自動刪除共線性的解釋 ( 自 ) 變數，故再看下表交互作用項是否被刪除？迴歸係數是否達顯著性，才可判定是否成功加入交互作用項嗎？

**Variables in the Equation**

| | | B | S.E. | Wald | df | Sig. | Exp(B) | 95% C.I.for EXP(B) Lower | 95% C.I.for EXP(B) Upper |
|---|---|---|---|---|---|---|---|---|---|
| Step 1[a] | avg parent ed | 1.969 | .285 | 47.724 | 1 | .000 | 7.163 | 4.097 | 12.523 |
| | 全年制學校嗎 Year Round School | 11.166 | 2.942 | 14.411 | 1 | .000 | 70719.306 | 221.674 | 22561148.57 |
| | 免費餐的學生比例 pct free meals | -.079 | .008 | 98.581 | 1 | .000 | .924 | .910 | .939 |
| | pct full credential | .050 | .015 | 11.857 | 1 | .001 | 1.051 | 1.022 | 1.082 |
| | y×full | -.133 | .033 | 16.720 | 1 | .000 | .876 | .821 | .933 |
| | Constant | -8.061 | 1.760 | 20.983 | 1 | .000 | .000 | | |

a. Variable(s) entered on step 1: avg parent ed, 全年制學校嗎 Year Round School, 免費餐的學生比例 pct free meals, pct full credential, y×full.

1. 原先「avg_ed yr_rnd meals full」再多加交互作用項 y×full 之 logit 迴歸，故特別注意 yr_rnd、full 及交互作用項 y×full 三個係數，是否達到顯著性 (p<.05)，本例顯示 yr_rnd、full 及交互作用項 y×full 三個係數都顯著，表示已成功加入交互作用項。

2. 有多自變數 full、一個交互作用項 y×full，其模型適配度 Nagelkerke $R^2$ = 77.2% 亦高於「無交互作用項 y×full」logistic 迴歸。

3. 倘若你仍不放，yr_rnd、full 及其交互作用項 y×full 會有共線性的疑慮，亦可採取總平減 (grand centering) 概念，先將 yr_rnd 及 full 總平減再求其交互作用項，如下步驟。

Step 3 用總平減 (grand centering) 來消除共線性的疑慮

　　假設，原始二個自變數「A、B」，先做總平減「$(A - \bar{A})$、$(B - \bar{B})$」之後，二者乘積再當交互作用項「$(A - \bar{A}) \times (B - \bar{B})$」，通常這種作法都可大幅降低共線性的疑慮。有關總平減 (grand centering) 的進一步介紹，請見作者《多層次模型 (HLM) 及重複測量：使用 STaTa》一書，該書內容包括：線性多層次模型、vs. 離散型多層次模型、計數型多層次模型、存活分析之多層次模型、非線性多層次模型……。

對應的指令語法：

```
subtitle  "Step3：model4 連續變數 full 先總平減、再與虛擬變數 yr_rnd 做交互作用項 
yxfull)".

* 總平減(centering)程序：先求總平均（full_M），再相減.
compute full_M = mean(full).
  execute.
* 連續變數總平減後，再與虛擬變數 yr_rnd 做相乘，乘積項再當交互作項，即可減低共線性.
compute C_full =full-full_M.
compute C_yrxfull=yr_rnd* C_full.
  execute.

subtitle  "Step3：model4 連續變數 full 先總平減、再與虛擬變數 yr_rnd 做交互作用項 
yxfull)".
LOGISTIC REGRESSION VARIABLES hiqual
  /METHOD=ENTER avg_ed yr_rnd meals full C_yrxfull
  /PRINT=CI(95)
  /CRITERIA=PIN(0.05) POUT(0.10) ITERATE(20) CUT(0.5).
```

## 【A. 分析結果說明】

<table>
<tr><th colspan="10" align="center">Variables in the Equation</th></tr>
<tr><th></th><th></th><th></th><th></th><th></th><th></th><th></th><th></th><th colspan="2" align="center">95% C.I.for EXP(B)</th></tr>
<tr><th></th><th></th><th>B</th><th>S.E.</th><th>Wald</th><th>df</th><th>Sig.</th><th>Exp(B)</th><th>Lower</th><th>Upper</th></tr>
<tr><td rowspan="6">Step 1[a]</td><td>avg parent ed</td><td>1.969</td><td>.285</td><td>47.724</td><td>1</td><td>.000</td><td>7.163</td><td>4.097</td><td>12.523</td></tr>
<tr><td>全年制學校嗎 Year Round School</td><td>-.539</td><td>.368</td><td>2.139</td><td>1</td><td>.144</td><td>.583</td><td>.283</td><td>1.201</td></tr>
<tr><td>免費餐的學生比例 pct free meals</td><td>-.079</td><td>.008</td><td>98.581</td><td>1</td><td>.000</td><td>.924</td><td>.910</td><td>.939</td></tr>
<tr><td>pct full credential</td><td>.050</td><td>.015</td><td>11.857</td><td>1</td><td>.001</td><td>1.051</td><td>1.022</td><td>1.082</td></tr>
<tr><td>總平減交互作用</td><td>-.133</td><td>.033</td><td>16.720</td><td>1</td><td>.000</td><td>.876</td><td>.821</td><td>.933</td></tr>
<tr><td>Constant</td><td>-8.061</td><td>1.760</td><td>20.983</td><td>1</td><td>.000</td><td>.000</td><td></td><td></td></tr>
</table>

a. Variable(s) entered on step 1: avg parent ed, 全年制學校嗎 Year Round School, 免費餐的學生比例 pct free meals, pct full credential, 總平減交互作用.

1. 含交互作用項，解釋變數共 5 個「avg_ed yr_rnd meals full C_yrxfull」。由於 SPSS 的 logistic 迴歸，會自動將共線性高的解釋變數刪除，本例未刪除「yr_rnd」，表示它與「full、C_yrxfull」無高度的共線性而應被刪除，但係數卻未達顯著 (p > .05)。

2. 對比上一個步驟，可看出「yr_rnd、full」交互作用項，若取總平減「C_yrxfull」交互作用項，則需捨棄 yr_rnd；或者你亦可不要「C_yrxfull」交互作用項而不必捨棄 yr_rnd。

3. 下一節偵測 influence 的觀察值，我們挑選：捨棄「C_yrxfull」交互作用項，卻可保留 yr_rnd。即保留「avg_ed、yr_rnd、meals、full」四者當解釋變數。

## 2-4 偵測 influence 的觀察值：優質辦校之因素 (logistic regression 指令)

　　某一觀察值，實質地與其他觀察值不同，就叫離群值 (outlier)，它會嚴重影響整個迴歸係數的估計。偵測異常的觀察值有以下三個方法：

1. 離群值 (Outliers)：在迴歸中，有很大的殘差者，就是離群值。易言之，在預測變數們對依變數有異常的值。造成離群值的原因，可能是取樣特性所造成的，也有可能是你 key in 錯誤。

2. Leverage( 槓桿量 )：在預測變數有極端值的觀察值，叫做高 Leverage。槓桿量就是偏離平均值有多遠的測量。每個觀察值的 Leverage 都會影響迴歸係數的估計。

3. Influence( 影響值 )：若某一觀察值去掉後，對整個模型的配適或參數的估計有很大影響，則此觀察值稱為影響值。故 Influence 可想像為槓桿和離群值的組合。影響值的衡量有多種指標，一般均與 Hat matrix 有關：

(1) Dfbeta(difference of beta)：當某一觀察值去掉後，參數估計的變化情況。

(2) c (change in joint confidence interval)：當某一觀察值去掉後，參數和信賴區間的變化情況。

(3) $\Delta X^2$ 或 $\Delta G^2$：當某一觀察值去掉後，$\Delta X^2$ 或 $\Delta G^2$ 的變化情況。

範例：測異常且有影響力的觀察值 (influential observations)
　　承前例之資料檔「apilog.sav」。

# 一、問題說明

本例旨在了解優質辦校之影響因素有哪些？( 分析單位：學校 )

研究者蒐集數據並整理成下表，此「apilog.sav」資料檔內容之變數如下：

| 變數名稱 | 說明 | 編碼 Codes/Values |
|---|---|---|
| 結果變數 / 依變數：hiqual | 優質學校嗎 | 0,1 (binary data) |
| 解釋變數 / 自變數：yr_rnd | 全年制學校嗎 Year Round School | 0,1 (binary data) |
| 解釋變數 / 自變數：meals | 免費餐的學生比例 pct free meals | 0～100% |
| 解釋變數 / 自變數：cred_ml | 合格教師比例 , Med vs Lo | 0,1 (binary data) |
| 解釋變數 / 自變數：awards | 有資格獲得獎勵嗎 eligible for awards | 0,1 (binary data) |

# 二、資料檔之內容

「apilog.sav」資料檔內容如下圖。

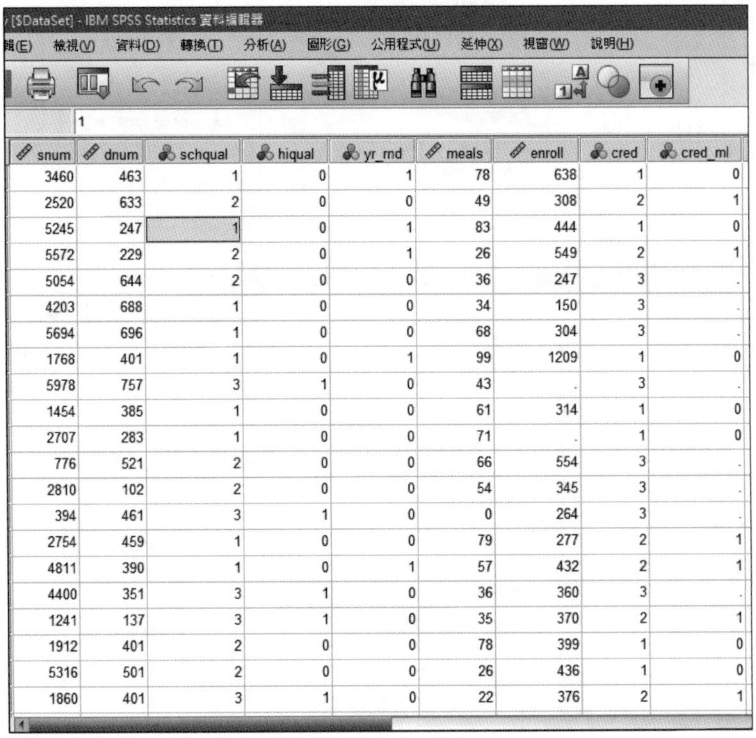

圖 2-14 「apilog.sav」 資料檔內容 (N = 1,200 個人，707 個學校 )

## 三、分析結果與討論

在「apilog.sav」資料檔中，cred_ml 自變數是 707 所學校之合格證書教師是中或低百分比。對於這個學校的人群，你認為變數 yr_rnd，meals 和 cred_ml 是預測學校 api 分數「api 連測二年再分成依變數 hiqual 之 high、not_high 二類別」的預測因素。故你採用「logistic regression」命令，及繪圖指令 (scatter)。

Step 1 | model5 四個自變數做 logit，並求 influence 觀察值：即繪模型預測值 ŷ 的散布圖

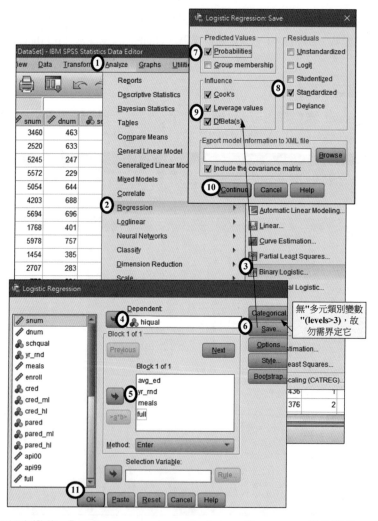

圖 2-15 四個自變數 「avg_ed yr_rnd meals full」 做 Logit， 並存殘差、 預測值及 influence 之畫面

對應的指令語法：

```
title "logit 模型的 influence 觀察值 .sps".
GET
  STATA FILE='D:\CD 範例 \apilog.sav'.

subtitle "Step1：model5 四個自變數做 Logit，並求 influence 觀察值 ".
LOGISTIC REGRESSION VARIABLES hiqual
  /METHOD=ENTER avg_ed yr_rnd meals full
  /SAVE=PRED COOK LEVER DFBETA ZRESID
  /CRITERIA=PIN(.05) POUT(.10) ITERATE(20) CUT(.5).

SAVE OUTFILE='D:\ CD\apilog4.sav'
  /COMPRESSED.
```

1. 「/SAVE=PRED ZRESID」會將 logistic 迴歸之預測機率值及標準化殘差，分別存至「PRE_1、ZRE_1」。「/SAVE= COOK LEVER DFBETA」會將測量離群值之統計值分別存到「COO_1、LEV_1、DFB0_1、DFB1_1、DFB2_1、DFB3_1、DFB4_1」中。

2. 此資料檔再另存至「apilog4.sav」。

| | | B | S.E. | Wald | df | Sig. | Exp(B) |
|---|---|---|---|---|---|---|---|
| | **Variables in the Equation** | | | | | | |
| Step 1[a] | avg parent ed | 2.048 | .300 | 46.532 | 1 | .000 | 7.749 |
| | 全年制學校嗎 Year Round School | -.970 | .381 | 6.485 | 1 | .011 | .379 |
| | 免費餐的學生比例 pct free meals | -.073 | .008 | 87.260 | 1 | .000 | .930 |
| | pct full credential | .034 | .013 | 6.398 | 1 | .011 | 1.034 |
| | Constant | -6.995 | 1.723 | 16.488 | 1 | .000 | .001 |

a. Variable(s) entered on step 1: avg parent ed, 全年制學校嗎 Year Round School, 免費餐的學生比例 pct free meals, pct full credential.

1. 四個自變數「avg_ed yr_rnd meals full」對依變數 hiqual 都達顯著效果 ($p <$ .05)。表示你界定模型是適當的。故再看有沒有 influence 觀察值。

**Step 2-1** 繪「標準化殘差 - 預測值 $\hat{y}$」之散布圖

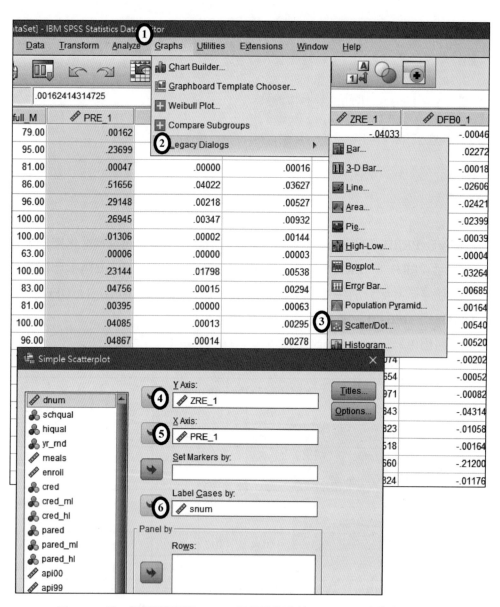

圖 2-16　繪 「預測機率值 PRE_1 及標準化殘差 ZRE_1」 散布圖之畫面

對應的指令語法：

subtitle "Step2-1：繪「預測機率值 PRE_1 及標準化殘差 ZRE_1」散布圖 ".
GRAPH
　/SCATTERPLOT(BIVAR)=PRE_1 WITH ZRE_1 BY snum (IDENTIFY)
　/MISSING=LISTWISE.

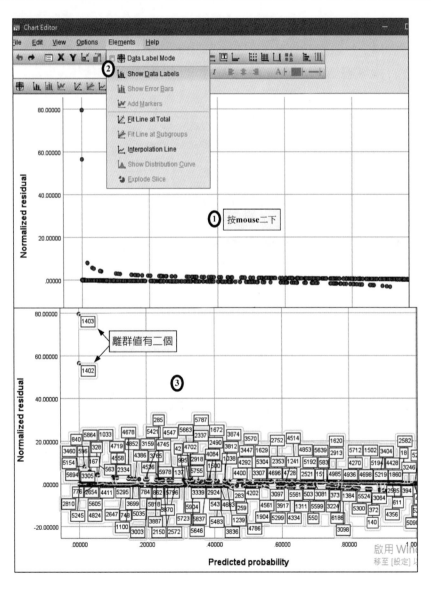

圖 2-17　繪出 「預測機率值 PRE_1 及標準化殘差 ZRE_1」 散布圖

Step 2-2 找出離群值：繪「**leverage-** 預測值 $\hat{Y}$」之散布圖

```
subtitle "Step2-2：繪「leverage- 預測值 ŷ」散布圖 ".
GRAPH
   /SCATTERPLOT(BIVAR)=PRE_1 WITH LEV_1 BY snum (IDENTIFY)
   /MISSING=LISTWISE.
```

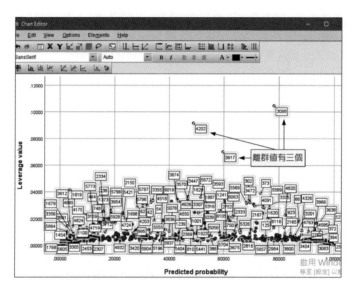

圖 2-18 「繪出 ．「leverage- 預測值 $\hat{Y}$」 之散布圖

Step 2-3 找出離群值：繪「**Cook's influence-** 預測值 $\hat{Y}$」之散布圖

```
subtitle "Step2-3：繪「Cook's influence- 預測值 ŷ」散布圖 ".
GRAPH
   /SCATTERPLOT(BIVAR)=PRE_1 WITH COO_1 BY snum (IDENTIFY)
   /MISSING=LISTWISE.
```

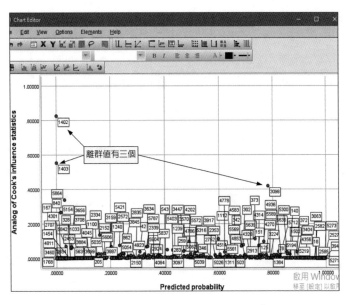

圖 2-19    「繪出 「Cook's influence- 預測值 $\hat{y}$」 之散布圖

1. 最有 Cook's 影響力之離群值，依序為：Observation 1402、Observation 1403、
   Observation 3098。

**Step 2-4** 找出離群值：繪「**id-** 預測值 $\hat{y}$」之散布圖

```
subtitle "Step2-4：繪「Cook's influence- 預測值 ŷ」散布圖".
GRAPH
  /SCATTERPLOT(BIVAR)=PRE_1 WITH id BY snum (IDENTIFY)
  /MISSING=LISTWISE.
```

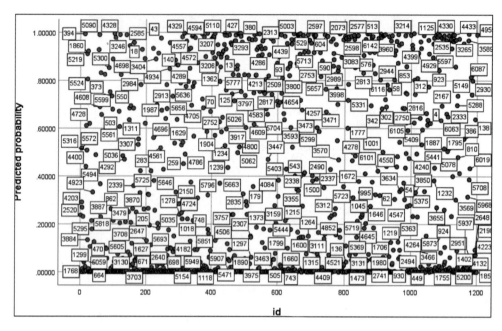

圖 2-20 「繪出 「id- 預測值 $\hat{y}$」 之散布圖

　　上面四種散布圖，旨在呈現離群之位置，這些圖共使用二種型態的統計量：

(1) 離群值對預測值（predicted values）的散布圖。

(2) 離群值對 id（觀察值序號）的散布圖。(it is therefore also called an index plot)。

　　這四種類型的散布圖，基本上傳達了相同的訊息。數據點 (data points) 似乎在 index 圖上更加分散，使得你更容易看到極端值的 index。我們從這些 plots 看到什麼呢？我們看到一些 observations 遠離其他大多數觀察值，這些 points 是需要你特別注意的。例如：(snum) 學校編號 1402 的觀察結果具有非常高的 Pearson residual（殘差）。此觀察值對應的結果變數 hiqual=1，但預測的概率卻非常低 (meaning that the model predicts the outcome to be 0)，導致它的殘差大。可是 observation 1403 它在 leverage 值卻不壞。也就是說，不納入這個 particular observation，邏輯斯迴歸估計與納入這個 particular observation 的模型，二者不會有太大的不同 ( 迴歸具有 robust)。讓我們根據圖表列出最傑出的觀察結果。接著，下面指令只關心散布圖中最凸出 (outstanding observations)。

\* 以下限 STaTa 指令 .


. scatter hat id, mlab(snum)

\* clist 旨在 List values of variables
. clist if snum==1819 | snum==1402 | snum==1403


Observation 243

| snum | 1403 | dnum | 315 | schqual | high |
|---|---|---|---|---|---|
| hiqual | high | yr_rnd | yrrnd | meals | 100 |
| enroll | 497 | cred | low | cred_ml | low |
| cred_hl | low | pared | medium | pared_ml | medium |
| pared_hl | . | api00 | 808 | api99 | 824 |
| full | 59 | some_col | 28 | awards | No |
| ell | 27 | avg_ed | 2.19 | ym | 100 |
| perli | 101 | yxfull | 59 | full_M | 88.12417 |
| fullc | -29.12417 | yxfc | -29.12417 | p | .0046147 |
| stdres | 14.71426 | id | 243 | dv | 3.27979 |
| hat | .0037409 | | | | |


Observation 715

| snum | 1819 | dnum | 401 | schqual | low |
|---|---|---|---|---|---|
| hiqual | not high | yr_rnd | yrrnd | meals | 100 |
| enroll | 872 | cred | low | cred_ml | low |
| cred_hl | low | pared | low | pared_ml | low |
| pared_hl | low | api00 | 406 | api99 | 372 |
| full | 51 | some_col | 0 | awards | Yes |
| ell | 74 | avg_ed | 5 | ym | 100 |
| perli | 101 | yxfull | 51 | full_M | 88.12417 |
| fullc | -37.12417 | yxfc | -37.12417 | p | .6947385 |
| stdres | -1.844302 | id | 715 | dv | -1.540511 |
| hat | .330909 | | | | |


Observation 1131

| snum | 1402 | dnum | 315 | schqual | high |
|---|---|---|---|---|---|
| hiqual | high | yr_rnd | yrrnd | meals | 85 |
| enroll | 654 | cred | low | cred_ml | low |
| cred_hl | low | pared | medium | pared_ml | medium |

| | | | | | |
|---|---|---|---|---|---|
| pared_hl | . | api00 | 761 | api99 | 717 |
| full | 36 | some_col | 23 | awards | Yes |
| ell | 30 | avg_ed | 2.37 | ym | 85 |
| perli | 86 | yxfull | 36 | full_M | 88.12417 |
| fullc | -52.12417 | yxfc | -52.12417 | p | .1270583 |
| stdres | 3.017843 | id | 1131 | dv | 2.03131 |
| hat | .2456215 | | | | |

1. 最有 Cook's 影響力之離群值，依序為：Observation 1402、Observation 1403、Observation 3098。

2. 以上統計量，在每個 observation 中你可以找到什麼？有什麼讓他們特別突出呢？Observation with snum = 1402 有大的 leverage 值，其 percentage of fully credential teachers=36。但更細節選項來看 full 的分配時，我們查覺到 36% 是非常低的，因為 full 的 5% 分割點是 61 分 ( 不是 36 分 )。另外，其 api 分數卻非高 (api00 = 761)。這與我們的直覺有所牴觸，即 low percent of fully credential teachers，該校應該是一個績效不佳的學校。

   排除離群值，再 logistic 迴歸分析，新舊模型比較若達顯著差異，表示離群值敏感度高；反之，表示你界定的模型具有 robust。

   現在我們來比較邏輯斯迴歸，「有 vs. 無」排除此 Observation with snum = 1402，看它對迴歸係數估計有多大的影響。

**Step 3** 比較「有 vs. 無」離群值 (snum=1402)，對 **logistic** 迴歸的影響結果
**Step 3-1** 對照組：未排除離群值「**snum=1402**」

```
subtitle "Step3：比較「有vs.無」離群值(snum=1402)，對Logistic迴歸的影響結果 ".
Subtitle2 "Step3-1 對照組：未排除離群值「snum=1402」".
LOGISTIC REGRESSION VARIABLES hiqual
 /METHOD=ENTER avg_ed yr_rnd meals full
 /CRITERIA=PIN(.05) POUT(.10) ITERATE(20) CUT(.5).
```

**Variables in the Equation**

| | | B | S.E. | Wald | df | Sig. | Exp(B) |
|---|---|---|---|---|---|---|---|
| Step 1[a] | avg parent ed | 2.048 | .300 | 46.532 | 1 | .000 | 7.749 |
| | 全年制學校嗎 Year Round School | -.970 | .381 | 6.485 | 1 | .011 | .379 |
| | 免費餐的學生比例 pct free meals | -.073 | .008 | 87.260 | 1 | .000 | .930 |
| | pct full credential | .034 | .013 | 6.398 | 1 | .011 | 1.034 |
| | Constant | -6.995 | 1.723 | 16.488 | 1 | .000 | .001 |

a. Variable(s) entered on step 1: avg parent ed, 全年制學校嗎 Year Round School, 免費餐的學生比例 pct free meals, pct full credential.

1. 對照組：未排除離群值「snum=1402」時，四個解釋變數對二元依變數都達到顯著效果 (p < .05)。

**Step 3-2** 實驗組：有排除離群值「**snum=1402**」

```
Subtitle2 " Step3-2 實驗組：有排除離群值「snum  ~= 1402」".
USE ALL.
COMPUTE filter_$=(snum  ~= 1402).
VARIABLE LABELS filter_$ 'snum  ~= 1402 (FILTER)'.
VALUE LABELS filter_$ 0 'Not Selected' 1 'Selected'.
FORMATS filter_$ (f1.0).
FILTER BY filter_$.
EXECUTE.

LOGISTIC REGRESSION VARIABLES hiqual
  /METHOD=ENTER avg_ed yr_rnd meals full
  /CRITERIA=PIN(.05) POUT(.10) ITERATE(20) CUT(.5).
```

**Variables in the Equation**

| | | B | S.E. | Wald | df | Sig. | Exp(B) |
|---|---|---|---|---|---|---|---|
| Step 1[a] | avg parent ed | 2.089 | .308 | 46.007 | 1 | .000 | 8.074 |
| | 全年制學校嗎<br>Year Round School | -1.115 | .392 | 8.070 | 1 | .005 | .328 |
| | 免費餐的學生比例<br>pct free meals | -.075 | .008 | 86.991 | 1 | .000 | .928 |
| | pct full credential | .044 | .014 | 10.192 | 1 | .001 | 1.045 |
| | Constant | -8.013 | 1.773 | 20.414 | 1 | .000 | .000 |

a. Variable(s) entered on step 1: avg parent ed, 全年制學校嗎 Year Round School, 免費餐的學生比例 pct free meals, pct full credential.

1. 「有 vs. 無」納入此 Observation with snum = 1402，logit 迴歸係數估計，avg_ed 對二元依變數的勝算比，由 7.749 倍增至 8.074 倍。

2. 而且，「有 vs. 無」納入此 Observation with snum = 1402，full 對二元依變數的勝算比，由 1.034 倍增至 1.045 倍。

3. 相反地，「有 vs. 無」納入此 Observation with snum = 1402，yr_rnd 對二元依變數的勝算比，由 0.379 倍減至 0.328 倍。

4. 至於「snum=1819」、「snum=1403」這二個 outlier，你可仿照以上 Step3 「snum=1402」的作法，比較有無排除它，對本模型的敏感度變化。

```
* 以下是 STaTa 指令 .
. clist if avg_ed==5

Observation 262
       snum        3098        dnum         556     schqual         low
      hiqual    not high      yr_rnd   not_yrrnd       meals          73
      enroll         963        cred        high     cred_ml           .
     cred_hl        high       pared         low    pared_ml         low
     pared_hl        low       api00         523       api99         509
        full          99    some_col           0      awards          No
         ell          60      avg_ed           5          ym           0
       perli          73      yxfull           0      full_M    88.12417
```

| | | | | | | | |
|---|---|---|---|---|---|---|---|
| fullc | 10.87583 | yxfc | 0 | | p | .7247195 |
| stdres | -1.720836 | id | 262 | | dv | -1.606216 |
| hat | .1109719 | | | | | |

Observation 715

| | | | | | | | |
|---|---|---|---|---|---|---|---|
| snum | 1819 | dnum | 401 | | schqual | low |
| hiqual | not high | yr_rnd | yrrnd | | meals | 100 |
| enroll | 872 | cred | low | | cred_ml | low |
| cred_hl | low | pared | low | | pared_ml | low |
| pared_hl | low | api00 | 406 | | api99 | 372 |
| full | 51 | some_col | 0 | | awards | Yes |
| ell | 74 | avg_ed | 5 | | ym | 100 |
| perli | 101 | yxfull | 51 | | full_M | 88.12417 |
| fullc | -37.12417 | yxfc | -37.12417 | | p | .6947385 |
| stdres | -1.844302 | id | 715 | | dv | -1.540511 |
| hat | .330909 | | | | | |

Observation 1081

| | | | | | | | |
|---|---|---|---|---|---|---|---|
| snum | 4330 | dnum | 173 | | schqual | high |
| hiqual | high | yr_rnd | not_yrrnd | | meals | 1 |
| enroll | 402 | cred | high | | cred_ml | . |
| cred_hl | high | pared | low | | pared_ml | low |
| pared_hl | low | api00 | 903 | | api99 | 873 |
| full | 100 | some_col | 0 | | awards | Yes |
| ell | 2 | avg_ed | 5 | | ym | 0 |
| perli | 1 | yxfull | 0 | | full_M | 88.12417 |
| fullc | 11.87583 | yxfc | 0 | | p | .998776 |
| stdres | .0350143 | id | 1081 | | dv | .0494933 |
| hat | .0003725 | | | | | |

1. 上面分析顯示，snum = 1819，其 avg_ed=5。這意味著此學校，每個學生家長都是研究所學歷。這聽起來太好了，但不能成眞。因爲是這筆數據輸入錯誤。

## 2-5 練習題：logistic regression：學業是否得獎的因素 (logistic regression 指令)

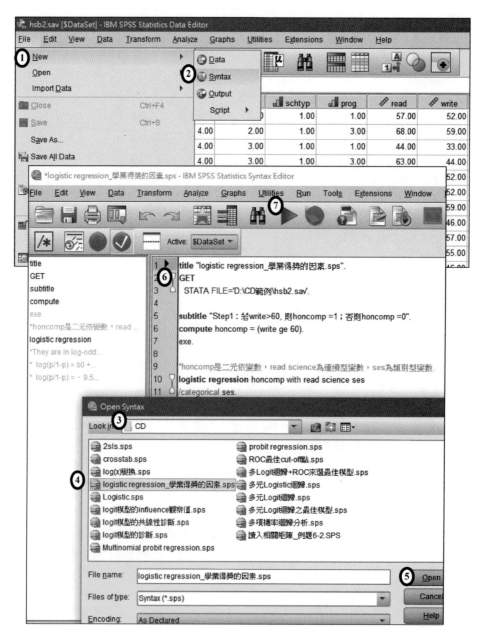

圖 2-21　二個連續自變數 「read science」 及一個類別自變數 ses 對 honcomp 的 logistic
迴歸 (hsb2.sav)

```
title "logistic regression_學業是否得獎的因素 .sps".
GET
   STATA FILE='D:\CD 範例 \hsb2.sav'.

subtitle "Step1：若 write>60, 則 honcomp =1；否則 honcomp =0".
compute honcomp = (write ge 60).
exe.

*honcomp 是二元依變數，read science 為連續型變數，ses 為類別型變數 .
logistic regression honcomp with read science ses
/categorical ses.

*They are in log-odds units. Similar to OLS regression, the prediction equation is.
* log($\frac{p}{1-p}$) = b$_0$ + b$_1$*x$_1$ + b$_2$*x$_2$ + b$_3$*x$_3$ + b$_4$*x$_4$ + b$_5$*x$_5$ + ⋯

* log($\frac{p}{1-p}$) = –9.561 + 0.098*read + 0.066*science + 0.058*ses(1) – 1.013*ses(2).
```

# 離散選擇模型：多項機率迴歸(NOMREG指令)

　　邏輯斯模型 (logit model) 也是離散選擇法模型之一，屬於多項變數分析範疇，是社會學、生物統計學、臨床、數量心理學、計量經濟學、市場行銷等統計實證分析的常用方法。

　　個體之離散選擇模型 (discrete choice model) 廣泛應用於國外的交通運輸及行銷領域，而國內交通運輸領域，也長期以此模型分析個體的運具選擇行為。反觀國內的行銷領域，因較難取得消費者的商品品牌購買紀錄，而鮮少應用個體選擇模型分析消費者的選擇行為，值得大家努力來關注它。

　　例如：以問卷蒐集消費者對三個洗髮精品牌的選擇行為，以個體選擇模型中的多項邏輯斯模型 (multinomial logit model)、巢狀邏輯斯模型 (nested multinomial logit model)、混合效果邏輯斯模型 (mixed logit model) 進行分析，檢驗促銷活動、消費者特性對洗髮精選擇行為的影響。可發現：洗髮精的原價格及促銷折扣、贈品容量、加量不加價等促銷活動，皆對消費者的選擇行為有顯著的影響力，其中促銷折扣與贈品容量影響的程度較大，是較具有效果的促銷活動。而消費者的性別、年齡、職業及品牌更換的頻率，皆影響洗髮精的選擇行為。消費者若固定選擇自己最常購買的洗髮精，此類型的消費者與其他人的品牌選擇行為，也有顯著的不同。此外，也發現海倫仙度絲與潘婷間的替代、互補性較強。

# 3-1 離散選擇模型 (Discrete Choice Models, DCM)

　　類別選擇 (Discrete Choices) 係由 McFadden(1974) 發展出之理論和實證方法。在 1970 年代以前，經濟理論和計量經濟學的分析都局限於數值連續的經濟變數 ( 像消費、所得、價格等 )，類別選擇的問題雖然是無所不在，傳統上卻沒有一個嚴謹的分析架構，McFadden 填補了這個空隙，他對類別選擇問題的研究在很短的時間內就發展成為新領域。

　　McFadden 對類別選擇問題的分析，認為不論要選的類別是什麼，每一個類別選擇的經濟個體來說，或多或少都有考量效用 ( 沒有效用的類別當然不會被考慮 )，某一個類別的脫穎而出，必然是因為該類別能產生出最高的效用 (utility)。McFadden 將每一個類別的效用分解為兩部分：(1) 受「類別本身的特質」以及「做選擇之經濟個體的特質」所影響之可衡量效用 ($V_{rj}^i$)；(2) 是一個隨機變數 $\varepsilon_{rj}^i$，它

代表所有其他不可觀測的效用。

替選方案的效用 ($U_{rj}^i$) 可分成兩部分：
(1) 可衡量固定效用 ($V_{rj}^i$): 替選方案可以被觀測的效用。
(2) 不可衡量之隨機效用 ($\varepsilon_{rj}^i$): 不可觀測的效用 ( 誤差 )。

　　也因為效用包含一個誤差之隨機變數 ($\varepsilon_{rj}^i$)，所以每一個類別效用本身也都是隨機的。影響各個類別之可衡量效用 ($V_{rj}^i$) 值不是固定不變，而是隨機變動的；換句話說，經濟個體不會固定不變只選擇某一類別，我們最多只能說某個經濟個體選擇某類別的機率是多少，這套想法 McFadden 稱之為「隨機效用模型」(Random Utility Model, RUM)。透過分類 McFadden 大大擴展了效用理論的適用範圍。

　　McFadden 接著對隨機效用 ($\varepsilon_{rj}^i$) 做出一些巧妙的分配假定，使得選擇各類別的機率 ( 乃至於整個概似函數 ) 都可以很簡單的公式表示出來，我們因此可用標準的統計方法 ( 最大概似估計法 ) 將「類別特質」以及「經濟個體特質」對類別選擇的影響估計出來，McFadden 將這種計量模型取名為「條件 logit 模型」(Conditional Logit Model，clogit 指令 )，由於這種模型的理論堅實且計算簡單，幾乎沒有一本計量經濟學的教科書不介紹這種模型以及類似的「多項 logit 模型」(Multinomial Logit Model：mlogit、nlogit、ologit、rlogit……指令 )。

　　多項 Logit 模型雖然好用，但和所有其他的計量模型一樣都有某些限制，多項 Logit 模型最大的限制，在於各個類別必須是獨立互斥且不相互隸屬。因此在可供選擇的類別中，不能有主類別和次類別混雜在一起的情形。例如：旅遊交通工具的選擇時，主類別可粗分為航空、火車、公用汽車、自用汽車四大類，但若將航空類別再依三家航空公司細分出三個次類別而得到總共六個類別，則多項 logit 模型就不適用，因為航空、火車、公用汽車、自用汽車均屬同一等級的主類別，而航空公司的區別則是較次要的類別，不應該混雜在一起。在這個例子中，主類別和次類別很容易分辨，但在其他研究領域中就可能不是那麼容易分辨，若不慎將不同層級的類別混在一起，則由多項 logit 模型所得到的實證結果就會有偏誤 (bias)。為解決這個問題，McFadden 除了設計出多個檢定法 ( 如 LR test for IIA (tau = 1))，來檢查「主從隸屬」問題是否存在外，還發展出一個較為一般化的「階層多項 logit 模型」(Nested Multinoimal Logit Model, nlogit 指令 )，不僅可同時處理主類別和次類別，尚保持多項 logit 模型的優點：理論完整而計算簡單。

McFadden 更進一步的發展出可同時處理類別和連續型經濟變數的混合模型，並將之應用到家庭對電器類別以及用電量 ( 連續型變數 ) 需求的研究上。一般來說，(1) 當反應變數 (response variable/dependent variable) 是二分類變數，且相應個體的共變數（covariate variable/independent variable）有 1 個以上時，對應的 logistic 迴歸稱為「多變量 logit 模型」；(2) 當反應變數是多分類變數時，對應的 logistic 模型成為「多項 logit 模型」，這裡多項 logit 模型係指依變數是多類別的，不只是 (0, 1) 這麼簡單。

## 3-1-1 離散選擇模型 (DCM) 概念

### 一、什麼是離散選擇模型 (Discrete Choice Models, DCM)

離散選擇模型 (DCM)，也叫做基於選擇的聯合分析模型 (Choice-Based Conjoint Analysis, CBC)，例如：Rank-ordered logistic regressiono 可用 rologit 指令。DCM 是一種非常有效且實用的市場研究技術 (Amemiya & Takeshi , 1981)。該模型是在實驗設計的基礎上，通過模擬所要研究產品／服務的市場競爭環境，來測量消費者的購買行為，從而獲知消費者如何在不同產品／服務屬性水準和價格條件下進行選擇。這種技術可廣泛應用於新產品開發、市場占有率分析、品牌競爭分析、市場區隔和定價策略等市場營銷領域。同時離散選擇模型也是處理離散的、非線性定性數據且複雜性高之多項統計分析技術，它採用 Multinomial Logit Model(mlogit、clogit、asclogit…指令 ) 進行統計分析。這項技術最初是由生物學家發明的，生物學家利用這種方法研究不同劑量 (dose) 殺蟲劑對昆蟲是否死亡的影響 ( 存活分析指令有：stcox、xtstreg、mestreg 等指令 )。

離散選擇模型使得經濟學家能夠對那些理論上是連續的，但在實際中只能觀察到離散值的機率比 ( 例如：如果一個事件發生則取 1，如果不發生則取 0) 建立模型 (logit 迴歸分析有：logit、asmixlogit、asclogit、clogit、cloglog exlogistic、fracreg、glm、mlogit、nlogit、ologit、scobit、slogit 等指令 )。在研究對私人交

通工具提供交通服務需求的模型中，人們只能觀察到消費者是否擁有這一輛汽車 ( 間斷 )。但是這輛汽車所提供的服務量 ( 連續 ) 卻是不可觀察的。

離散選擇模型之應用領域如下：

1. 接受介入案例組 (case group) 病人，再與一組吃安慰劑治療的對照組 (control group) 進行對比，看某治療法是否成功。STaTa 提供指令爲：配對資料的條件邏輯斯迴歸 (clogit 指令 )、Alternative-specific conditional logit(McFadden's choice)(asclogit 指令 )。

2. 解釋婦女的工作選擇行爲。

3. 選擇某一專業學習。

4. 在一籃子商品中對某一商品的購買決策。

5. 情境條件下 (e.g. 飢餓行銷 )，市場占有率的建模。

6. 根據「回憶者」( 表現出來 ) 的特徵衡量廣告活動的成功。

7. 解釋顧客價值概念 ( 分類模型 )。

8. 顧客滿意度研究 ( 分類模型 )。

## 二、離散選擇模型的基礎

### ( 一 ) 一般原理

離散選擇模型的一般原理爲隨機效用理論 (random utility theory)：假設選擇者有 J 個備選方案 (alternative)，分別對應一定的效用 U，該效用由固定與隨機兩部分加和構成，固定效用 ($V_{rj}^i$) 能夠被觀測要素 x 所解釋，而隨機部分 ε 代表了未被觀測的效用及誤差的影響。選擇者的策略爲選擇效用最大的備選方案，那麼每個備選方案被選中的概率，可以表示爲固定效用的函數：P = f($V_{rj}^i$)，函數的具體形式取決於隨機效果的分布。在大多數模型設定中，可見效用 V 被表述爲解釋要素 X 的線性組合形式，其迴歸式爲 V = $\beta$X，$\beta$ 爲係數 (coef.) 向量，其中 $\beta$ 值和顯著性水準 (z 檢定 ) 來決定解釋變數的影響力。

### ( 二 ) 應用價值

離散選擇模型的應用領域非常廣，市場與交通是最主要兩領域。(1) 市場研究中經典的效用理論和聯合分析 (conjoint analysis) 方法，二者都和離散選擇模型有直接淵源。透過分析消費者對不同商品、服務的選擇偏好，LR 檢定來預測

市場需求。(2) 在交通領域，利用離散選擇模型分析個體層面對目的地、交通方式、路徑的選擇行爲，進而預測交通需求的方法，比傳統的交通小區層面的集計方法更具有顯著的優勢，已成爲研究主流。此外，生醫、社會科學、環境、社會、空間、經濟、教育、心理、行銷廣告等領域的研究常見到。

　　離散選擇模型的主要貢獻有三方面：

1. 揭示行爲規律。透過對迴歸係數 $\beta$ 估計值的 ( 正負 ) 符號、大小、顯著性的分析，可以判斷哪些要素眞正影響了行爲，其方向和重要程度如何。對於不同類型的人群，還可以比較群組間的差異。

2. 估計支付意願。一般透過計算其他要素與價格的係數 (coef.) 之比得到該要素的貨幣化價值，該方法也可推廣到兩個非價格要素上。值得注意的是，有一類研究通過直接向受訪者抛出價格進而徵詢其是否接受的方式，估計個體對物品、設施、政策的支付意願，這種被稱爲意願價值評估 (contingent valuation method, CVM) 的方法廣泛應用於對無法市場化的資源、環境、歷史文化等的評價，應用案例有：Breffle 等 (1998) 對未開發用地、Treiman 等 (2006) 對社區森林、Báez-Montenegro 等 (2012) 對文化遺址價值的研究。

3. 展開模擬分析。一般以 "what-if" 的方式考察諸如要素改變、政策實施、備選方案增減等造成的前後差異，或是對方案、情景的效果進行前瞻。例如：Yang 等 (2010) 模擬了高鐵進入後對原有交通方式選擇的影響。Müller 等 (2014) 模擬了兩種不同的連鎖店佈局方案分別的經濟效益。以上模擬都是在集合層面上進行的，相比之下，個體層面的模擬更加複雜。有的研究基於個體的最大可能選擇，例如：Zhou 等 (2008) 對各地用地功能變更的推演模擬；更多研究是藉助蒙特卡洛 (Monte Carlo) 方法進行隨機抽樣 (bayesmh，simulate，permute，bayestest interval 指令 )，例如：Borgers 等 (2005，2006) 分別在巨集觀、微觀尺度下對行人在商業空間中連續空間選擇行爲的模擬。

**( 三 ) 基礎模型形式：多項 logit 模型 (asclogit、nlogit、mi impute mlogit、discrim logistic 等指令 )**

　　多項 logit 模型 (multinomial logit model, MNL；mlogit 指令 ) 是最簡單的離散選擇模型形式，它設定隨機效用服從獨立的極值分布。有關 mlogit 指令請見第 5 章。

　　多項 logit 模型是整個離散選擇模型體系的基礎，在實際中也最為常用，一方面是由於其技術門檻低、易於實現。另一方面也與其簡潔性、穩健、通用性，樣本數低、技術成熟、出錯率少等分不開的 (Ye et al, 2014)。雖然 MNL 模型存在的固有理論缺陷 ( 如假定隨機效用要獨立性 )，但在一些複雜問題上採用更加精細化的模型卻很適宜。根據 Hensher 等 (2005) 的看法：前期應以 MNL 模型為框架投入 50% 以上的時間，將有助於模型的整體優化，包括發現更多解釋變數、要素水準更為合理等。可見，MNL 模型儘管較為簡單，但其基礎地位在任何情況下都舉足輕重，應當引起研究者的高度重視。

## 三、離散選擇模型主要應用 (mlogit 指令為基礎 )

　　離散選擇模型主要用於測量消費者在實際或模擬的市場競爭環境下，如何在不同產品 / 服務中進行選擇。通常是在正交實驗設計的基礎上，構造一定數量的產品 / 服務選擇集合 (choice Set)，每個選擇集包括多個產品 / 服務的輪廓 (profile)，每一個輪廓是由能夠描述產品 / 服務重要特徵的屬性 (attributes) 以及賦予每一個屬性的不同水準 (level) 組合構成。例如：消費者購買手機的重要屬性和水準可能包括：品牌 (A，B，C)、價格 (2,100 元，19,880 萬元，3,660 元 )、功能 ( 簡訊，簡訊語音，圖片簡訊 ) 等。離散選擇模型是測量消費者在給出不同的產品價格、功能條件下是選擇購買品牌 A，還是品牌 B 或者品牌 C，還是什麼都不選擇。離散選擇模型的二個重要的假設是：(1) 消費者是根據構成產品 / 服務的多個屬性來進行理解和作選擇判斷；(2) 消費者的選擇行為要比偏好行為更接近現實情況。

　　又如，臺商根據經濟部投審會所核准的對外投資廠商，其投資區位，若依地主國地緣位置及經濟發展程度劃分，可分為北美洲、歐洲、亞洲已開發國家或新興工業化國家以及大陸與東南亞國家等四大區位。進而探討勞動成本、資金成本、市場大小、基礎建設、及群聚效果在臺商對外直接投資區位的選擇決策中所扮演的角色。

　　離散選擇模型與傳統的全輪廓聯合分析 (full profiles conjoint analysis) 都是在全輪廓的基礎上，採用分解的方法測量消費者對某一輪廓 ( 產品 ) 的選擇與偏好，對構成該輪廓的多個屬性和水準的選擇與偏好，都用效用值 (utilities) 來描述。

定義：聯合分析 (conjoint analysis)

　　聯合分析法又稱多屬性組合模型，或狀態優先分析，是一種多元的統計分析方法，它產生於 1964 年。雖然最初不是為市場營銷研究而設計的，但這種分析法在提出不久就被引入市場營銷領域，被用來分析產品的多個特性如何影響消費者購買決策問題。

　　聯合分析是用於評估不同屬性對消費者的相對重要性，以及不同屬性水平給消費者帶來的效用的統計分析方法。

　　聯合分析始於消費者對產品或服務（刺激物）的總體偏好判斷（渴望程度評分、購買意向、偏好排序等），從消費者對不同屬性及其水準組成的產品的總體評價（權衡），可以得到聯合分析所需要的資訊。

　　在研究的產品或服務中，具有哪些特徵的產品最能得到消費者的歡迎。一件產品通常擁有許多特徵如價格、顏色、款式以及產品的特有功能等，那麼在這些特性之中，每個特性對消費者的重要程度如何？在同樣的（機會）成本下，產品具有哪些特性最能贏得消費者的滿意？要解決這類問題，傳統的市場研究方法往往只能作定性研究，而難以作出定量的回答。聯合分析（conjoint analysis，也譯為交互分析）就是針對這些需要而產生的一種市場分析方法。

　　聯合分析目前已經廣泛應用於消費品、工業品、金融以及其他服務等領域。在現代市場研究的各個方面，如新產品的概念篩選、開發、競爭分析、產品定價、市場細分、廣告、分銷、品牌等領域，都可見到聯合分析的應用。

　　但是，離散選擇模型與傳統的聯合分析的最大區別在於：離散選擇模型不是測量消費者的偏好 ( 現今有 rologit 指令 )，而是獲知消費者如何在不同競爭產品選擇集中進行選擇。因此，離散選擇模型在定價研究中是一種更為實際、更有效、也更複雜的技術。具體表現在：

1. 將消費者的選擇置於模擬的競爭市場環境，「選擇」更接近消費者的實際購買行為 ( 消費者的選擇 )。
2. 行為要比偏好態度更能反映產品不同屬性和水準的價值，也更具有針對性。
3. 消費者只需做出「買」或「不買」的回答，數據獲得更容易，也更準確。

4. 消費者可以做出「任何產品都不購買」的決策，這與現實是一致的。

5. 實驗設計可以排除不合理的產品組合，同時可以分析產品屬性水準存在交互作用的情況。

6. 離散選擇集能夠較好地處理產品屬性水準個數 ( 大於 4) 較多的情況。

7. 統計分析模型和數據結構更為複雜，但可以模擬更廣泛的市場競爭環境。

8. 模型分析是在消費者群體層面，而非個體層面。

　　離散選擇模型主要採用離散的、非線性的 multinomial logit 統計分析技術，其依變數是消費者在多個可選產品中，選擇購買哪一種產品；而自變數是構成選擇集的不同產品屬性。

　　目前統計分析軟體主要有 STaTa 及 SAS，二者均另外提供比例風險迴歸 (Proportional Hazards Regression) 分析。此外，Sawtooth 軟體公司開發了專用的 CBC 市場研究分析軟體 (Choice-Based Conjoint Analysis)，該軟體集成了從選擇集實驗設計、問卷生成、數據蒐集到統計分析，市場模擬等離散選擇模型的市場研究全過程。

## 四、離散選擇模型的其他應用

　　難以相信，至今經濟學的某些領域中，離散選擇模型尚未完全被應用。最早的應用是對交通方式 / 市場的選擇。在選擇交通方式的模型中，要求被調查者對每天的外出情況進行記錄。記錄的數據包括出發地點和終點、距離、乘車時間、外出支出、被調查者的收人以及乘車之前和下車之後的步行時間。這些數據用來理解交通方式的不同選擇：自用車、公車、火車或其他方式。這些交通方式選擇的統計模型經常被交通部規劃部門採用。例如：這些數據可以用來規劃兩座城市之間新修高速公路的運載能力。

　　離散選擇模型應用最廣泛，且獲得計量經濟學大突破的，是勞動經濟學領域。研究問題包括：就業、對職業的選擇、參加工會嗎、是否工作、是否尋找工作、是否接受一個職位、是否要加人工會……都是二元選擇問題，它都可以用離散選擇模型建模。在勞動經濟學中，一個多元選擇的例子是：就業、上大學、從軍之間的選擇問題。例如：軍方通過職業路徑選擇模型來評估提供軍事服務的經濟回報。軍方可以通過提高退伍軍人的收入等市場機制來鼓勵從軍。

　　離散選擇模型還應用於信貸分布 ( 銀行應該向誰提供貸款 )、立法和投票記

錄、出生和人口動態變化、企業破產和犯罪行為……。

### 五、離散選擇模型的相關內容

離散選擇模型，最初是由生物統計學家在研究流行病、病毒以及發病率時發展起來的 (Ben-Akiva, Moshe, 1985)。這種存活分析 (stcox 指令) 是被用來為實驗結果建模的，實驗結果通常是以比值的形式衡量 ( 例如：在施用給定劑量的殺蟲劑後，昆蟲死亡的比例 )。這些技術獲得經濟學採用，原因有二：(1) 經濟學家研究的許多變數是離散的或是以離散形式度量的。一個人要麼就業，要麼失業。一家企業即使不知道漲價的具體幅度也可以聲稱下個月將要漲價。(2) 由於調查問卷題目愈來愈多，造成被調查者的疲憊。調查問卷上的問題若只是定性反應類型的問題，只提出定性問題，才可提高有效樣本的比例，及提高受訪者完成提問的準確性。

離散選擇採最大概似法 (maximum likelihood) 來估計，加上電腦統計技術的快速發展、儲存和處理大量數據的能力增強，才可對這些數據的隨機過程進行更精確的統計分析。

離散選擇模型另一重要的影響，在於計畫評估領域，例如：
1. 擴建一座機場將會產生多少新的交通流量？
2. 對撫養未成年兒童的家庭實行稅收減免，是否能使教育投資提高？
3. 地方政府未能平衡一項新的預算，是否會影響其在信貸市場的借貸能力？
4. 顧客喜歡藍色，還是紅色的衣服 / 包裝？

以上規劃技術，無論是公共部門還是私人部門都可應用離散選擇模型來解答這些問題。

## 3-1-2 離散選擇模型 (DCM) 之數學式：以住宅選擇為例

### 一、離散選擇行為之 logit 延伸模型

由於過去有關住宅選擇的相關文獻 ( 如 Mc Fadden, 1973) 均指出購屋消費的選擇行為是屬於個體的離散選擇行為。家戶及住宅供給者必須自某些特定之替選方案中選取其中最大效用或利益的住宅。因此，近年來利用離散選擇理論 (discrete choice theory) 中的 logit 模型來建立住宅消費選擇模型的相關文獻愈來愈

多，原因是傳統在消費者決策行為研究的文獻大都使用多屬性效用模型之效果較佳，其最基本假設在於決策者可將其偏好直接以效用函數予以表現，但效用函數是否能真正地反映出消費者對住宅此一特殊產品屬性的偏好，實有相當之爭議。

離散選擇理論之基礎主要來自經濟學的消費者行為及心理學的選擇行為兩個領域，但一般經由消費者行為所導出之理論應用較為廣泛。

Logit 模型乃屬於個體選擇理論之一種應用模型。其通常有兩種用途：(1) 解釋行為與現象。(2) 預測行為與現象。其他 Logit 模型的延伸變化模型，包括：

1. 多項 Logit 模型 (Multinomial Logit Model，mlogit 指令 )，最被廣泛使用的。因為其具有簡單的數學架構及容易校估的優勢，但也因為模型有基本假定：方案間的獨立性 (Independence of Irrelevant Alternatives，IIA)，而限制了它的應用。

2. 人們最常被使用的巢狀多項 Logit 模型 (Nested Multinomial Logit Model，nlogit、melogit meologit、meoprobit、mepoisson 等指令 )，它多項 Logit 模型的變形，此模型是由 McFadden 的廣義極值模型 (Generalized Extreme Value model, GEV) 所導出，模型中允許同一群組內的方案之效用是不獨立的，但是卻仍受限於同一群組中的方案間具有同等相關性的假定，此點可能與現實的狀況不合。

3. 次序性廣義極值模型 (Ordered Generalized Extreme Value)。STaTa 提供 ologit、oprobit、rologit、zioprobit,bayes: heckoprobit、bayes: meologit 等指令。

4. 成對組合 Logit 模型 (Paired Combinatorial Logit)，STaTa 提供 asclogit、clogit、nlogit、rologit、slogit、bayes: clogit 等指令。

5. 交叉巢狀 Logit 模型 (Cross-Nested Logit)。STaTa 提供 bayes: melogit、bayes: meologit 指令。

6. 異質性廣義極值模型 (Heteroscedastic Extreme Value)。STaTa 提供 fracreg、binreg、glm、gmm、hetprobit、ivregress、nl、bayes: glm 等指令。

**定義：廣義極端值分布 (generalized extreme value distribution)**

一些日常生活中的自然現象，像是洪水、豪雨降雨量、強陣風、空氣汙染等等。這些自然現象平常很少能觀察到，但一發生卻又會造成重大災害。那麼要如何計算其發生的機率呢？極端值分布就是用來估算這些現象發生的機率。以下是廣義極端值分布的數學式：

極端值分布有三個參數，分別為位置參數 (location) $\mu$、尺度參數 (scale) $\sigma$、形狀參數 (shape) k。

令 X 為一連續隨機變數，若 X 符合極端值分布，其機率密度分布函數 (P.D.F) 為：

$$f(x) = \begin{cases} \dfrac{1}{\sigma} \exp\left(-\exp\left(-\dfrac{x-\mu}{\sigma}\right) - \dfrac{x-\mu}{\sigma}\right) & if \quad k=0 \\ \dfrac{1}{\sigma} \exp\left[-\left(1 + k\dfrac{x-\mu}{\sigma}\right)^{\frac{-1}{k}}\right]\left(1 + k\dfrac{x-\mu}{\sigma}\right)^{-1-\frac{1}{k}} & for \quad 1 + k\dfrac{x-\mu}{\sigma} > 0, \quad if \quad k \neq 0 \end{cases}$$

例如：有一份記錄英國約克郡 (Yorkshire) 裡 Nidd 河的 35 年來每年最高水位的資料。

| | | | | | | |
|---|---|---|---|---|---|---|
| 65.08 | 65.60 | 75.06 | 76.22 | 78.55 | 81.27 | 86.93 |
| 87.76 | 88.89 | 90.28 | 91.80 | 91.80 | 92.82 | 95.47 |
| 100.40 | 111.54 | 111.74 | 115.52 | 131.82 | 138.72 | 148.63 |
| 149.30 | 151.79 | 153.04 | 158.01 | 162.99 | 172.92 | 179.12 |
| 181.59 | 189.04 | 213.70 | 226.48 | 251.96 | 261.82 | 305.75 |

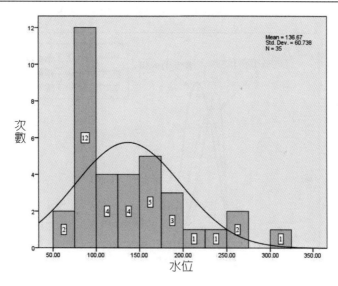

圖 3-1　Nidd 河的 35 年來每年最高水位

從直方圖我們可以看到 35 年最高水位的分布情況集中在 75 至 100 之間，但是卻有少數幾年的水位突然高漲兩、三倍。在這種情況之下，如果用一般的分布去推估水位突然暴漲的機率一定會非常低，因為我們不希望只是因為沒有觀察到就低估它發生的機率。如果套用極端值分布去估計的話，可以推得分布中三個參數的數值分別是 (location) $\mu$ = 36.15、尺度參數 (scale) $\sigma$ = 103.12、形狀參數 (shape) k = 0.32。

我們就能利用這些估計參數來預測下一年最高水位，其水位小於 100 的機率是 0.566，介於 100 到 200 之間的機率是 0.192，超過 200 的機率是 0.242。

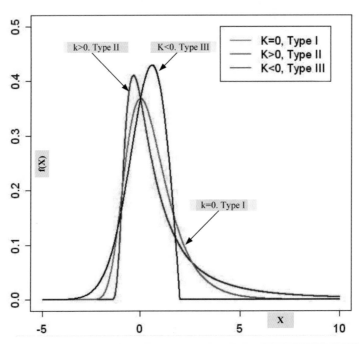

**Generalized Extreme Value Distribution**

$$f(x) = \begin{cases} \dfrac{1}{\sigma}\exp\left(-\exp\left(-\dfrac{x-\mu}{\sigma}\right) - \dfrac{x-\mu}{\sigma}\right) & if \quad k=0 \\[4mm] \dfrac{1}{\sigma}\exp\left[-\left(1+k\dfrac{x-\mu}{\sigma}\right)^{\frac{-1}{k}}\right]\left(1+k\dfrac{x-\mu}{\sigma}\right)^{-1-\frac{1}{k}} & for \quad 1+k\dfrac{x-\mu}{\sigma}>0, \quad if \quad k\neq 0 \end{cases}$$

圖 3-2　廣義極端值分布的機率密度函數圖形

　　次序性廣義極值模型 (OGEV) 是指我們在選擇時會有次序性地作抉擇，可是在唯一的文獻中 (Small, 1987) 所做出的結果不如巢狀 logit 模型 (NL)，且與多項 Logit 模型無顯著差異。成對組合 logit 模型 (PCL) 允許方案間具有不同的相關程度，可是在方案較多時有不易校估的問題存在。交叉巢狀 logit 模型 (CNL) 及異質性廣義極值模型 (HEV)，同樣具有校估困難的問題。

　　上述幾種 logit 模型，多數範例會在本書中介紹。

## 二、Logit 模型之一般化

　　這裡將介紹住宅租購與區位方案聯合選擇模型來說明離散選擇行為模型之基本理論及其一般式。離散選擇理論 (Discrete Choice Theory) 導源於隨機效用的概

念，認為在理性的經濟選擇行為下，選擇者 ( 如家戶 i) 必然選擇效用最大化的替選方案 ( 如住宅區位 j)。假設消費者對住宅選擇，他有 j = 1, 2, …, J 個住宅區位可選擇，每個住宅區位方案又可提供消費者 r = 1, 2( 即租屋或購屋 ) 二種選擇，此消費者選擇某一住宅區位 j 及住宅租購 r 方案之組合 ( 以下稱為替選方案 ) 之效用可用 $U_{rj}^i$ 表示；$U_{rj}^i$ 乃替選方案 rj 之屬性 $Z_{rj}^i$ 與消費者 i 之社會經濟特性 $S^i$ 之函數。而替選方案的效用 ($U_{rj}^i$) 可分成兩部分：

(1) 可衡量效用 ($V_{rj}^i$)，代表替選方案可以被觀測的效用。

(2) 隨機效用 ($\varepsilon_{rj}^i$) 代表不可觀測的效用。

另外，替選方案的效用 ($U_{rj}^i$) 為了方便起見，一般都假設效用函數為線性，以數學式表示如下式：

$$U_{rj}^i(Z_{rj}^i, S^i) = V_{rj}^i(Z_{rj}^i, S^i) + \varepsilon_{rj}^i(Z_{rj}^i, S^i)$$

其中，隨機效用 $\varepsilon_{rj}^i$ 除了代表不可觀測的效用之外，尚包括了許多誤差來源，例如：對可衡量效用的誤差、函數指定誤差、抽樣誤差以及變數選定誤差等。對隨機效用作不同的機率分布假設，可以得到不同的選擇模型。在離散選擇理論中一般常用的機率分配假設為常態分布 (Normal Distribution) 及 Gumbel 分布。若假設 $\varepsilon_{rj}^i$ 呈常態分布，則可以推導出 probit 模型；若假設 $\varepsilon_{rj}^i$ 呈相同且獨立之第一型態極端值分布 (IID,Type I Extreme-Value Distribution) 即 Gumbel 分配，則可以推導出 logit 模型 (Mcfadden, 1973)。由於 probit 模型無法推導出簡化的計算式，因此不易計算其選擇機率，也因此使得 probit 模型在實證應用上受到限制。

McFadden (1978) 對極端值分布 (extreme value distribution) 有明確定義，其第一型態極端值分布之累積分布函數 (c.d.f) 為：

$$F(\varepsilon) = \exp\{-\exp[-\delta(\varepsilon - \eta)]\}, \delta > 0$$

其平均數為 $\{\eta + r/\delta\}$，而變異數為 ($\sigma^2 = \pi^2/6\delta^2$)。其中，r 為尤拉 (Euler) 係數，其值約為 0.577；$\pi$ 為圓周率，值約 3.14；而 $\eta$ 為眾數 (mode)；$\delta$ 為離散參數 (dispersion parameter) 或稱為異質係數 (heterogeneity coefficient)，其數值大小恰與變異數 $\sigma^2$ 之大小相反。當 $\delta$ 值趨近極大值時，$\sigma^2$ 趨近於 0；反之當 $\delta$ 值趨近 0 時，$\sigma^2$ 趨近於極大值。離散參數在巢式 logit 模型中將可用以檢定包容值的係數是否合理，並可據以驗證模型的巢層結構。

根據上述，假設家戶 (i) 選擇住宅區位 (j) 的機率 $P_{rj}^i$ 取決於該住宅所帶給家戶的效用大小 $U_{rj}^i$。當住宅區位的效用愈大時，該住宅區位被家戶選擇的機率就愈大。其數學式表示如下：

$$P_{rj}^i = P_{rob}(U_{rj}^i > U_{mn}^i), \forall rj \neq mn$$
$$= P_{rob}(V_{rj}^i + \varepsilon_{rj}^i > V_{mn}^i + \varepsilon_{mn}^i), \forall rj \neq mn$$
$$= P_{rob}(\varepsilon_{rj}^i + V_{rj}^i - V_{mn}^i > \varepsilon_{mn}^i), \forall rj \neq mn$$

其中，$P_{rj}^i$ 代表消費者 i 選擇替選方案 $r_j$ 之機率。為了簡潔起見，上標 i 已省略。令 $\varepsilon$ 表示向量，而 F($\varepsilon$) 表示 $\varepsilon$ 之累積機率密度函數，將上式微分後可表示為下式：

$$P_{rj}^i = \int_{-\infty}^{\infty} F_{rj}(\varepsilon_{rj} + V_{rj} - V_{mn}) d\varepsilon_{rj}$$

上式中 $F_{rj}(\ )$ 表示函數 F 對 $\varepsilon_{rj}$ 微分之一次導數，$\varepsilon_{rj} + V_{rj} - V_{mn}$ 為向量形式，其中 mn 項等於 $\varepsilon_{rj} + V_{rj} - V_{mn}$。對函數之分配作不同假設即可得出不同的離散選擇模型。以下所要探討之多項 logit 模型 (MNL) 與巢狀多項 logit 模型 (NMNL) 皆可由上式離散選擇模型一般式導出。

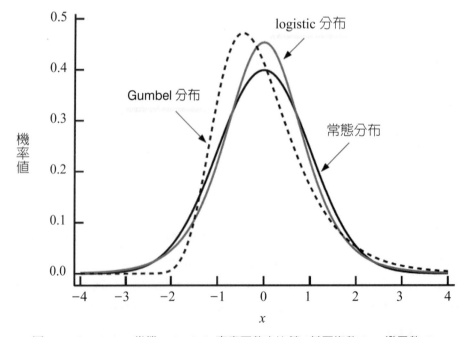

圖 3-3　Gumbel、　常態、　logistic 密度函數之比較 ( 其平均數 1，　變異數 1)

### 三、單層次：多項 logit 模型

$$P_{rj}^i = \int_{-\infty}^{\infty} F_{rj}(\varepsilon_{rj} + V_{rj} - V_{mn})d\varepsilon_{rj}$$

若將上式中 $\varepsilon_{rj}^i$ 假定獨立且具有相同的極端值分配 ( 即 Gumbel 分配或第一型極值 )，則其數學式如下：

$$P_{rob}(\varepsilon_{rj} \le \varepsilon) = \exp[-\exp(-\varepsilon_{rj})]$$

由上式可導出離散選擇模型中，使用最廣之 MNL 模型。因此，選擇第 rj 個方案的機率值 $P_{rj}$ 如下式：

$$P_{rj} = \frac{\exp(\delta V_{rj})}{\sum_{rj \in RJ} \exp(\delta V_{mn})}$$

上式為多項 logit 模型 (MNL)，如下圖所示。當只有兩個替選方案可供選擇時，則稱為二項 logit 模型 (Binary Logit)。

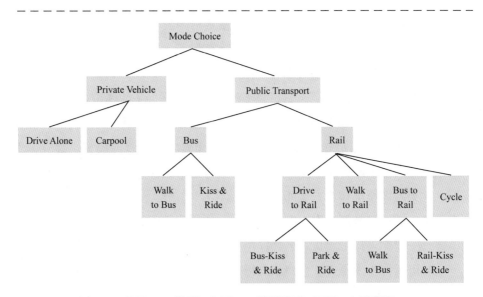

圖 3-4　多項 logit 模型 ( 上圖 )vs. 巢狀模型 ( 下圖 ) 之示意圖

由上式，可進一步導出 MNL 模型的一個重要特性。以數學式表示此特性如下式：

$$\frac{P_{rj}}{P_{mn}} = \frac{\exp(\delta V_{rj})}{\exp(\delta V_{mn})} = \exp[(\delta(V_{rj} - V_{mn})]$$

上式即所謂的不相干方案獨立性 ( 簡稱 IIA 特性 )。IIA 特性說明選擇兩替選方案的機率之相對比值 ($P_{rj} / P_{mn}$) 僅與該兩替選方案效用之差 ($V_{rj} - V_{mn}$) 有關，而與其他替選方案之是否存在無關。對於多項 logit 模型的 IIA 特性的優缺點如下：

優點一：當消費者有新的替選方案可供選擇時，僅須將此新替選方案之效用帶入公式便可，不須重新估計效用函數之參數值。此可由下面二個式表示：

$$P_{rj} = \frac{\exp(\delta V_{rj})}{\sum\limits_{mn=1}^{MN} \exp(\delta V_{mn})}$$

$$P'_{rj} = \frac{\exp(\delta V_{rj})}{\sum\limits_{mn=1}^{MN+1} \exp(\delta V_{rj})}$$

$P_{rj}$ 為原來選擇替選方案 rj 之機率，$P'_{rj}$ 為加入一新替選方案後選擇替選方案 rj 之機率，由上面二個式子，可看出各替選方案之選擇機率將成等比例減少，但各替選方案間之相對選擇機率則不變。IIA 特性在預測上的優點必須在當效用函數之所有變數皆為共生變數方可行，若效用函數有替選方案特定變數時，因為新方案特定變數之係數值無法決定，將造成顯著之預測誤差。

優點二：與參數的估計有關。當替選方案之數目過多時 ( 如區位之選擇 ) 雖然理論上仍可採用 logit 模型，但在實際應用上，蒐集資料所需之時間與成本，以及測定變數參數值之計算時間與成本，將使模型之建立極為困難。由 IIA 特性卻僅抽取所有替選方案中之部分替選方案，理論上其結果將與全部替選方案所求得者相同。

缺點一：為假設各替選方案之間完全獨立，如何決定所謂不同的替選方案即成為一難題。以下將以著名的紅色公車與藍色公車為例說明，假設一旅行者可選擇小汽車或紅色汽車二種替選運具，而此二種運具可衡量部分之效

用相同，因此任一運具之被選擇機率將爲二分之一。若現在新引進一運具稱爲藍色公車，此種公車除顏色外所有屬性皆與紅色公車完全相同，則可知旅行者選擇小汽車、紅色汽車、藍色汽車之機率將均爲三分之一。故雖然公車的顏色對旅行者運具選擇之行爲並無影響，藉著改變公車的顏色卻可以大大增加公車的搭乘機率，此乃不合理的現象。

由上述得知，在建立多項 logit 模型時，須先確認各替選方案的獨立性，否則所推導的結果會不符合決策者的行爲。但在許多實證研究中卻發現，要使所有替選方案完全獨立是不大可能達成的，因此爲解決此問題，一般有兩種方法。一爲「市場區隔法 (market segmentation)」，即將選擇者按照社會經濟條件先行分類，但一般僅能部分解決各替選方案間非彼此獨立的問題。另一個方法爲「巢狀 logit 模型」，此方法不但最常被使用，也可以完全解決 IIA 的問題。以下將介紹巢狀多項 logit 模型的建構過程。

## 四、巢狀 / 多層次：多項 logit 模型

McFadden(1973) 所推導的巢狀 logit 模型是最常被用來克服不相關替選方案獨立特性 (IIA 特性 ) 的模型，而多項 logit 模型與巢狀多項 logit 模型之差異主要在於選擇替選方案之機率；前者估算替選方案機率時，各替選方案是同時存在的，而後者是估算連續的機率。另外，巢狀 logit 模型假設選擇決策是有先後順序的過程，並且係將相似的方案置於同一巢，可考慮巢內方案間的相關性。本文以二層巢狀模型爲例說明，擴大到二層以上的情況亦雷同，茲將其模型結構分別說明如下。假設消費者 (i) 選擇住宅的決策程序是先決定租購行爲 (k)，再決定住宅區位 (j)。其結構如下圖所示，此時，其消費者選擇之效用函數如下式所示：

$$U_{jr}^i = V_r^i + V_j^i + V_{jr}^i + \varepsilon_r^i + \varepsilon_{jr}^i$$

其中，

$V_r^i$ 代表上巢層各方案之效用，用以衡量房屋租購所帶給消費者 (i) 之可衡量效用。

$V_j^i$ 及 $V_{jr}^i$ 表示下巢層各住宅區位所帶給消費者 (i) 之可衡量效用。

$\varepsilon_j^i$ 及 $\varepsilon_{jr}^i$ 分別表示上、下巢層之隨機效用。

若假設 $\delta_j^i$ 及 $\delta_{jr}^i$ 均爲相同且獨立之第一型態極端值分配，而上巢層之離散參

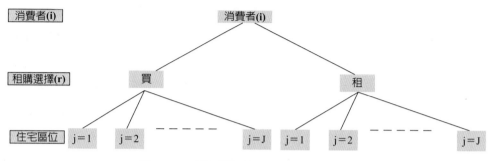

圖 3-5　二層之巢狀住宅選擇之決策結構

數為 $\delta_1$，下巢層之離散參數為 $\delta_2$，則住宅租購及住宅區位之聯合選擇機率 ($P_{jr}^i$) 如下式：

$$P_{jr}^i = P_r^i \times P_{j|r}^i$$

其中，$P_r^i$ 為選擇住宅租購之邊際機率 (marginal probability)，而 $P_{j|r}^i$ 為選擇住宅區位之條件機率 (conditional probability)。兩項機率之計算分別如下列二式：

$$P_{j|r}^i = \frac{\exp[\delta_2(V_j^i + V_{jr}^i)]}{\exp(I_j^i)}$$

$$I_r^i = Ln\left[\sum_{n \in A_r} \exp(\delta_2(V_n^i + V_{nr}^i))\right]$$

而

$$P_r^i = \frac{\exp[\delta_2 V_r^i + (\delta_1/\delta_2)I_r^i]}{\sum_m \exp[\delta_1 V_m^i + (\delta_1/\delta_2)I_m^i]}$$

上式 $I_r^i$ 式所計算之 $I_r^i$ 即為第 $r$ 種租購類型之包容值 (inclusive value)。其中，$A_r$ 代表第 $r$ 種租購類型內之住宅區位替選方案的集合。

上式 $I_r^i$ 代入 $P_{j|r}^i$ 式中，即可看出下巢層內之住宅區位選擇皆為多項 logit 模型。其中包容值的係數為 $(\delta_1/\delta_2)$，而 $\delta_1$ 與 $\delta_2$ 分別表示上巢層 ( 或稱第一巢層 ) 及下巢層 ( 或稱第二巢層 ) 的離散參數 (dispersion parameter)。而由 Gumbel 分布之變異數計算公式可以得知離散參數又恰與該巢層之效用函數中不可衡量部分 ($P_r^i$ 及 $P_{j|r}^i$) 之變異數呈反向變動關係。

一般合理的巢層結構假設是，上巢層的變異大於下巢層的變異。換言之，若假設住宅租購選擇的內部變異相對較大，而住宅區位選擇的內部變異相對較小，則家戶的決策程序是先選擇住宅租購，再就同一住宅租購選擇下進行住宅區位選擇。基於此假設，則上下層的變異數必然有 $\sigma_1 > \sigma_2$ 的關係，因而 $\sigma_1 < \sigma_2$。因此，包容值的係數 $(\delta_1/\delta_2)$ 必然介於 0 與 1 之間，所以可以透過對包容值係數的檢定推論住宅選擇之決策程序，故有下列四種情況產生：

(Case 1) 包容值係數 = 1：則表示上、下巢層之變異一樣大，所以此巢層 logit 模型可以簡化成爲多項 logit 模型；意即，家戶在選擇住宅租購或住宅區位時無程序上的差別，爲同時決策選擇地。

(Case 2) 包容值係數 = 0：則表示下巢層之變異數遠小於上巢層之變異數，相對之下幾乎可以忽略下巢層之內部變異；意即，下巢層之住宅區位方案彼此間具高度相似性。

(Case 3) 包容值係數 > 1：則表示下巢層之變異數大於上巢層之變異數，因此可以推論上、下巢層的結構可能反置。

(Case 4) 0 < 包容值係數 < 1：合理範圍，表示該所有替選方案集合內之替選方案的確是存在相關性的，此時則適用巢式多項 logit 以解決相關替選方案之非獨立性問題方才適當。

## 五、Logit 模型估計與檢定

多項及巢式 logit 模型參數的校估方法一般乃採全部資訊最大概似法 (Full Information Maximum Likelihood Method, FIML 法)，此種方法乃對所有可供選擇的集合中之每一元素加以組合，將每種組合視爲一替選方案，然後找出使對數概似函數值 (Log likelihood function) 爲極大之參數值。此二種模型之檢定可分爲模型參數檢定、logit 模型結構檢定、漸進 t 檢定、預測成功率與彈性值檢定五種方法：

### (一) 模型參數檢定

有關多項及巢式 logit 模型參數值之估計方法很多，目前使用最廣則爲最大概似估計法 (Maximum Likelihood Method) 與二階段估計法 (Two Step Estimation) 校估。由此最大概似估計法校估出來之係數值稱爲「最大概似估計值」，其具有一致性 (consistency)、有效性 (efficiency) 及充分性 (sufficiency)，但不一定具有不

偏性 (unbiasedness)，不過此偏誤一般將隨著樣本數的增加而迅速減少，因此當樣本數趨於無限大時，最大概似估計值將趨近為常態分配。

在參數之校估上，利用最大概似估計法直接求出使對數概似函數 (log likehood function) 為極大值之參數值 $\alpha$、$\beta$ 與 $\sigma$。如下式所示：

$$\ln L(\alpha, \beta, \sigma) = \sum_{i} \sum_{j=1}^{J} f_{ij} \times \ln P_{ij}(\alpha, \beta, \sigma, X, Y)$$

上式中 $i$ 表示樣本個體；$P_{ij}$ 為樣本 $i$ 選擇替選方案 $j$ 之機率。

當 $f_{ij} = 1$ 時，指的是所觀測之樣本 $i$ 選擇該替選方案 $j$，否則 $f_{ij} = 0$。此為一步驟估計法又稱為「充分訊息最大概似估計法 (FIML)」。理論上利用此方法即可求出極大之參數值 $\alpha$、$\beta$ 與 $\sigma$，但實際上因效用函數不為線性時，將使估計式極為困難，因此一般估計上多採用較無效率但估計方式較簡易之部分訊息之二步驟估計法 (two step estimation) 以校估參數。

所謂二階段估計法，即先估計下巢層之參數，再估計上巢層之參數。因此由上式之對數概似函數，依估計之順序可寫成邊際對數概似函數與條件對數概似函數之和，如下列三式所示：

$$\ln L = \ln L_{邊際} + \ln L_{條件}$$
$$\ln L_{條件}(\alpha) = \sum_{i} \sum_{l \in k} f_{l|k} \times \ln L_{l|k}(\alpha, X)$$
$$\ln L_{邊際}(\beta, \alpha) = \sum_{i} \sum_{l \in kl} f_{l} \times \ln P_{l}(\alpha, \beta, \sigma, X, Y)$$

其中，$l$ 為次市場之下的各替選方案，$k$ 為各次市場，向量 X 表示次市場之下的各替選方案之屬性向量，向量 Y 則表示各次市場的方案屬性向量，$\alpha$、$\beta$ 與 $\sigma$ 則為待估計之參數向量。同樣地，當 $f_{l|k} = 1$ 時，指所觀測之樣本選擇該替選方案 1，否則 $f_{l|k} = 0$；又 $P_{l|k}$ 為該樣本選擇替選方案 $l$ 之機率。採用二步驟估計參數之優點在於各步驟之效用函數均為線性，可較容易估出各概似函數之極大參數值。故在多項與巢式 logit 模型中，一般都採用二步驟估計法校估所需之參數值。

另外，評估 logit 模型是否能反映真實選擇行為的統計量主要有「概似比統計量」與「參數檢定」。其中概似比統計量乃以概似比檢定為基礎，一般最常被

用來檢定 logit 模型為等占有率模型或市場占有率模型，亦可用來檢定各模型間是否有顯著的不同，以找出最佳模型或是檢定模型所有參數之顯著性等；而參數檢定則針對整個模型所有變數的各參數值作檢定，包含檢定參數之正負號是否符合先驗知識之邏輯，並檢定在某種信賴水準下是否拒絕參數值為 0 之 t 檢定。

### (二) Logit 模型結構檢定

在模型參數校估完成後，必須透過一些統計上的檢定方法來判斷模型的好壞。以最大概似估計法校估參數之模型，常用的統計檢定包括「概似比指標檢定」、「概似比統計量檢定」、「漸進 t 檢定」等。各項說明如下：

#### 1. 概似比指標檢定 (likelihood-ratio index, $\rho^2$)

在最小平方估計法中，是以判定係數 ($R^2$) 來衡量模型之適配度，但在 logit 模型中觀測之選擇機率僅有選擇 ($Y_{ij} = 1$) 或未選擇 ($Y_{ij} = 0$) 兩種情形，而沒有消費者真正的機率，故一般以 $\rho^2$ 來檢定模型之優劣，如下式：

$$\rho^2 = 1 - \frac{\ln L(\hat{\alpha}_k)}{\ln L(0)}$$

其中，

$\ln L(\hat{\alpha}_k)$：參數推估值為 $\hat{\alpha}_k$ 時之對數概似函數值。

$\ln L(0)$：等市場占有率 (equal share) 模型，即所有參數皆為 0 時之對數概似函數值。

由於 $\ln L(0)$ 之絕對值較 $\ln L(\hat{\alpha}_k)$ 大，故 $\rho^2$ 永遠介於 0 與 1 之間，而愈接近 1 時，表示模型與數據間的適配程度越高。

#### 2. 概似比統計量 (likelihood ratio statistics)

概似比統計量最常被用來作檢定，即為等占有率模型與市場占有率模型；也就是以概似比檢定為基礎來檢定模型所有參數是否均為 0 的虛無假設。概似比統計量定義如下：

$$\lambda = \frac{L(0)}{L(\hat{\alpha}_k)}$$

其中，$L(0)$：等占有率之概似函數

$L(\hat{\alpha}_k)$：你所測定模型之概似函數

$k$：變數個數

$\lambda$ 經過運算，得到統計量如下式：

$$-2\ln\lambda = -2[\ln L(0) - \ln L(\hat{\alpha}_k)]$$

當樣本數很大時，統計量 $(-2\ln\lambda)$ 之數值將會趨近於自由度為 $k$ 之卡方分配 (chi-square distribution)，此值稱為概似比統計量。經查卡方分配表後可以判斷吾人所測定之模型是否顯著優於等占有率模型，亦即檢定是否所有參數均顯著不為 0 之虛無假設。

### (三) 漸進 t 檢定 (asymptotict test)

概似比檢定乃針對整個模型之所有參數是否全部為 0 作檢定，而漸近 t 檢定則是對每一參數是否等於 0 作個別之檢定。對概似函數的二次導數乘上 $(-1)$ 之反函數，即為各參數之變異數—共變異數矩陣 (variance-covariance matrix)，其對角線數值開根號即為各參數值之標準差 $(SE_k)$。各參數 $(\hat{\alpha}_k)$ 之顯著性即由下式之 t 統計量加以檢定：

$$t_{\hat{\alpha}_k} = \frac{\hat{\alpha}_k - 0}{SE_k}$$

### (四) 預測成功率 (predicted probabilities)

評估我們所測定的模型是否能反映選擇行為的一個很簡單的方法便是看此模型能準確的預測多少的選擇行為。以下分別定義並加以說明：

---

**【定義】**

$N_{jm}$：實際觀測替選方案 $j$，但模型預測為替選方案 $m$ 之選擇者總數。

$N_j$：選擇替選方案 $j$ 之選擇者的實際觀測總數。

$\hat{N}_j$：模型所預測選擇替選方案 $j$ 之選擇者總數。

$N$：選擇者 $i$ 之總數，即 $N = \sum i$。

$N_{jj}$：模型預測選擇替選方案 $j$，而實際選擇替選方案 $j$ 之選擇者總數。

---

1. 單位加權 (unit weight)

　　將各替選方案中被選擇機率最大者的機率為 1，而將選擇者選擇其他方案的機率設定為 0，然後再將加權過的機率相加而得。

2. 機率和 (probability sum)

　　將各個選擇所選各替選方案的機率直接相加而得。

3. 實際觀測之市場占有率

　　選擇者 $i$ 選擇替選方案 $j$ 的屬性 $(X_{jk}^i)$ 平均值如下式：

$$\frac{1}{N}\sum_{i=1}^{N}\sum_{j\in C_i}P_j^i\times X_{jk}^i$$

其中，$X_{jk}^i$ 指定為方案 $j$ 之方案特定虛擬變數，即若選擇者選擇方案 $j$ 為 1，其餘則否。當模型設定為飽和模型時，$X_{jk}^i$ 之屬性平均值可以稱為「方案 $j$ 之市場占有率」；若方案有 $j$ 個，最多可指定 $(j-1)$ 個方案特定虛擬變數。

4. 模型預測之市場占有率

　　選擇者 $i$ 選擇替選方案 $j$ 的屬性 $(X_{jk}^i)$ 期望值為：

$$\frac{1}{N}\sum_{i=1}^{N}\sum_{j\in C_i}P_j^i\times X_{jk}^i$$

5. 預測成功率（即判中率）

　　預測成功率 $=\dfrac{N_{jj}}{\hat{N}_j}$，對所有方案預測成功比率 $=\sum_j\dfrac{N_{jj}}{\hat{N}_j}$，又稱正確預測百分比 (%，correctly predicted)。

**(五) 彈性值檢定**

　　有關多項與巢式 logit 模型彈性之公式，如下 (Ben-Akiva & Lerman, 1985)：
直接彈性 (direct elasticity)

$$E_{X_{jk}^i}^{P_j^i}=\left(\frac{\partial P_j^i}{\partial X_{jk}^i}\right)\left(\frac{X_{jk}^i}{P_j^i}\right)$$

上式表示，對任何一位選擇者 $i$ 而言，某特定替選方案 $(j)$ 的效用函數中的某一個變數 $(X_{jk}^i)$ 改變一個百分比時，對於該選擇者 $(i)$ 選擇該特定方案 $(j)$ 的選擇機

率 $(P_j^i)$ 改變的百分比。

---

**小結**

　　有關雙層巢狀迴歸分析，請見作者《邏輯斯迴歸及離散選擇模型——應用 Stata 統計》「8-4 雙層巢狀模型：巢狀結構的餐廳選擇」範例介紹。

---

## 3-2　多項機率迴歸分析 (multinomial probit regression)(crosstabs、nomreg 指令 )

　　多項邏輯斯用於名義結果 (nominal outcome) 變數，其中，結果之對數機率 (log odds of the outcomes) 是建模在「預測變數的線性組合」。

　　多項機率迴歸分析，可考慮的分析法：

1. 多項式概率迴歸：與多項式邏輯迴歸 (multinomial logistic regression) 類似，但它具有獨立的常態誤差項 (normal error terms)。

2. 多組判別函數分析 (multiple-group discriminant function analysis)：結果變數 (outcome variables) 是多項式 (multinomial) 之多變量方法。

3. 多重邏輯迴歸 (multiple logistic regression) 分析 (one for each pair of outcomes)：這種方法有二個問題，(1) 每個分析都可能運行在不同的樣本上。(2) 如果不限制邏輯斯模型，我們最終可能會選擇所有可能的結果類別 (outcome categories) 大於 1。

4. 將多個類別折疊為兩個 (collapsing number of categories to two)，再進行邏輯斯迴歸：這種方法會受資訊丟失的影響，並將原始研究問題更改為完全不同的問題。

5. 次序邏輯斯 (ordinal logistic) 迴歸：如果結果變數是有序 ( 次序 )，並且也滿足比例機率的假定，那麼改用有序邏輯斯會使模型更加簡潔。

6. 特定方案 (alternative-specific) 的多項式概率迴歸：允許不同的誤差結構 (error structures)，因此允許放鬆不相關替代方案 (irrelevant alternatives) 的獨立性假定。這要求數據結構是特定選擇 (choice-specific)。

7. 巢狀 (nested) 邏輯斯模型：也放寬了 IIA 假定，也要求數據結構是特定選擇 (choice-specific)。

**nomreg** 指令語法

```
NOMREG dependent varname [(BASE = {FIRST } ORDER = {ASCENDING**})] [BY factor list]
                                 {LAST**}          {DATA       }
                                 {value }          {DESCENDING }
          [WITH covariate list]


[/CRITERIA = [CIN({95**})] [DELTA({0**})] [MXITER({100**})] [MXSTEP({5**})]
                  {n  }        {n  }          {n   }            {n   }
               [LCONVERGE({0**})] [PCONVERGE({1.0E-6**})] [SINGULAR({1E-8**})]
                         {n  }              {n        }            {n      }
               [BIAS({0**})] [CHKSEP({20**})]  ]
                    {n  }           {n   }


[/FULLFACTORIAL]


[/INTERCEPT = {EXCLUDE  }]
             {INCLUDE** }


[/MISSING = {EXCLUDE**}]
            {INCLUDE  }

[/MODEL = {[effect effect ...]} [| {BACKWARD} = { effect effect ...}]]
                                   {FORWARD }
                                   {BSTEP   }
                                   {FSTEP   }

[/STEPWISE =[RULE({SINGLE**   })][MINEFFECT({0**  })][MAXEFFECT(n)]]
                  {SFACTOR    }             {value}
                  {CONTAINMENT}
                  {NONE       }

           [PIN({0.05**})]   [POUT({0.10**})]
                {value }           {value }

           [ENTRYMETHOD({LR** })]  [REMOVALMETHOD({LR**})]
                        {SCORE}                   {WALD}

[/OUTFILE = [{MODEL    }(filename)]]
             {PARAMETER}

[/PRINT = [CELLPROB] [CLASSTABLE] [CORB] [HISTORY({1**})] [IC] ]
                                                 {n  }
          [SUMMARY ] [PARAMETER ] [COVB] [FIT] [LRT] [KERNEL]
     [ASSOCIATION] [CPS**] [STEP**] [MFI**] [NONE]

[/SAVE = [ACPROB[(newname)]] [ESTPROB[(rootname[:{25**}])] ]
                                                {n  }
         [PCPROB[(newname)]] [PREDCAT[(newname)]]

[/SCALE = {1**      }]
          {n        }
          {DEVIANCE }
          {PEARSON  }

[/SUBPOP = varlist]

[/TEST[(valuelist)] = {['label'] effect valuelist effect valuelist...;}]
                      {['label'] ALL list;                             }
                      {['label'] ALL list                             }
```

### 3-3-1　多項機率迴歸之概念

　　在迴歸分析中若反依變數為二元類別變數 (binary variable)，例如：手術的兩個結果 ( 存活或死亡 )，若以此為反依變數，則二元邏輯斯迴歸模型 (binary logistic regression model) 經常會用來分析。而若反依變數為超過二元的類別變數，例如：研究者欲探討不同年齡層對睡眠品質重要性的看法，以三分法的李可特量尺 (3-point Likert scale：1. 不重要、2. 中等重要、3. 很重要 ) 測量個案對睡眠品質重要性的看法，它就是多項 (multinomial) 邏輯斯迴歸。

　　當依變數為二元的類別變數時，若想作迴歸分析，此時不能再使用一般的線性迴歸，而應該要改用二元邏輯斯迴歸分析。

　　二元邏輯斯迴歸式如下：

$$\text{logit}\left[\pi(x)\right] = \log\left(\frac{\pi(x)}{1-\pi(x)}\right) = \log\left(\frac{P(x=1)}{1-P(x=1)}\right) = \log\left(\frac{P(x=1)}{P(x=0)}\right) = \alpha + \beta x$$

　　公式經轉換為：

$$\frac{P(x=1)}{P(x=0)} = e^{\alpha + \beta x}$$

1. 邏輯斯方程式很像原本的一般迴歸線性模式，不同點於現在的依變數變為事件發生機率的勝算比。

2. 因此現在的 $\beta$ 需解釋為，當 x 每增加一單位時，事件發生的機率是不發生的 $\exp(\beta)$ 倍。

3. 為了方便結果的解釋與理解，一般來說我們會將依變數為 0 設為參照組 (event free)。

　　多項 (multinomial)logit 模型是整個離散選擇模型體系的基礎，在實際中也最為常用，一方面是由於其技術門檻低、易於實現。

## 一、二元依變數、次序、multinomial 依變數的概念比較

在社會科學中，我們想解釋的現象也許是：

1. 二元／二分：勝／敗、(投／不投)票、票投 1 號／票投 2 號。

   當我們的依變數是二分類，我們通常以 1 表示我們感興趣的結果(成功)，以 0 表示另外一個結果(失敗)。此二元分布稱爲二項分布 (binomial distribution)。此種 logit 迴歸之數學式爲：

$$\log\left[\frac{P(Y=1)}{1-P(Y=1)}\right] = \beta_0 + \beta_1 X_1$$

$$\frac{P(Y=1)}{1-P(Y=1)} = e^{\beta_0+\beta_1 X_1} = e^{\beta_0}(e^{\beta_1})^{X_1}$$

2. 次序多分(等第)：例如：滿意度(從非常不滿意～非常滿意)。此四分類的滿意度爲：

$P(Y \leq 1) = P(Y=1)$

$P(Y \leq 2) = P(Y=1) + P(Y=2)$

$P(Y \leq 3) = P(Y=1) + P(Y=2) + P(Y=3)$

| 非常不滿意 | 不太滿意 | 有點滿意 | 非常滿意 |
|---|---|---|---|
| $P(Y=1)$ | $P(Y=2)$ | $P(Y=3)$ | $P(Y=4)$ |

截距一        截距二        截距三

| $P(Y \leq 1)$ | $P(Y > 1)$ | |
|---|---|---|
| $P(Y \leq 2)$ | | $P(Y > 2)$ |
| $P(Y \leq 3)$ | | $P(Y > 3)$ |

- - - - - - - - - - - - - - - - - - - - - - - - - - - - - - - - - - - - - - - - - -

$odds = \dfrac{P(Y \leq j)}{P(Y > j)}$

$\text{logit}[P(Y \leq 1)] = \log\left[\dfrac{P(Y=1)}{P(Y>1)}\right] = \log\left[\dfrac{P(Y=1)}{P(Y=2)+P(Y=3)+P(Y=4)}\right]$

$\text{logit}[P(Y \leq 2)] = \log\left[\dfrac{P(Y \leq 2)}{P(Y>2)}\right] = \log\left[\dfrac{P(Y=1)+P(Y=2)}{P(Y=3)+P(Y=4)}\right]$

$\text{logit}[P(Y \leq 3)] = \log\left[\dfrac{P(Y \leq 3)}{P(Y>3)}\right] = \log\left[\dfrac{P(Y=1)+P(Y=2)+P(Y=3)}{P(Y=4)}\right]$

$\text{logit}[P(Y \leq j)] = \alpha_j - \beta X, j = 1, 2, \cdots, c-1$

當 c 有 4 組，自變數解釋：

$Y \leq 1$、$Y \leq 2$、$Y \leq 3$ 時，他們對 logit 的影響外，會有 c-1 個截距，此模型又稱為比例勝算 (proportional odds) 模型。

3. 多元勝算對數 (multinomial logit) 模型：三個候選人、政黨認同。

基本模型：

$$\log[\frac{P(Y=j)}{P(Y=c)}] = \alpha_j + \beta_j X_1, j = 1,...,c-1$$

例如：三類別宗教傾向 (level = 3 類)：無、道教、佛教。

$$\log[\frac{P(Y=1)}{P(Y=3)}] = \alpha_1 + \beta_1 X_1$$

$$\log[\frac{P(Y=2)}{P(Y=3)}] = \alpha_2 + \beta_2 X_1$$

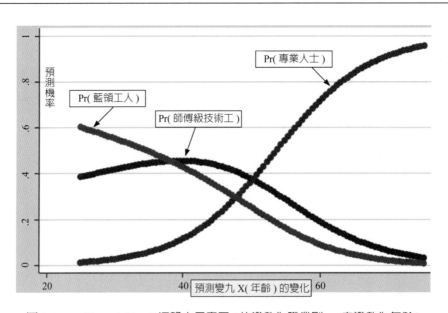

圖 3-6　multinomial logit 迴歸之示意圖 (依變數為職業別，　自變數為年齡)

## 二、多項邏輯斯模型 (Multinominal Logit Model, MNL) 概念

多項邏輯斯 (MNL) 是 logit 類模型的基本型式，其效用隨機項 $\varepsilon_{i,q}$ 相互獨立且服從同一 gumble 極值分布。基於機率理論，J 個選擇項 MNL 模型可以表達成：

$$P_{i,q} = \frac{\exp(bV_{i,q})}{\sum_{j=i}^{J} \exp(bV_{j,q})} = \frac{1}{1 + \sum_{J \neq 1} \exp(b(V_{J,q} - V_{i,q}))} \quad i = 1, 2, \cdots\cdots J \quad (3-1)$$

$P_{i,q}$ 是出行者 $q$ 對選擇項 $i$ 的機率，$b$ 是參數。

MNL 模型通過效用函數確定項的計算就可以獲得個體不同交通方式的選擇概率。透過模型標定，其效用函數的隨機項因素影響已經被表達在參數 b 中。

由於模型概念明確、計算方便而在經濟、交通等多方面得到廣泛應用。

MNL 模型也在應用中受到某些制約，最大限制在於各種交通方式在邏輯上必須是對等的 (IIA 特性 )。如果主要方式和次要方式混雜在一起，所得到的結果就會有誤差。MNL 模型應用中表現的另一點不足是計算概率僅與交通方式效用項差值有關，而與效用值自身大小無關，缺乏方式之間的相對比較合理性。

產生限制或不足的根本原因是 logit 模型在推導中假定了效用隨機項是獨立分布的 (IID：Independent and Identical Distribution)，但在現實中存在著影響各選擇項效用的共同因素，組成效用項的某個因素發生變化，會引發多種交通方式市場份額的變化，其影響大小可以引用經濟學中的交叉彈性係數來表達。

## 三、多項邏輯斯模型發展出幾個重要模型

現有 MNL 模型的改進中常用的有 BCL 模型 (Box-Cox logit)，NL( 巢狀 ) 模型 (Nested logit mode1)，Dogit 模型和 BCD 模型 (Box-Cox Dogit)。

BCL 模型對效用項計算進行變換，方式選擇概率計算與效用項的大小有了關聯，也改善了方式之間的合理可比性。

NL 模型是對 MNL 的直接改進，它由交通方式的邏輯劃分、結構係數與 MNL 子模型共同構成，由於各種方式之間明確了邏輯關係，子巢內交通方式選擇概率由結構係數控制，因此它緩解了 IIA 問題，是目前應用最為廣泛的模型之一。但巢狀層次結構的構造沒有一定的規則可循，方式劃分的不同帶來計算結果也不盡相同。

Dogit 將交通方式選擇劃分為「自由選擇」與「強迫選擇」兩部分，「強迫選擇」方式是交通的基本必要消費 ( 如上下班、上下學出行 )，「自由選擇」相對為非基本消費，且服從 MNL 模型。dogit 模型比 MNL 模型減小了交叉彈性係數，改變子選擇項數量對其他選擇枝的概率影響相應減小。此外，每個選擇項的交叉彈性係數可以不同，使得選擇項之間的柔性增加。

BCD 模型組合了 BCL 模型的效用確定項計算變換與 Dogit 模型，它同時完成了 BCL 和 Dogit 兩個模型從 IIA 到交叉彈性兩個方面的改進。

## 四、多項邏輯斯模型的新延伸模型

### (一) CNL 模型 (Cross-nested logit)

CNL 模型 (Voshva, 1998) 是 MNL 模型的又一改進模型，爲了體現各選擇項之間的相關和部分可替代性，它設有 m 個選擇子巢，允許各選擇項按不同的比例分布到各個結構參數相同的選擇子巢中，其單一選擇項概率可表達爲所有被選中的包含該選擇項的子巢概率和子巢內選擇該選擇項概率的乘積和：

$$P_i = \sum_m P_{i/m} \cdot P_m = \sum_m \left[ \frac{(\alpha_{im} e^{V_i})^{1/\theta}}{\sum_{j \in N_m} (\alpha_{jm} e_J^v)^{1/\theta}} \cdot \frac{\sum_{j \in N_m} (\alpha_{jm} e_J^v)^{1/\theta}}{\sum_m (\sum_{j \in N_m} (\alpha_{jm} e_i^v)^{1/\theta})^\theta} \right] \tag{3-2}$$

$V_i$ 是 $i$ 選擇項可觀測到的效用值，$N$ 是選擇巢 $m$ 中的選擇項數目，$\theta \in (0, 1)$ 是各巢之間的結構係數，$\alpha_{im} = 1$ 是選擇項 $i$ 分布到 $m$ 巢的份額，對所有 $i$ 和 $m$ 它滿足：

$$\sum_m \alpha_{im} = 1$$

$$P_i = \sum_{J \neq 1} P_{i/ij} \cdot P_{ij} = \sum_{j \neq 1} \left\{ \frac{(\alpha e^{V_i})^{1/\theta_{iJ}}}{(\alpha e^{V_i})^{1/\theta_{ij}} + (\alpha e^{V_J})^{1/\theta_{iJ}}} \cdot \frac{[(\alpha e^{V_i})^{1/\theta_{iJ}} + (\alpha e_J^V)^{1/\theta_{iJ}}]_{iJ}^\theta}{\sum_{k=1}^{J-1} \sum_{m=k+1}^{J} [(\alpha e^{V_k})^{1/\theta_{km}} + (\alpha e_m^V)^{1/\theta_{km}}]_{km}^\theta} \right\} \tag{3-3}$$

其中，$J$ 爲選擇項總數，$\theta \in (0, 1)$ 爲每個對的結構參數，$\alpha = \frac{1}{j-1}$ 爲分布份額參數，表示 $i$ 分布到 $(i, j)$ 對的機率。由於模型子巢是選擇對，兩選擇項之間不同的交叉彈性、部分可替代性可以充分表達，從而進一步緩解了 IIA 特性。但相同的分布參數值 ( 這與 CNL 模型可任意比例分布不同 ) 限制了交叉彈性係數的最大值，也限制了最大相關。

如果改 PCL 結構參數 0 可變，結合 CNL 可變的選擇項分布份額參數值，便組成具有充分「柔性」的 GNL 模型 (Wen & Koppelman, 2000)，PCL 和 CNL 模型是 GNL 模型的特例。

### (二) 誤差異質多項邏輯斯模型 (Heteroscedastic mutinomial logit, HMNL) 和共變異質多項邏輯斯模型 (Covariance heterogeneous nested logit, COVNL)

HMNL 模型 (Swait & Adamowicz, 1996) 從另一個角度、由 MNL 模型發展而來，它保留了 MNL 模型的形式、IIA 特性和同一的交叉彈性，但它允許效用隨機項之間具有相異變異數，它認爲不同出行者對效用的感受能力和應對方法是不同的，這種不同可以通過隨機效用項異變異數表達在模型中。不同於 MNL，

HMNL 認為，不同的出行者感受到的選擇項集合與選擇分類方式是不完全相同的，因此效用可觀測項定義為與選擇項 i 和整個被選擇的交通系統劃分方式 q( 即方式選擇的樹形結構 ) 有關的函數。

$E_q$ 為個人特性 ( 如收入 ) 與被選擇系統 ( 如選擇項數量、選擇項之間的相似程度 ) 的函數。尺度因數 $\mu(E_q)$ 是表達交通系統組成 ( 樹形結構 ) 複雜程度的函數。由於計算概率值受到尺度因數的控制，各選擇項之間就具有了不同相關關係與部分可替代的「柔性」：

$$P_{i,q} = \frac{e^{\mu(E_q)V_{J,q}}}{\sum_{j=1}^{J} e^{\mu(E_q)V_{J,q}}} \tag{3-4}$$

HMNL 模型定義的尺度因數可以確保不同出行者所感受到的不盡相同的交通系統的選擇項之間有不同的交叉彈性和相關性。

COVNL 模型 (Bhat, 1997) 是一種擴展的巢狀模型，它在選擇巢之間允許有不同變異數，透過結構係數函數化以達到選擇巢之間的相關性和部分可替代性的目的：

$$\theta_{m,q} = F(\alpha + \gamma' \cdot X_q) \tag{3-5}$$

式中，結構係數 $\theta \in (0, 1)$，F 是傳遞函數，$X_q$ 是個人和交通相關的特性向量，$\alpha$ 和 $\gamma'$ 是需要估計的參數，可根據經驗給定。從模型各選擇項的可變的交叉彈性係數 ( $\eta_{X,k}^{P_i} = -\mu(E_q)\beta_k$, $X_{i,k}$, $P_j$, $E_q$ 可變，交叉彈性可變 ) 可以看出，選擇項之間可以存在不同相關關係與柔性的部分可替代性。如果 $\gamma' = 0$，則 COVNL 模型退化為 NL 模型。

## 五、MNL 模型的發展脈絡與方法

一般認為，MNL 模型隱含了三個假定：效用隨機項獨立且服從同一極值分布 (IID)；各選擇項之間具有相同不變的交叉響應；效用隨機項間相同變異數。這三項假定均不符合交通方式選擇的實際情況，並引發一些謬誤。MNL 模型正是通過改善模型相對比較合理性，緩解或解除一個或多個隱含假定而發展起來的，其改進方法主要包括：

1. 對效用可觀測項計算進行非線性變換，改善單個因素對可觀測效用的邊際影

響，提高各選擇項計算概率的相對比較合理性，BCL 模型屬於此類型；另一種途徑是選擇項採用「市場競爭」的思想進行分類與份額分布，從而達到緩解 IIA 特性的目的，此類型包括 Dogit 和 BCD 模型等。

2. 建立「柔性模型結構」，它通過建立樹型巢狀結構、常數或非常數的結構參數以及各選擇項分布到各子巢的份額參數，鬆馳了效用隨機項服從同一分布且相互獨立性，同時也使得各選擇項交叉響應特性按分布差異產生變化。此類模型有 NL、CNL、PCL 和 GNL 模型以及其他的改進型，包括：(1)GenMNL(generalized MNL；Swait, 2000) 模型 ( 分布參數不可變的 GNL 模型 )、(2)fuzzy nest logit(FNL) (Voshva, 1999) 模型 ( 允許多級子巢嵌套的 GNL 模型 )、(3)OGEV fordered generalized extreme value (Small, 1987) 模型 ( 將部分可替代性好的選擇項分布到同一子巢中，透過改變同一個子巢中選擇項的數目、每個子巢中各選擇項分布份額和每個子巢的結構參數。達到各選擇項之間不同水平相關、部分可替代的目的 )、(4)PD (principles of differentiation；Bresnahanet al., 1997) 模型 [ 認為同一類相近性質選擇項之間的競爭遠大於不同類選擇項之間的競爭，模型依循多種因素定義了類 ( 子巢 )，並依循每種因素定義了多級水平。它不同於 NL 模型的有序樹形結構，是從一個有別於其他模型的角度建立樹形巢結構，允許不同因素的交叉彈性。

3. 將各選擇項效用隨機項之間或選擇子巢之間異變異數化來改善 IIA 引發的問題，HMNL 和 COVNL 模型屬於此類型。

## 六、多項 (multinomial) logit 迴歸之多項選擇

一般在研究迴歸分析時，常遇到依變數為二擇一的問題，如高中畢業後，是否繼續讀大學？或是公司成長至某階段時，是否選擇上市？此種問題一般可使用 binomial logit 迴歸或 binomial probit 迴歸來作分析。然而在某些情況下，迴歸分析所面臨的選擇不止是二擇一的問題，如某一通勤者可能面臨自己開車、搭公車或搭捷運去上班的三擇一問題。或是，公司面臨是否初次發行公司債，若是選擇發行，則要選擇普通公司債，或是轉換公司債？此時決策者面臨多個方案選擇，一個較佳的解決方式，為使用多項邏輯斯 (multinomial logit) 迴歸，此迴歸可同時解決多重方案的選擇問題。

Multinomial logit 迴歸係指「當依變數分類超過二項」之多項選擇迴歸。例

如：美國總統大選選民民意調查，欲了解選民之性別、年齡層及學歷 ，如何影響投票給當時三位候選人。

Multinomial logit 迴歸，也是質化變數的機率迴歸。例如：當公司選擇初次公開發行公司債時，它有三種方案可以選擇：發行有擔保公司債、發行可轉換債券、或是選擇不發行。當一項決策面面臨多重方案時，一個較佳的解決方式，爲使用 multinomial logit 迴歸，此迴歸可同時解決多重方案的選擇問題。

STaTa 多項選擇迴歸 (multinomial choice)：又分 multinomial probit, Multinomial (polytomous)logistic 迴歸兩大類。

舉例來說，財務危機研究方法眾多，且持續不斷的推陳出新，包括：採取逐步多元區別分析法 (stepwise multiple discriminant analysis, MDA)、邏輯斯迴歸分析 (logit model)、機率單位迴歸 (probit model)、遞迴分割演算迴歸 (recursive partitioning model)、類神經網路 (artificial neural netwoks)、比較決策樹 (classification and regression trees, CART) 等資料探勘技術、概略集合理論 (rough sets theory)、存活分析 (survival analysis) 等方法不斷的進步更新。

**表 3-1** 「預警」迴歸之統計方法比較表

| 方法 | 假定條件 | 優點 | 缺點 |
|---|---|---|---|
| 單變數<br>( 如 Odds Ratio) | 1. 分析性變數<br>2. 資料分布服從常態分布 | 適合單一反依變數不同組別之比較 | 比較母體若超過二群以上則較不適合 |
| 區別分析 | 1. 反依變數為分類別變數，而解釋變數為分析性<br>2. 資料分布服從常態分布 | 1. 可同時考慮多項指標，對整體績效衡量較單變數分析客觀<br>2. 可了解哪些財務比率最具區別能力 | 1. 不適合處理分類別解釋變數<br>2. 財務資料較難以符合常態假設<br>3. 迴歸使用前，資料須先經標準化 |
| 邏輯斯迴歸 | 1. 反依變數為分類別變數 | 1. 解釋變數可是分析性或分類別<br>2. 可解決區別分析中自變數資料非常態的問題<br>3. 迴歸適用於非線性<br>4. 資料處理容易、成本低廉 | 加入分類別解釋變數，參數估計受到樣本數量影響 |

表 3-1 「預警」迴歸之統計方法比較表（續）

| 方法 | 假定條件 | 優點 | 缺點 |
|---|---|---|---|
| Probit 迴歸 | 1. 殘差項須為常態分布<br>2. 各群體之共變數矩陣為對角化矩陣 | 1. 可解決區別分析中自變數資料非常態的問題<br>2. 機率值介於 0 與 1 之間<br>3. 迴歸適用非線性狀況 | 1. 迴歸使用前必須經由資料轉換<br>2. 計算程序較複雜這二個疑問 STaTa 都可輕易解決 |

誠如 Zmijewski (1984) 所說，財務比率資料大多不符合常態分布，有些「依變數 (Y) 為 nomial 變數，且 levels 個數大於 2」，而邏輯斯迴歸、multinomial logit 迴歸恰可解決自變數非常態、迴歸非線性與依變數 (Y) 非連續變數的疑問。因此，本章節特別介紹：多元機率迴歸 (Multinomial Probit Model)。

## 3-3-2 多項機率迴歸之原理

令 $N$ 個方案其機率分別為 $P_1, P_2, \cdots, P_N$。故 multinomial logit 迴歸可以下列式子表示之：

$$\log(\frac{P_{jt}}{P_{1t}}) = X_t\beta_j, \quad j = 2,3,\cdots,N; \quad t = 1,2,3,\cdots,T$$

其中，

$t$：表第 $t$ 個觀察值。

$T$：表觀察值的個數。

$X_t$ 表解釋變數的 $1 \times K$ 個向量中之第 $t$ 個觀察值。

$\beta_j$ 表未知參數的 $K \times 1$ 個向量。

上式，$N-1$ 的方程式，其必要條件為 $P_{1t} + P_{2t} + \cdots + P_{Nt} = 1$，且各機率值皆不相等。故各機率值可以下列式子表示之：

$$P_{1t} = \frac{1}{1 + \sum_{j=2}^{N} e^{X_t\beta_i}}$$

$$P_{1t} = \frac{e^{X_t\beta_i}}{1 + \sum_{j=2}^{N} e^{X_t\beta_i}} \quad , \quad i = 2,3,\cdots,N$$

此迴歸可藉由最大概似法 (likelihood) 中觀察其最大概似函數來估計：

$$L = \prod_{t \in \theta_1} P_{1t} \times \prod_{t \in \theta_2} P_{2t} \times \cdots \times \prod_{t \in \theta_n} P_{Nt}$$

$$\theta_j = \{t \mid 第\,j\,個觀察值\,\}$$

$\Pi$ 是機率 $p$ 連乘之積。

因此

$$L = \prod_{t \in \theta_1} \frac{1}{1 + \sum_{j=2}^{N} e^{X_t \beta_j}} \times \prod_{i=2}^{N} \prod_{t \in \theta_1} \frac{e^{X_t \beta_j}}{1 + \sum_{j=2}^{N} e^{X_t \beta_j}} = \prod_{t=1}^{T} \left( \frac{1}{\sum_{j=2}^{N} e^{X_t \beta_j}} \right) \times \prod_{i=2}^{N} \prod_{t \in \theta_1} e^{X_t \beta_j}$$

而此概似函數的最大值可藉由非線性的最大化方式求得。為獲取 $\beta_1, \beta_2, \cdots, \beta_N$ 的有效估計量，必須建構一個資訊矩陣(information matrix)，可以下列式子表示之：

$$F = \begin{bmatrix} F_{22} & F_{23} & F_{24} & F_{2N} \\ F_{32} & F_{33} & \cdots & F_{3N} \\ \vdots & \vdots & \ddots & \vdots \\ F_{N2} & F_{N3} & \cdots & F_{NN} \end{bmatrix}$$

其中

$$F_{rr} = \sum_{t=1}^{T} P_{rt}(1 - P_{rt})X_t' X_t \,,\, r = 2, 3, \cdots, N$$

$$F_{rs} = -\sum_{t=1}^{T} (P_{rt} P_{st})X_t' X_t \,,\, r = 2, 3, \cdots, N$$

F 的反矩陣即為 $\hat{\beta}$ 之漸進共變異數矩陣 (Asymptotic Covariance Matrix)，其中，$\hat{\beta} = [\hat{\beta}_2, \hat{\beta}_3, \cdots, \hat{\beta}_N]$。Multinomial logit 迴歸需要選擇某一方案當作「基底」(base) 方案，而將其他方案與此「基底」進行比較，因此我們在上述的三個方案當中，選擇以不發行公司債作為基底方案。其中，Logit 迴歸方程式的應變數為第 $i$ 個方案相對於其底方案之「勝算比」(Log-odds) 機率。

假設 multinomial logit 迴歸之自變數有 6 個，包括：公司規模 (Sales)、融資需求 (Growth)、預期未來成長機會 (MTB)、研究發展費用率 (R&D)、內部人持股率 (Inership)。上述這些自變數所建立 multinomial logit 迴歸如下：

$$\ln(\frac{P_{si}}{P_{ni}}) = \beta_0 + \beta_1 \text{Sales}_i + \beta_2 \text{Growth}_i + \beta_3 \text{Capex}_i + \beta_4 MTB_i + \beta_5 R \& D_i + \beta_6 \text{Inteship}_i$$

$$\ln(\frac{P_{ci}}{P_{ni}}) = \beta_0 + \beta_1 \text{Sales}_i + \beta_2 \text{Growth}_i + \beta_3 \text{Capex}_i + \beta_4 MTB_i + \beta_5 R \& D_i + \beta_6 \text{Inteship}_i$$

其中

1. $P_{ni}$ 代表第 $i$ 家公司選擇「不發行」公司債的機率。

2. $P_{si}$ 與 $P_{ci}$ 分別表示第 i 家公司選擇「發行」有擔保公司債及可轉換公司債之機率。

　　經 multinomial logit 迴歸分析結果如下表。

表 3-2　**Multinomial logit 迴歸模式預測初次發行公司債**

| 自變數 | $Ln(\frac{P_{si}}{P_{ni}})$ (P-value) | $Ln(\frac{P_{ci}}{P_{ni}})$ (P-value) |
|---|---|---|
| 銷售額 | 1.084 [a2] (0.209) | 0.769 [a] (0.160) |
| 銷售額成長率 | 0.012 [b] (0.005) | 0.012 [b] (0.005) |
| 資本支出／總資產 | 0.028 (0.021) | 0.043 [a] (0.016) |
| 市值對帳面值比 | −0.902 [a] (0.277) | −0.061 (0.136) |
| 研發費用率 | 0.179 [b] (0.074) | 0.119 [b] (0.058) |
| 內部人持股比 | −0.024 [c] (0.013) | −0.012 (0.010) |

註：1. $P_{ni}, P_{si}, P_{ci}$ 分別代表第 i 家公司選擇「不發行」公司債、有擔保公司債、可轉換公司債之機率。
　　2. $a, b, c$ 分別表示達 1%, 5%, 10% 的顯著水準。括弧中之數值為標準誤 (standard errors)。

　　結果顯示：銷售額 (Sales) 在 1% 顯著水準下，分別與「選擇發行有擔保公司債相對於不發行公司債之機率」以及「選擇發行可轉換公司債相對於不發行公司債之機率」呈現顯著正相關。

其次，衡量公司融資需求的個別變數：銷售額成長率 (Growth) 與資本支出占總資產比 (Capex) 之研究結果顯示，Growth 在 5% 水準下，分別與發行有擔保公司債以及可轉換公司債之機率呈顯著正相關。雖然 Capex 是在 1% 顯著水準下，僅與發行可轉換公司債的機率呈正相關，但是 Capex 對於全體樣本發行有擔保公司債仍是有正面的影響性存在。

### 3-3-3 多項機率迴歸分析 (multinomial probit regression) 學生選三類課程的因素 (crosstabs、nomreg 指令 )

替代方案(alternative)是指二者之一、多選一、交替、可採用方法、替換物。

mprobit 指令的概似函數，其假定 (assmuption)：在所有決策單位面臨相同的選擇集 (choice set)，即數據中觀察的所有結果 (all decision-making units face the same choice set, which is the union of all outcomes observed in the dataset.)。

本例旨在展示如何使用各種數據分析命令，但並不涵蓋研究者預計要做的研究過程，特別是，它不包括數據清理和檢查、假定驗證 (verification of assumptions)、模型診斷及潛在的追蹤 (follow-up) 分析。

範例：學生選三類學程的因素 (crosstabs、nomreg 指令 )

進入高中的學生，學程 (prog) 可「選擇」：( 方案 1) 普通課程 (general program)、( 方案 2) 職業課程 (vocational program) 及 ( 方案 3) 學術課程 (academic program)。此選擇模型可用學生的寫作分數 (writing score) 及父母社會經濟地位 (social economic status, SES) 來建模。

## 一、問題說明

本例旨在了解優質辦校之影響因素有哪些？( 分析單位：學校 )

研究者蒐集數據並整理成下表，此「apilog.dta」資料檔內容之變數如下：

| 變數名稱 | 說明 | 編碼 Codes/Values |
|---|---|---|
| 結果變數 / 依變數：prog | 學生學程 (prog)「選擇」：( 方案 1) 普通課程 (general program)、( 方案 2) 學術課程 (academic program) 及 ( 方案 3) 職業課程 (vocational program) | 1～3 類 (multinomial) |

（續前表）

| 變數名稱 | 說明 | 編碼 Codes/Values |
|---|---|---|
| 解釋變數／自變數：ses | 父母社會經濟地位 (social economic status, SES) | 1～3 級 |
| 解釋變數／自變數：write | 寫作分數 (writing score) | 31～67 分 |

## 二、資料檔之內容

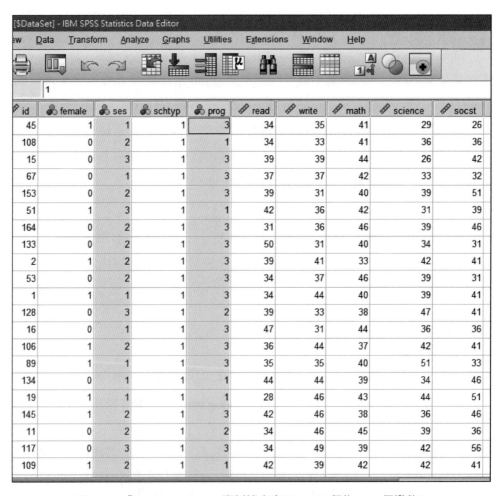

圖 3-7　「hsbdemo.sav」　資料檔內容 (N=200 學生，13 個變數)

## 三、分析結果與討論

Step 1 資料描述：各組 **write** 的平均數、標準差

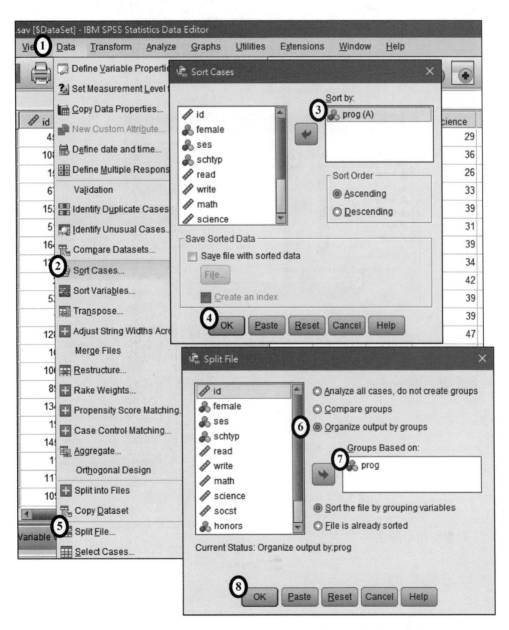

圖 3-8　「先 prog 排序資料檔， 再以 prog 分割資料檔」 畫面

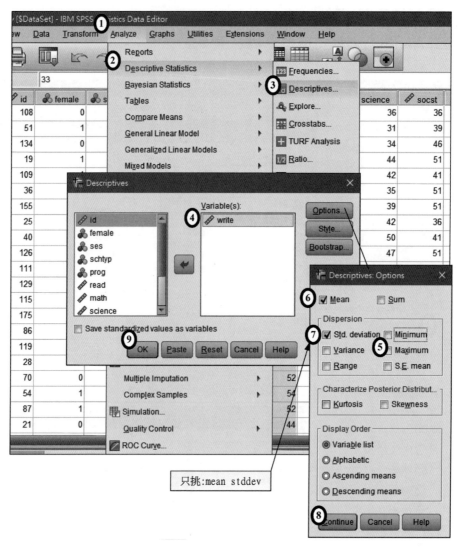

圖 3-9 「descriptives var = write」 畫面

對應的指令語法：

```
title " 多項機率迴歸分析 .sps".
GET
  STATA FILE='D:\CD 範例 \hsbdemo.sav'.
subtitle2 " 先 prog 排序資料檔，再以 prog 分割資料檔：分批求 write 的平均數及標準差 ".
* Step 1 資料描述：各組 write 的平均數、標準差 .
```

```
sort cases by prog.
split file by prog.
descriptives var = write
   /statistics = mean stddev.
*取消「prog分割資料檔」.
split file off.
```

## 【A. 分析結果說明】

Descriptive Statistics

| type of program | | N | Mean | Std. Deviation |
|---|---|---|---|---|
| general | Writing score | 45 | 51.33 | 9.398 |
| | Valid N (listwise) | 45 | | |
| academic | writing score | 105 | 56.26 | 7.943 |
| | Valid N (listwise) | 105 | | |
| vocation | writing score | 50 | 46.76 | 9.319 |
| | Valid N (listwise) | 50 | | |

Step 2 多項機率迴歸分析前，先檢查 empty cells or small cells

　　檢查空交叉細格或人數少的交叉細格 (empty cells or small cells)：執行 multinomial probit regression 前，應先做「類別型預測變數和結果變數」之間交叉表，來檢查是否有「empty cells or small cells」現象。若有一個 cell 的樣本數很少 (small cells)，那麼 multinomial 模型可能會變得不穩定，甚至可能根本就不能執行。也許你的數據可能不完全符合假定 (assumption)，你的標準錯誤可能不符合標準。

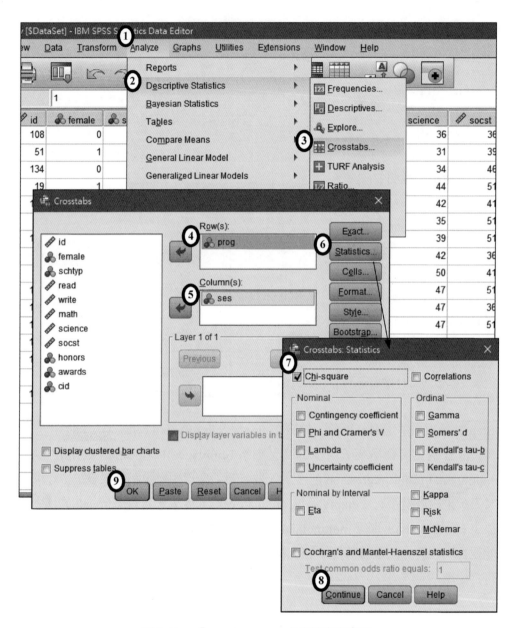

圖 3-10 「prog by ses」 卡方檢定之畫面

對應的指令語法：

```
subtitle " Step2 : 卡方檢定 ".
crosstabs
  /tables=prog by ses
  /statistics=chisq
  /cells=count.
```

| Chi-Square Tests | | | |
|---|---|---|---|
| | Value | df | Asymptotic Significance (2-sided) |
| Pearson Chi-Square | 16.604[a] | 4 | .002 |
| Likelihood Ratio | 16.783 | 4 | .002 |
| Linear-by-Linear Association | .060 | 1 | .807 |
| N of Valid Cases | 200 | | |

a. 0 cells (0.0%) have expected count less than 5. The minimum expected count is 10.58.

1. Pearson 卡方值 = 16.6(p = 0.002 < .05), 表示 prog 與 ses 這二個類別變數有顯著
   關聯 (association)。接著改用 multinomial 機率迴歸，ses 來預測 prog 結果變數。

### Step 3 使用多項機率迴歸分析 (multinomial probit regression)

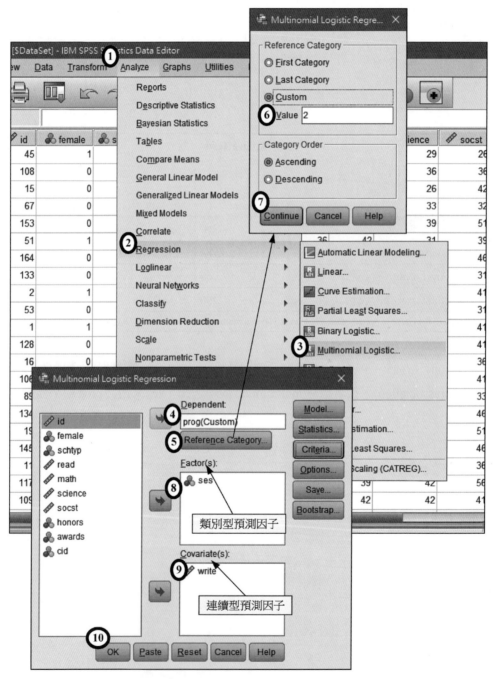

圖 3-11 「nomreg prog (base = 2) by ses with write」 多項機率迴歸分析之畫面 (prog=2 當比較基準點)

1. 連續型預測因子，放入「Covariate(s)」。
2. 類別型預測因子，放入「factor(s)」。

對應的指令語法：

```
subtitle " Step3 : 使用多項機率迴歸分析 (multinomial probit regression)".
nomreg prog (base = 2) by ses with write
  /print = parameter summary lrt cps step mfi.

nomreg prog ( base=2 order=ascending) by ses with write
  /criteria cin(95) delta(0) mxiter(100) mxstep(5) chksep(20) lconverge(0) pcon-
verge(0.000001)
    singular(0.00000001)
  /model
    /stepwise=pin(.05) pout(0.1) mineffect(0) rule(single) entrymethod(lr)
removalmethod(lr)
  /intercept=include
  /PRINT=parameter summary lrt cps mfi.
```

**Model Fitting Information**

| Model | Model Fitting Criteria -2 Log Likelihood | Likelihood Ratio Tests | | |
|---|---|---|---|---|
| | | Chi-Square | df | Sig. |
| Intercept Only | 254.986 | | | |
| Final | 206.756 | 48.230 | 6 | .000 |

**Pseudo R-Square**

| | |
|---|---|
| Cox and Snell | .214 |
| Nagelkerke | .246 |
| McFadden | .118 |

1. 「nomreg prog (base = 2) by ses with write」多項機率迴歸，求得模型適配度 Nagelkerke $R^2 = 24.6\%$。

**Parameter Estimates**

| type of program[a] | | B | Std. Error | Wald | df | Sig. | Exp(B) | 95% Confidence Interval for Exp(B) | |
|---|---|---|---|---|---|---|---|---|---|
| | | | | | | | | Lower Bound | Upper Bound |
| general | Intercept | 1.689 | 1.227 | 1.896 | 1 | .169 | | | |
| | writing score | -.058 | .021 | 7.320 | 1 | .007 | .944 | .905 | .984 |
| | [ses=1] | 1.163 | .514 | 5.114 | 1 | .024 | 3.199 | 1.168 | 8.764 |
| | [ses=2] | .630 | .465 | 1.833 | 1 | .176 | 1.877 | .754 | 4.669 |
| | [ses=3] | 0[b] | . | . | 0 | . | . | . | . |
| vocation | Intercept | 4.236 | 1.205 | 12.361 | 1 | .000 | | | |
| | writing score | -.114 | .022 | 26.139 | 1 | .000 | .893 | .855 | .932 |
| | [ses=1] | .983 | .596 | 2.722 | 1 | .099 | 2.672 | .831 | 8.585 |
| | [ses=2] | 1.274 | .511 | 6.214 | 1 | .013 | 3.575 | 1.313 | 9.736 |
| | [ses=3] | 0[b] | . | . | 0 | . | . | . | . |

a. The reference category is: academic.
b. This parameter is set to zero because it is redundant.

1. 多項機率迴歸，以「prog (base = 2)」為比較基準點，故有「prog=1 vs. prog=2」及「prog=3 vs. prog=2」，共二段 logit 迴歸式，如下：

(1)「prog=1( 方案 1 general) vs. prog=2( 方案 2 academic)」之邏輯斯迴歸式：

$$\ln\left(\frac{P(prog=general)}{P(prog=academic)}\right) = b_{10} + b_{11}(ses=1) + b_{12}(ses=2) + b_{13}write$$

$$\ln\left(\frac{P(prog=1)}{P(prog=2)}\right) = 1.689 + 1.163(ses=1) + 0.63(ses=2) - 0.058write$$

其中 (ses=1) 表示若括弧內的判別式成立，則代入 1，若不成立則代入 0，其餘 (ses=2)，依此規則代入 0 或 1。

上列迴歸方程式可解釋為：write 每增加一單位，選「prog=1( 方案 1 general)」的勝算是選「prog=2( 方案 2 academic)」-.058 (=exp$^{0.944}$) 倍，且有統計上顯著的差 (p=0. 007)。

在排除 write 的影響後，低社經組 (ses=1) 選「prog=1( 方案 1 general)」的勝算

爲高社經組 (ses=3) 的 3.199 (=exp$^{1.163}$) 倍，且達到統計上的顯著差 (p=0.024)。在排除 write 的影響後，低社經組 (ses=2) 選「prog=1( 方案 1 general)」的勝算爲高社經組 (ses=3)的 1.877(=exp$^{0.630}$) 倍，但未達到統計上的顯著差 (p=0.176)。

(2)「prog=3( 方案 3 vocational) vs. prog=2( 方案 2 academic)」之邏輯斯迴歸式：

$$\ln\left(\frac{P(prog=vocation)}{P(prog=academic)}\right) = b_{20} + b_{21}\,(ses=1) + b_{22}\,(ses=2) + b_{23}write$$

$$\ln\left(\frac{P(prog=3)}{P(prog=2)}\right) = 4.236 + 0.983(ses=1) + 1.274(ses=2) - 0.114write$$

上列迴歸方程式可解釋爲：write 每增加一單位，選「prog=3( 方案 3 vocational)」的勝算是選「prog=2( 方案 2 academic)」.893(=exp$^{-0.114}$) 倍，且有統計上顯著的差 (p=0. 007)。

2. B 欄：是 logistic 迴歸式中，自變數對依變數的預測值，在 logistic 迴歸式是以 log-odds 爲單位，「B」值愈大，表示該自變數對依變數的攸關性 (relevance) 愈高。它類似 OLS 迴歸式：

$$\log(\frac{p}{1-p}) = \log(\frac{p(某方案)}{p(方案的基準點)}) = b_0 + b_1{*}x_1 + b_2{*}x_2 + b_3{*}x_3 + b_4{*}x_4 + \cdots$$

3. S.E. 欄：logit 迴歸係數的標準誤 (standard errors associated with the coefficients)。

4. Exp(B)：是這預測因子 (predictors) 的勝算比 (odds ratios)。

5. Wald 及 Sig 二欄：分別是 Wald chi-square 檢定及其雙尾 p-value，它的虛無假設「$H_0$：the coefficient (parameter) is 0」。若 p 值小於 ($\alpha$=0.05) 則 logit 迴歸係數達統計學上的顯著。

Step 4 印出多項機率迴歸之預測值

若能求出多項機率迴歸之預測值，將有助你了解該模型。您可用 SPSS matrix 命令來計算預測概率。下面指令旨在計算在每個「program type」在每個 ses(level=3) 的預測概率，並且保持 write 在平均值之水準上。即將上述迴歸係數「B」用 compute 指令來產生新變數 ( 共十個 )，如下：

```
subtitle2 "求 predicted probability of choosing each program type at each level of
ses, holding write at its means".
Matrix.
* intercept1 intercept2 pared public gpa.
```

```
* these coefficients are taken from the output.
compute b_gen = {1.689 ; -0.058 ; 1.163 ; 0.630}.
compute b_voc = {4.236 ; -0.114 ; 0.983 ; 1.274}.
* overall design matrix including means of public and gpa.
* 預測因子 write 的平均數為 52.775。prog 有三類故 matrix 每 row 有三個元素.
compute x = {{1 ; 1; 1}, make(3, 1, 52.775), {1, 0; 0, 1; 0, 0}}.
compute lp_gen = exp(x * b_gen).
compute lp_voc = exp(x * b_voc).
compute lp_aca = {1; 1; 1}.
compute p_gen = lp_gen/(lp_aca + lp_gen + lp_voc).
compute p_voc = lp_voc/(lp_aca + lp_gen + lp_voc).
compute p_aca = lp_aca/(lp_aca + lp_gen + lp_voc).
compute p = {p_gen, p_aca, p_voc}.
print p /title 'Predicted Probabilities for Outcomes 1 2 3 for ses 1 2 3 at mean of
write'.
End Matrix.
```

上述 Matrix 指令之執行結果如下：

```
Run MATRIX procedure:

Predicted Probabilities for Outcomes 1 2 3 for ses 1 2 3 at mean of write
   .3581989665    .4396824687    .2021185647
   .2283388262    .4777491509    .2939120229
   .1784967500    .7009009604    .1206022896

------ END MATRIX -----
```

1. 第一欄三個值，依序為「ses=1, ses=2, ses=3」在 prog= general 之「預測機率值 (predicted probabilities)」。

2. 第二欄三個值，依序為「ses=1, ses=2, ses=3」在 prog= academic 之「預測機率值 (predicted probabilities)」。

3. 第三欄三個值，依序為「ses=1, ses=2, ses=3」在 prog= vocational 之「預測機率值 (predicted probabilities)」。

4. 若你想求出另一預測因子 (write) 對 prog 三種選擇之影響，write 從 30 分至 70
   分，當「ses = 1」時，其對應指令如下：

```
subtitle2 "calculate predicted probabilities as we vary write from 30 to 70, when
ses = 1".
Matrix.
* intercept1 intercept2 pared public gpa.
* these coefficients are taken from the output.
compute b_gen = {1.689 ; -0.058 ; 1.163 ; 0.630}.
compute b_voc = {4.236 ; -0.114 ; 0.983 ; 1.274}.
* overall design matrix including means of public and gpa.
compute x = {make(5,1,1), {30; 40; 50; 60; 70}, make(5,1,1), make(5,1,0)}.
compute lp_gen = exp(x * b_gen).
compute lp_voc = exp(x * b_voc).
compute lp_aca = {1; 1; 1; 1; 1}.
compute p_gen = lp_gen/(lp_aca + lp_gen + lp_voc).
compute p_voc = lp_voc/(lp_aca + lp_gen + lp_voc).
compute p_aca = lp_aca/(lp_aca + lp_gen + lp_voc).
compute p = {p_gen, p_aca, p_voc}.
print p /title 'Predicted Probabilities for Outcomes 1 2 3 for write 30 40 50 60 70
at ses=1'.
End Matrix.
```

上述 Matrix 指令之執行結果如下：

```
Run MATRIX procedure:


Predicted Probabilities for Outcomes 1 2 3 for write 30 40 50 60 70 at ses=1
  .2999966732    .0984378501    .6015654767
  .3656613530    .2141424912    .4201961559
  .3698577661    .3865775582    .2435646757
  .3083735022    .5752505689    .1163759289
  .2199925775    .7324300249    .0475773976


------ END MATRIX -----
```

## 小結

multinomial probit regression 尚須考慮事項：

1. 無關替代方案（irrelevant alternatives, IIA）是獨立的假定：大體上，IIA 假定意味著添加或刪除替代方案之結果類別 (outcome categories) 不會影響其餘結果之間的勝出 (odds) 值。尚有一些 multinomial probit regression 方法來放寬 IIA 假定，包括：特定方案多項概率模型 (alternative-specific multinomial probit models) 或巢狀 logit 模型 (nested logit models)。

2. 診斷和模型適配度 (model fit)：multinomial probit regression 不像邏輯迴歸有許多模型診斷法可用，但使用多項邏輯迴歸模型進行診斷並不那麼簡單。因此，檢測異常值或有影響的觀察值，你可單獨分批次執行邏輯迴歸模型，分批次來診斷迴歸模型。

3. 擬真 $R^2$(Pseudo-R-Squared)：multinomial probit regression 執行報表中，提供的 R-squared 是從空模型 (null model, intercept-only model) 到你界定模型的對數概似 (log-likelihood) 的變化。儘管 $R^2$ 仍然「愈高愈好」，但它沒有傳達與線性迴歸的 R-square 相同的資訊。

4. 樣本大小：多項迴歸使用最大概似估計法，它需要大樣本量。它也使用多個方程。這意味著它需要比次序 (ordinal) 或二元邏輯 (binary logistic) 迴歸更大的樣本數。

5. 完全或準完全分離 (complete or quasi-complete separation)：完全分離意味著結果變數將預測變數完全分開，導致預測變數的完美預測。完美預測意味著只有一個預測變數的值僅與反應變數的一個值有相關聯。但是你可以從迴歸係數的輸出中看出有什麼不對。然後，您可以使用有問題的變數對結果變數進行雙向製表，即可確認這一點，然後重新執行沒有問題變數的模型。

舉例來說：

| Y | X1 | X2 |
|---|----|----|
| 0 | 1  | 3  |
| 0 | 2  | 2  |
| 0 | 3  | -1 |

| | | |
|---|---|---|
| 0 | 3 | -1 |
| 1 | 5 | 2 |
| 1 | 6 | 4 |
| 1 | 10 | 1 |
| 1 | 11 | 0 |

在這個例子中，Y 是結果變數，X1 和 X2 是預測變數。我們可以看到，Y = 0 的觀測值都具有 X1 <= 3 的值，Y = 1 的觀測值都具有 X1 > 3 的值。換句話說，Y 完美地分離了 X1。另一種看待它的方式是，由於 X1 <= 3 對應於 Y = 0 且 X1 > 3 對應於 Y = 1，因此 X1 完美地預測了 Y。偶然地，我們找到了結果變數 Y 的完美預測變數 X1 的預測概率，我們有 Prob (Y = 1 | X1 <= 3) = 0 和 Prob (Y = 1 X1 > 3) = 1，無需估計模型。

出於多種原因可能會出現完全分離或完美預測。一個常見的例子是使用幾個分類變數，其類別由指標編碼。例如：如果一個人正在研究與年齡有關的疾病（存在 / 缺乏）並且年齡是預測因子之一，則可能有 subgroup（例如：55 歲以上的女性）都患有該疾病。如果出現編碼錯誤或者錯誤地將結果的另一版本作為預測變數，也可能發生完全分離。例如：我們可能將連續變數 X 二元化為二元變數 Y。然後我們想研究 Y 和一些預測變數之間的關係。如果我們將 X 作為預測變數，我們會遇到完美預測的問題，因為根據定義，Y 將 X 完全分開。完全分離發生的另一種可能情況是樣本量非常小。在上面的範例數據中，當 X1 <= 3 時，沒有理由為什麼 Y 必須為 0。如果樣本足夠大，我們可能會有一些 Y = 1 和 X1 <= 3 的觀察，打破了 X1 的完全分離。

當我們嘗試適配 X1 和 X2 上的 Y 的邏輯或概率迴歸模型時會發生什麼？在數學上，X1 的最大概似估計不存在。特別是對於這個例子，X1 的係數愈大，可能性愈大。換句話說，X1 的係數應該盡可能大，這將是無限的！

6. 空交叉細格或人數少的交叉細格 (empty cells or small cells)：執行 multinomial probit regression 前，應先做「類別型預測變數和結果變數」之間交叉表，來檢查是否有「empty cells or small cells」現象。若有一個 cell 的樣本數很少

(small cells)，那麼 multinomial 模型可能會變得不穩定，甚至可能根本就不能執行。

7. 也許你的數據可能不完全符合假定 (assumption)，你的標準錯誤可能不符合標準。

8. 有時將觀察結果歸為一組（巢狀關係：家庭內的人，教室內的學生）。在這種情況下，它不是一個適當的分析。

## 3-3-4 練習題：離散選擇模型 (DCM)：三種保險的選擇

nomreg 指令 (**multinomial probit regression**) 指令的概似函數，係假定 (assmuption)：在所有決策單位面臨相同的選擇集 (choice set)，即數據中觀察的所有結果 (all decision-making units face the same choice set, which is the union of all outcomes observed in the dataset.)。如果您的模型不考慮要符合此假定，那麼你可使用特定方案的多項式概率迴歸 (alternative-specific multinomial probit regression)，它允許不同的誤差結構，因此可以放鬆不相關方案須彼此獨立的假定。

範例：多項機率迴歸 (multinomial probit regression)(mprobit 指令 )

## 一、問題說明

為了解三種保險計畫之影響因素有哪些？( 分析單位：個人 )

研究者蒐集數據並整理成下表，此「sysdsn1.sav」資料檔內容之變數如下：

| 變數名稱 | 說明 | 編碼 Codes/Values |
|---|---|---|
| 結果變數／依變數：insure | 3 種保險選擇 | 1～3 (levels) |
| 解釋變數／自變數：age | NEMC(ISCNRD-IBIRTHD)/365.25 | 18.11～86.07 歲 |
| 解釋變數／自變數：male | 男性嗎 | 0, 1(binary data) |
| 解釋變數／自變數：nonwhite | 白人嗎 | 0, 1(binary data) |
| 解釋變數／自變數：site | 地區 | 1～3 |

有效樣本為 616 美國心理抑鬱症患者 (Tarlov et al. 1989; Wells et al. 1989)。患者可能：有賠償 ( 服務費用 ) 計畫或預付費計畫，如 HMO，或病人可能沒有保險。人口統計變數包括：age, gender, race 及 site。賠償 (indemnity) 保險是最受歡迎的替代方案，故本例中之 mprobit 指令內定選擇它作為比較基本點。

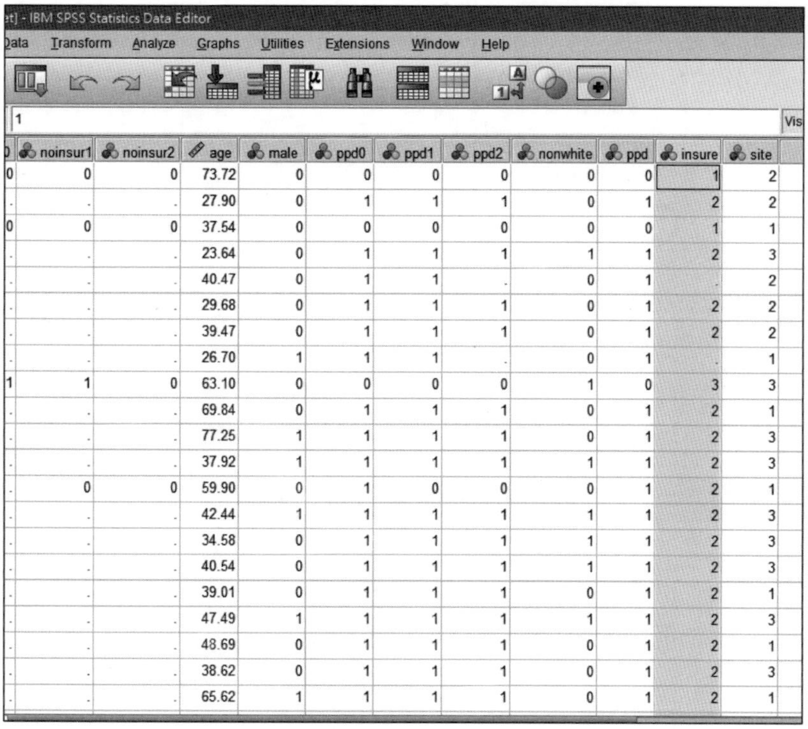

## 二、資料檔之內容

圖 3-12　「sysdsn1.sav」　資料檔內容 (N=644 保險受訪人 )

### 觀察資料之特徵

```
              storage   display   value
variable name   type    format    label    variable label
--------------------------------------------------------------
insure          byte    %14.0g    insure
age             float   %10.0g             NEMC(ISCNRD-IBIRTHD)/365.25
male            byte    %8.0g              NEMC PATIENT MALE
nonwhite        float   %9.0g
site            byte    %9.0g              現場
```

## 三、分析結果與討論

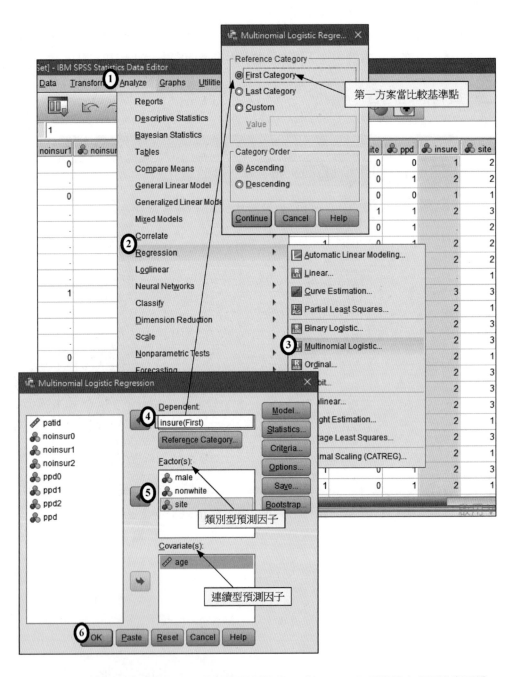

圖 3-13　三個類別預測變數，一個連續預測變數，對 insure 三種選擇之多項機率迴歸

| | | B | Std. Error | Wald | df | Sig. | Exp(B) | Lower Bound | Upper Bound |
|---|---|---|---|---|---|---|---|---|---|
| **Parameter Estimates** | | | | | | | | 95% Confidence Interval for Exp(B) | |
| insure[a] | | | | | | | | | |
| 預付 Prepaid | Intercept | 1.218 | .406 | 9.003 | 1 | .003 | | | |
| | NEMC (ISCNRD-IBIRTHD)/365.25 | -.012 | .006 | 3.595 | 1 | .058 | .988 | .976 | 1.000 |
| | [NEMC PATIENT MALE=0] | -.562 | .203 | 7.675 | 1 | .006 | .570 | .383 | .848 |
| | [NEMC PATIENT MALE=1] | 0[b] | . | . | 0 | . | . | . | . |
| | [nonwhite=0] | -.975 | .236 | 17.014 | 1 | .000 | .377 | .237 | .600 |
| | [nonwhite=1] | 0[b] | . | . | 0 | . | . | . | . |
| | [現場=1] | .588 | .228 | 6.654 | 1 | .010 | 1.800 | 1.152 | 2.814 |
| | [現場=2] | .701 | .224 | 9.826 | 1 | .002 | 2.016 | 1.300 | 3.125 |
| | [現場=3] | 0[b] | . | . | 0 | . | . | . | . |
| 未投保 Uninsure | Intercept | -.826 | .736 | 1.257 | 1 | .262 | | | |
| | NEMC (ISCNRD-IBIRTHD)/365.25 | -.008 | .011 | .464 | 1 | .496 | .992 | .970 | 1.015 |
| | [NEMC PATIENT MALE=0] | -.452 | .367 | 1.512 | 1 | .219 | .636 | .310 | 1.308 |
| | [NEMC PATIENT MALE=1] | 0[b] | . | . | 0 | . | . | . | . |
| | [nonwhite=0] | -.217 | .426 | .260 | 1 | .610 | .805 | .349 | 1.854 |
| | [nonwhite=1] | 0[b] | . | . | 0 | . | . | . | . |
| | [現場=1] | .208 | .366 | .322 | 1 | .570 | 1.231 | .600 | 2.524 |
| | [現場=2] | -1.004 | .477 | 4.430 | 1 | .035 | .367 | .144 | .933 |
| | [現場=3] | 0[b] | . | . | 0 | . | . | . | . |

a. The reference category is: 賠款 Indemnity.
b. This parameter is set to zero because it is redundant.

1. 上述這些自變數所建立 multinomial logit 迴歸如下：

$$\ln(\frac{P_2}{P_1}) = \beta_0 + \beta_1 X1_i + \beta_2 X2_i + \beta_3 X3_i + \beta_4 X4_i + \beta_5 X5_i + ....$$

$$\ln(\frac{P_{預付}}{P_{賠款}}) = 0.22 - 0.009 \times age + 0.477 \times male + 0.82 \times nonwhite + 0.087$$
$$\times (site = 2) - 0.49 \times (site = 3)$$

$$\ln(\frac{P_{未投保}}{P_{賠款}}) = -0.98 + 0.005 \times age + 0.33 \times male + 0.248 \times nonwhite + 0.087$$
$$\times (site = 2) - 0.49 \times (site = 3)$$

## 3-4 多項概率模型來進行離散選擇建模 (discrete choice modeling using multinomial probit model)(asmprobit 指令 )

### 3-4-1 Alternative-specific multinomial probit regression：三種保險計畫的選擇 (asmprobit 指令 )

替代方案(alternative)是指二者之一、多選一、交替、可採用方法、替換物。

STaTa 比 SPSS 更能處理「特定方案 multinomial probit 迴歸」，你可用 STaTa 的 mprobit 指令，其概似函數的假定 (assmuption)：在所有決策單位面臨相同的選擇集 (choice set)，即數據中觀察的所有結果 (all decision-making units face the same choice set, which is the union of all outcomes observed in the dataset.)。如果您的模型不考慮要符合此假定，那麼你可使用 asmprobit 命令。

### 一、問題說明

為了解三種保險計畫之影響因素有哪些？( 分析單位：個人 )

研究者蒐集數據並整理成下表，此「sysdsn1.sav」資料檔內容之變數如下：

| 變數名稱 | 說明 | 編碼 Codes/Values |
|---|---|---|
| 結果變數／依變數：insure | 3 種保險選擇 | 1～3 |
| 解釋變數／自變數：age | NEMC(ISCNRD-IBIRTHD)/365.25 | 18.11～86.07 歲 |
| 解釋變數／自變數：male | 男性嗎 | 0,1(binary data) |
| 解釋變數／自變數：nonwhite | 白人嗎 | 0,1(binary data) |
| 解釋變數／自變數：site | 地區 | 1～3 |

有效樣本爲 616 美國心理抑鬱症患者 (Tarlov et al. 1989; Wells et al. 1989)。患者可能：有賠償 ( 服務費用 ) 計畫或預付費計畫，如 HMO，或病人可能沒有保險。人口統計變數包括：age, gender, race 及 site。賠償 (indemnity) 保險是最受歡迎的替代方案，故本例中之 mprobit 指令內定選擇它作爲比較基本點。

## 二、資料檔之內容

「sysdsn1.sav」資料檔內容如下圖。

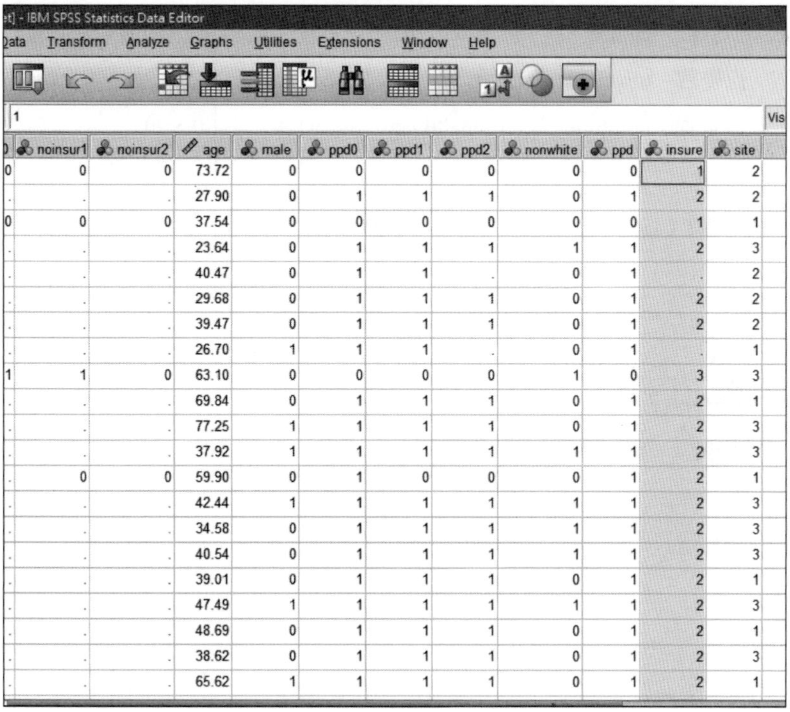


| | noinsur1 | noinsur2 | age | male | ppd0 | ppd1 | ppd2 | nonwhite | ppd | insure | site |
|---|---|---|---|---|---|---|---|---|---|---|---|
| 0 | 0 | 0 | 73.72 | 0 | 0 | 0 | 0 | 0 | 0 | 1 | 2 |
| . | . | . | 27.90 | 0 | 1 | 1 | 1 | 0 | 1 | 2 | 2 |
| 0 | 0 | 0 | 37.54 | 0 | 0 | 0 | 0 | 0 | 0 | 1 | 1 |
| . | . | . | 23.64 | 0 | 1 | 1 | 1 | 1 | 1 | 2 | 3 |
| . | . | . | 40.47 | 0 | 1 | 1 | . | 0 | 1 | . | 2 |
| . | . | . | 29.68 | 0 | 1 | 1 | 1 | 0 | 1 | 2 | 2 |
| . | . | . | 39.47 | 0 | 1 | 1 | 1 | 0 | 1 | 2 | 2 |
| . | . | . | 26.70 | 1 | 1 | 1 | . | 0 | 1 | . | 1 |
| 1 | 1 | 0 | 63.10 | 0 | 0 | 0 | 0 | 1 | 0 | 3 | 3 |
| . | . | . | 69.84 | 0 | 1 | 1 | 1 | 0 | 1 | 2 | 1 |
| . | . | . | 77.25 | 1 | 1 | 1 | 1 | 0 | 1 | 2 | 3 |
| . | . | . | 37.92 | 1 | 1 | 1 | 1 | 1 | 1 | 2 | 3 |
| . | 0 | 0 | 59.90 | 0 | 1 | 0 | 0 | 0 | 1 | 2 | 1 |
| . | . | . | 42.44 | 1 | 1 | 1 | 1 | 1 | 1 | 2 | 3 |
| . | . | . | 34.58 | 0 | 1 | 1 | 1 | 1 | 1 | 2 | 3 |
| . | . | . | 40.54 | 0 | 1 | 1 | 1 | 1 | 1 | 2 | 3 |
| . | . | . | 39.01 | 0 | 1 | 1 | 1 | 0 | 1 | 2 | 1 |
| . | . | . | 47.49 | 1 | 1 | 1 | 1 | 1 | 1 | 2 | 3 |
| . | . | . | 48.69 | 0 | 1 | 1 | 1 | 0 | 1 | 2 | 1 |
| . | . | . | 38.62 | 0 | 1 | 1 | 1 | 0 | 1 | 2 | 3 |
| . | . | . | 65.62 | 1 | 1 | 1 | 1 | 0 | 1 | 2 | 1 |

圖 3-14 「sysdsn1.sav」 資料檔內容 (N = 644 保險受訪人 )

由於 SPSS 不像 STaTa 有提供 asmprobit 指令 (aternative-specific multinomial probit regression)，故本例解法，可參考作者《邏輯斯迴歸及離散選擇模型：應用 STaTa 統計》一書。

## 3-4-2 使用多項概率模型進行離散選擇建模：四種旅行方式的選擇 (asmprobit 指令 )

範例：使用多項概率模型進行離散選擇建模 (discrete choice modeling using multinomial probit model) 四種旅行方式的選擇 (asmprobit 指令 )

### 一、問題說明

為了解四種選擇旅行方式之影響因素有哪些？( 分析單位：個人 )

研究者蒐集數據並整理成下表，此「travel.sav」資料檔內容之變數如下：

| 變數名稱 | 說明 | 編碼 Codes/Values |
|---|---|---|
| 結果變數 / 依變數：choice | 選擇旅行方式 | 0,1(binary data) |
| 解釋變數 / 自變數：travelcost | 旅行成本 | 30～269( 美仟元 ) |
| 解釋變數 / 自變數：termtime | terminal time(0 for car) | 0～99 |
| case(id) | 案例編號 | 1～210 |
| alternatives(mode) | 旅行方式的選擇 | 1～4 |
| casevars(income) | 家庭收入 | 2～72 |

### 二、資料檔之內容

「travel.sav」資料檔內容如下圖。

| choice | termtime | invehiclecost | traveltime | travelcost | income | partysize |
|---|---|---|---|---|---|---|
| 0 | 69 | 59 | 100 | 70 | 35 | 1 |
| 0 | 34 | 31 | 372 | 71 | 35 | 1 |
| 0 | 35 | 25 | 417 | 70 | 35 | 1 |
| 1 | 0 | 10 | 180 | 30 | 35 | 1 |
| 0 | 64 | 58 | 68 | 68 | 30 | 2 |
| 0 | 44 | 31 | 354 | 84 | 30 | 2 |
| 0 | 53 | 25 | 399 | 85 | 30 | 2 |
| 1 | 0 | 11 | 255 | 50 | 30 | 2 |
| 0 | 69 | 115 | 125 | 129 | 40 | 1 |
| 0 | 34 | 98 | 892 | 195 | 40 | 1 |
| 0 | 35 | 53 | 882 | 149 | 40 | 1 |
| 1 | 0 | 23 | 720 | 101 | 40 | 1 |
| 0 | 64 | 49 | 68 | 59 | 70 | 3 |
| 0 | 44 | 26 | 354 | 79 | 70 | 3 |
| 0 | 53 | 21 | 399 | 81 | 70 | 3 |
| 1 | 0 | 5 | 180 | 32 | 70 | 3 |
| 0 | 64 | 60 | 144 | 82 | 45 | 2 |
| 0 | 44 | 32 | 404 | 93 | 45 | 2 |
| 0 | 53 | 26 | 449 | 94 | 45 | 2 |
| 1 | 0 | 8 | 600 | 99 | 45 | 2 |
| 0 | 69 | 59 | 100 | 70 | 20 | 1 |

圖 3-15　「travel.sav」 資料檔內容 (N = 840 個人 )

由於 SPSS 不像 STaTa 有提供 asmprobit 指令 (aternative-specific multinomial probit regression)，故本例解法，可參考作者《邏輯斯迴歸及離散選擇模型：應用 STaTa 統計》一書。

上述這些自變數所建立 multinomial logit 迴歸如下：

$$\ln(\frac{P_2}{P_1}) = \beta_0 + \beta_1 X1_i + \beta_2 X2_i + \beta_3 X3_i + \beta_4 X4_i + \beta_5 X5_i + ....$$

$$\ln(\frac{P_{\text{train}}}{P_{\text{air}}}) = -0.029 + .5616 \times \text{income}$$

$$\ln(\frac{P_{\text{bus}}}{P_{\text{air}}}) = -0.057 - .0127 \times \text{income}$$

$$\ln\left(\frac{P_{\text{car}}}{P_{\text{air}}}\right) = -1.833 - 1.833 \times \text{income}$$

### 3-4-3 練習題：多項邏輯斯迴歸：十二地區宗教信仰三選擇之因素 (mlogit 指令)

範例：宗教信仰三選擇之 multinomial logit 迴歸分析

## 一、問題說明

為了解十二地區宗教信仰之影響因素有哪些？(分析單位：十二地區宗教信仰之個人)

研究者蒐集數據並整理成下表，此「belief.sav」資料檔內容之變數如下：

| 變數名稱 | 說明 | 編碼 Codes/Values |
|---|---|---|
| 結果變數 / 依變數：belief | 宗教信仰三選擇 | 選擇有：1～3 |
| 解釋變數 / 自變數：race | 白人嗎 | 0,1 (類別資料) |
| 解釋變數 / 自變數：female | 女性嗎 | 0,1 (類別資料) |
| 解釋變數 / 自變數：count | 當地調查之人數 | 5～371 人 |

## 二、資料檔之內容

「belief.sav」資料檔內容如下圖。

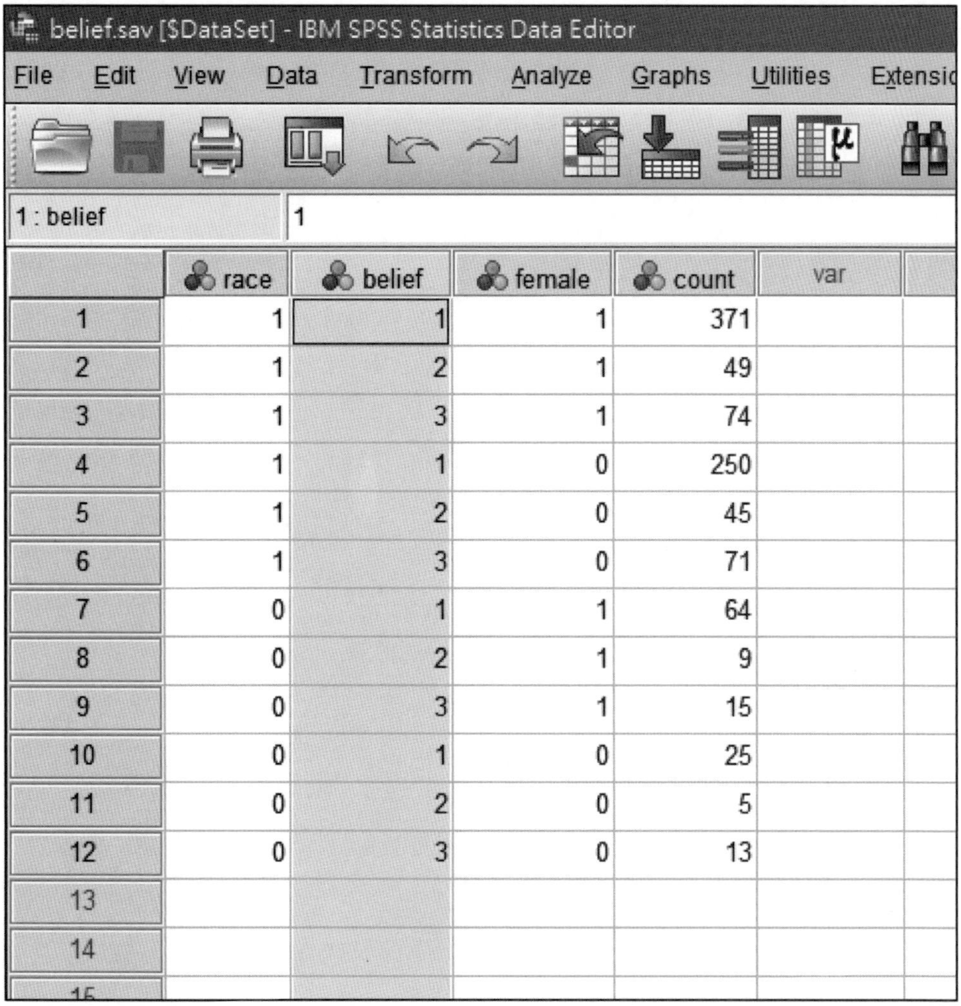
belief.sav [$DataSet] - IBM SPSS Statistics Data Editor

File Edit View Data Transform Analyze Graphs Utilities Extensio

1 : belief 1

| | race | belief | female | count | var |
|---|---|---|---|---|---|
| 1 | 1 | 1 | 1 | 371 | |
| 2 | 1 | 2 | 1 | 49 | |
| 3 | 1 | 3 | 1 | 74 | |
| 4 | 1 | 1 | 0 | 250 | |
| 5 | 1 | 2 | 0 | 45 | |
| 6 | 1 | 3 | 0 | 71 | |
| 7 | 0 | 1 | 1 | 64 | |
| 8 | 0 | 2 | 1 | 9 | |
| 9 | 0 | 3 | 1 | 15 | |
| 10 | 0 | 1 | 0 | 25 | |
| 11 | 0 | 2 | 0 | 5 | |
| 12 | 0 | 3 | 0 | 13 | |
| 13 | | | | | |
| 14 | | | | | |

圖 3-16 「belief.sav」 資料檔內容 (N = 12 地區之宗教信仰 )

## 三、分析結果與討論

STaTa 有提供「mlogit belief i.female i.race [fw=count], baseoutcome(3)」專用指令，故本例詳解可參考作者《邏輯斯迴歸及離散選擇模型：應用 STaTa 統計》一書，該書內容包括：邏輯斯迴歸、vs. 多元邏輯斯迴歸、配對資料的條件 Logistic 迴歸分析、Multinomial Logistic Regression、特定方案 Rank-ordered logistic 迴歸、零膨脹 ordered probit regression 迴歸、配對資料的條件邏輯斯迴歸、特定方案 conditional logit model、離散選擇模型、多層次邏輯斯迴歸……。

# 二元依變數：機率迴歸
## (probit指令)

迴歸分析 (regression analysis) 可以一次檢視多個自變數對於依變數的預測效果，當依變數為連續變數時適合用線性迴歸 (linear regression) 分析、當依變數為二元類別變數時則最適用邏輯斯迴歸 (logistic regression)、當依變數為計數變數 (count data) 則適用以 Poisson regression 來分析，甚至是結合二元類別及受限資料 (censored data) 的 Cox regression，或是其他種類的迴歸。

在統計學中，邏輯斯迴歸或 logistic 迴歸（logit 模型）是一個迴歸模型，其中依變數 (DV) 是分類的。本文涵蓋二進制因變數的情況，即輸出只能取兩個值「0」和「1」，這些值代表：通過／失敗，贏／輸，活／死或健康／生病。依變數具有兩個以上結果類別的情況可以在多項 logistic 迴歸中進行分析，或者如果多個類別被排序，則在順序邏輯斯迴歸中。在經濟學術語中，邏輯斯迴歸是定性反應／離散選擇模型的一個例子。

邏輯斯迴歸由統計學家 David Cox 於 1958 年開發。二進制邏輯模型用於基於一個或多個預測變數 ( 或獨立 ) 變數 ( 特徵 ) 來估計二進制反應的概率。它允許人們說，風險因素的存在將給定結果的概率提高了特定百分比。

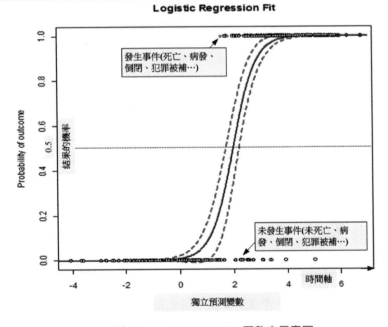

圖 4-1 multiple logistic 函數之示意圖

邏輯斯迴歸 (logistic regression 或 logit regression)，即邏輯模型 ( 英語：logit model，也譯作「評定模型」、「分類評定模型」) 是離散選擇法模型之一，屬於多重變量分析範疇，是社會學、生物統計學、臨床、數量心理學、計量經濟

學、市場行銷等統計實證分析的常用方法。

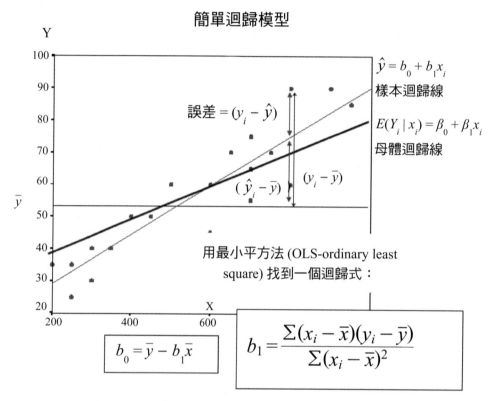

**簡單迴歸模型**

圖 4-2 預測變數和依變數之間是線性關係 ( 非曲線關係 )

# 4-1 Logit 模型、Cox 迴歸、probit 模型的概念比較

## 一、存活分析如何應用在財金業

　　存活分析法在財務金融研究亦有實務應用的價值。因為往昔信用卡使用者之違約風險評估，多數研究皆在固定時點判定未來一段特定期間內是否會發生違約 ( 如區別分析 ) 或發生違約的機率 ( 如 logit 模型以及 probit 模型 )，無法提供持卡人在未來不同時點的違約機率 ( 或存活率 )。應用在醫學及精算領域廣為使用的存活分析，透過與信用卡使用者違約相關的可能因素，來建立預警模型及或存活率表，銀行即能以更長期客觀的方式來預估客戶未來各時點發生違約的機率，進

而降低後續處理違約的成本。

有鑑於，區別分析法必須假定 (assumption) 自變數為常態分布。對銀行業而言，其結果看不出程度上的差別 ( 只有違約或不違約 )；而 logit 模型以及 probit 模型之信用評分方法，就改進了區別分析法對於處理名目變數和分布假定上的缺點，但仍無法提供金融檢查主管單位在未來不同時點的違約機率 ( 或存活率 )。若能以醫學領域的存活分析法，來建立一完整之銀行之客戶危機模型、存活率表 (survival table)，存活分析法即能應用於金融監理與風險的預測。

故銀行業，若能用醫學、財金、會計及行銷領域使用的存活分析 (survival analysis)，透過違約相關的可能因素，建立預警模型及或存活率表，即能使銀行以更客觀的方式，來預估客戶未來各時點發生違約的機率，即可降低處理違約的後續成本。

### 二元依變數 (binary variable) 的統計法

對二元 (binary) 依變數而言，其常用統計法的優缺點如下表。

| 研究方法 | 基本假定 (assumption) | 優點 | 缺點 |
| --- | --- | --- | --- |
| 多變量區別分析 | 1. 自變數符合常態性<br>2. 依變數與自變數間具線性關係<br>3. 自變數不能有共線性存在<br>4. 變異數同質性 | 1. 同時考慮多項變數，對整體績效衡量較單變量客觀<br>2. 可了解哪些財務變數最具區別能力 | 1. 較無法滿足假定<br>2. 無法有效處理虛擬變數<br>3. 模型設立無法處理非線性情形<br>4. 樣本選擇偏差，對模型區別能力影響很大<br>5. 使用該模型時，變數須標準化，而標準化使用之平均數和變異數，係建立模型時以原始樣本求得，使用上麻煩且不合理 |

（續前表）

| 研究方法 | 基本假定 (assumption) | 優點 | 缺點 |
|---|---|---|---|
| 存活分析：比例危險模型 (PHM) | 1. 假定時間分布函數與影響變數之間沒有關係<br>2. 假定各資料間彼此獨立 | 1. 模型估計不須假定樣本資料之分布型態<br>2. 同時提供危險機率與存續時間預測 | 模型中的基準危險函數為樣本估計得出，樣本資料須具有代表性 |
| Probit 模型 | 1. 殘差項須為常態分布<br>2. 累積機率分布函數為標準常態分布<br>3. 自變數間無共線性問題<br>4. 樣本個數必須大於迴歸參數個數<br>5. 各群預測變數之共變數矩陣為對角化矩陣 | 1. 可解決區別分析中自變數非常態之分類問題<br>2. 求得之機率值介於 0 與 1 之間，符合機率論之基本假定<br>3. 模型適用於非線性情形<br>4. 可解決區別分析中非常態自變數之分類問題<br>5. 機率值介於 0 與 1 之間，符合機率假定之前提模型適用於非線性狀況 | 1. 模型使用時，必須經由轉換步驟才能求得機率<br>2. 計算程序較複雜 |
| Logit 模型 | 1. 殘差項須為韋伯分布<br>2. 累積機率分布函數為 logistic 分布<br>3. 自變數間無共線性問題<br>4. 樣本必須大於迴歸參數個數<br>5. 各群預測變數之共變數矩陣為對角化矩陣 | 同 Probit 模型 | 同 Probit 模型 |
| 類神經網路 | 無 | 1. 具有平行處理的能力，處理大量資料時的速率較快<br>2. 具有自我學習與歸納判斷能力<br>3. 無須任何機率分析的假定<br>4. 可作多層等級判斷問題 | 1. 較無完整理論架構設定其運作<br>2. 其處理過程有如黑箱，無法明確了解其運作過程<br>3. 可能產生模型不易收斂的問題 |
| CUSUM 模型 | 不同群體間其共變數矩陣假定為相同 | 1. 考慮前後期的相關性<br>2. 採用累積概念，增加模型的敏感度<br>3. 不須作不同時點外在條件仍相同的不合理假定 | 計算上較複雜 |

註：作者《生物醫學統計分析》，有介紹「Cox 比例危險模型 (proportional hazards model)」

## 二、線性迴歸 (linear regression) 的局限性

1. 無法處理設限資料

    例如：研究不同診所照護下的存活情形，若病人轉診或失去追蹤，就會把這筆資料當作遺漏 (missing) 值。

2. 無法處理和時間相依的共變數 ( 個人 / 家族之危險因子、環境之危險因子 )。

3. 因為事件發生的時間多數屬非常態分布情形，例如：韋伯 /Gamma/ 對數常態，或脆弱模型、加速失敗時間模型，故並不適合以下線性模型：OLS、線性機率迴歸 (probit regression)、廣義線性模型 (Generalized linear models)、限制式線性迴歸 (Constrained linear regression)、廣義動差法 [Generalized method of moments estimation(GMM)]、多變量迴歸 Multivariate regression、Zellner's seemingly unrelated regression、線性動態追蹤資料 (Linear dynamic panel-data estimation) 等。

## 三、Logistic 迴歸的原理

### ( 一 ) Logistic 迴歸的局限性

1. 忽略事件發生時間的資訊

    例如：研究不同診所照護下的是否存活或死亡，無法看到存活期間多長？

2. 無法處理「時間相依的共變數」，由於邏輯斯迴歸是假設變數不隨時間變動。

    例如：研究心臟病移植存活情形，等待心臟病移植時間 ($\chi_1$ 變數 ) 是心臟病移植存活情形的共變數，若要考慮等待心臟病移植的時間 ($\chi_1$ 變數 )，看心臟病移植存活 (censored data) 情形，那 logistic 迴歸無法處理這樣的時間相依的共變數。

### (二) Logistic 迴歸的原理：勝算比 (odds ratio) 或稱為相對風險 (relative risk, RR)

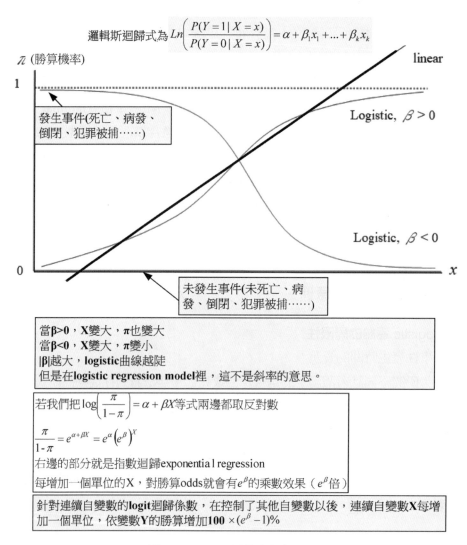

邏輯斯迴歸式為 $Ln\left(\dfrac{P(Y=1\mid X=x)}{P(Y=0\mid X=x)}\right) = \alpha + \beta_1 x_1 + ... + \beta_k x_k$

當β>0，**X**變大，**π**也變大
當β<0，**X**變大，**π**變小
|β|越大，**logistic**曲線越陡
但是在**logistic regression model**裡，這不是斜率的意思。

若我們把 $\log\left(\dfrac{\pi}{1-\pi}\right) = \alpha + \beta X$ 等式兩邊都取反對數

$\dfrac{\pi}{1-\pi} = e^{\alpha + \beta X} = e^{\alpha}\left(e^{\beta}\right)^X$

右邊的部分就是指數迴歸exponential regression
每增加一個單位的X，對勝算odds就會有$e^\beta$的乘數效果（$e^\beta$倍）

針對連續自變數的**logit**迴歸係數，在控制了其他自變數以後，連續自變數**X**每增加一個單位，依變數**Y**的勝算增加**100** $\times (e^\beta - 1)$%

圖 4-3　logistic 函數之示意圖二

以「受訪者是否 (0,1) 使用公車資訊服務」之二元 (binary) 依變數為例。Logistic 迴歸係假設解釋變數 $(\chi_1)$ 與乘客是否使用公車資訊服務 (y) 之間必須符合下列 logistic 函數：

$$P(y \mid x) = \frac{1}{1 + e^{-\sum b_i \times x_i}}$$

其中 $b_i$ 代表對應解釋變數的參數，y 屬二元變數 (binary variable)。若 y = 1，表示該乘客有使用公車資訊服務；反之，若 y = 0，則表示該乘客未使用公車資訊服務。因此 P(y=1|x) 表示當自變數 x 已知時，該乘客使用公車資訊服務的機率；P(y=0|x) 表示當自變數 x 已知時，該乘客不使用公車資訊服務的機率。

Logistic 函數之分子分母同時乘以 $e^{\sum b_i \times x_i}$ 後，上式變為：

$$P(y \mid x) = \frac{1}{1 + e^{-\sum b_i \times x_i}} = \frac{e^{\sum b_i \times x_i}}{1 + e^{\sum b_i \times x_i}}$$

將上式之左右兩側均以 1 減去，可以得到：

$$1 - P(y \mid x) = = \frac{1}{1 + e^{\sum b_i \times x_i}}$$

再將上面二式相除，則可以得到：

$$\frac{P(y \mid x)}{1 - P(y \mid x)} = = e^{\sum b_i \times x_i}$$

針對上式，兩邊同時取自然對數，可以得到：

$$\ln \left( \frac{P(y \mid x)}{1 - P(y \mid x)} \right) = = Ln \left( e^{\sum b_i \times x_i} \right) = \sum b_i \times x_i$$

經由上述公式推導可將原自變數非線性的關係，轉換成以線性關係來表達。其中 $\dfrac{P(y \mid x)}{1 - P(y \mid x)}$ 可代表乘客使用公車資訊服務的勝算比 (odds ratio, OR) 或稱為相對風險 (relative risk, RR)。

**(三) 醫學期刊常見的風險測量 (risk measure in medical journal)**

在醫學領域裡頭常常將依變數 (dependent variable / outcome) 定義為二元的變數 (binary / dichotomous)，有一些是天生的二元變數，例如：病人死亡與否、病人洗腎與否；有些則是人為定義為二元變數，例如：心臟科常將病人的左心室射血分數 (left ventricular ejection fraction, LVEF) 小於 40%(or 35%) 為異常，或腎臟科將病人的腎絲球過濾率 (estimated Glomerular filtration rate, eGFR) 定義為小於 60% 為異常。

醫學領域之所以會如此將 outcome 作二分化的動作，有個主要原因是可以簡

化結果的闡釋，例如：可直接得到以下結論：「糖尿病病人比較容易會有 eGFR 異常，其相對風險 (relative risk, RR) 為 3.7 倍」或是：「飯前血糖每高 1 單位，則病人的 eGFR 異常的勝算比 (odds ratio, OR) 會低 1.5%」，因此可針對其他可能的影響因子作探討，並且得到一個「風險測量」。

---

### 定義：相對風險 (relative risk, RR)，又稱相對危險性

在流行病統計學中，相對風險 (relative risk) 是指暴露在某條件下，一個 ( 產生疾病的 ) 事件的發生風險。相對風險概念即是指一暴露群體與未暴露群體發生某事件的比值。

相對風險，其計算方式請見下表，簡單來說一開始就先把受試者分成暴露組 (exposed group) 與非暴露組 (unexposed group)，然後向前追蹤一段時間，直到人數達到原先規劃的條件。

|  | Disease | No Disease |  |
|---|---|---|---|
| Exposed | A | B | $N_1$ |
| Unexposed | C | D | $N_2$ |
|  | $N_3$ | $N_4$ | Total N |

$$RR = \frac{\text{Incidence}_{\text{Exposed}}}{\text{Incidence}_{\text{Unexposed}}} = \frac{A / N_1}{C / N_2}$$

此時暴露組發生事件的比例為 $A/N_1$，非暴露組發生事件的比例為 $C/N_2$，此時兩者相除即為相對風險 (RR)，假使相對風險顯著地大於 1 就代表暴露組的風險顯著地比非暴露組更高，例如：之前舉的抽菸與肺癌的世代研究，抽菸組發生肺癌的比例為 3% 而未抽菸組罹患肺癌比例為 1%，此時相對風險即為 $\frac{3\%}{1\%} = 3$，代表抽菸罹患肺癌的風險是沒有抽菸者的 3 倍之多，也可說抽菸罹患肺癌的風險相較於沒有抽菸者多出 2 倍 (3-1=2)。

定義：勝算比 (odds ratio, OR)

　　勝算比，其計算方式如下表。首先要先了解何謂「勝算」(odds)，勝算定義是「兩個機率相除的比值」，以下表的疾病組 (disease group) 為例，$A/N_3$ 表示疾病組中有暴露的機率，$C/N_3$ 指的是健康組中有暴露的機率，因此此兩者相除即為疾病組中有暴露的勝算 (A/C)；同樣地，B/D 即為健康組中有暴露的勝算，此時將 A/C 再除以 B/D 即為「疾病組相對於健康組，其暴露的勝算比」，也就是說兩個勝算相除就叫做勝算比。

|  | Disease | No Disease |  |
|---|---|---|---|
| Exposed | A | B | $N_1$ |
| Unexposed | C | D | $N_2$ |
|  | $N_3$ | $N_4$ | Total N |

$$OR = \frac{[(A/N_3)/(C/N_3)]}{[(B/N_4)/(D/N_4)]} = \frac{A/C}{B/D} = \frac{A \times D}{B \times C}$$

　　很多人在解釋勝算比的時候都會有錯誤，最常見的錯誤就是誤把勝算比當成相對風險來解釋，以之前舉的抽菸跟肺癌的病例對照研究為例，50 位肺癌組中有 70% 曾經抽菸而 150 位健康組中 ( 即對照組 ) 僅有 40% 曾經抽過菸，此時勝算比即為 $\frac{70\%}{40\%}$ = 1.75。這個 1.75 的意義其實不是很容易解釋，它並非表示抽菸組罹患肺癌的風險是未抽菸組的 1.75 倍，而是肺癌組有抽菸的勝算 ( 但它不是機率 ) 是健康組的 1.75 倍，而這個勝算指的又是「有抽菸的機率除以沒有抽菸的機率」，總而言之，我們還是可以說肺癌跟抽菸具有相關性，也可以說抽菸的人比較容易會有肺癌罹患風險，但是不要提到多出多少倍的風險或機率就是了。

　　一般而言在醫學期刊勝算比出現的機會比相對風險多，一部分原因當然是大家較少採用耗時又耗力的前瞻性研究 ( 只能用相對風險 )，另外一個原因是勝算比可用在前瞻性研究，也可用在回溯性研究，而且它的統計性質 (property) 比較良好，因此統計學家喜歡用勝算比來發展統計方法。

> **小結**
>
> 　　勝算比是試驗組的勝算 (odds) 除以對照組的勝算 (odds)。各組的 odds 為研究過程中各組發生某一事件 (event) 之人數除以沒有發生某一事件之人數。通常被使用於 case-control study 之中。當發生此一事件之可能性極低時，則 relative risk 幾近於勝算比 (odds ratio)。

## 4-2 Probit 迴歸分析：申請入學是否被錄取的因素 (plum 指令)

　　Linear probability 迴歸之應用例子，包括：

1. 探討臺商製造業赴廈門設廠與回流臺灣之區位選擇。
2. 影響需求臺灣貿易商之因素。
3. 探討通路、保費及繳費別對解約率之影響。
4. 探討性別、保額及繳費期間對解約率之影響。
5. 臺灣省國民中學教師流動因素與型態之研究。

　　Probit 迴歸分析與邏輯斯迴歸分析最大的不同點，在於在 Probit 迴歸分析中依變數不再是二元變數 ( 即 0 與 1)，而是介於 0 與 1 之間的百分比變數。進行 Probit 迴歸分析時，與前節在邏輯斯分析時所導出之模式相同。

成功的機率：$P = \dfrac{e^{f(x)}}{1 + e^{f(x)}}$

失敗機率為：$1 - P = \dfrac{1}{1 + e^{f(x)}}$

勝算比 (odd ratio) 為：$\dfrac{P}{1-P} = e^{f(x)}$

$\ln \dfrac{P}{1-P} = f(x) = \beta_0 + \beta_1 X_1 + \beta_2 X_2 + \cdots + \beta_k X_k$

其中，誤差 $\varepsilon$ 可解釋成「除了 X 以外其他會影響到 Y 的因素」( 無法觀察到之因素 )，亦可解釋為「用 X 來解釋 Y 所產生的誤差」。既然是無法觀察到的誤差，故誤差 $\varepsilon$ 常稱為隨機誤差項 (error term)。

**Probit** 模式之假設

　　虛無假設 $H_0$：Probit 模式適配度 (goodness of fit) 佳

　　對立假設 $H_1$：Probit 模式適配度 (goodness of fit) 不佳

範例：機率模型 (\*\*\*\* 指令 )

# 一、問題說明

　　研究者想了解，400 名學生申請大學入學是否被錄取 (admit, 0= 未接受，1= 被錄取 )，是否受到學生之 GRE，GPA 成績及推薦學校聲望 (rank) 的影響。資料檔內容如下。

| 變數名稱 | 說明 | 編碼 Codes/Values |
|---|---|---|
| 結果變數 / 依變數：admit | 申請入學被錄取嗎 | 0,1 (binary data) |
| 解釋變數 / 自變數：gre | GRE 分數 | 220～800 分 |
| 解釋變數 / 自變數：gpa | 在校成績 | 2.26～4 分 |
| 解釋變數 / 自變數：rank | 次序 (ordinal) 變數，就讀學校聲望排序 | 1～4 等級 |

## 二、資料檔之內容

Probit.sav [$DataSet] - IBM SPSS Statistics Data Editor

File Edit View Data Transform Analyze Graphs Utilities

| | admit | gre | gpa | rank | var |
|---|---|---|---|---|---|
| 1 | 0 | 380 | 3.61 | 3 | |
| 2 | 1 | 660 | 3.67 | 3 | |
| 3 | 1 | 800 | 4.00 | 1 | |
| 4 | 1 | 640 | 3.19 | 4 | |
| 5 | 0 | 520 | 2.93 | 4 | |
| 6 | 1 | 760 | 3.00 | 2 | |
| 7 | 1 | 560 | 2.98 | 1 | |
| 8 | 0 | 400 | 3.08 | 2 | |
| 9 | 1 | 540 | 3.39 | 3 | |
| 10 | 0 | 700 | 3.92 | 2 | |
| 11 | 0 | 800 | 4.00 | 4 | |
| 12 | 0 | 440 | 3.22 | 1 | |
| 13 | 1 | 760 | 4.00 | 1 | |
| 14 | 0 | 700 | 3.08 | 2 | |
| 15 | 1 | 700 | 4.00 | 1 | |
| 16 | 0 | 480 | 3.44 | 3 | |
| 17 | 0 | 780 | 3.87 | 4 | |
| 18 | 0 | 360 | 2.56 | 3 | |
| 19 | 0 | 800 | 3.75 | 2 | |
| 20 | 1 | 540 | 3.81 | 1 | |
| 21 | 0 | 500 | 3.17 | 3 | |

圖 4-4　「Probit.sav」 資料檔內容 (N=400, 4 variables)

依變數 admit 是二元變數，可用模型有下列五種：

1. Probit 迴歸：這個頁面的重點。
2. Logistic 迴歸：logit 模型將產生類似概率迴歸的結果。選擇 probit 或 logit，取決於你個人偏好。
3. OLS 迴歸：當套用在二元反應變數時，該模型被稱為線性概率 (linear probability) 模型，亦可用來描述條件概率 (conditional probabilities) 的一種方式。然而，線性概率模型的誤差 ( 殘差 ) 違反了 OLS 迴歸的假定：誤差同質

性和常態性 (homoskedasticity and normality of errors)，會導致無效的「標準誤和假設檢定」。

4. 兩組判別 (discriminant) 函數分析：二元結果變數的多元方法。見作者《多變項統計分析：應用 SPSS 分析》一書。

5. Hotelling 的 $T^2$：將 0/1 結果轉換為分組變數 (grouping variable)，並將前一個預測變轉為結果變數。這將產生一個總體檢定的顯著性 (overall test of significance)，但不會印出每個變數的單個係數，並且不清楚每個「預測變數」對其他「預測變數」影響的調整程度。

## 三、分析結果與討論

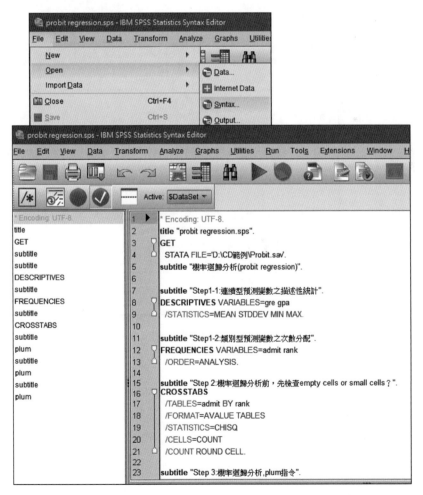

圖 4-5　完整指令檔 「probit regression.sps」 之內容

Step 1 資料描述

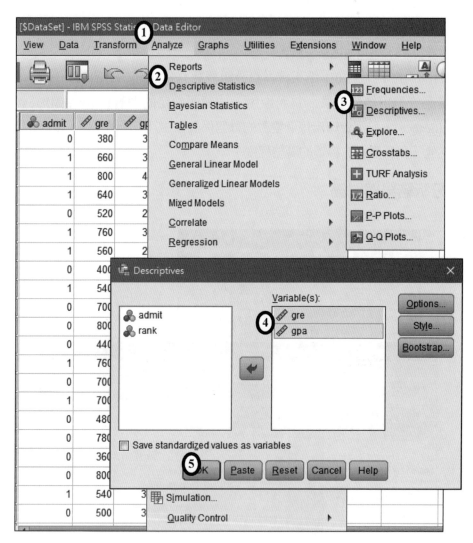

圖 4-6 「descriptives / variables＝gre gpa」 畫面

對應的指令語法：

```
title "probit regression.sps" .
GET
  STATA FILE=' D:\CD範例\Probit.sav' .
```

```
subtitle "機率迴歸分析(probit regression)".

subtitle " Step1-1: 連續型預測變數之描述性統計 ".
DESCRIPTIVES VARIABLES=gre gpa
  /STATISTICS=MEAN STDDEV MIN MAX.

subtitle " Step1-2: 類別型預測變數之次數分配 ".
FREQUENCIES VARIABLES=admit rank
  /ORDER=ANALYSIS.
```

【A. 分析結果說明】連續型預測變數之描述性統計

**Descriptive Statistics**

| | N | Minimum | Maximum | Mean | Std. Deviation |
|---|---|---|---|---|---|
| GRE 分數 | 400 | 220 | 800 | 587.70 | 115.517 |
| 在校成績 | 400 | 2.26 | 4.00 | 3.3899 | .38057 |
| Valid N (listwise) | 400 | | | | |

【B. 分析結果說明】類別型預測變數之次數分配

**申請被錄取嗎**

| | | Frequency | Percent | Valid Percent | Cumulative Percent |
|---|---|---|---|---|---|
| Valid | 0 | 273 | 68.3 | 68.3 | 68.3 |
| | 1 | 127 | 31.8 | 31.8 | 100.0 |
| | Total | 400 | 100.0 | 100.0 | |

**學校聲望排序**

| | | Frequency | Percent | Valid Percent | Cumulative Percent |
|---|---|---|---|---|---|
| Valid | 1 學校聲望最高 | 61 | 15.3 | 15.3 | 15.3 |
| | 2 | 151 | 37.8 | 37.8 | 53.0 |
| | 3 | 121 | 30.3 | 30.3 | 83.3 |
| | 4 學校聲望最低 | 67 | 16.8 | 16.8 | 100.0 |
| | Total | 400 | 100.0 | 100.0 | |

Step 2 機率迴歸分析前，先檢查 **empty cells or small cells**？

執行 probit regression 前，應先做「類別型預測變數和結果變數」之間交叉表，來檢查是否有「empty cells or small cells」現象。若有一個 cell 的樣本數很少 (small cells)，那麼 multinomial 模型可能會變得不穩定，甚至可能根本就不能執行。也許你的數據可能不完全符合假定 (assumption)，你的標準錯誤可能不符合標準。

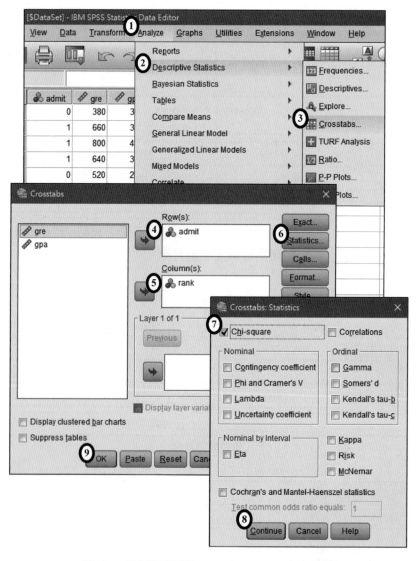

圖 4-7　二個類別變數 (admit BY rank) 之交叉表

```
subtitle " Step 2: 機率迴歸分析前，先檢查 empty cells or small cells？" .
CROSSTABS
  /TABLES=admit BY rank
  /FORMAT=AVALUE TABLES
  /STATISTICS=CHISQ
  /CELLS=COUNT
  /COUNT ROUND CELL.
```

### 申請被錄取嗎 * 學校聲望排序 Crosstabulation

Count

| | | 學校聲望排序 | | | | Total |
|---|---|---|---|---|---|---|
| | | 1 學校聲望最高 | 2 | 3 | 4 學校聲望最低 | |
| 申請被錄取嗎 | 0 | 28 | 97 | 93 | 55 | 273 |
| | 1 | 33 | 54 | 28 | 12 | 127 |
| Total | | 61 | 151 | 121 | 67 | 400 |

### Chi-Square Tests

| | Value | df | Asymptotic Significance (2-sided) |
|---|---|---|---|
| Pearson Chi-Square | 25.242[a] | 3 | .000 |
| Likelihood Ratio | 25.010 | 3 | .000 |
| Linear-by-Linear Association | 23.466 | 1 | .000 |
| N of Valid Cases | 400 | | |

a. 0 cells (0.0%) have expected count less than 5. The minimum expected count is 19.37.

1. 交叉表顯示，本例沒有「empty cells or small cells」問題，故可放心做機率迴歸。

## Step 3 機率迴歸分析 (plum) 指令

```
subtitle " Step 3: 機率迴歸分析 ,plum 指令" .

plum admit BY rank WITH gre gpa
  /link=probit
  /print= parameter summary.
```

**Case Processing Summary**

| | | N | Marginal Percentage |
|---|---|---|---|
| 申請被錄取嗎 | 0 | 273 | 68.3% |
| | 1 | 127 | 31.8% |
| 學校聲望排序 | 1 學校聲望最高 | 61 | 15.3% |
| | 2 | 151 | 37.8% |
| | 3 | 121 | 30.3% |
| | 4 學校聲望最低 | 67 | 16.8% |
| Valid | | 400 | 100.0% |
| Missing | | 0 | |
| Total | | 400 | |

**Pseudo R-Square**

| | |
|---|---|
| Cox and Snell | .099 |
| Nagelkerke | .138 |
| McFadden | .083 |

Link function: Probit.

1. plum 指令印出：標記為次序 (ordinal) 迴歸，但是，我們可以在下面進行確認（請參閱下一組表格中的說明）。請注意，二元結果的模型亦可視為次序模型的特例，因它只有兩個類別。

2. 上表包括兩個分類變數（結果）和等級（預測因子之一）的頻率。

3. 本例，所有 400 個觀測值都被使用了。如果我們的任何變數都有遺漏值 (missing values)，則會使用更少的觀測值。

**Model Fitting Information**

| Model | -2 Log Likelihood | Chi-Square | df | Sig. |
|---|---|---|---|---|
| Intercept Only | 493.620 | | | |
| Final | 452.057 | 41.563 | 5 | .000 |

Link function: Probit.

| Pseudo R-Square | |
|---|---|
| Cox and Snell | .099 |
| Nagelkerke | .138 |
| McFadden | .083 |

Link function: Probit.

1. -2 log likelihoods 可用來比較這二個模型的適配度 (model fit)。「Model Fitting Information」二個 rows, row1 印出空模型 (null model, Intercept Only)，-2 log likelihood=493.620；row1 印出你界定的 Final 模型，其 -2 log likelihoods=452.057(p < .05)。

2. 整個迴歸模型達顯著水準 $\chi^2_{(5)}$ = 41.563(df=5)，它是「Intercept Only vs. Final」二個 -2 log likelihoods 的差，其 p-value < 0.0004，表示你界定模型，至少有一個預測變數可有效預測結果變數。

3. 整個迴歸模型解釋量擬真 $R^2$(Pseudo-R-squared)，它是模型適配度 (model fit) 指標。這三個 pseudo-R-squared are given in the output, 很像 OLS regression 的 $R^2$，但三者不能像 OLS regression 的 $R^2$ 來解釋。

| Parameter Estimates | | | | | | | 95% Confidence Interval | |
|---|---|---|---|---|---|---|---|---|
| | | Estimate | Std. Error | Wald | df | Sig. | Lower Bound | Upper Bound |
| Threshold | [admit = 0] | 3.323 | .663 | 25.090 | 1 | .000 | 2.023 | 4.623 |
| Location | gre | .001 | .001 | 4.478 | 1 | .034 | .000 | .003 |
| | gpa | .478 | .197 | 5.869 | 1 | .015 | .091 | .864 |
| | [rank=1] | .936 | .245 | 14.560 | 1 | .000 | .455 | 1.417 |
| | [rank=2] | .520 | .211 | 6.091 | 1 | .014 | .107 | .934 |
| | [rank=3] | .124 | .224 | .305 | 1 | .581 | -.315 | .563 |
| | [rank=4] | 0[a] | . | . | 0 | . | . | . |

Link function: Probit.

a. This parameter is set to zero because it is redundant.

1. 「Parameter Estimates」印出：迴歸係數 (Estimat)、係數標準差 (Std.)、Wald test statistic with associated df and p-values、係數的 95% 信賴區間 (confidence interval of the coefficients)。

2. 預測因子 **gre**, **gpa** 及「**rank**=1 and **rank**=2」都達統計顯著 (e statistically significant)。probit 迴歸係數給出了預測變數 (predictor) 之一個單位變化的 z 分數（也稱為 probit 指數）的變化。

3. Pr(admit=1)=F[3.323 + .001gre + 0.478gpa + .936(rank=1) + .52(rank=2) + .124(rank=3)]

   其中，F[.] 為累積常態分布。

4. 二個連續之自變數 GRE、GPA 成績都會影響學生申請大學之成功率。

5. GRE 每增加 1 單位，申請被錄取的 Z 值就增加 0.001。

6. GPA 每增加 1 單位，申請被錄取的 Z 值就增加 0.478。

7. rank( 先前就讀學校聲譽排名 ) 有稍微不同的解釋。類別之自變數 Rank，每降一級，都會顯著降低大學入學之申請成功率。例如：「rank=1」的本科院校比「rank=1」( 參考的比較基礎點 )，成功申請入學的 Z 值增加了 0.936。

**Step 4** 機率迴歸分析 (plum) 指令：類別自變數 **rank** 的整體效果

接著，使用 test 副命令來檢定 rank 的總體效果。test 副命令後面跟著你希望檢定的變數的名稱（即 rank），然後是該變數的每個 level 的比較的配對 [ 包括省略類別 (omitted category)]。第一行 test 副命令「rank 1 0 0 0」界定要檢定「the coefficient for rank=1 is 0」。為了執行多自由度 test，我們在 testeo 副命令中包含多行。除了最後一行外，所有行都以分號分隔。第二行和第三行是 test rank = 2 和 rank = 3 的係數等於 0。請注意，不 test 副命令需要界定第四類別的 rank。

```
subtitle " Step 4 : 機率迴歸分析 (plum) 指令：類別自變數 rank 的整體效果".
plum admit by rank with gre gpa
  /link=probit
  /print= parameter summary
  /test rank 1 0 0 0;
rank 0 1 0 0;
rank 0 0 1 0.
```

1. 由於模型是同一個，所以上述 plum 指令產生的大部分輸出與以前相同。唯一的區別是 test 子命令產生的附加輸出，只有這部分輸出如下所示。

| Contrast Coefficients | | C1 | C2 | C3 |
|---|---|---|---|---|
| Threshold | [admit = 0] | 0 | 0 | 0 |
| Location | gre | 0 | 0 | 0 |
| | gpa | 0 | 0 | 0 |
| | [rank=1] | 1 | 0 | 0 |
| | [rank=2] | 0 | 1 | 0 |
| | [rank=3] | 0 | 0 | 1 |
| | [rank=4] | 0 | 0 | 0 |

1. 上表標示出：rank 的對比係數（Contrast Coefficients），其結果如下。

| Contrast Results | | | | | | | 95% Confidence Interval | |
|---|---|---|---|---|---|---|---|---|
| Contrasts | Estimate | Std. Error | Test value | Wald | df | Sig. | Lower Bound | Upper Bound |
| C1 | .936 | .245 | 0 | 14.560 | 1 | .000 | .455 | 1.417 |
| C2 | .520 | .211 | 0 | 6.091 | 1 | .014 | .107 | .934 |
| C3 | .124 | .224 | 0 | .305 | 1 | .581 | -.315 | .563 |

Link function: Probit.

1. 對比結果，顯示「C1 及 C2」都達統計顯著 ($p<.05$)，表示應拒絕虛無假設 $H_0$：「the coefficient for rank=1 is 0」及「the coefficient for rank=2 is 0」，表示「rank=1 對比 rank=4」、「rank=2 對比 rank=4」對依變數 (admit) 都有顯著影響的效果。但「rank=3 對比 rank=4」對依變數 (admit) 則無顯著影響的效果。

| Test Results | | |
|:---:|:---:|:---:|
| Wald | df | Sig. |
| 21.361 | 3 | .000 |

Link function: Probit.

1. 「Test Results」印出了我們感興趣的多自由度檢定 (multiple degree of freedom test)，具有自由度 3 的 Wald test = 21.361(p < 0.001)，表示 rank 的總體效果達到統計顯著性。

**Step 5** 機率迴歸分析 (plum) 指令：自訂類別變數 **rank** 效果之組 **test** 比較基準點

假如你想「rank=2 對比 rank=3」對依變數 (admit) 的效果，可使用「/test rank 0 1 -1 0」，來計算「the difference between the coefficients for rank=2 and rank=3 (i.e., rank=2 – rank=3)」。

```
subtitle " Step 5: 可自訂類別變數 rank 效果之 test 比較基準點" .
plum admit by rank with gre gpa
  /link=probit
  /print= parameter summary
  /test rank 1 0 0 0;
     rank 0 1 0 0;
     rank 0 0 1 0
  /test rank 0 1 -1 0.
```

| Custom Hypothesis Tests 2 Contrast Coefficients | | |
|:---|:---|:---:|
| | | C1 |
| Threshold | [admit = 0] | 0 |
| Location | gre | 0 |
| | gpa | 0 |
| | [rank=1] | 0 |
| | [rank=2] | 1 |
| | [rank=3] | -1 |
| | [rank=4] | 0 |

**Contrast Results**

| Contrasts | Estimate | Std. Error | Test value | Wald | df | Sig. | 95% Confidence Interval Lower Bound | Upper Bound |
|---|---|---|---|---|---|---|---|---|
| C1 | .397 | .168 | 0 | 5.573 | 1 | .018 | .067 | .726 |

Link function: Probit.

1. 自定「**Custom Hypothesis Tests 1**」對比結果，和上面一樣。

2. 自定「**Custom Hypothesis Tests 2**」對比結果，顯示「C1」Wald 達統計顯著 (p < .05)，表示應拒絕虛無假設 $H_0$：「the coefficient for (rank2 - rank3)=0」，表示「rank=2 對比 rank=3」對依變數 (admit) 有顯著影響的效果。因係數 =0.397 正的，表示「rank=2 對比 rank=3」對依變數 (admit) 更有「正面」效果；反之則反。

## 小結

probit regression 尚須考慮事項：

1. 空交叉細格或人數少的交叉細格 (empty cells or small cells)：執行 probit regression 前，應先做「類別型預測變數和結果變數」之間交叉表，來檢查是否有「empty cells or small cells」現象。若有一個 cell 的樣本數很少 (small cells)，那麼 multinomial 模型可能會變得不穩定，甚至可能根本就不能執行。

2. 完全或準完全分離 (complete or quasi-complete separation)：完全分離意味著結果變數將預測變數完全分開，導致預測變數的完美預測。完美預測意味著只有一個預測變數的值僅與反應變數的一個值有相關聯。但是你可以從迴歸係數的輸出中看出有什麼不對。然後，您可以使用有問題的變數對結果變數進行雙向製表，即可確認這一點，然後重新執行沒有問題變數的模型。

舉例來說：

| Y | X1 | X2 |
|---|---|---|
| 0 | 1 | 3 |

| 0 | 2 | 2 |
| 0 | 3 | -1 |
| 0 | 3 | -1 |
| 1 | 5 | 2 |
| 1 | 6 | 4 |
| 1 | 10 | 1 |
| 1 | 11 | 0 |

在這個例子中，Y 是結果變數，X1 和 X2 是預測變數。我們可以看到，Y = 0 的觀測值都具有 X1 <= 3 的值，Y = 1 的觀測值都具有 X1> 3 的值。換句話說，Y 完美地分離了 X1。另一種看待它的方式是，由於 X1 <= 3 對應於 Y = 0 且 X1> 3 對應於 Y = 1，因此 X1 完美地預測了 Y。偶然地，我們找到了結果變數 Y 的完美預測變數 X1 的預測概率，我們有 Prob（Y = 1 | X1 <= 3）= 0 和 Prob（Y = 1 X1> 3）= 1，無需估計模型。

出於多種原因可能會出現完全分離或完美預測。一個常見的例子是使用幾個分類變數，其類別由指標編碼。例如：如果一個人正在研究與年齡有關的疾病（存在／缺乏）並且年齡是預測因子之一，則可能有 subgroup（例如：55 歲以上的女性）都患有該疾病。如果出現編碼錯誤或者錯誤地將結果的另一版本作為預測變數，也可能發生完全分離。例如：我們可能將連續變數 X 二元化為二元變數 Y。然後我們想研究 Y 和一些預測變數之間的關係。如果我們將 X 作為預測變數，我們會遇到完美預測的問題，因為根據定義，Y 將 X 完全分開。完全分離發生的另一種可能情況是樣本量非常小。在上面的範例數據中，當 X1 <= 3 時，沒有理由為什麼 Y 必須為 0。如果樣本足夠大，我們可能會有一些 Y = 1 和 X1 <= 3 的觀察，打破了 X1 的完全分離。

當我們嘗試適配 X1 和 X2 上的 Y 的邏輯或概率迴歸模型時會發生什麼？在數學上，X1 的最大概似估計不存在。特別是對於這個例子，X1 的係數愈大，可能性愈大。換句話說，X1 的係數應該盡可能大，這將是無限的！

3. 樣本人數：logit 迴歸及 probit 迴歸比 OLS 更須大樣本，因使用最大概似

(maximum likelihood) 估計法。這意味著它需要比次序 (ordinal) 或二元邏輯 (binary logistic) 迴歸更大的樣本數。請記住，當結果發生事件很少時 (outcome is rare)，即使整個樣本數很大，logit 模型也很困難估計，這一點也很重要。

4. 擬真 $R^2$(Pseudo-R-Squared)：multinomial probit regression 執行報表中，提供的 R-squared 是從空模型 (null model, intercept-only model) 到你界定模型的對數概似 (log-likelihood) 的變化。儘管 $R^2$ 仍然「愈高愈好」，但它沒有傳達與線性迴歸的 R-square 相同的資訊。

5. 模型診斷 (diagnostics)：邏輯斯迴歸的診斷與 OLS 線性迴歸的診斷不同。關於 logistic 迴歸模型診斷的討論，參見 Hosmer 和 Lemeshow（2000，第 5 章）。請注意，邏輯迴歸的診斷與 probit 迴歸的診斷相似。

## 4-3 練習題：Binary 依變數之 Probit 及 Logit 迴歸分析 ( 有無償勞動力之影響因素 )

依變數若為二元變數之多元迴歸，採用 SPSS 的「線性迴歸、logit 模型及 probit 模型」，所得結果都是非常接近。試比較本例這三種不同的迴歸。

範例：線性機率、probit 及 logit 三種歸迴模型

### 一、問題說明

本例旨在了解：有 vs. 無償勞動力 (lfp) 之影響因素有哪些？( 分析單位：個人)

研究者蒐集數據並整理成下表，此「binlfp2_reg_logit_probit.sav」資料檔內容之變數如下：

例子：研究者調查 753 名公民，問卷題項包括：

依變數為類別型 lfp：有償勞動力：1=yes 0=no

預測變數有下列七個，有些是類別變數、有些是連續自變數。

1. 連續型自變數 k5：# kids < 6。

2. 連續型自變數 k618：# kids 7-18。

3. 連續型自變數 age：妻子年齡。

4. 類別型自變數 wc：太太學歷為大學嗎：1=yes 0=no。

5. 類別型自變數 hc：先生學歷為大學嗎：1=yes 0=no。

6. 連續型自變數 lwg：Log( 太太薪水 )。因為薪水不符常態分布，故取自然對數，才符合常態。

7. 連續型自變數 inc：家庭收入 ( 不含妻的薪水 )。

## 二、資料檔之內容

「binlfp2_reg_logit_probit.sav」資料檔內容如下圖。

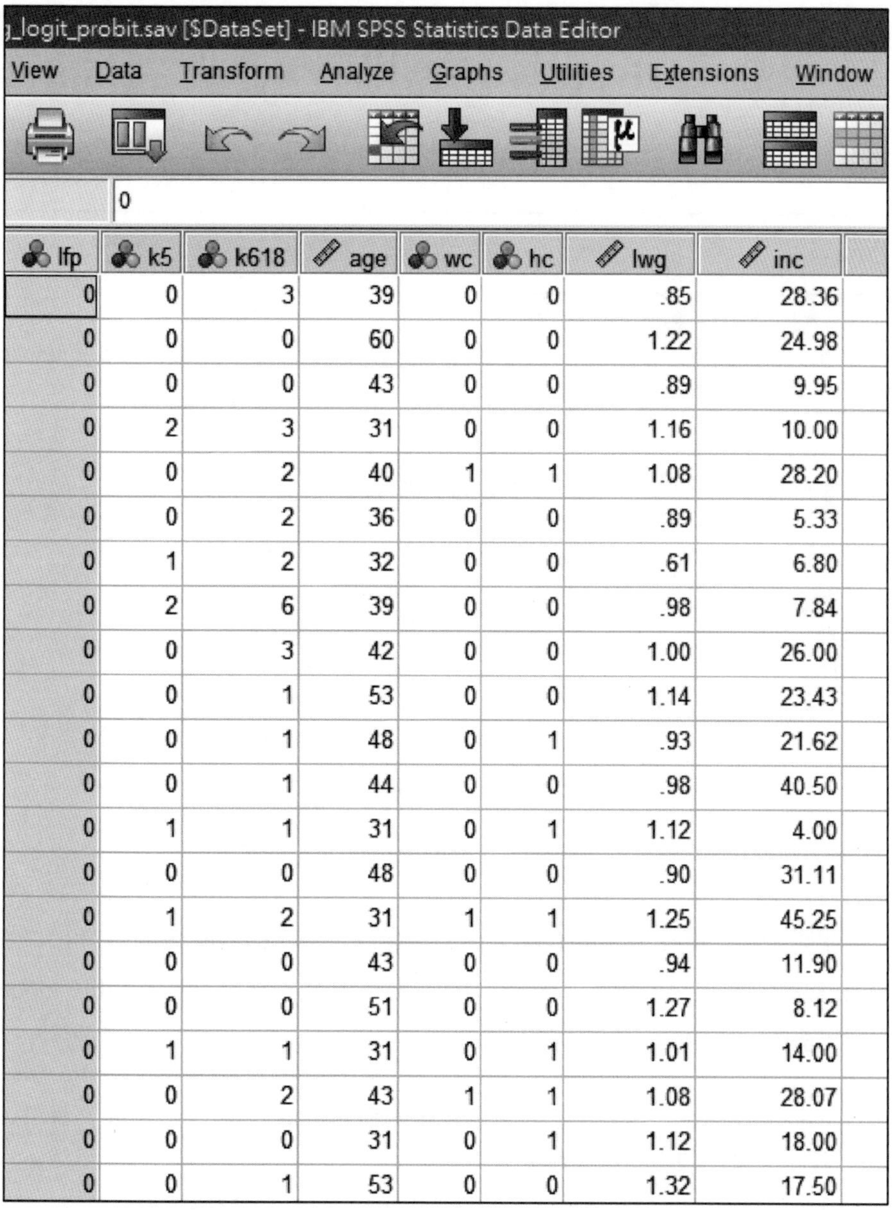


| lfp | k5 | k618 | age | wc | hc | lwg | inc |
|---|---|---|---|---|---|---|---|
| 0 | 0 | 3 | 39 | 0 | 0 | .85 | 28.36 |
| 0 | 0 | 0 | 60 | 0 | 0 | 1.22 | 24.98 |
| 0 | 0 | 0 | 43 | 0 | 0 | .89 | 9.95 |
| 0 | 2 | 3 | 31 | 0 | 0 | 1.16 | 10.00 |
| 0 | 0 | 2 | 40 | 1 | 1 | 1.08 | 28.20 |
| 0 | 0 | 2 | 36 | 0 | 0 | .89 | 5.33 |
| 0 | 1 | 2 | 32 | 0 | 0 | .61 | 6.80 |
| 0 | 2 | 6 | 39 | 0 | 0 | .98 | 7.84 |
| 0 | 0 | 3 | 42 | 0 | 0 | 1.00 | 26.00 |
| 0 | 0 | 1 | 53 | 0 | 0 | 1.14 | 23.43 |
| 0 | 0 | 1 | 48 | 0 | 1 | .93 | 21.62 |
| 0 | 0 | 1 | 44 | 0 | 0 | .98 | 40.50 |
| 0 | 1 | 1 | 31 | 0 | 1 | 1.12 | 4.00 |
| 0 | 0 | 0 | 48 | 0 | 0 | .90 | 31.11 |
| 0 | 1 | 2 | 31 | 1 | 1 | 1.25 | 45.25 |
| 0 | 0 | 0 | 43 | 0 | 0 | .94 | 11.90 |
| 0 | 0 | 0 | 51 | 0 | 0 | 1.27 | 8.12 |
| 0 | 1 | 1 | 31 | 0 | 1 | 1.01 | 14.00 |
| 0 | 0 | 2 | 43 | 1 | 1 | 1.08 | 28.07 |
| 0 | 0 | 0 | 31 | 0 | 1 | 1.12 | 18.00 |
| 0 | 0 | 1 | 53 | 0 | 0 | 1.32 | 17.50 |

圖 4-8 「binlfp2_reg_logit_probit.sav」 資料檔 (N=753 , 8 variables)

## 三、分析結果與討論

本例解答，你可自已練習，亦可參考作者《STaTa 與高等統計分析的應用》一書。

## 4-5 Bivariate probit 迴歸 vs. 二個似乎無相關依變數「private, vote」模型，誰優？(biprobit 指令)

$$Prob[y_{i1}=1, y_{i2}=1] = \Phi_2(\boldsymbol{\beta}_1' x_{i1}, \boldsymbol{\beta}_2' x_{i2}, \rho)$$

This is not a conditional mean. For a generic x that might appear in either index function

$$\frac{\partial Prob[y_{i1}=1, y_{i2}=1]}{\partial x_i} = g_{i1}\boldsymbol{\beta}_1 + g_{i2}\boldsymbol{\beta}_2$$

$$g_{i1} = \varphi(\boldsymbol{\beta}_1' x_{i1})\Phi\left(\frac{\boldsymbol{\beta}_2' x_{i2} - \rho\boldsymbol{\beta}_1' x_{i1}}{\sqrt{1-\rho^2}}\right), g_{i2} = \varphi(\boldsymbol{\beta}_2' x_{i2})\Phi\left(\frac{\boldsymbol{\beta}_1' x_{i1} - \rho\boldsymbol{\beta}_2' x_{i2}}{\sqrt{1-\rho^2}}\right)$$

The term in $\boldsymbol{\beta}_1$ is 0 if $x_i$ does not appear in $x_{i1}$ and likewise for $\boldsymbol{\beta}_2$.

$$E[y_{i1} | x_{i1}, x_{i2}, y_{i2}=1] = Prob[y_{i1}=1 | x_{i1}, x_{i2}, y_{i2}=1] = \frac{\Phi_2(\boldsymbol{\beta}_1' x_{i1}, \boldsymbol{\beta}_2' x_{i2}, \rho)}{\Phi(\boldsymbol{\beta}_2' x_{i2})}$$

$$\frac{\partial E[y_{i1} | x_{i1}, x_{i2}, y_{i2}=1]}{\partial x_i} = \frac{1}{\Phi(\boldsymbol{\beta}_2' x_{i2})}(g_{i1}\boldsymbol{\beta}_1 + g_{i2}\boldsymbol{\beta}_2) - \frac{\Phi_2(\boldsymbol{\beta}_1' x_{i1}, \boldsymbol{\beta}_2' x_{i2}, \rho)\varphi(\boldsymbol{\beta}_2' x_{i2})}{[\Phi(\boldsymbol{\beta}_2' x_{i2})]^2}\boldsymbol{\beta}_2$$

$$= \left[\frac{g_{i1}}{\Phi(\boldsymbol{\beta}_2' x_{i2})}\right]\boldsymbol{\beta}_1 + \left[\frac{g_{i2}}{\Phi(\boldsymbol{\beta}_2' x_{i2})} - \frac{\Phi_2(\boldsymbol{\beta}_1' x_{i1}, \boldsymbol{\beta}_2' x_{i2}, \rho)\varphi(\boldsymbol{\beta}_2' x_{i2})}{[\Phi(\boldsymbol{\beta}_2' x_{i2})]^2}\right]\boldsymbol{\beta}_2$$

圖 4-9　Bivariate probit regression 之示意圖

　　有關雙變數之機率模型的介紹，你亦可參閱文獻：Greene (2012, 738～752)、Pindyck and Rubinfeld (1998). Poirier(1980) 則有解說 partial observability model。Van de Ven and Van Pragg (1981) 解說「probit model with sample selection」。

範例：Bivariate probit 迴歸 vs. 二個似乎無相關依變數「private, vote」模型，誰優？(同一個 biprobit 指令)

　　本例資料檔取自 Pindyck and Rubinfeld (1998, 332)。變數包括：

1. private：孩子是否上私立學校。
2. years：家庭到現在居住年數。
3. logptax：財產登記稅額。
4. loginc：收入紀錄。

5. vote：戶主是否投票贊同增加財產稅。

　　本例希望了解雙變數：(1) private：兒童是否上私立學校的量結果；(2) vote：家長是否投票贊同增加財產稅，這二個不相干的依變數是否受其他共變量的影響？

## 一、問題說明

　　爲了解二個似乎無相關依變數「private, vote」之影響因素有哪些？( 分析單位：家長 )

　　研究者蒐集數據並整理成下表，此「school.sav」資料檔內容之變數如下：

| 變數名稱 | 說明 | 編碼 Codes/Values |
|---|---|---|
| 結果變數 / 依變數：private | 小孩讀私校嗎 | 0,1(binary data) |
| 結果變數 / 依變數：vote | 投票贊成加財產稅嗎 | 0,1(binary data) |
| 解釋變數 / 自變數：logptax | log( 財產稅 ) | 5.9915～7.4955 美元 |
| 解釋變數 / 自變數：loginc | log( 收入 ) | 8.294～10.82 美元 |
| 解釋變數 / 自變數：years | 家庭一直在現居住之年數 | 1～49 年 |

## 二、資料檔之內容

　　「school.sav」資料檔內容如下圖。

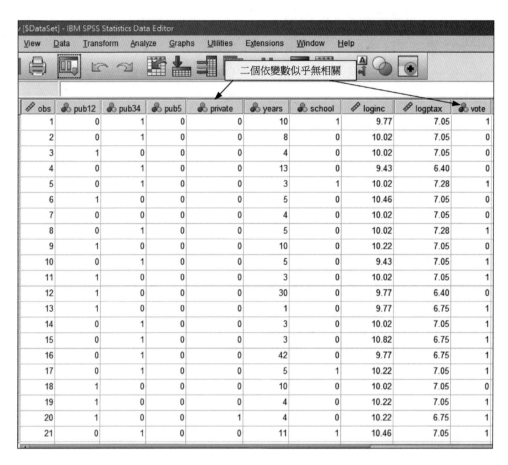

圖 4-10 「school.sav」 資料檔內容 (N=95 個家長)

## 觀察資料之特徵

```
* 開啟資料檔

                 storage  display   value
variable name    type     format    label     variable label
---------------------------------------------------------------

private          byte     %8.0g               1= 若孩子上私校

vote             byte     %8.0g               1= 若戶主投票贊成增加財產稅

logptax          float    %9.0g               log( 財產稅 )

loginc           float    %9.0g               log( 收入 )

years            byte     %8.0g               家庭一直在現居住之年數
```

## 三、分析結果與討論

因 SPSS 沒有 biprobit 指令 (bivariate probit regression)，本例，解法可參考作者《邏輯斯迴歸及離散選擇模型：應用 STaTa 統計》一書。

chapter

# 05

單層vs.多層次：
Ordered Logit及其擴充
模型(ologit、oprobit、rologit
meoprobit、asmprobit、
asroprobit、heckoprobit指令)

## 一、次序、有序迴歸 (ordinal regression) 的概念

有序邏輯迴歸（通常被稱為「次序迴歸」）用於預測給定一個或多個自變數的序數依變數。它可以被認為是廣義的多元線性迴歸 (generalisation of multiple linear regression)、或是廣義的二項邏輯迴歸 (generalisation of binomial logistic regression)，但它與其他類型的迴歸一樣，次序迴歸也可以使用自變數之間的交互作用來當預測因子。

次序 ( 有序 ) 迴歸是一組預測因子 (a set of predictors) 對多元有序反應 (polytomous ordinal response) 的建模，預測因子可能是「factors、covariates」。Ordinal regression 的設計基於 McCullagh（1980,1998）的方法，該過程稱為 PLUM 指令。

傳統，OLS 線性迴歸分析旨在：將反應變數和預測變數的加權組合之間的「the sum-of-squared differences」最小化。係數大小代表預測變數影響反應變數的強弱。假設反應變數是數值型 (numerical)，意思是反應 level 的變化在整個反應範圍內是相同的。例如：身高 160cm 的人與 150cm 的人之間的差為 10cm，它與身高 200cm 的人與 190cm 之間相差 10 厘米，二者意義是相同。但這些「減法等值」關係就不適合於有序變數，因反應類別的選擇和數量可以都是任意的。

例如：有序迴歸可用於研究患者對藥物劑量 (drug dosage) 的反應。可能的反應可分為：0= 無 (none)、1= 輕度 (mild)、2= 中度 (moderate)、4= 嚴重 (severe)。輕度和中度反應之間的差異難以或不可能量化，並且都是基於認知。此外，輕度和中度反應之間的差異可能大於或小於中度和重度反應之間的差異。

### (一) 次序迴歸的統計值及統計圖

Ordinary Least Squares and Categorical Dependent Variable Models

| | 模型 | Dependent (LHS) | 估計法 | Independent (RHS) |
|---|---|---|---|---|
| OLS | Ordinary least squares | Interval or ration | Moment based method | A linear function of interval/ratio or binary variables $\beta_0 + \beta_0 X_1 + \beta_2 X_2 ...$ |
| 類別依變數模型 | Binary response<br>Ordinal response<br>Nominal response<br>Event count data | Binary (0 or 1)<br>Ordinal ($1^{st}$, $2^{nd}$, $3^{rd}$ ...)<br>Nominal (A, B, C)<br>Count (0, 1, 2, 3...) | Maximum likelihood method | |

次序迴歸分析結果，SPSS 會印出：觀察次數 vs. 期望次數、次數及累積次數的 Pearson 殘差、觀察及期望機率、預測變數可納入 covariate( 共變數 ) 對反應變數每個類別的機率、參數估計的漸近相關和共變數 (asymptotic correlation and covariance) 矩陣、Pearson 卡方和概似比卡方值，配適度 (fit) 統計值、疊代歷史、平行線假定 (parallel lines assumption) 檢定、「參數估計、標準誤、信賴區間」，以及 Cox 和 Snell's，Nagelkerke's 和 McFadden's R2 統計。

## ( 二 ) 資料型態 (data)

依變數假定是次序型 (ordina)，它可以是數字或字串 (numeric or string)。將依變數的值由小到大排序一遍。最小值定義第一個類別。它假設 factor 變數是類別變數。Covariate 必須是數字型 ( 連續 ) 變數。請注意，使用多個連續型共變數，很容易創建一個非常大的交叉細格 (cell) 機率表。

## ( 三 ) 假定 (assumption)

只允許一個反應變數，並且必須界定它。此外，對於自變數中各個不同的值模態 (pattern)，這些反應被假定為獨立的多項式變數 (multinomial variables)。

Assumption 1：依變數是 ordinal level。Ordinal 變數可以是：(1)Likert 量表 ( 例如：7-point 計分，從 "strongly agree" 至 "strongly disagree")。或 (2) 等級型類別 (ranking categories)，例如：解釋顧客喜歡產品多少的三點計分量表，從「Not very much」到「可以」到「Yes, a lot」。

Assumption 2：一個以上「連續型、有序型或類別型」自變數（包括二分變數）。而，次序自變數須視為連續型或類別。但 SPSS 執行次序邏輯 (ordinal logistic) 迴歸時，不能視為序數變數的連續變數，包括：年齡（以年為單位）、收入（以美元為單位）、智力（用智商評分測量）、考試成績（從 0 到 100）、重量（以 kg 計量）等等。常見的類別變數包括：性別（例如：2 組：男性和女性）、種族（例如 3 組：白人，黑人和黃種人）、職業（例如 5 組：外科醫生，醫生，護士，牙醫，治療師）等等。

Assumption 3：沒違反多重共線性 (multicollinearity)。當你有兩個或多個彼此高度相關的獨立變數時，就會發生多重共線性。這會導致在理解哪個變數有助於解釋依變數及計算次序迴歸中的技術問題時出現問題。確定是否存在多重共線性是次序迴歸中的一個重要步驟。不幸的是，測試這個假定可能需要為

分類變數 (K > 3 組 ) 創建虛擬 (dummy) 變數（即虛擬變數是基於現有數據值的新變數）。您必須在 SPSS Statistics 中創建的虛擬變數的數量取決於您擁有多少個分類自變數以及這些自變數各自擁有多少組。如果只有一個分類自變數只有三個組（例如："Ethnicity 種族 " 有三個 groups：白人、黑人和黃種人），則只需創建兩個虛擬變數。但是，如果您有多個分類獨立變數，每個都有三個或更多組，則必須創建相當多的這些虛擬變數。故次序迴歸假定，在檢定時要思考：(1) 如何使用 SPSS Statistics 創建這些虛擬變數。(2) 如何使用 SPSS Statistics 測試多重共線性。(3) 解釋數據時需要考慮的一些事情。(4) 如果您的數據不符合這一假設，則可以選擇繼續進行分析。

Assumption 4：比例勝算 (proportional odds) 是次序迴歸模型的基本假定（帶比例勝算的累積勝算次序迴歸）。proportional odds 的假定，意味著每個自變數在次序依變數的每個累積分割點 (at each cumulative split) 具有相同的效果。SPSS Statistics 使用完全概似比 (full likelihood ratio) 檢定，來比較適合位置模型 (fitted location model) 和具有不同位置參數 (varying location parameters) 的模型。雖然這聽起來有點複雜，但我們在次序迴歸例子會解釋它。比例勝算檢定唯一的問題，是它可標記不存在的違規行為 (violations)，因此我們還會告訴您如何針對累積二分 (cumulative dichotomous) 依變數分批執行單獨的二項邏輯 (binomial logistic) 迴歸，來進一步確定是否滿足此假定。

## ( 四 ) 次序迴歸分析的預備五道程序 (procedures)

SPSS 執行次序迴歸之前，事前有五個程序。雖然聽起來很多，但它們都非常簡單。如前所述（見假設部分），下面我們不討論的唯一程序是檢定次序數迴歸測試 Assumption 3 和 Assumption 4 所需的程序。在我們介紹這五套程序之前，我們簡要概括了下面的內容：

Procedure #1 使用輸出管理系統 (OMS)：儘管 PLUM 程序是 SPSS 專用次序迴歸，但它不會產生您需要的所有統計輸出；特別是，它不會輸出 "odds ratios( 勝算比 )" 或 "95% 信賴區間 "。相反，電腦會產生 "log odds"。但是，您可將 "log odds" 的差異轉換為您需要的 "odds ratios"。為此，我們向您展示如何使用輸出管理系統 (OMS)Control Panel。這基本上，儲存了您在執行以下 Procedure 2 時所需的資訊，以便您可以稍後使用 SPSS 計算 odds ratios（即使用 Procedure #3，

#4 和 #5）。

Procedure #2 執行 PLUM 指令：做 ordinal 迴歸，並產生預測概率，以及其他有用的統計指標，本書將在後面分析中使用它們。其中有些需要使用語法，來處理你需要做的事情。

Procedure #3 使用 OMS 輸出 PLUM 參數估計值：運行 PLUM 程序後，您需要返回到 OMS 控制面板，並使 SPSS 輸出包含已儲存在內存中的參數估計值表的資訊的檔案。

Procedure #4 保存新創建的檔案：假設您已經執行了上述過程，您不僅會以常見方式（即在 Output Viewer window 中）產生報表，還會創建一個新的 SPSS Statistics 資料檔。該檔不會自動保存，因此在繼續進行之前應先 save 該檔。

Procedure #5 生成勝算比：一旦 saved 檔案，您需要生成 odds ratios 和 95% 的信賴區間，您可用 Procedure #4 中 save 的檔案來進行。這需要使用語法，但是會向您展示如何將語法複製到語法編輯器的語法。

**Procedure #1 在選擇表，選「Utilities > OMS Control Panel...」**

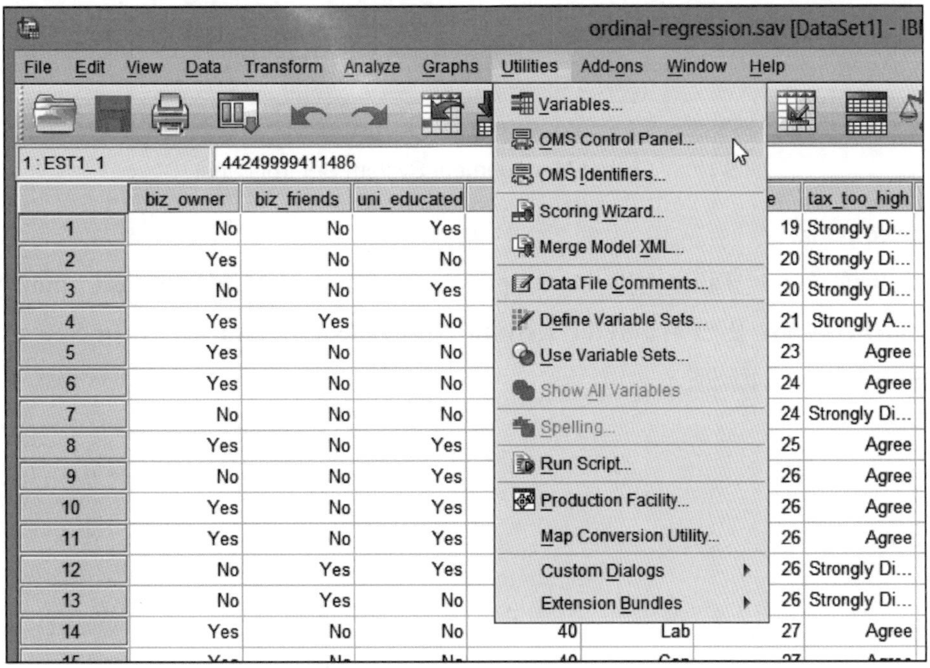

圖 5-1 「OMS Control Panel...」

接著出現下圖「**Output Management System Control Panel**」。

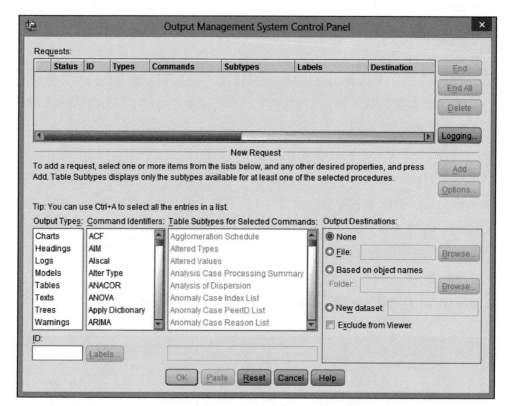

圖 5-2　「Output Management System Control Panel」

**Procedure #2**

再依序選：**"Tables"** in the Output Types: box、**"PLUM"** in the Command Identifiers: box 及 **"Parameter Estimates"** in the Table Subtypes for Selected Commands。如下圖所示。

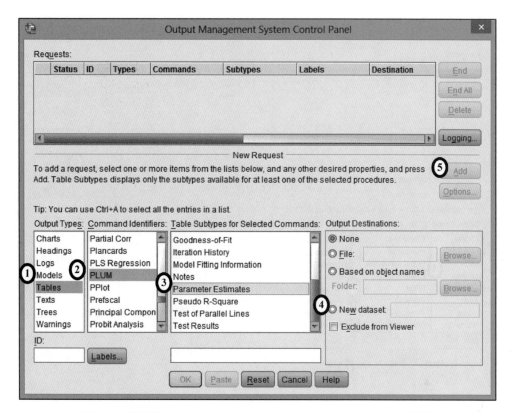

圖 5-3　依序選 「Tables、 PLUM、 Parameter Estimates」 畫面

註：你可更改 SPSS，當執行 PLUM procedure (Command Identifiers:) 時之 Parameter Estimates (Table Subtypes for Selected Commands:) table (Output Types:)

## Procedure #3

選 New dataset: box from the Output Destinations: area，並鍵入 "plum" 於方盒中，如下圖所示。

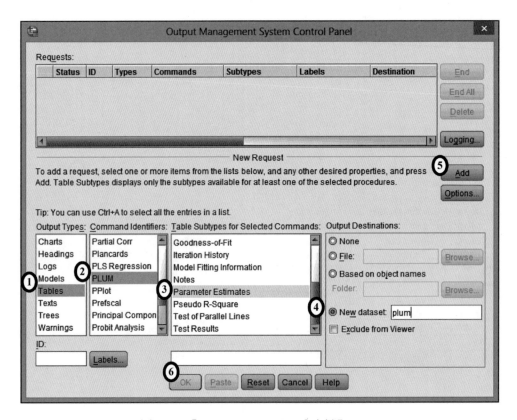

圖 5-4 「New dataset：」 盒中鍵入 plum

**Procedure #4**

選 ┌ Add ┐ button in the –New Request– area，結果如下圖。

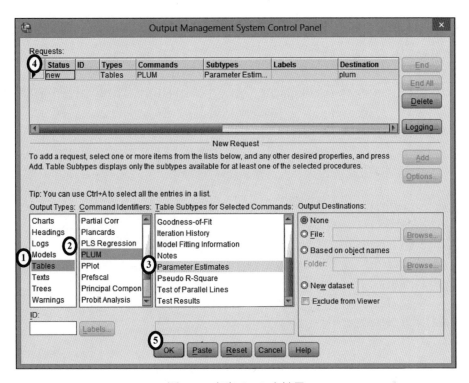

圖 5-5　自定 OMS 之結果

**Procedure #5**

選按 OK 。即可產生 **OMS Control Panel: Summary** 對話盒，如下圖。

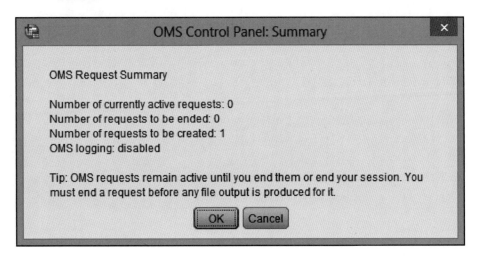

圖 5-6　OMS Control Panel： Summary 對話盒 ( 再按 OK 即可離開 )

## (五) PLUM 指令，語法如下

```
PLUM dependent variable [BY factor varlist] [WITH covariate varlist]

[/CRITERIA = [CIN({95** })] [DELTA({0**    })] [MXITER({100**})] [MXSTEP({5**})]
                  {value}          {value }          {n  }           {n  }
             [LCONVERGE({0**  })] [PCONVERGE({1.0E-6**})] [SINGULAR({1.0E-8**})]
                        {value}             {value   }             {value   }
             [BIAS] ]


[/LINK = {CAUCHIT}]
         {CLOGLOG}
         {LOGIT**}
         {NLOGLOG}
         {PROBIT }


[/LOCATION = [effect effect ...] ]


[/MISSING = {EXCLUDE**}]
            {INCLUDE  }


[/PRINT = [CELLINFO] [CORB] [COVB] [FIT] [HISTORY({1})] [KERNEL]
                                                 {n}
          [TPARALLEL] [PARAMETER] [SUMMARY]]


[/SAVE = [ESTPROB [(rootname [:{25**}])] [PREDCAT [(newname)]] [PCPROB [(newname)]]
                              {n  }      [ACPROB [(newname)] ]


[/SCALE = [effect effect ...] ]


[/TEST [(valuelist)] = [ 'label' ] effect valuelist [effect valuelist] ...;
       [effect valuelist [effect valuelist] ...;] ... ]


[/TEST [(valuelist)] = [ 'label' ] ALL list; [ALL list;] ... ].copy to clipboard
** Default if the subcommand is omitted.
```

定義：廣義邏輯斯迴歸模型 (generalized logistic regression model)

此模型首先指定某一組為參考組，接著其他組一一與此參考組做比較，其數學式如下：

$$\log\left(\frac{\pi_j}{\pi_1}\right) = \alpha_j + \beta_j x \text{ , } j = 2, \cdots J$$

若反應變數分三類。例如：不重要、中等重要、很重要，則可得兩個數學式如下：

$$\log\left(\frac{\pi_{\text{中等重要}}}{\pi_{\text{不重要}}}\right) = \alpha_2 + \beta_2 x \text{ , 及 } \log\left(\frac{\pi_{\text{很重要}}}{\pi_{\text{不重要}}}\right) = \alpha_3 + \beta_3 x$$

以上兩個數學式，可視為兩個二元邏輯斯迴歸模型。

## 二、二元依變數 vs. 次序依變數的概念比較

在社會科學中，我們想解釋的現象也許是：

1. 二元 / 二分：勝 / 敗、( 投 / 不投 ) 票、票投 1 號 / 票投 2 號。

   當我們的依變數是二分類，我們通常以 1 表示我們感興趣的結果 ( 成功 )，以 0 表示另外一個結果 ( 失敗 )。此二元分布稱為二項分布 (binomial distribution)。此種 logit 迴歸之數學式為：

$$\log\left[\frac{P(Y=1)}{1-P(Y=1)}\right] = \beta_0 + \beta_1 X_1$$

$$\frac{P(Y=1)}{1-P(Y=1)} = e^{\beta_0 + \beta_1 X_1} = e^{\beta_0} (e^{\beta_1})^{X_1}$$

2. 次序多分 ( 等第 )：例如：滿意度，從非常不滿意～非常滿意。此四分類的滿意度為：

   $P(Y \leq 1) = P(Y = 1)$

   $P(Y \leq 2) = P(Y = 1) + P(Y = 2)$

   $P(Y \leq 3) = P(Y = 1) + P(Y = 2) + P(Y = 3)$

| 非常不滿意 | 不太滿意 | 有點滿意 | 非常滿意 |
|---|---|---|---|
| $P(Y=1)$ | $P(Y=2)$ | $P(Y=3)$ | $P(Y=4)$ |

截距一　　　　截距二　　　　截距三

| $P(Y \leq 1)$ | $P(Y > 1)$ | | |
|---|---|---|---|
| $P(Y \leq 2)$ | | $P(Y > 2)$ | |
| $P(Y \leq 3)$ | | | $P(Y > 1)$ |

$$odds = \frac{P(Y \leq j)}{P(Y > j)}$$

$$\text{logit}[P(Y \leq 1)] = \log\left[\frac{P(Y=1)}{P(Y>1)}\right] = \log\left[\frac{P(Y=1)}{P(Y=2)+P(Y=3)+P(Y=4)}\right]$$

$$\text{logit}[P(Y \leq 2)] = \log\left[\frac{P(Y \leq 2)}{P(Y>2)}\right] = \log\left[\frac{P(Y=1)+P(Y=2)}{P(Y=3)+P(Y=4)}\right]$$

$$\text{logit}[P(Y \leq 3)] = \log\left[\frac{P(Y \leq 3)}{P(Y>3)}\right] = \log\left[\frac{P(Y=1)+P(Y=2)+P(Y=3)}{P(Y=4)}\right]$$

$$\text{log it}[P(Y \leq j)] = \alpha_j - \beta X, j = 1, 2, \cdots, c-1$$

當 c 有 4 組，自變數解釋：

$Y \leq 1$、$Y \leq 2$、$Y \leq 3$ 時，他們對 logit 的影響外，會有 $c-1$ 個截距，此模型又稱為比例勝算 (proportional odds) 模型。如下圖 5-7。

3. 無序多分：三個候選人、政黨認同。

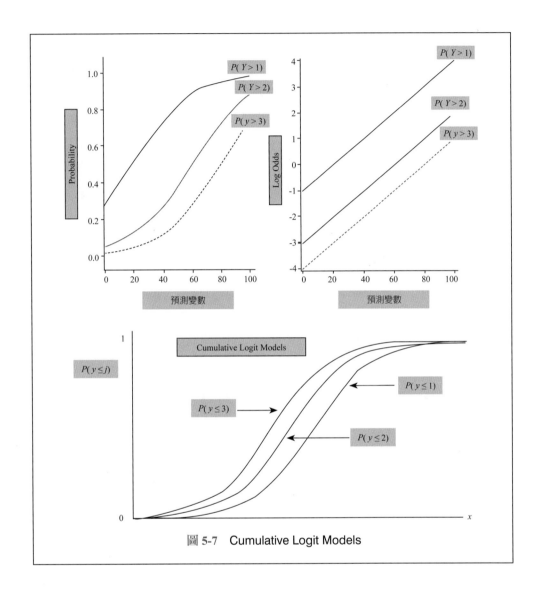

圖 5-7　Cumulative Logit Models

## 三、勝算對數模型之推論之概念

1. 個別係數：Wald statistics。

2. 模型適配度 ( 例如：null model vs. 你界定模型 )：概似比檢定 (likelihood-ratio test)。

$$-2\log(\frac{\ell_0}{\ell_1}) = (-2\log\ell_0) - (-2\log\ell_1) = LR\chi^2 = G^2$$

### 四、Ordered probit 迴歸之概念

在統計中，ordered logit model( 次序迴歸或 proportional odds model)，它是一種次序迴歸模型，即迴歸模型的依變數是次序。例如：Peter McCullagh 調查問卷，受訪者回答的選擇次序為『「差」、「尚可」、「好」、「優」』("poor", "fair", "good", and "excellent")，ordered logit 分析目的旨在看到反依變數被其他解釋變數預測的強度，其中，一些解釋變數可能是定量變數。ordered logit model 也是邏輯迴歸的擴充模型，它除了適用於二元依變數外，亦允許超過兩個 (ordered) 的反應類別。

**Ordered probit** 模型僅可用在符合比例勝算假定 (proportional odds assumption) 的數據，其含義舉例說明如下。假設問卷受訪者之回答『「差」、「尚可」、「好」、「很好」、「優」』("poor", "fair", "good", "very good", and "excellent") 的統計人口比例分別為 p1，p2，p3，p4，p5。

那麼以某種方式回答的 logarithms of the odds( 非 log( 概率 )) 是：

$$\text{poor,} \quad \log\frac{p_1}{p_2+p_3+p_4+p_5}, \quad 0$$

$$\text{poor or fair,} \quad \log\frac{p_1+p_2}{p_3+p_4+p_5}, \quad 1$$

$$\text{poor, fair or good,} \quad \log\frac{p_1+p_2+p_3}{p_4+p_5}, \quad 2$$

$$\text{poor, fair, good or ver ygood,} \quad \log\frac{p_1+p_2+p_3+p_4}{p_5}, \quad 3$$

比例勝算假定 (proportional odds assumption) 是指：每個這些對數函數 (log) 中添加的數字得到下一個數字在每種情況下是相同的。換句話說，這些 log 形成一個算術序列 (arithmetic sequence)。

**Ordered probit** 模型，線性組合中的係數不能使用最小平方法來估計，而是改用最大概似 (maximum-likelihood, ML) 來估計係數，ML 用 reweighted least squares 疊代來計算最大概似之估計值。

多元次序反應類別 (multiple ordered response categories) 的例子包括：(1) 債券評級、意見調查，反應範圍從「非常同意」到「非常不同意」。(2) 政府計畫的支出水準 ( 高、中、低 )。(3) 選擇的保險涉入度 ( 無、部分、全部 )。(4) 就業

狀況 ( 未受僱、兼職、充分就業 )。

假設要表徵的基本過程是：

$$y^* = x^T \beta + \varepsilon$$

其中，$y^*$ 是不可觀察的依變數 ( 調查員可提出問卷回答的同意水準 (exact level of agreement))。X 是自變數向量。$\varepsilon$ 是誤差項。$\beta$ 是待估的迴歸係數向量。我們只能觀察反應的類別：

$$y = \begin{cases} 0 & \text{if } y^* \leq \mu_1, \\ 1 & \text{if } \mu_1 < y^* \leq \mu_2, \\ 2 & \text{if } \mu_2 < y^* \leq \mu_3, \\ \vdots \\ N & \text{if } \mu_N < y^* \end{cases}$$

其中，參數 $\mu_i$ 是可觀察類別的外部強加的端點。

然後，次序的 logit 技術將使用 y 上的觀察結果，$y$ 是 $y^*$ 一種形式的設限數據 (censored data)，以它來適配參數向量 $\beta$。

## 五、累積 logistic 迴歸模型

累積 logistic 迴歸模型 (cumulative logit model) 又稱為次序 logistic 迴歸模型 (ordered logit model)，適用於依變數為次序尺度，自變數為名目尺度。例如：政黨偏好 ( 國民黨、民進黨 ) 與意識形態 ( 自由、中立、保守 )、報紙 ( 自由、中時、聯合、蘋果 ) 與新聞信任度 ( 非常信任、信任、普通、不信任、非常不信任 )。

累積 logistic 迴歸模型之數學式如下：

$$\text{logit } [P(Y \leq j)] = \alpha_j - \beta_x \quad \text{where } j = 1, \cdots, J - 1$$

## 六、Ordinal logit 迴歸分析的 STaTa 報表解說

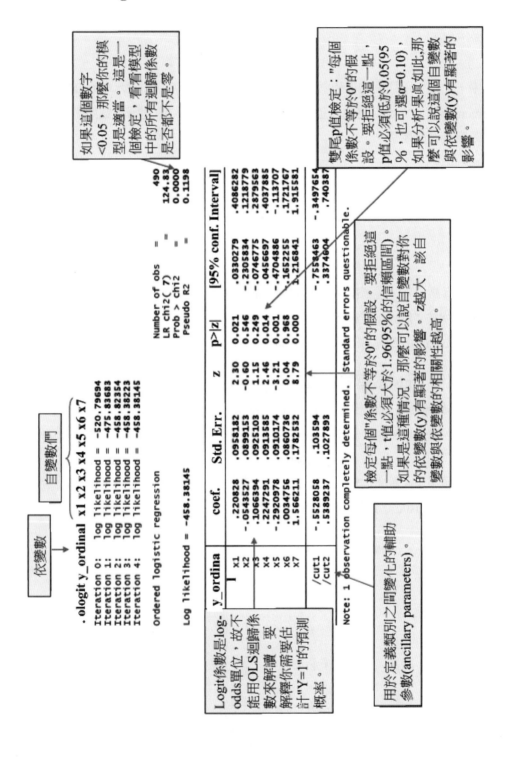

## 七、Ordered probit 迴歸之應用領域

1. 大臺中地區居住環境滿意度 (ordered) 之區域分析。

2. 節慶活動遊客滿意度 (ordered) 與消費行為關係之探討——以高雄內門宋江陣活動為例。

3. 公司信用評等 (ordered) 與董監事股權質押之關聯性。

4. 不動產從業人員所得之決定因素：次序機率迴歸模型之應用。

> 　　本文之目的除了解影響國內不動產產業從業人員所得之因素外，更進一步探討不同不動產產業從業人員其所得之差異。其次，從業人員所學背景之不同，對其從事不動產相關工作之所得是否有所差異。此外，探討取得證照者其所得是否較高。就實證方面而言，由於所得為依變數，且多以次序尺度 (ordinal scales) 來衡量，故以往文獻上在估計所得時，均將各組或各層次 (levels) 所得取組中點為代表來處理，即將次序尺度的資料經由組中點的處理後視為連續性資料，然後再取對數做估計。如此，在迴歸分析中，將次序依變數轉為連續變數的作法將產生誤導之結果。Winship and Mare(1984) 建議改採用次序機率迴歸模型 (ordered probit regression model) 來分析「從業人員所得 (ordered)」。實證結果得知，十個自變數中有七個自變數之 Wald 卡方值達到 5% 之顯著水準，其為性別、年齡、年齡平方、教育年數、服務年數、服務年數平方及仲介業七個變數；代銷業變數則達到 10% 顯著水準，二個自變數未達到之顯著水準，其分別為所學背景和有否證照二個自變數。

## 5-1 Ordered Logit 及 Ordered Probit 模型之概念

　　Ordered Logit Model 是屬質因變數迴歸模型，其假設有 g + 1 個次序群體，從第 1 個群體到第 i 個群體發生的累積機率為 logistic 分布，到第 g + 1 個群體的累積發生機率為 1。對有 k 個解釋變數的樣本向量 X，X = ($X_1$, $X_2$,…, $X_k$)。

　　若 $p_0$ 為組別 0 的機率，$p_1$ 為組別 1 的機率，$p_2$ 為組別 2 的機率，$p_3$ 為組別 3 的機率，…，$p_{g+1}$ 為組別 g + 1 的機率。

**定義：Ordered Logit 模型**

$Y_i = \beta'X_i + \varepsilon_i$

$u_0 < Y_i \leq u_1$，則 $R_i = 1$

$u_1 < Y_i \leq u_2$，則 $R_i = 2$

$\vdots \qquad \vdots$

$u_{g-1} < Y_i \leq u_g$，則 $R_i = g$

$u_g < Y_i$，則 $R_i = g + 1$

其中：

$Y_i = $ 理論值

$X_i = $ 財務比率和非財務比率的自變數向量

$\beta' = $ 自變數的係數向量

$u_g = $ 等級 (order) 分界值

殘差項 $\varepsilon$ 為標準 logistic distribution。

假設 X 屬於某個群體的發生機率為 logistic 分布，則對 X 向量來說：

$$P(R_i = g \mid X) = p_g = P(u_{g-1} < Y_i \leq u_g)$$
$$= P(u_{g-1} - \beta'X_i < \varepsilon_i \leq u_g - \beta'X_i)$$
$$= \frac{1}{1 + e^{-(u_g - \beta'X_i)}} - \frac{1}{1 + e^{-(u_{g-1} - \beta'X_i)}}$$

---

$$P(R_i = 0 \mid X) = p_0 = X \text{ 屬於群體 0 的機率}$$
$$= F(u_0 - \beta'X_i) = \frac{1}{1 + e^{-(u_0 - \beta'X_i)}}$$

$$P(R_i = 1 \mid X) = p_1 = X \text{ 屬於群體 1 的機率}$$
$$= F(u_1 - \beta'X_i) - F(u_0 - \beta'X_i)$$
$$= \frac{1}{1 + e^{-(u_1 - \beta'X_i)}} - \frac{1}{1 + e^{-(u_0 - \beta'X_i)}}$$

$$\vdots \qquad \vdots$$

$$P(R_i = g \mid X) = p_g = X \text{ 屬於群體 g 的機率}$$
$$= F(u_g - \beta'X_i) - F(u_{g-1} - \beta'X_i)$$
$$= \frac{1}{1 + e^{-(u_g - \beta'X_i)}} - \frac{1}{1 + e^{-(u_{g-1} - \beta'X_i)}}$$

$$P(R_i = g + 1 \mid X) = p_{g+1} = X \text{ 屬於群體 } g + 1 \text{ 的機率}$$
$$= 1 - F(u_g - \beta' X_i)$$
$$= 1 - \frac{1}{1 + e^{-(u_g - \beta' X_i)}}$$

故

$$\text{群體} R_i = \begin{cases} 0, \text{若} Y_i \leq u_0 & , P(R_i = 0 \mid x_i) = F(u_0 - x_i'\beta) = \dfrac{1}{1 + e^{-(u_0 - \beta' X_i)}} = p_0 \\[2mm] 1, \text{若} u_0 < Y_i \leq u_1 & , P(R_i = 1 \mid x_i) = F(u_1 - x_i'\beta) - F(u_0 - x_{i\beta}') = \\[2mm] & \qquad = \dfrac{1}{1 + e^{-(u_1 - \beta' X_i)}} - \dfrac{1}{1 + e^{-(u_0 - \beta' X_i)}}) = (p_0 + p_1) - p_0 \\[2mm] \quad\vdots \qquad\qquad \vdots \qquad\qquad \vdots \\[2mm] g, \text{若} u_{g-1} < Y_i \leq u_g & , P(R_i = g \mid x_i) = F(u_g - x_i'\beta) - F(u_{g-1} - x_{i\beta}') = \\[2mm] & \qquad = \dfrac{1}{1 + e^{-(u_g - \beta' X_i)}} - \dfrac{1}{1 + e^{-(u_{g-1} - \beta' X_i)}}) \\[2mm] & \qquad = (p_0 + p_1 + \cdots + p_g) - (p_0 + p_1 + \cdots + p_{g-1}) \\[2mm] g + 1, \text{若} u_g < Y_i & , P(R_i = g + 1 \mid x_i) = 1 - F(u_g - x_i'\beta) \\[2mm] & \qquad = 1 - \dfrac{1}{1 + e^{-(u_g - \beta' X_i)}}) \\[2mm] & \qquad = 1 - (p_1 + p_2 + \cdots + p_g) \end{cases}$$

上表之公式需經累積對數機率分布轉換才求機率，以下就是轉換公式：

$$\text{Logit}(p_0) \equiv \ln\left(\frac{p_0}{1 - p_0}\right) = u_0 - \beta \mid x$$

$$\text{Logit}(p_0 + p_1) \equiv \ln\left(\frac{p_0 + p_1}{1 - p_0 - p_1}\right) = u_1 - \beta \mid x$$

$$\text{Logit}(p_0 + p_1 + p_2) \equiv \ln\left(\frac{p_0 + p_1 + p_2}{1 - p_0 - p_1 - p_2}\right) = u_2 - \beta \mid x$$

$$\vdots \qquad\qquad \vdots$$

$$\text{Logit}(p_0 + p_1 + p_2 + \cdots + p_g) \equiv \ln\left(\frac{p_0 + p_1 + p_2 + \cdots + p_g}{1 - p_0 - p_1 - p_2 - \cdots - p_g}\right) = u_g - \beta \mid x$$

$$p_g = 1 - p_0 - p_1 - p_2 - \cdots - p_g$$

$F(u_g - x_i'\beta)$ 的值從 0 到 1，當 $u_g - x_i'\beta$ 值與事件發生累積機率 p 為正向關係時，經過 logistic 函數轉換後，可確保 p 值落於 0 與 1 之間，代表屬於某個群體及次序上小於此群體的累積機率。

## 5-2 Ordered 迴歸分析：影響 SES 的因素 (plum 指令 )

### 一、問題說明

本例旨在了解父母社會經濟地位 (ses) 之影響因素有哪些？( 分析單位：學生 )

研究者蒐集數據並整理成下表，此「hsb2.sav」資料檔內容如下：

| 變數名稱 | 編碼 Codes/Values |
|---|---|
| 結果變數 / 反應變數： | 次序型：1～3 級 |
| 預測因子 / 自變數： | 0,1 (binary data) |
| 預測因子 / 自變數： | 0～100% |
| 預測因子 / 自變數： | 0,1 (binary data) |
| 預測因子 / 自變數： | 0,1 (binary data) |

## 二、資料檔之內容

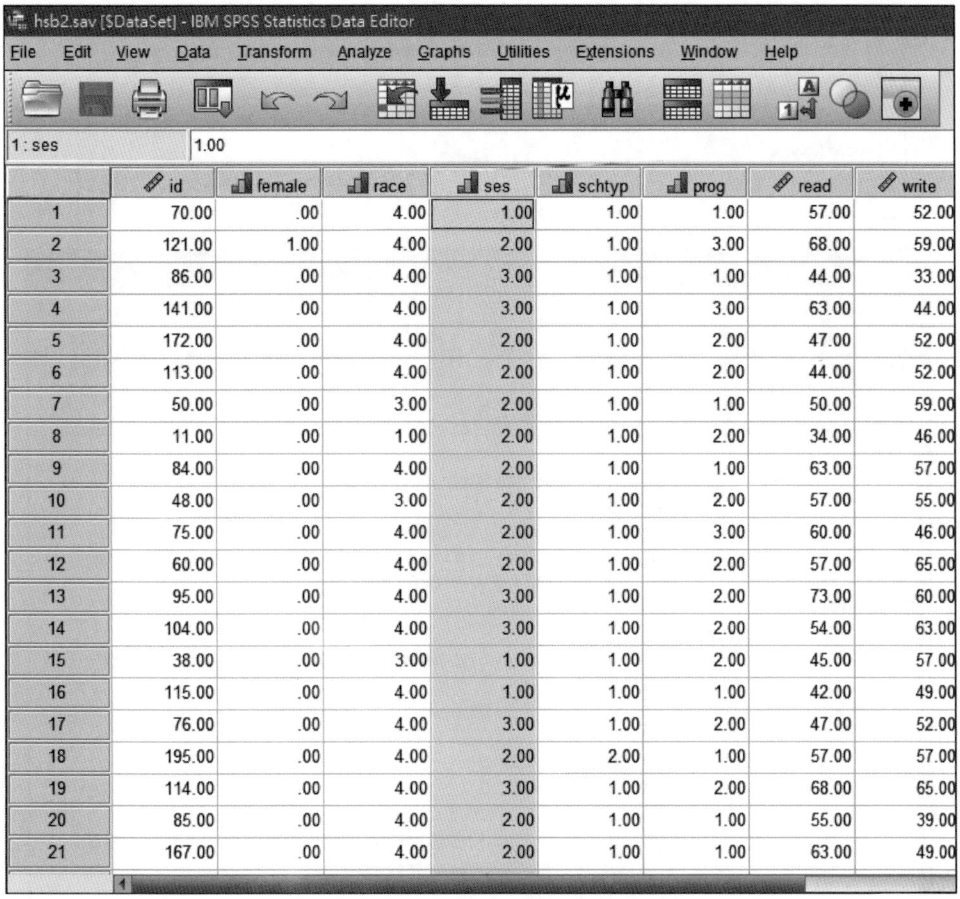

hsb2.sav [$DataSet] - IBM SPSS Statistics Data Editor

File Edit View Data Transform Analyze Graphs Utilities Extensions Window Help

1 : ses 1.00

| | id | female | race | ses | schtyp | prog | read | write |
|---|---|---|---|---|---|---|---|---|
| 1 | 70.00 | .00 | 4.00 | 1.00 | 1.00 | 1.00 | 57.00 | 52.00 |
| 2 | 121.00 | 1.00 | 4.00 | 2.00 | 1.00 | 3.00 | 68.00 | 59.00 |
| 3 | 86.00 | .00 | 4.00 | 3.00 | 1.00 | 1.00 | 44.00 | 33.00 |
| 4 | 141.00 | .00 | 4.00 | 3.00 | 1.00 | 3.00 | 63.00 | 44.00 |
| 5 | 172.00 | .00 | 4.00 | 2.00 | 1.00 | 2.00 | 47.00 | 52.00 |
| 6 | 113.00 | .00 | 4.00 | 2.00 | 1.00 | 2.00 | 44.00 | 52.00 |
| 7 | 50.00 | .00 | 3.00 | 2.00 | 1.00 | 1.00 | 50.00 | 59.00 |
| 8 | 11.00 | .00 | 1.00 | 2.00 | 1.00 | 2.00 | 34.00 | 46.00 |
| 9 | 84.00 | .00 | 4.00 | 2.00 | 1.00 | 1.00 | 63.00 | 57.00 |
| 10 | 48.00 | .00 | 3.00 | 2.00 | 1.00 | 2.00 | 57.00 | 55.00 |
| 11 | 75.00 | .00 | 4.00 | 2.00 | 1.00 | 3.00 | 60.00 | 46.00 |
| 12 | 60.00 | .00 | 4.00 | 2.00 | 1.00 | 2.00 | 57.00 | 65.00 |
| 13 | 95.00 | .00 | 4.00 | 3.00 | 1.00 | 2.00 | 73.00 | 60.00 |
| 14 | 104.00 | .00 | 4.00 | 3.00 | 1.00 | 2.00 | 54.00 | 63.00 |
| 15 | 38.00 | .00 | 3.00 | 1.00 | 1.00 | 2.00 | 45.00 | 57.00 |
| 16 | 115.00 | .00 | 4.00 | 1.00 | 1.00 | 1.00 | 42.00 | 49.00 |
| 17 | 76.00 | .00 | 4.00 | 3.00 | 1.00 | 2.00 | 47.00 | 52.00 |
| 18 | 195.00 | .00 | 4.00 | 2.00 | 2.00 | 1.00 | 57.00 | 57.00 |
| 19 | 114.00 | .00 | 4.00 | 3.00 | 1.00 | 2.00 | 68.00 | 65.00 |
| 20 | 85.00 | .00 | 4.00 | 2.00 | 1.00 | 1.00 | 55.00 | 39.00 |
| 21 | 167.00 | .00 | 4.00 | 2.00 | 1.00 | 1.00 | 63.00 | 49.00 |

圖 5-8 「hsb2.sav」 資料檔內容 (N=200 個人，11 個變數 )

## 三、分析結果與討論

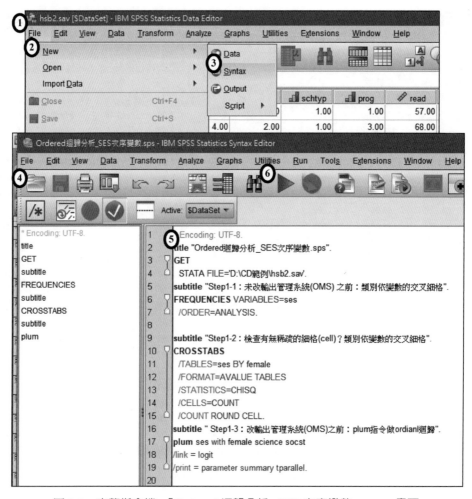

圖 5-9　完整指令檔　「Ordered 迴歸分析 _SES 次序變數 .sps」　畫面

對應指令語法：

```
title "Ordered 迴歸分析 _SES 次序變數 .sps".
GET
  STATA FILE='D:\CD 範例 \hsb2.sav'.
subtitle " Step1-1 ：未改輸出管理系統 (OMS) 之前：類別依變數的交叉細格 ".
FREQUENCIES VARIABLES=ses
  /ORDER=ANALYSIS.
```

```
subtitle " Step1-2 ：檢查有無稀疏的細格 (cell)？類別依變數的交叉細格 ".
CROSSTABS
  /TABLES=ses BY female
  /FORMAT=AVALUE TABLES
  /STATISTICS=CHISQ
  /CELLS=COUNT
  /COUNT ROUND CELL.
subtitle " Step1-3 ：改輸出管理系統 (OMS) 之前：plum指令做 ordianl 迴歸 ".
plum ses with female science socst
/link = logit
/print = parameter summary tparallel.
```

**Step 1-1** 類別依變數的次數分配：檢查有無稀疏的細格 (cell)？

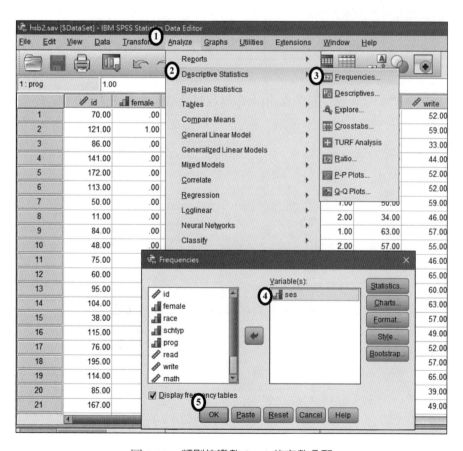

圖 5-10　類別依變數 (ses) 的次數分配

對應的指令語法：

```
title "Ordered 迴歸分析 _SES 次序變數 .sps".
GET
  STATA FILE='D:\CD 範例 \hsb2.sav'.
subtitle " 類別依變數的次數分配：檢查有無稀疏的細格 (cell)？".
FREQUENCIES VARIABLES=ses
  /ORDER=ANALYSIS.
```

| | | **Variables in the Equation** | | | |
|---|---|---|---|---|---|
| | | Frequency | Percent | Valid Percent | Cumulative Percent |
| Valid | low | 47 | 23.5 | 23.5 | 23.5 |
| | middle | 95 | 47.5 | 47.5 | 71.0 |
| | high | 58 | 29.0 | 29.0 | 100.0 |
| | Total | 200 | 100.0 | 100.0 | |

1. 檢查結果，本例無空的細格 (cell)，亦無各組細格人數懸殊的情況。

Step 1-2 檢查有無稀疏的細格 (cell)？類別依變數的交叉細格

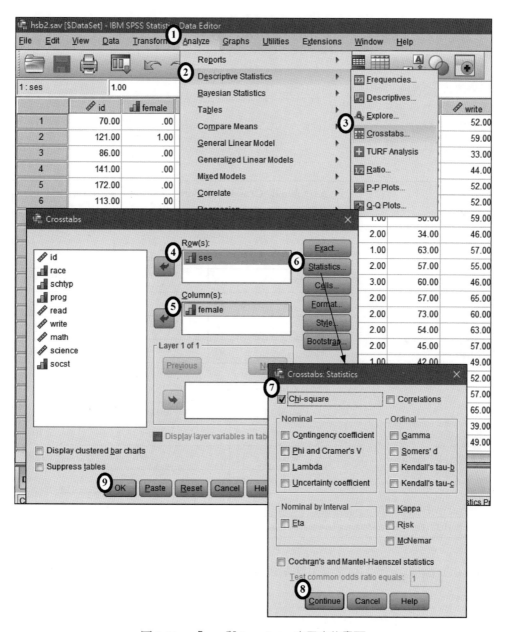

圖 5-11 　「ses 與 female」 交叉表的畫面

對應的指令語法：

```
subtitle " Step1-2 ：檢查有無稀疏的細格 (cell)？類別依變數的交叉細格 ".
CROSSTABS
  /TABLES=ses BY female
  /FORMAT=AVALUE TABLES
  /STATISTICS=CHISQ
  /CELLS=COUNT
  /COUNT ROUND CELL.
```

**ses * female Crosstabulation**

Count

| | | female | | |
|---|---|---|---|---|
| | | male | female | Total |
| ses | low | 15 | 32 | 47 |
| | middle | 47 | 48 | 95 |
| | high | 29 | 29 | 58 |
| Total | | 91 | 109 | 200 |

**Chi-Square Tests**

| | Value | df | Asymptotic Significance (2-sided) |
|---|---|---|---|
| Pearson Chi-Square | 4.577[a] | 2 | .101 |
| Likelihood Ratio | 4.679 | 2 | .096 |
| Linear-by-Linear Association | 3.110 | 1 | .078 |
| N of Valid Cases | 200 | | |

a. 0 cells (0.0%) have expected count less than 5. The minimum expected count is 21.39.

1. 「ses 與 female」3*2 交叉表，顯示無稀疏的交叉細格，故可放心再做 ordinal 迴歸。

2. Pearson $\chi^2_{(2)} = 4.577$ (p < .05)，顯示「ses 與 female」有統計的顯著關聯。

Step 1-3 改輸出管理系統 (OMS) 之前：plum 指令做 ordianl 迴歸

```
subtitle "Step1-3：改輸出管理系統 (OMS) 之前：plum 指令做 ordianl 迴歸 ".
plum ses with female science socst
/link = logit
/print = parameter summary tparallel.
```

**Case Processing Summary**

|  |  | N | Marginal Percentage |
|---|---|---|---|
| ses | low | 47 | 23.5% |
|  | middle | 95 | 47.5% |
|  | high | 58 | 29.0% |
| Valid |  | 200 | 100.0% |
| Missing |  | 0 |  |
| Total |  | 200 |  |

**Model Fitting Information**

| Model | -2 Log Likelihood | Chi-Square | df | Sig. |
|---|---|---|---|---|
| Intercept Only | 365.736 |  |  |  |
| Final | 334.176 | 31.560 | 3 | .000 |

Link function: Probit.

1. 卡方值 = 31.560 (p < .05)，表示你界定 final 模型，確實顯著優於空模型 (null model, intercept only)。空模型意指沒有任何自變數，只剩截距項 (intercept only)。

2. 2*L(null model) – (-2*L(fitted model)) = 365.736 – 334.176 = 31.560

**Pseudo R-Square**

| | |
|---|---|
| Cox and Snell | .146 |
| Nagelkerke | .166 |
| McFadden | .075 |

Link function: Probit.

1. 「plum ses with female science socst」次序迴歸，求得模型適配度 Nagelkerke $R^2$ = 16.6%。

2. Logistic 迴歸與 OLS 迴歸中找到的 $R^2$ 沒有等價關係；然而，很多人都試圖將二者做聯想。有許多擬眞 $R^2$ 統計可能給出矛盾的結論。由於這些「擬眞」R 平方值與 OLS 迴歸的標準 $R^2$ 值（由預測變數解釋反應變數的變異數比例）沒有相同的解釋，因此我們建議小心解釋它們。

| Parameter Estimates | | | | | | | 95% Confidence Interval | |
|---|---|---|---|---|---|---|---|---|
| | | Estimate | Std. Error | Wald | df | Sig. | Lower Bound | Upper Bound |
| Threshold | [ses = 1.00] | 2.755 | .861 | 10.243 | 1 | .001 | 1.068 | 4.442 |
| Location | [ses = 2.00] | 5.105 | .923 | 30.623 | 1 | .000 | 3.297 | 6.914 |
| | female | -.482 | .279 | 3.000 | 1 | .083 | -1.028 | .063 |
| | science | .030 | .016 | 3.584 | 1 | .058 | -.001 | .061 |
| | socst | .053 | .015 | 12.777 | 1 | .000 | .024 | .082 |

Link function: Probit.

1. **Threshold**：這表示次序邏輯迴歸中的反應變數。[ses = 1.00] 的閾值估計值是 ses「低 vs. 中間值」之間的截斷值 (cutoff value)，[ses = 2.00] 的閾值估計值表示「中 vs. 高等級」之間的截斷值。

對於 [ses = 1.00] 而言，當預測變數的值爲零時，這是潛在變數 (latent variable) 的估計切點，用於區分「low ses from middle and high ses」。如果受試者的潛在變數值爲 2.755 或更小，導致男性變數 ses 會被歸爲 low 組，即使它們是男性（變數 female=0 時，它當參考比較點）、science=0、socst test=0。

對 [ses = 2.00 而言，這是潛在變數的估計斷切 (cutoff) 點，當預測變數的值爲零時，該變數用於區分「low and middle」vs.「high」ses。(1) 當潛在變數值 ≧ 5.105 的受試者，由於它們是男性，並且「science and socst test」分數爲 0，因此將它分類爲 high ses。(2) 潛在變數值介於 2.755 和 5.105 之間，受訪者將被分類爲 middle ses。

2. **Estimate**：這些是次序的 log-odds（$\log(\frac{p}{1-p})$，簡稱 logit）迴歸係數。對次序 logit 係數的標準解釋是：預測變數 (x) 每增加一個單位，反應變數 level(y) 預期會依照 ordered log-odds scale 迴歸係數的改變量，且模型中其他變數保持不變之下。次序 logit 估計的解釋不依賴於輔助參數；輔助參數用於區別反應變數的相鄰級別 (adjacent levels) 然而，由於 ordered logit model 用單方程式來估計結果變數的所有 levels，因此需要考慮的是：單方程模型是否有效、或者是否需要更靈活的模型。預測因子的 odds ratios 可以透過指數化 (exponentiating) 來估算。

(1) **science** = .030：表示，其他變保持不變之情況，**science** 每增加一單位，類別 ses level 的 ordered log-odds 會上升 0.03 單位 (If a subject were to increase his sciencescore by one point, his ordered log-odds of being in a higher ses category would increase by 0.03 while the other variables in the model are held constant)。

(2) **socst** = .053：ordered log-odds 估計，其他變保持不變之情況，socst 每增加一單位，類別 ses level 的 ordered log-odds 會上升 0.053 單位。

(3) **female** = -.482：其他變保持不變之情況，此 ordered log-odds 預測「females vs. males」ses 級數。本例，females 提升 ses category 是 -0.4824，故男性比女性更能提升 ses level。

3. **Std. Error**：每個迴歸係數的標準誤 (standard errors)。它們用於計算 Wald 檢定統計量、迴歸係數的信賴區間。

4. **Wald**：Wald 卡方旨在檢定虛無假設 (null hypothesis)，$H_0$：the estimate equals 0.

5. **DF**：這些是係數的每個檢定的自由度 (degrees of freedom)。對於模型中估計的每個 **Estimate**(parameter)，都需要對應一個 DF，並且 DF 定義卡方分布如何檢定單一迴歸係數是否為零 (coefficient is zero)，假設其他變數已在模型中。

6. **Sig.**：這些是係數的 p 值，假設其餘預測變數在模型中的情況下，「$H_0$：特定預測變數的迴歸係數 =0」。它們是預測變數的 Wald 檢定的統計量，可透過將預測變數的「the square of the predictor's estimate」除以「the square of its standard error」來計算。

本例，預測 female 的 Wald=3.000，對應的 p 值 =0.083。在型 I 誤差 ($\alpha = 0.05$)

之下，我們接受虛無假設「$H_0$：預測變數 female 的迴歸係數 = 0」；相反地，**socst** 係數 (p < .05)，故應拒絕虛無假設「$H_0$：預測變數 **fsocst** 的迴歸係數 =0」。

7. **95% Confidence Interval**：如果其他預測因子在模型中，這是每個迴歸係數的信賴區間（CI）。公式 = Coef. $(z_{\alpha/2})$*(Std.Err.)，其中 $z_{\alpha/2}$ 是標準常態分布的臨界值。CI 相當於 z 檢定統計量：當其他預測因子已在模型中，如果 CI 包含 0，則接受特定迴歸係數為 0 的 null 假設。

**Test of Parallel Lines[a]**

| Model | | -2 Log Likelihood | Chi-Square | df | Sig. |
|---|---|---|---|---|---|
| Null Hypothesis | | 334.176 | | | |
| General | | 331.987 | 2.189 | 3 | .534 |

The null hypothesis states that the location parameters (slope coefficients) are the same across response categories.

a. Link function: Logit.

1. General：在這裡，SPSS 檢定「proportional odds assumption」。通常，它又稱為平行線 (parallel lines) 檢定，$H_0$：模型中的斜率係數在反應類別 ( 以及相同斜率的線是平行的 ) 上是相同的 (the slope coefficients in the model are the same across response categories)。由於 ordered logit 模型用一個方程式來估計反應變數每個 levels( 多項 logit 模型角度來看，multinomial logit 是以 low ses 當比較基準點，分別比較「medium ses versus lowses」、「high ses versus low ses」的方程式 )，並用比例勝算 (roportional odds) 來檢定單方程模型是否有效？

如果我們要根據卡方統計量的顯著性，本例是接受 $H_0$，結論是：ordered logit coefficients，在結果變數每個 levles 上是相等的。

總之本例，平行線之卡方值 = 2.189, p = 0.534 > .05。故接受 $H_0$：預測變數的迴歸斜率在反應變數每個 levles 是相等的 ( 符合迴歸係數同質性的假定 )。

## 5-3 練習題 :Ordered Logit 迴歸分析：影響數學等級的因素 (plum 指令 )

範例：Ordered Logit 迴歸分析

像本例之「14 歲數學階層」是屬 Ordinal 型，其編碼為「0、1、2、3」等級。

## 一、問題說明

本例旨在了解「14 歲數學等級」之影響因素有哪些？( 分析單位：學生 )

研究者蒐集數據並整理成下表，此「LSYPE.sav」資料檔內容之變數如下：

| 變數名稱 | 說明 | 編碼 Codes/Values |
|---|---|---|
| 反應變數：k3matier_y | Age 14 maths tier | 次序型：0～3 級 |
| 預測因子 / 自變數：ethnic2 | Ethnic recoded (WBRI=8) | 次序變數：-9～8 級 |
| 預測因子 / 自變數：gender | 女性嗎 ? | 0,1 (dummy data) |
| 預測因子 / 共變數：sec2 | SEC recoded (Higher Mang&Prof=0) | 0～7 分 |

## 二、資料檔之內容

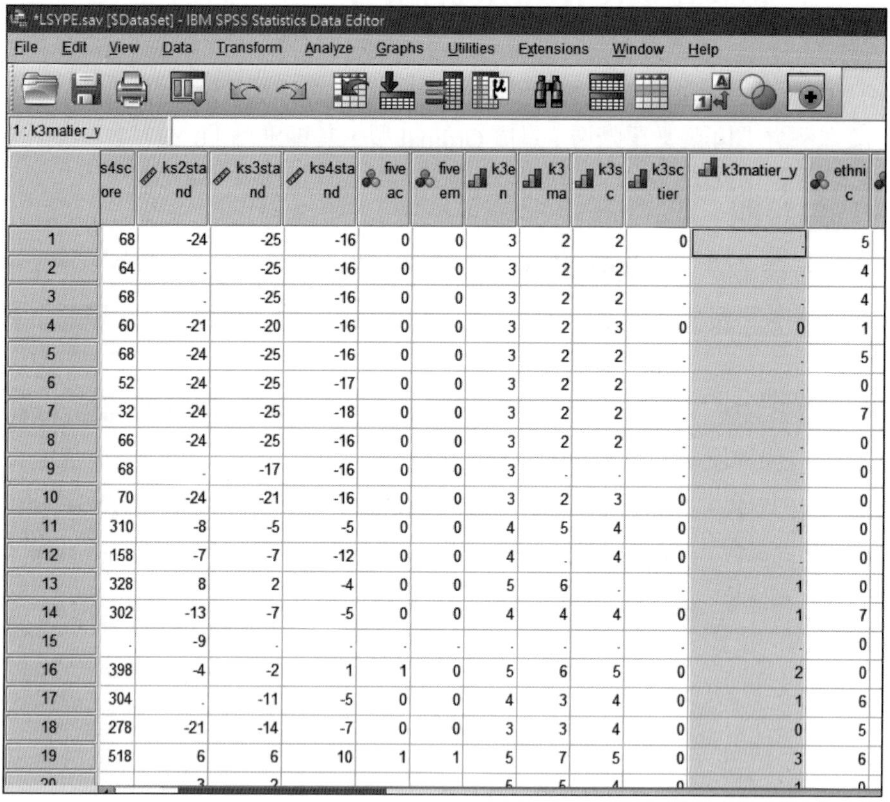

圖 5-12 「LSYPE.sav」 資料檔內容 (N = *** 個人， ** 個變數)

## 三、分析結果與討論

本題之指令語法如下：

```
title "Ordered 迴歸分析 _ 練習 .sps".
GET
  STATA FILE=' D:\CD 範例 \LSYPE.sav' .
subtitle "Step1：類別依變數的交叉細格" .
FREQUENCIES VARIABLES=k3matier_y
  /ORDER=ANALYSIS.
```

```
subtitle "Step2：檢查有無稀疏的細格 (cell)？類別依變數的交叉細格 ".
CROSSTABS
  /TABLES=k3matier_y BY ethnic2 gender
  /FORMAT=AVALUE TABLES
  /STATISTICS=CHISQ
  /CELLS=COUNT
  /COUNT ROUND CELL.

subtitle " Step3：plum 指令做 ordianl 迴歸 ".
PLUM k3matier_y BY ethnic2 gender WITH sec2
/link = logit
/print = parameter summary tparallel.
```

## 5-4 練習題 :Ordered 迴歸分析 ( 影響親子親密關係的因素 )

像本例之「親子親密程度」是屬 Ordinal，其編碼為「1、2、3、4」，codes 意義是「1 分 < 2 分 < 3 分 < 4 分」，但不全是「$\frac{4分}{2分} = \frac{2分}{1分}$」。因此，若依變數是介於 binary 變數與連續變數之間，這種 ordered 依變數，採用 binary logit 與 OLS 迴歸都不太對，故 STaTa 提供「ordered logit 及 ordered probit 迴歸」。

範例：ordered logit 迴歸：母子親密程度的影響因子

### 一、問題說明

為了解影響親子親密關係的因素有哪些？

研究者先文獻探討並歸納出，影響早產的親子親密程度的關係的原因，並整理成下表，此「ordwarm2_Oridinal_reg.sav」資料檔之變數如下：

| 變數名稱 | 親子親密程度的原因 | 編碼 Codes/Values |
|---|---|---|
| 反應變數 (warm) | 媽媽可以和孩子溫暖的關係 (Likert 四點計分方式 ) | 依程度分為：SD、D、A、SA 四程度。Strongly Disapprove(1), Disapprove(2), Approve(3), Strongly Approve(4). |

（續前表）

| 變數名稱 | 親子親密程度的原因 | 編碼 Codes/Values |
|---|---|---|
| yr89 | 1. ye89Survey 嗎？<br>( 老一代 vs. 新世代 ) | 1=1989,0=1977( 虛擬變數 ) |
| male | 2. 男性嗎？ | 1=male ,0=female( 虛擬變數 ) |
| white | 3. 白人嗎？ | 1=white, 0=not white( 虛擬變數 ) |
| age | 4. 年齡 | 18~89 歲 |
| ed | 5. 受教育年數 | 0~20 年 |
| prst | 6. 職業聲望 (prestige) | 12~82 分 |
| warmlt2 | Dummy variable | 1=SD( 非常不同意 ); 0=D,A,SA( 其他 ) |
| warmlt3 | Dummy variable | 1=SD( 非常不同意 ); 0=D,A,SA( 其他 ) |
| warmlt4 | Dummy variable | 1=SD( 非常不同意 ); 0=D,A,SA( 其他 ) |

## 二、資料檔之內容

「ordwarm2_Oridinal_reg.sav」資料檔內容如下圖。

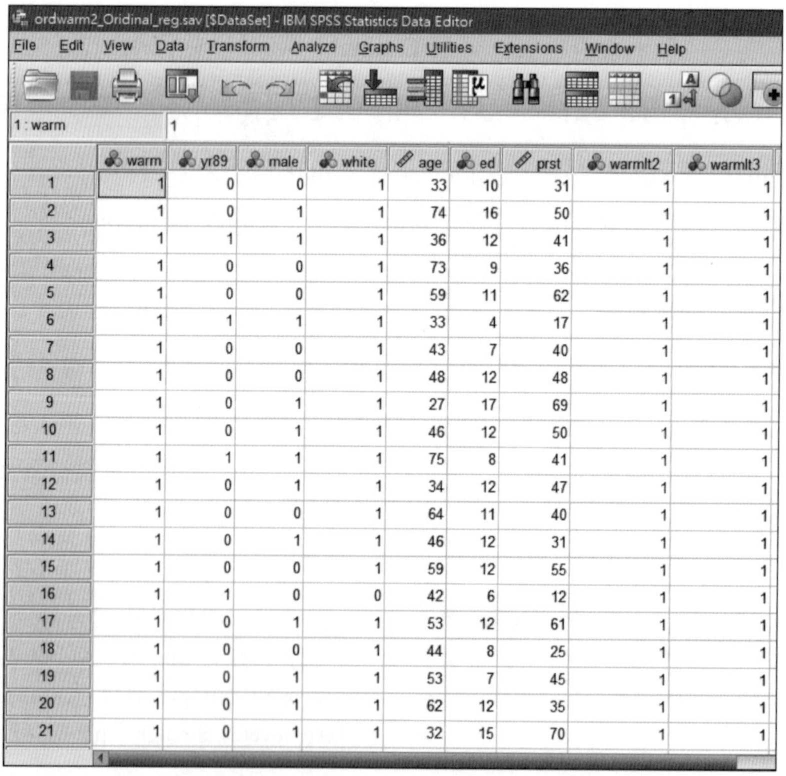


| | warm | yr89 | male | white | age | ed | prst | warmlt2 | warmlt3 |
|---|---|---|---|---|---|---|---|---|---|
| 1 | 1 | 0 | 0 | 1 | 33 | 10 | 31 | 1 | 1 |
| 2 | 1 | 0 | 1 | 1 | 74 | 16 | 50 | 1 | 1 |
| 3 | 1 | 1 | 1 | 1 | 36 | 12 | 41 | 1 | 1 |
| 4 | 1 | 0 | 0 | 1 | 73 | 9 | 36 | 1 | 1 |
| 5 | 1 | 0 | 0 | 1 | 59 | 11 | 62 | 1 | 1 |
| 6 | 1 | 1 | 1 | 1 | 33 | 4 | 17 | 1 | 1 |
| 7 | 1 | 0 | 0 | 1 | 43 | 7 | 40 | 1 | 1 |
| 8 | 1 | 0 | 0 | 1 | 48 | 12 | 48 | 1 | 1 |
| 9 | 1 | 0 | 1 | 1 | 27 | 17 | 69 | 1 | 1 |
| 10 | 1 | 0 | 1 | 1 | 46 | 12 | 50 | 1 | 1 |
| 11 | 1 | 1 | 1 | 1 | 75 | 8 | 41 | 1 | 1 |
| 12 | 1 | 0 | 1 | 1 | 34 | 12 | 47 | 1 | 1 |
| 13 | 1 | 0 | 0 | 1 | 64 | 11 | 40 | 1 | 1 |
| 14 | 1 | 0 | 1 | 1 | 46 | 12 | 31 | 1 | 1 |
| 15 | 1 | 0 | 0 | 1 | 59 | 12 | 55 | 1 | 1 |
| 16 | 1 | 1 | 0 | 0 | 42 | 6 | 12 | 1 | 1 |
| 17 | 1 | 0 | 1 | 1 | 53 | 12 | 61 | 1 | 1 |
| 18 | 1 | 0 | 0 | 1 | 44 | 8 | 25 | 1 | 1 |
| 19 | 1 | 0 | 1 | 1 | 53 | 7 | 45 | 1 | 1 |
| 20 | 1 | 0 | 1 | 1 | 62 | 12 | 35 | 1 | 1 |
| 21 | 1 | 0 | 1 | 1 | 32 | 15 | 70 | 1 | 1 |

圖 5-13　「ordwarm2_Oridinal_reg.sav」 資料檔內容 (N=2,293 , 10 variables)

## 三、分析結果與討論

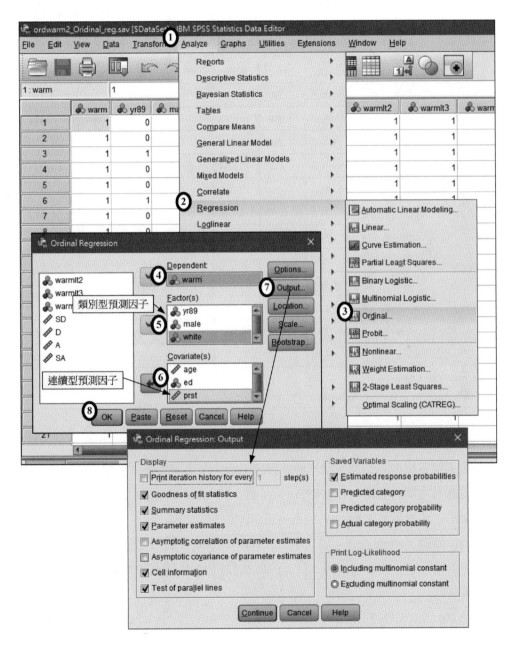

圖 5-14　ordinal 迴歸　「PLUM warm BY yr89 male white WITH age ed prst」　畫面

| | | Estimate | Std. Error | Wald | df | Sig. | 95% Confidence Interval | |
|---|---|---|---|---|---|---|---|---|
| | | | | | | | Lower Bound | Upper Bound |
| Threshold | [warm = 1] | -1.865 | .244 | 58.282 | 1 | .000 | -2.344 | -1.386 |
| | [warm = 2] | -.030 | .240 | .016 | 1 | .900 | -.501 | .441 |
| | [warm = 3] | 1.862 | .243 | 58.507 | 1 | .000 | 1.385 | 2.340 |
| Location | age | -.022 | .002 | 75.854 | 1 | .000 | -.027 | -.017 |
| | ed | .067 | .016 | 17.732 | 1 | .000 | .036 | .098 |
| | prst | .006 | .003 | 3.406 | 1 | .065 | .000 | .013 |
| | [yr89=0] | -.524 | .080 | 42.453 | 1 | .000 | -.681 | -.366 |
| | [yr89=1] | 0[a] | . | . | 0 | . | . | . |
| | [male=0] | .733 | .079 | 87.203 | 1 | .000 | .579 | .887 |
| | [male=1] | 0[a] | . | . | 0 | . | . | . |
| | [white=0] | .391 | .119 | 10.864 | 1 | .001 | .159 | .624 |
| | [white=1] | 0[a] | . | . | 0 | . | . | . |

**Parameter Estimates**

Link function: Logit.

a. This parameter is set to zero because it is redundant.

1. Ordered probit 迴歸分析結果，與線性機率迴歸相似。

2. 對親子親密程度之預測，除了職業聲望 (prst) 未達顯著外，其餘五個預測變數都達顯著水準，包括：1. ye89Survey( 老一代 vs. 新世代 )。2. 性別。3. 種族。4. 年齡。5. 受教育年數。

3. 因為依變數「warm」有 4 個次序，故 ordered probit 迴歸會產生 (4-1) 個截斷點 (cut)，來區別「warm」4 個次序。因此我們再 (4-1) 個截斷點 (cut) 之兩兩效果比較。

4. 三個 cut 之 95CI% 均未含「0」，表示：「warm」四個 levels 之類別間，有顯著的差異。

   在 5% 水準下，男性 (male)、年齡 (age)、白人 (white)，分別與親子親密程度 (warm) 之機率呈顯著負相關；而新世代 (yr89)、學歷 (ed) 與親子親密程度之機率則呈顯著正相關。

5. 本例，若你想再比較「ordered 機率 vs. ordered logit 迴歸」的差別，請參考作者《邏輯斯迴歸及離散選擇模型：應用 STaTa 統計》一書。

以下是 STaTa 指令 ologit 估計 S 分數，它是各自變數 X's 的線性組合：

$$S = \alpha + \beta_1 \times X_1 + \beta_2 \times X_2 + \beta_3 \times X_3 + \cdots + \beta_k \times X_k$$

$$S = 0.52yr89 - 0.73male - 0.39white - 0.02age + 0.06ed + 0.006prst$$

預測機率值為：

$$P(y = 1) = P(S + u \leq \_cut1) \qquad = P(S + u \leq -2.465)$$

$$P(y = 2) = P(\_cut1 < S + u \leq \_cut2) = P(-2.465 < S + u \leq -0.631)$$

$$P(y = 3) = P(\_cut2 < S + u \leq \_cut3) = P(-0.631 < S + u \leq 1.262)$$

$$P(y = 4) = P(\_cut3 < S + u) \qquad = P(1.262 \leq S + u)$$

## 5-5 練習題：Ordered Logit 迴歸 (Copenhagen 的住房滿意度 )

範例：哥本哈根 (Copenhagen) 的住房條件：( 低中高 ) 住屋滿意來精準配組 (ologit、lrtest、graph bar、oprobit 指令 )

### 一、問題說明

為了解哥本哈根的住房條件之影響因素有哪些？( 分析單位：個人的住房 )

研究者蒐集數據並整理成下表，此「copen.sav」資料檔內容之變數如下：

| 變數名稱 | 說明 | 編碼 Codes/Values |
|---|---|---|
| 結果變數 / 依變數：satisfaction | 住房條件滿意度 | 1〜3 分 ( 程度 ) |
| 解釋變數 / 自變數：housing | 房屋類型 | 1〜4 分 ( 程度 ) |
| 解釋變數 / 自變數：influence | 感覺管理中的影響力 | 1〜3 分 ( 程度 ) |
| 解釋變數 / 自變數：contact | 與鄰居連繫程度 | 0,1(binary data) |
| 加權：n | 此類別的 cases 數 | 3〜86 人 |

## 二、資料檔之內容

「copen.sav」資料檔內容如下圖。

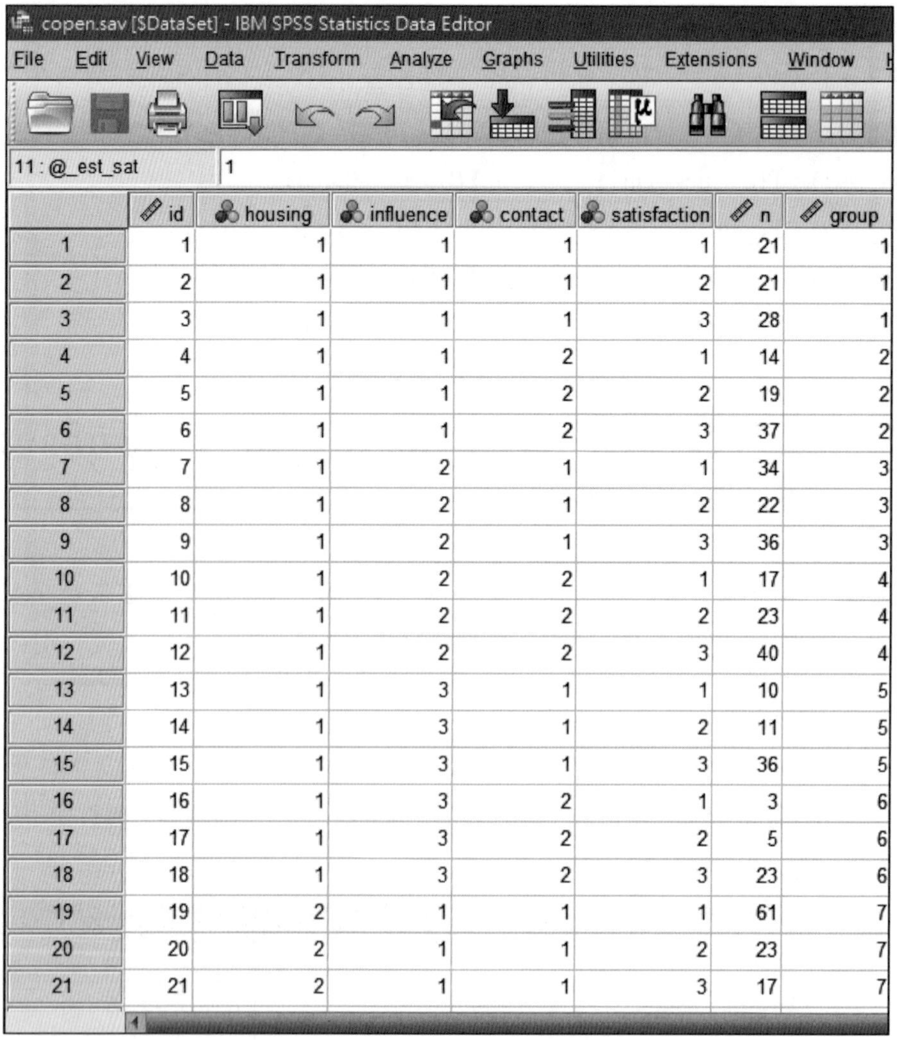
copen.sav [$DataSet] - IBM SPSS Statistics Data Editor

File Edit View Data Transform Analyze Graphs Utilities Extensions Window

11 : @_est_sat 1

| | id | housing | influence | contact | satisfaction | n | group |
|---|---|---|---|---|---|---|---|
| 1 | 1 | 1 | 1 | 1 | 1 | 21 | 1 |
| 2 | 2 | 1 | 1 | 1 | 2 | 21 | 1 |
| 3 | 3 | 1 | 1 | 1 | 3 | 28 | 1 |
| 4 | 4 | 1 | 1 | 2 | 1 | 14 | 2 |
| 5 | 5 | 1 | 1 | 2 | 2 | 19 | 2 |
| 6 | 6 | 1 | 1 | 2 | 3 | 37 | 2 |
| 7 | 7 | 1 | 2 | 1 | 1 | 34 | 3 |
| 8 | 8 | 1 | 2 | 1 | 2 | 22 | 3 |
| 9 | 9 | 1 | 2 | 1 | 3 | 36 | 3 |
| 10 | 10 | 1 | 2 | 2 | 1 | 17 | 4 |
| 11 | 11 | 1 | 2 | 2 | 2 | 23 | 4 |
| 12 | 12 | 1 | 2 | 2 | 3 | 40 | 4 |
| 13 | 13 | 1 | 3 | 1 | 1 | 10 | 5 |
| 14 | 14 | 1 | 3 | 1 | 2 | 11 | 5 |
| 15 | 15 | 1 | 3 | 1 | 3 | 36 | 5 |
| 16 | 16 | 1 | 3 | 2 | 1 | 3 | 6 |
| 17 | 17 | 1 | 3 | 2 | 2 | 5 | 6 |
| 18 | 18 | 1 | 3 | 2 | 3 | 23 | 6 |
| 19 | 19 | 2 | 1 | 1 | 1 | 61 | 7 |
| 20 | 20 | 2 | 1 | 1 | 2 | 23 | 7 |
| 21 | 21 | 2 | 1 | 1 | 3 | 17 | 7 |

圖 5-15　「copen.sav」 資料檔內容 (N=72 個人，（低中高）住屋滿意來精準配組 J=34)

## 三、分析結果與討論

本例解答，可參考作者《邏輯斯迴歸及離散選擇模型：應用 STaTa 統計》一書。解答如下：

1. LR 卡方值 =169.73(p<0.05)，表示你界定模型，至少有一個解釋變數的迴歸係數不爲 0。

2. 報表「z」欄中，two-tail 檢定下，若 $|z| > 1.96$，則表示該自變數對依變數有顯著影響力。$|z|$ 值愈大，表示該自變數對依變數的攸關性 (relevance) 愈高。

3. Logit 係數「Coef.」欄中，是 log-odds 單位，故不能用 OLS 迴歸係數的概念來解釋。

4. ologit 估計 S 分數，它是各自變數 X's 的線性組合：

   $S = \alpha + \beta_1 \times X_1 + \beta_2 \times X_2 + \beta_3 \times X_3 + \cdots + \beta_k \times X_k$

   S = -0.52apart - 0.37atrium - 1.09terrace + 0.57influenceMed + 1.29influenceHi
       + 0.36contactHi

   預測機率值爲：

   $P(y = 1) = P(S + u \leq \_cut1)$          $= P(S + u \leq 0.496)$

   $P(y = 2) = P(\_cut1 < S + u \leq \_cut2) = P(0.496 < S + u \leq 0.691)$

   $P(y = 4) = P(\_cut2 < S + u)$          $= P(0.691 \leq S + u)$

# Count依變數之迴歸：
# Zero-inflated Poisson
# 迴歸 vs. negative
# binomial迴歸

## 6-1 Count 依變數之迴歸：Zero-inflated Poisson 迴歸 vs. negative binomial 迴歸

Zero-inflated 迴歸的應用例子，包括：

1. 調整產險資料之過度分散。
2. 影響糖尿病、高血壓短期發生的相關危險因子探討。
3. 大臺北地區小客車肇事影響因素之研究。
4. 房屋貸款違約與提前清償風險因素之研究。
5. 從專利資訊探討廠商專利品質之決定因素。
6. 產險異質性—案例分析。
7. 應用零值膨脹卜瓦松模型於高品質製程管制圖之研究。
8. 智慧資本、專利品質與知識外溢：臺灣半導體產業之實證分析。
9. Zero-inflated Poisson 分配下計數值管制圖之經濟性設計。
10. 臺灣地區自殺企圖者之重複自殺企圖次數統計模型探討。
11. 應用技術模式分析機車肇事行為。
12. 平交道風險因素分析與其應用。
13. 過多零事件之成對伯努力資料在不同模型下比較之研究。

離散資料，這種離散型資料要改用 Poisson 分配、負二項 (negative binomial) 分配。

### 6-1-1 Poisson 分配

$$p\,(x; \lambda, t) = \Pr\,[X = x] = \frac{(\lambda t)^x e^{-\lambda t}}{x!} \quad x = 0,\,1,\,2,...$$

$P$：表示機率集結函數

$X$：卜瓦松機率事件可能次數之機率

$\lambda$：事件平均發生率

$t$：時間或空間區段數

### 一、Poisson 分配之公式推導

在任何一本統計學的書，可以看到 Poisson 分配的公式為：

$$P(X=x) = \frac{e^{-\lambda} \cdot \lambda^x}{x!}$$

公式如何來的呢？

可將 Poisson 分配視為二項分配的極限狀況，我們知道二項分配的機率分配公式：

$$P(X=x) = C_x^n p^x (1-p)^{n-x}$$

$\lambda = np$　機率 p 極小，n 極大

$p = \dfrac{\lambda}{n}$

$P(X=x) = \lim_{n \to \infty} C_x^n p^x (1-p)^{n-x}$

$\quad = \lim_{n \to \infty} \dfrac{n(n-1)(n-2)\cdots 3 \cdot 2 \cdot 1}{x!(n-x)!} \left(\dfrac{\lambda}{n}\right)^x \left(1 - \dfrac{\lambda}{n}\right)^{n-x}$

$\quad = \lim_{n \to \infty} \dfrac{n(n-1)(n-2)\cdots(n-x+1)}{x!} \left(\dfrac{\lambda^x}{n^x}\right) \left(1 - \dfrac{\lambda}{n}\right)^{n-x}$

$\quad = \dfrac{\lambda^x}{x!} \lim_{n \to \infty} \dfrac{n(n-1)(n-2)\cdots(n-x+1)}{n^x} \left(1 - \dfrac{\lambda}{n}\right)^{n-x}$

$\quad = \dfrac{\lambda^x}{x!} \lim_{n \to \infty} \underbrace{\dfrac{n(n-1)(n-2)\cdots(n-x+1)}{n \cdot n \cdots\cdots\cdots\cdots n \cdot n}}_{x} \left(1 - \dfrac{\lambda}{n}\right)^{n} \cdot \left(1 - \dfrac{\lambda}{n}\right)^{-x}$

$\therefore \underbrace{\dfrac{n(n-1)(n-2)\cdots(n-x+1)}{n \cdot n \cdots\cdots\cdots\cdots n \cdot n}}_{x} \to 1$

$\left(1 - \dfrac{\lambda}{n}\right)^{n} \to e^{-\lambda}$

$\left(1 - \dfrac{\lambda}{n}\right)^{-x} \to 1$

## 二、Poisson 的應用

單位時間內「事件發生次數」的分配為卜瓦松分配 (Poisson distribution)。由法國數學家 Poisson 於 1838 年提出，是統計與機率學裡常見到的離散機率分配。

在醫學、公共衛生及流行病學研究領域中，除了常用邏輯斯 (logistic regression) 及線性迴歸 (linear regression) 模型外，Poisson 迴歸模型也常應用在各類計數資料 (count data) 的模型建立上，例如：估計疾病死亡率或發生率、細菌或病毒的菌落數及了解與其他相關危險因子之間的關係等，然而這些模型都是廣

義線性模式 (generalized linear models) 的特殊情形。

　　Poisson 分布主要用於描述在單位時間 ( 空間 ) 中稀有事件的發生數。即需滿足以下四個條件：

1. 給定區域內的特定事件產生的次數，可以是根據時間，長度，面積來定義。

2. 各段相等區域內的特定事件產生的概率是一樣的。

3. 各區域內，事件發生的概率是相互獨立的。

4. 當給定區域變得非常小時，兩次以上事件發生的概率趨向於 0。例如：

　　(1) 放射性物質在單位時間內的放射次數。

　　(2) 在單位容積充分搖勻的水中的細菌數。

　　(3) 野外單位空間中的某種昆蟲數等。

　　Poisson 迴歸之應用例子，包括：

1. 領導校長型態 = 三總主任 ( 教務、訓導、總務 ) + 學校威望 + 年齡 + 工作年數 + 企圖心 + 結婚否

2. 個體意圖自殺次數 = 課業壓力 + 家庭 + 經濟 + 社會 + 感情 + 年齡

3. 社會經濟地位 ( 高中低 ) = 收入 + 支出 + 職業 + 理財 + 小孩 + 城市人口 %

4. 生小孩數目 = 職業 + 收入 + 外籍配偶 + 年齡 + 城鄉 + 富爸爸 + 畢業學校聲望

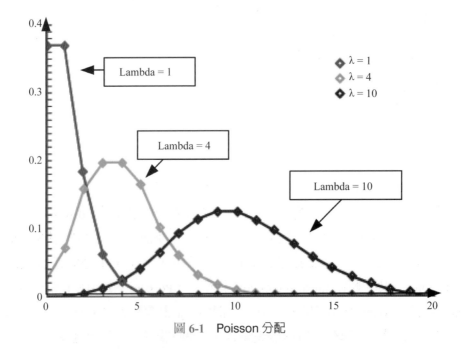

圖 6-1　Poisson 分配

## 三、卜瓦松分配 (Poisson distribution)

由法國數學家 Simon Denis Poisson 提出。卜瓦松分配之特性：

1. 在兩個不相交的時間間隔，特定事件發生變化的次數為獨立。

2. 在短時間間隔或小空間區域發生一次變化的機率，近乎與區間長度、面積或體積成正比。

3. 在同樣的一個短時間間隔，有兩個或以上的變化發生之機率近乎 0。滿足上述特性者，稱之為卜瓦松過程。若隨機變數 X 表示卜瓦松過程每段時間變化的次數，則 X 稱為卜瓦松隨機變數。

4. 發生於一段時間或某特定區域的成功次數之期望值為已知。

卜瓦松分配之推演：設 g(x,w) 表示在長 w 的時間內有 X 次變化的機率，則由卜瓦松過程知：

1. 設 $X_1$ 表示在 $h_1$ 時間間隔內發生之次數，$X_2$ 表示在 $h_2$ 時間間隔內發生之次數，若 $h_1$、$h_2$ 不相交，則 $X_1$、$X_2$ 為隨機獨立。

2. $g(1, h) = \alpha h + o(h)$，其中 $\alpha$ 為一常數，$h > 0$，且 $o(h)$ 表任何滿足：

$$\lim_{h \to 0} \frac{o(h)}{h} = 0 \quad 之函數$$

3. $\sum_{x=2}^{\infty} g(x,h) = o(h)$

由上述三個式子導出 X 的 pdf 為：

$$f(x) = \begin{cases} \dfrac{\lambda^x e^{-\lambda}}{x!} & x = 0,1,2,... \\ 0 & 其他 \end{cases}$$

此分配常以 $p(x, \lambda)$ 表示。

## 四、Poisson 分布的性質

1. Poisson 分布的均數與變異數相等，即 $\sigma^2 = m$。

2. Poisson 分布係可加性。

如果 $X_1, X_2, \cdots, X_k$ 相互獨立，且它們分別服從以 $\mu_1, \mu_2, \cdots, \mu_k$ 為參數的 Poisson 分布，則 $T = X_1 + X_2 + \cdots + X_k$ 也服從 Poisson 分布，其參數為 $\mu_1 + \mu_2 + \cdots + \mu_k$。

3. Poisson 分布的常態近似

m 相當大時，近似服從常態分布：N(m, m)

4. 二項分布與 Poisson 分配非常近似

設 $X_i \sim B (n_i \pi_i)$，則當 $n_i \rightarrow \infty$，$\pi_i$ 很小，且 $n_i\pi_i = \mu$ 保持不變時，可以證明 $X_i$ 的極限分布是以 $\mu$ 為參數的 Poisson 分配。

## 五、廣義 Poisson 分配

為因應 Poisson 分配必須假定 (assumption) 在母體為 equi-dispersion 狀況下才能使用，Consul 和 Jain 於 1970 年首先提出廣義卜瓦松分配 (generalized poisson distribution) 來處理資料中 over-dispersion 及 under-dispersion 的情形。

Y 為單位時間內事件的發生次數，並且假設 Y 是一組服從廣義卜瓦松分配 GPoi($\lambda, \alpha$) 的隨機變數，其值為非負整數，則其機率密度函數為：

$$P_r(Y = y) = \frac{1}{y!}(\frac{\lambda}{1 + \alpha\lambda})^y (1 + \alpha y)^{y-1} \exp(-\frac{\lambda(1 + \alpha y)}{1 + \alpha\lambda}), y = 0,1,2,\cdots, \lambda > 0$$

其中：

$\lambda$ 為單位時間內事件發生的平均次數，當 $\lambda$ 愈大，其機率密度函數圖形有愈平緩及眾數愈往右移的狀況。

$\alpha$ 為散布參數 (dispersion parameter)，當 $\alpha$ 愈大，其機率密度函數圖形之散布程度愈廣。

期望值及變異數分別為：

$$E(Y) = \lambda，Var(Y) = \lambda(1 + \beta\lambda)^2$$

可看出：

(1) 當 $\alpha = 0$ 時，即 equi-dispersion 狀況。

(2) 當 $\alpha > 0$ 時，即 over-dispersion 狀況。

(3) 當 $\alpha < 0$ 時，即 under-dispersion 狀況，也就是變異數小於平均數的情況，不過此機率密度函數只有在

$$1 + \alpha\lambda > 0 \ 且 \ 1 + \alpha y > 0$$

才能成立。

當我們觀測到的是 t 個單位時間內事件發生的次數 $\mu$ 時，令 Y 為 t 個單位時間內事件的發生次數時，其機率密度函數為：

$$P_r(Y = y) = \frac{1}{y!}(\frac{\mu}{1+\alpha\mu})^y(1+\alpha y)^{y-1}\exp(-\frac{\mu(1+\alpha y)}{1+\alpha\mu})$$

$$= \frac{1}{y!}(\frac{\lambda t}{1+\alpha\lambda t})^y(1+\alpha y)^{y-1}\exp(-\frac{\lambda t(1+\alpha y)}{1+\alpha\lambda t}) \quad, \quad y = 0,1,2,\cdots, \quad \lambda > 0$$

廣義 Poisson 分配可處理 equi-、over- 或是 under-dispersion 的情況，使用上較 Poisson 分配及負二項分配來得更具彈性。

## 6-1-2 負二項 (negative binomial) 分配

### 一、負二項分配 (negative binomial distribution)

定義：在二項試驗中，若隨機變數 X 表示自試驗開始至第 r 次成功為止之試驗，則稱 X 為負二項隨機變數。設 p 為每次成功之機率，則 X 之 pdf 為：

$$f(x) = \begin{cases} \binom{x-1}{r-1} p^r q^{x-r} & x = r, r+1,... \\ 0 & \text{其他} \end{cases}$$

當 $r = 1$ 時，$f(x) = p\,q^{x-1}$   $x = 1, 2, 3...$
稱為幾何分配。

## 二、binomial 分配 vs. Poisson 分配

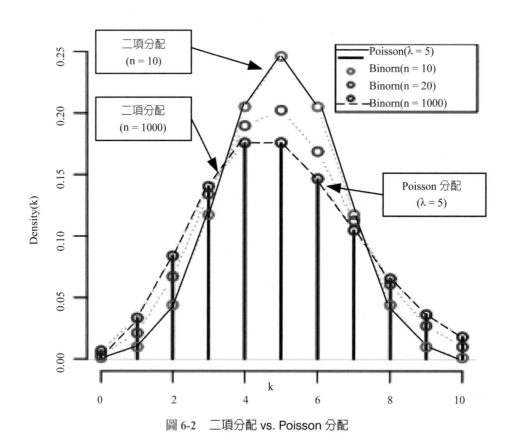

圖 6-2　二項分配 vs. Poisson 分配

$$F_{Binomial}\,(k;\,n,\,p) \approx F_{Poisson}\,(k;\,\lambda = np)$$

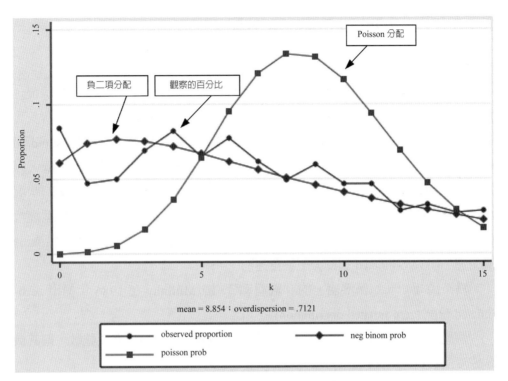

圖 6-3　負二項分配 vs. Poisson 分配

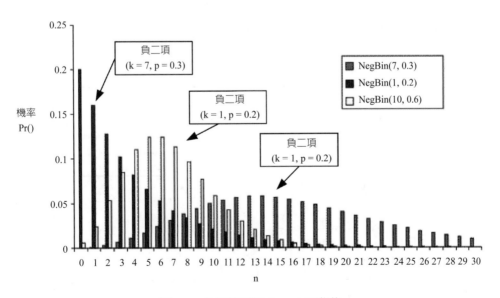

圖 6-4　負二項分配 (k,n,p) 三參數

### 6-1-3　Zero-inflated Poisson 分配

#### 一、Zero-Inflated 分配

在實際應用領域中的計數型態資料，常常有「零」值個案特別多的狀況，例如：在車禍意外研究中，未曾發生車禍之個案約為 47%，較其他值為多。在流行病學研究中，在針對各國的癌症登記資料檔進行標準化死亡率 (standard mortality ratio) 分析時，最大的特色是許多地區完全沒有惡性腫瘤的紀錄，以惡性腫瘤與白血病為例，分別約有 61% 與 79% 的地區呈現「零」個案的狀況 (Böhning, 1998)。由於高比例的「零」值導致許多資料在使用 Poisson 模型進行配適分析時，呈現配適不佳的情形，許多學者因此致力於此種資料型態模型配適的研究，而 zero-inflated 迴歸分配便應運而生。

為了處理「高比例零值」的計數型態資料，Mullahy 在 1986 年提出 zero-inflated 分配 (zero-inflated distribution)。

假設 Y 是一組服從 zero-inflated 分配的隨機變數，其值為非負整數，則其機率密度函數為：

$$g(Y=y) = \begin{cases} \omega + (1 - \omega)\Pr(Y=0), & y = 0 \\ (1 - \omega)\Pr(Y=y), & y > 0 \end{cases}$$

其中 $\omega$ 是一機率值，$\Pr(Y=y)$ 為計數型態分配之機率密度函數。

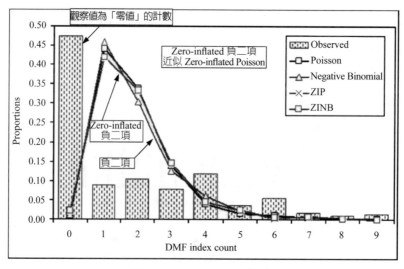

圖 6-5　Zero-Inflated 分配

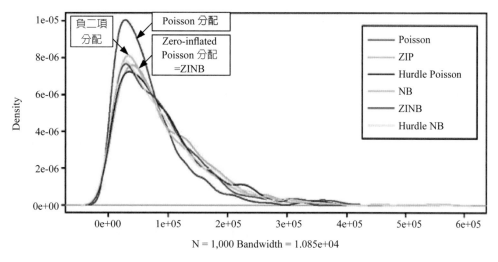

圖 6-6　Poisson 分配及負二項分配在 「有 vs. 無」 Zero-inflated 之分配比較

## 二、Zero-Inflated 卜瓦松分配

Lambert 在 1992 年提出 zero-inflated 卜瓦松分配 (zero-inflated Poisson distribution, ZIP)，並且應用在品質管理上，隨後便有許多學者紛紛引用此篇文章作爲迴歸模型分析之用。

針對「高比例零值」的計數型資料型態，zero-inflated Poisson 分配的想法是既然資料「零值」的比例較卜瓦松分配爲高，於是便利用 Poisson 分配與「零」點的機率合成爲一個混合模型 (mixture model)。因此 zero-inflated Poisson 隨機變數是由兩個部分組成，分別是一 Poisson 分配和一「零值」發生機率爲 $\omega$ 的伯努力分配 (Bernoulli distribution)。

可知「零值」比例的來源，除了 Poisson 分配爲零的機率還多加了伯努力分配中「零值」的機率 $\omega$，如此一來，「零值」比例也因爲 $\omega$ 的加入而提高許多，解決 Poisson 分配在適配「零值」比例過高的資料所出現的估計誤差，所以當計數型資料存在過多「零值」時，一般傾向使用 zero-inflated Poisson 分配來作爲適配。

令 Y 爲單位時間內事件的發生次數，並且假設 Y 是一組服從 zero-inflated 卜瓦松分配 ZIPoi ($\lambda, \omega$) 的隨機變數，其值爲非負整數，則其機率密度函數爲：

$$\Pr(Y=y) = \begin{cases} \omega + (1-\omega)e^{-\lambda}, & y=0 \\ (1-\omega)\dfrac{\lambda^y e^{-\lambda}}{y!}, & y>0 \end{cases} \quad , \quad \lambda > 0$$

其中 $\lambda$ 為單位時間內事件發生的平均次數，當 $\lambda$ 越大，其機率密度函數圖形也有愈平緩及眾數愈往右移的狀況，零值比例也愈來愈低。

$\omega$ 為 zero-inflation 參數 (zero-inflation parameter)，可知當 $\omega$ 愈大，其零值比例也愈來愈高，相較之下，其他反應變數值的比例就愈來愈低。期望值及變異數分別為：

$$E(Y) = (1-\omega)\lambda \quad , \quad \mathrm{Var}(Y) = (1-\omega)\lambda(1+\omega\lambda)$$

當我們觀測到的是 t 個單位時間內事件發生的次數 $\mu$ 時，令 Y 為 t 個單位時間內事件的發生次數時，其機率密度函數為：

$$\Pr(Y=y) = \begin{cases} \omega + (1-\omega)e^{-\mu}, & y=0 \\ (1-\omega)\dfrac{\mu^y e^{-\mu}}{y!}, & y>0 \end{cases} \quad , \mu > 0$$

$$= \begin{cases} \omega + (1-\omega)e^{-\lambda t}, & y=0 \\ (1-\omega)\dfrac{(\lambda t)^y e^{-\lambda t}}{y!}, & y>0 \end{cases} \quad , \lambda > 0$$

就 zero-inflated 分配最原始的想法來看，ZIPoi $(\lambda, \omega)$ 還是必須服從以下假定 (assumption)：

(1) 依變數「零」值比例較基準分配來得高。

(2) 依變數非「零」值的分配必須服從 zero-truncated 卜瓦松分配 (zero-truncated Poisson distribution)。

## 6-2 計數型 (count) 依變數：Poisson 迴歸：獲獎次數 (GenLin 指令 )

本例旨在展示如何使用各種數據分析命令，但並不涵蓋研究者預計要做的研究過程，特別是，它不包括數據清理和檢查、假定驗證 (verification of assumptions)、模型診斷及潛在的追蹤 (follow-up) 分析。

**範例**：計數型依變數：Poisson 迴歸 (GenLin 指令 )

## 一、問題說明

本例旨在了解「學生獲獎幾次」之影響因素有哪些？( 分析單位：學生 )

研究者蒐集數據並整理成下表，此「poisson_sim.sav」資料檔內容之變數如下：

| 變數名稱 | 說明 | 編碼 Codes/Values |
|---|---|---|
| 結果變數 / 反應變數：num_awards | 學生獲獎幾次？ | 計次型；0~6 次 |
| 預測因子 / 自變數：prog | 選修的學程類 | 1~38 類 |
| 預測因子 / 自變數：math | 數學成績 | 33~75 分 |

## 二、資料檔之內容

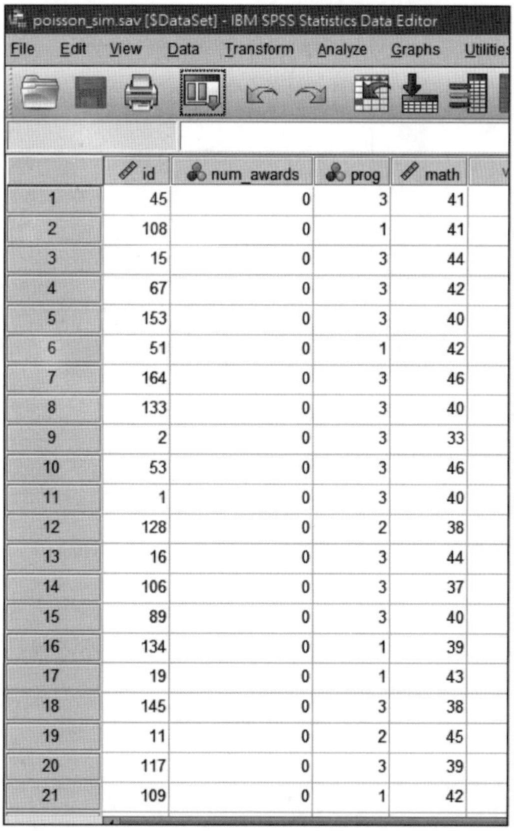


| | id | num_awards | prog | math |
|---|---|---|---|---|
| 1 | 45 | 0 | 3 | 41 |
| 2 | 108 | 0 | 1 | 41 |
| 3 | 15 | 0 | 3 | 44 |
| 4 | 67 | 0 | 3 | 42 |
| 5 | 153 | 0 | 3 | 40 |
| 6 | 51 | 0 | 1 | 42 |
| 7 | 164 | 0 | 3 | 46 |
| 8 | 133 | 0 | 3 | 40 |
| 9 | 2 | 0 | 3 | 33 |
| 10 | 53 | 0 | 3 | 46 |
| 11 | 1 | 0 | 3 | 40 |
| 12 | 128 | 0 | 2 | 38 |
| 13 | 16 | 0 | 3 | 44 |
| 14 | 106 | 0 | 3 | 37 |
| 15 | 89 | 0 | 3 | 40 |
| 16 | 134 | 0 | 1 | 39 |
| 17 | 19 | 0 | 1 | 43 |
| 18 | 145 | 0 | 3 | 38 |
| 19 | 11 | 0 | 2 | 45 |
| 20 | 117 | 0 | 3 | 39 |
| 21 | 109 | 0 | 1 | 42 |

圖 6-7　「poisson_sim.sav」 資料檔內容 (N=200 個人，4 個變數 )

## 三、分析結果與討論

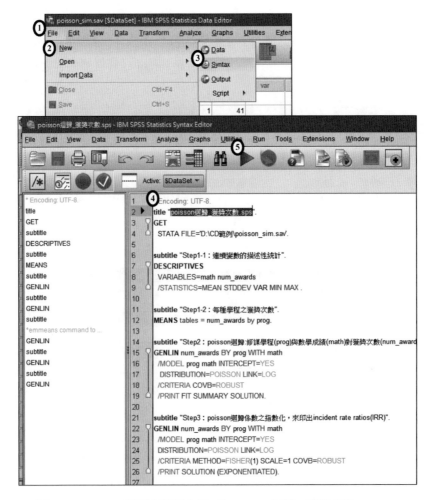

圖 6-8　Poisson 迴歸完整指令檔 「poisson 迴歸 _ 獲獎次數 .sps」

對應指令如下：

```
title "poisson 迴歸 _ 獲獎次數 .sps" .
GET
   STATA FILE=' D:\CD 範例 \poisson_sim.sav' .
--
subtitle " Step1-1 ：連續變數的描述性統計" .
DESCRIPTIVES VARIABLES=math num_awards
```

```
    /STATISTICS=MEAN STDDEV MIN MAX.


subtitle " Step1-2 ：每種學程之獲獎次數 ".
MEANS tables = num_awards by prog.


subtitle " Step1-3 ：繪每種 num_awards 次數之直方圖 ".
graph
   /histogram num_awards.


subtitle " Step2 ：poisson 迴歸：修課學程 (prog) 與數學成績 (math) 對獲獎次數 (num_
awards) 影響 ".
GENLIN num_awards BY prog WITH math
   /MODEL prog math INTERCEPT=YES
   DISTRIBUTION=POISSON LINK=LOG
   /CRITERIA COVB=ROBUST
   /PRINT FIT SUMMARY SOLUTION.


subtitle " Step3 ：poisson 迴歸係數之指數化，來印出 incident rate ratios(IRR)".
GENLIN num_awards BY prog WITH math
   /MODEL prog math INTERCEPT=YES
   DISTRIBUTION=POISSON LINK=LOG
   /CRITERIA METHOD=FISHER(1) SCALE=1 COVB=ROBUST
   /PRINT SOLUTION (EXPONENTIATED).


subtitle " Step4 ：用 emmeans 副指令來印 prog 每個 level 的預測人數 ".
*emmeans command to calculate the predicted counts at each level of prog, holding
all other variables (in this example, math) in the model at their means.
GENLIN num_awards BY prog WITH math
   /MODEL prog math INTERCEPT=YES
   DISTRIBUTION=POISSON LINK=LOG
   /CRITERIA METHOD=FISHER(1) SCALE=1 COVB=ROBUST
   /PRINT NONE
   /EMMEANS TABLES=prog SCALE=ORIGINAL.


subtitle " Step5-1 ：當 math=35 時，prog 每個 level 的預測人數 ".
GENLIN num_awards BY prog WITH math
   /MODEL prog math INTERCEPT=YES
   DISTRIBUTION=POISSON LINK=LOG
```

```
/PRINT NONE
/EMMEANS TABLES=prog CONTROL =math(35) SCALE=ORIGINAL.


subtitle "  Step5-2 ：當 math=75 時，prog 每個 level 的預測人數".
GENLIN num_awards BY prog WITH math
  /MODEL prog math INTERCEPT=YES
  DISTRIBUTION=POISSON LINK=LOG
  /PRINT NONE
  /EMMEANS TABLES=prog CONTROL =math(75) SCALE=ORIGINAL.
```

Step 1-1 連續變數的描述性統計

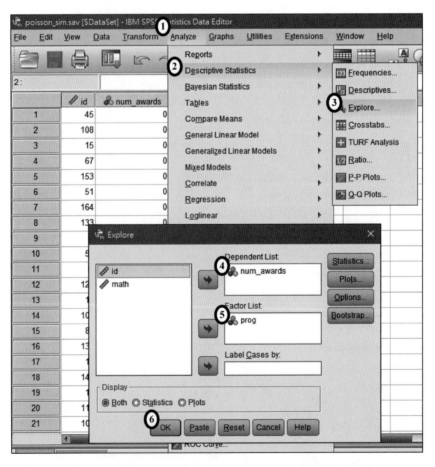

圖 6-9 「EXAMINE VARIABLES = num_awards BY prog / STATISTICS DESCRIPTIVES」
畫面

對應的指令語法：

```
title "poisson 迴歸_獲獎次數 .sps".
GET
  STATA FILE='D:\CD 範例 \poisson_sim.sav'.


subtitle " Step1-1：連續變數的描述性統計 ".
DESCRIPTIVES VARIABLES=math num_awards
  /STATISTICS=MEAN STDDEV VAR MIN MAX .

subtitle " Step1-2：每種學程之獲獎次數 ".
EXAMINE VARIABLES=num_awards BY prog
  /PLOT BOXPLOT STEMLEAF
  /COMPARE GROUPS
  /STATISTICS DESCRIPTIVES
  /CINTERVAL 95
  /MISSING LISTWISE
  /NOTOTAL.

subtitle " Step1-3：繪每種 num_awards 次數之直方圖 ".
graph
  /histogram num_awards.
```

## 【A. 分析結果說明】

| | | | Case Processing Summary | | | | | |
|---|---|---|---|---|---|---|---|---|
| | | Cases | | | | | | |
| | | Valid | | Missing | | Total | | |
| | type of program | N | Percent | N | Percent | N | Percent | |
| num_awards | general | 45 | 100.0% | 0 | 0.0% | 45 | 100.0% | |
| | academic | 105 | 100.0% | 0 | 0.0% | 105 | 100.0% | |
| | vocation | 50 | 100.0% | 0 | 0.0% | 50 | 100.0% | |

1. 類別型預測因子 (prog)，每個 levles 之有效人數及百分比。

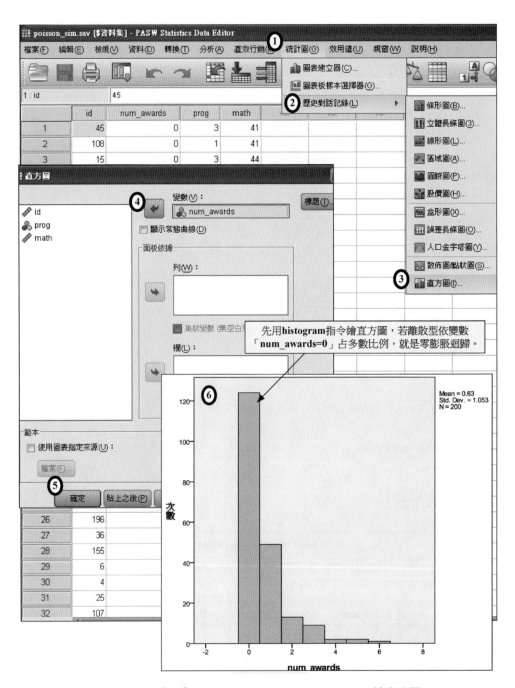

圖 6-10　指令 「graph / histogram num_awards」 繪直方圖

**Step 2** poisson 迴歸：修課學程 (prog) 與數學成績 (math) 對獲獎次數 (num_awards) 影響

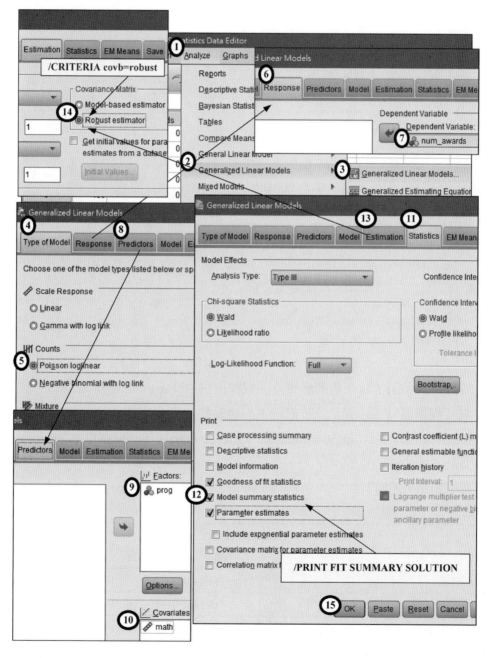

圖 6-11　「GENLIN num_awards BY prog WITH math」　poisson 迴歸之畫面

```
subtitle "  Step2 ：poisson 迴歸：修課學程 (prog) 與數學成績 (math) 對獲獎次數 (num_
awards) 影響 ".


* 舊版 SPSS 指令簡短 .
GENLIN num_awards BY prog WITH math
   /MODEL prog math INTERCEPT=YES
    DISTRIBUTION=poisson LINK=log
   /CRITERIA covb=robust
   /PRINT fit summary solution.


* 新版 SPSS 指令簡長 .
* Generalized Linear Models.
GENLIN num_awards BY prog (ORDER=ASCENDING) WITH math
   /MODEL prog math INTERCEPT=YES
 DISTRIBUTION=poisson LINK=log
   /CRITERIA METHOD=FISHER(1) SCALE=1 covb=robust MAXITERATIONS=100 MAXSTEPHALVING=5
      PCONVERGE=1E-006(ABSOLUTE) SINGULAR=1E-012 ANALYSISTYPE=3(WALD) CILEVEL=95
CITYPE=WALD
      LIKELIHOOD=FULL
   /MISSING CLASSMISSING=EXCLUDE
   /PRINT fit summary solution.
```

1. 「**covb=robust**」將係數的標準差改成強健的 (robust standard errors)，來控制「輕微違反 poisson 分布假定，即變異數等於平均值 (mild violation of the distribution assumption that the variance equals the mean)」(Cameron & Trivedi,2009)。

【**B.** 分析結果說明】

| Goodness of Fit[a] | | | |
|---|---|---|---|
| | Value | df | Value/df |
| Deviance | 189.450 | 196 | .967 |
| Scaled Deviance | 189.450 | 196 | |
| Pearson Chi-Square | 212.144 | 196 | 1.082 |
| Scaled Pearson Chi-Square | 212.144 | 196 | |

| Log Likelihood[b] | -182.752 | | |
|---|---|---|---|
| Akaike's Information Criterion (AIC) | 373.505 | | |
| Finite Sample Corrected AIC (AICC) | 373.710 | | |
| Bayesian Information Criterion (BIC) | 386.698 | | |
| Consistent AIC (CAIC) | 390.698 | | |

Dependent Variable: num_awards

Model : (Intercept), type of program, math score

a. Information criteria are in smaller-is-better form.

b. The full log likelihood function is displayed and used in computing information criteria.

1. 上表印出 Poisson 模型的各種適配度 (goodness-of-fit)。卡方 = 212.144。離差
（deviance =189.45）～符合 $\chi^2_{(196)}$ 分布，這不是「test of the model coefficients」
（如表頭所看到的），而是對模型形式的檢定 (test of the model form)：poisson
模型是否適合樣本數據？本例求得結論是：模型適配 (fits) 相當好，因為適
配度 $\chi^2_{(196)}$ 未達統計顯著性 ( 自由度 =196, p = 0.204)。如果卡方檢定具有統計
顯著性，則樣本數據不適合該模型，如果符合直線關係假定 ()assumption，
在這種情況下，可能要嘗試是否有某預測變數被遺漏、或者過度擴散 (over-
dispersion) 疑問。

| **Omnibus Test**[a] | | |
|---|---|---|
| Likelihood Ratio Chi-Square | df | Sig. |
| 98.223 | 3 | .000 |

Dependent Variable: num_awards

Model: (Intercept), type of program, math score

a. Compares the fitted model against the intercept-only model.

2. 「Omnibus Test」的虛無假定 $H_0$ 「all of the estimated coefficients are equal to zero–
a test of the model as a whole」，由於 $\chi^2_{(3)}$ = 98.223 達到統計顯著 (p < .05)，故
拒絕 $H_0$，表示本 Poisson 模型至少有一係數不為零。

| Tests of Model Effects | | | |
|---|---|---|---|
| Type III | | | |
| Source | Wald Chi-Square | df | Sig. |
| (Intercept) | 60.952 | 1 | .000 |
| type of program | 14.838 | 2 | .001 |
| math score | 45.195 | 1 | .000 |

Dependent Variable: num_awards
Model : (Intercept), type of program, math score

3. 「Tests of Model Effects」印出，它將以適當的自由度評估模型每個變數。prog
變數具有三個 levels 的分類。因此，prog 將作為兩個「one degree-of-freedom」
指標 (indicator) 變數來評估 prog 變數的顯著性 (significance)。本例，prog 及
math 二個預測變數，卡方值都達 ($\alpha$ = .05) 顯著水準，表示 prog 及 math 預測
num_awards 是有統計學意義的。

| Parameter Estimates | | | | | | | |
|---|---|---|---|---|---|---|---|
| | | | 95% Wald Confidence Interval | | Hypothesis Test | | |
| Parameter | B | Std. Error | Lower | Upper | Wald Chi-Square | df | Sig. |
| (Intercept) | -4.877 | .6297 | -6.112 | -3.643 | 59.984 | 1 | .000 |
| [type of program=1] | -.370 | .4004 | -1.155 | .415 | .853 | 1 | .356 |
| [type of program=2] | .714 | .2986 | .129 | 1.299 | 5.717 | 1 | .017 |
| [type of program=3] | 0[a] | . | . | . | . | . | . |
| math score | .070 | .0104 | .050 | .091 | 45.195 | 1 | .000 |
| (Scale) | 1[b] | | | | | | |

Dependent Variable: num_awards
Model: (Intercept), type of program, math score
a. Set to zero because this parameter is redundant.
b. Fixed at the displayed value.

1. 「Parameter Estimates」印出，每個變數的迴歸係數以及係數的強健標準誤，p值和 95% 信賴區間。math 係數 =0.07，表示這意味著 math 每增加一個單位，預期「log count」就增加為 0.07。

2. 指標變數 (indicator variable)**[prog=1]** 是「group 1 vs. 比較基準組 (**[prog=3]**)」之間「log count」的差異。與 prog=3 級相比，prog=1 級的預期 log count 會減少 0.37。

3. 指標變數 (indicator variable)**[prog=2]** 是「group 2 vs. 比較基準組 (**[prog=3]**)」之間「log count」的差異。與 prog=3 級相比，prog=2 級的預期 log count 會增加 0.714。

4. 「Tests of Model Effects」印出，**prog** 整體效果達到統計顯著的 (significant)。

---

| Step 3 | **poisson 迴歸係數之指數化，來印出 incident rate ratios(IRR)** |

```
subtitle " Step3 : poisson 迴歸係數之指數化，來印出 incident rate ratios(IRR)".
GENLIN num_awards BY prog WITH math
  /MODEL prog math INTERCEPT=YES
  DISTRIBUTION=POISSON LINK=LOG
  /CRITERIA METHOD=FISHER(1) SCALE=1 COVB=ROBUST
  /PRINT SOLUTION (EXPONENTIATED).
```

【C. 分析結果說明】：發生率 (incident rate ratios, IRR)

| Parameter Estimates | | | | | | | | | | |
|---|---|---|---|---|---|---|---|---|---|---|
| | | | 95% Wald Confidence Interval | | Hypothesis Test | | | | 95% Wald Confidence Interval for Exp(B) | |
| Parameter | B | Std. Error | Lower | Upper | Wald Chi-Square | df | Sig. | Exp(B) | Lower | Upper |
| (Intercept) | -4.877 | .6297 | -6.112 | -3.643 | 59.984 | 1 | .000 | .008 | .002 | .026 |
| [type of program=1] | -.370 | .4004 | -1.155 | .415 | .853 | 1 | .356 | .691 | .315 | 1.514 |

| | | | | | | | | | | |
|---|---|---|---|---|---|---|---|---|---|---|
| [type of program=2] | .714 | .2986 | .129 | 1.299 | 5.717 | 1 | .017 | 2.042 | 1.137 | 3.667 |
| [type of program=3] | 0[a] | . | . | . | . | . | . | 1 | . | . |
| math score | .070 | .0104 | .050 | .091 | 45.195 | 1 | .000 | 1.073 | 1.051 | 1.095 |
| (Scale) | 1[b] | | | | | | | | | |

Dependent Variable: num_awards
Model: (Intercept), type of program, math score
a. Set to zero because this parameter is redundant.
b. Fixed at the displayed value.

1. 在其他保持不變之下，**[prog=1]**的發生率（獲獎）是參考組**prog=3]**的0.691倍。

2. 在其他保持不變之下，**[prog=2]**的發生率（獲獎）是參考組**prog=3]**的2.042倍。

3. **math** 每增加一單位，**num_awards** 會增加 7.3% 發生率。

4. log(num_awards) = Intercept + $b_1$(prog=1) + $b_2$(prog=2) + $b_3$math.

   即

   num_awards = exp(Intercept + $b_1$(prog=1) + $b_2$(prog=2)+ $b_3$math)

   　　　　　= exp(Intercept) * exp($b_1$(prog=1)) * exp($b_2$(prog=2)) * exp($b_3$math)

5. 迴歸 coefficients 對 log(y) 有相加效果 (additive effect)；IRR 對 (y) 有相乘效果 (multiplicative effect in the y scale)。更詳細解說，請見：Regression Models for Categorical Dependent Variables Using Stata, Second Edition by J. Scott Long and Jeremy Freese (2006).

Step 4 用 **emmeans** 副指令來印 **prog** 每個 **level** 的預測人數

　　爲了更能了解模型，使用 EMMEANS 副命令來計算 prog 中每個 level 的預測計數，並令其他連續變數（在本例中爲 **math**）保持在平均數。

```
subtitle " Step4：用 emmeans 副指令來印 prog 每個 level 的預測人數 ".
*emmeans command to calculate the predicted counts at each level of prog, holding
all other variables (in this example, math) in the model at their means.

GENLIN num_awards BY prog WITH math
  /MODEL prog math INTERCEPT=YES
```

```
DISTRIBUTION=POISSON LINK=LOG
/CRITERIA METHOD=FISHER(1) SCALE=1 COVB=ROBUST
/PRINT NONE
/ EMMEANS TABLES=prog SCALE=ORIGINAL.
```

【D. 分析結果說明】

**Estimates**

| type of program | Mean | Std. Error | 95% Wald Confidence Interval | |
|---|---|---|---|---|
| | | | Lower | Upper |
| general | .21 | .063 | .12 | .38 |
| academic | .62 | .088 | .47 | .82 |
| vocation | .31 | .083 | .18 | .52 |

Covariates appearing in the model are fixed at the following values: math score=52.65

1. 上表，可以看到 prog=1 預測事件數大約為 0.21，math 保持平均數。prog=2 的預測事件數是 0.62，prog=3 的預測事件數大約為 0.31。請注意，prog=2 的預測計數是 prog=3 的預測計數的 2.0 倍 (=.62/.31)。這與 Step3 IRR 輸出表中看到的相符。

Step 5 當「**math=35**」、「**math=75**」時，**prog** 每個 **level** 的預測人數

```
subtitle " Step5-1 : 當 math=35 時，prog 每個 level 的預測人數 ".
GENLIN num_awards BY prog WITH math
  /MODEL prog math INTERCEPT=YES
  DISTRIBUTION=POISSON LINK=LOG
  /PRINT NONE
  /EMMEANS TABLES=prog CONTROL =math(35) SCALE=ORIGINAL.
```

**【E. 分析結果說明】**當「**math=35**」時，**prog** 每個 **level** 的預測人數

| | Estimates | | 95% Wald Confidence Interval | |
|---|---|---|---|---|
| type of program | Mean | Std. Error | Lower | Upper |
| general | .06 | .024 | .03 | .13 |
| academic | .18 | .055 | .10 | .33 |
| vocation | .09 | .031 | .05 | .17 |

Covariates appearing in the model are fixed at the following values: math score=35.00

1. 上表印出，「**prog=1**」且「**math=35**」時，平均預測數（或平均獲獎數）約為0.06件。

2. 下表印出，「**prog=1**」且「**math=75**」時，平均預測數（或平均獲獎數）約為1.01件。

3. 比較「**math=35**」和「**math=75**」預測的計數，比例是（1.01 / 0.06）= 16.8。
   這組配對（在捨入誤差內）對於 math 這 40 單位變化之 1.0727 的發生率是
   $1.0427^{40} = 5.32$。

```
subtitle " Step5-2 ：當 math=75 時，prog 每個 level 的預測人數 ".
GENLIN num_awards BY prog WITH math
  /MODEL prog math INTERCEPT=YES
  DISTRIBUTION=POISSON LINK=LOG
  /PRINT NONE
  /EMMEANS TABLES=prog CONTROL =math(75) SCALE=ORIGINAL.
```

**【F. 分析結果說明】**當「**math=75**」時，**prog** 每個 **level** 的預測人數

| | Estimates | | 95% Wald Confidence Interval | |
|---|---|---|---|---|
| type of program | Mean | Std. Error | Lower | Upper |
| general | 1.01 | .409 | .46 | 2.24 |
| academic | 3.00 | .510 | 2.15 | 4.18 |
| vocation | 1.47 | .548 | .71 | 3.05 |

Covariates appearing in the model are fixed at the following values: math score=75.00

小結

1. 過度分散 (over dispersion) 問題，應該首先檢查界定的模型是否適當，有省略重要的變數和函數形式 (omitted variables and functional forms)。例如：在上面的例子，若省略了預測變數 prog，那麼該模型就有過度分散的問題。換句話說，界定模型的錯誤可能會出現像分散問題那樣的症狀 (a mis-specified model could present a symptom like an over-dispersion problem)。

2. 假定你的模型被正確界定，您可能需要檢查過度分散。改用負二項分布 (distribution = negbin) 副指令執行本例之相同的迴歸模型，有幾個測試包括過分散參數 $\alpha$ 的概似比檢定。

3. 過度分散的一個常見原因，是依變數有過量的零 (excess zeros)，這又是由附加的數據生成過程產生的。在這種情況下，應該考慮零膨脹模型 (zero-inflated model)。

4. 如果數據生成過程不允許任何 0（例如：在醫院度過的天數），那麼 zero-truncated model 可能更合適。

5. Poisson 迴歸中的結果變數不能有負數。

6. Poisson 迴歸透過最大概似來估計係數，通常它需要大樣本數。

## 6-3 零膨脹 Poisson 迴歸 vs. 負二項迴歸：博士生發表論文篇數

由於 SPSS 內建程序，並無提供「零膨脹 Poisson 迴歸 vs. 負二項迴歸」指令，故下面例子，改用 STaTa，解答請參考作者《邏輯斯迴歸及離散選擇模型：應用 STaTa 統計》一書，該書內容包括：邏輯斯迴歸、vs. 多元邏輯斯迴歸、配對資料的條件 Logistic 迴歸分析、Multinomial Logistic Regression、特定方案 Rank-ordered logistic 迴歸、零膨脹 ordered probit regression 迴歸、配對資料的條件邏輯斯迴歸、特定方案 conditional logit model、離散選擇模型、多層次邏輯斯迴歸……。

所謂 count 依變數，一定是正整數或 0。例如：家庭人數、新生兒人數、該醫院當年度死亡人數、議會通過法案數、公務員數量、非營利組織數量等。

針對計數型資料 (count data) 的模型建置，較常使用的迴歸模型之一為卜瓦

松迴歸模型 (Poisson regression model, PR)。由於卜瓦松分配的特性，此類模型僅適用於配適資料呈現出「平均數等於變異數」的情況。

然而就實際的計數型資料而言，由於資料可能由不同的子群體所組成，因而造成母體異質性 (population heterogeneity) 的狀況，使得資料呈現出 over-dispersion 狀況，也就是變異數大於平均數的情況。此時，若僅僅使用卜瓦松迴歸模型來進行配適，常會低估所觀察到的變異程度。縱然這樣的模型配適對平均值的估計可能不會有太大的影響，但是卻會低估標準差，使得虛無假設 (null hypothesis) 較容易得到拒絕的結果 (Cox, 1983)，因而提高型一誤差 (Type I Error) 的犯錯機率。解決方法之一為改採可以用來處理 over-dispersion 狀況的負二項迴歸模型 (negative binomial regression model, NBR) 或廣義卜瓦松迴歸模型 (generalized poisson regression model, GP)。

此處負二項迴歸模型的選用目的並非著眼於「直到第 k 次成功前，其失敗次數」的配模，而是希望藉由負二項迴歸模型來處理資料中可能存在的 over-dispersion 狀況，以便獲取適當的標準差估計值。但是由於負二項迴歸模型只能處理 over-dispersion 的情況，而廣義卜瓦松迴歸模型除了可以處理 over-dispersion 的情況外，也可用在 under-dispersion 的狀況，適用範圍較廣。

**範例：練習題：零膨脹 Poisson 迴歸**

Zero-inflated 迴歸，也是「categorical and limited 依變數之迴歸」。

## 一、問題說明

為了解博士生發表論文篇數的原因有哪些？

研究者先文獻探討以歸納出，影響「博士生發表論文篇數」的原因，並整理成下表，此「couart2_regression.sav」資料檔之變數如下：

| 變數名稱 | 博士生發表論文篇數的原因 | 編碼 Codes/Values |
|---|---|---|
| art | 最近三年 PhD 發表論文數 | 計數 (count) 資料 |
| fem | 1. 性別 | 1=female 0=male |
| mar | 2. 已婚嗎 | 1=yes 0=no |
| kid5 | 3. 小孩數 < 6 嗎？ | 1=yes 0=no |
| phd | 4. PhD 學位的聲望 ( 名校之競爭力 ) | 連續變數 |
| ment | 5. 指導教授最近三年之論文數 | 連續變數 |

## 二、資料檔之內容

「couart2_regression.sav」資料檔之內容如下圖。

| | art | fem | mar | kid5 | phd | ment |
|---|---|---|---|---|---|---|
| 1 | 0 | 0 | 1 | 0 | 2.52 | 7 |
| 2 | 0 | 1 | 0 | 0 | 2.05 | 6 |
| 3 | 0 | 1 | 0 | 0 | 3.75 | 6 |
| 4 | 0 | 0 | 1 | 1 | 1.18 | 3 |
| 5 | 0 | 1 | 0 | 0 | 3.75 | 26 |
| 6 | 0 | 1 | 1 | 2 | 3.59 | 2 |
| 7 | 0 | 1 | 0 | 0 | 3.19 | 3 |
| 8 | 0 | 0 | 1 | 2 | 2.96 | 4 |
| 9 | 0 | 0 | 0 | 0 | 4.62 | 6 |
| 10 | 0 | 1 | 1 | 0 | 1.25 | 0 |
| 11 | 0 | 0 | 0 | 0 | 2.96 | 14 |
| 12 | 0 | 1 | 0 | 0 | .75 | 13 |
| 13 | 0 | 1 | 1 | 1 | 3.69 | 3 |
| 14 | 0 | 1 | 1 | 0 | 3.40 | 4 |
| 15 | 0 | 1 | 1 | 0 | 1.79 | 0 |
| 16 | 0 | 1 | 0 | 0 | 3.09 | 1 |
| 17 | 0 | 1 | 1 | 0 | 2.00 | 7 |
| 18 | 0 | 0 | 1 | 2 | 4.29 | 13 |
| 19 | 0 | 1 | 0 | 0 | 3.36 | 7 |
| 20 | 0 | 1 | 0 | 0 | 4.29 | 9 |
| 21 | 0 | 1 | 1 | 0 | 2.26 | 6 |

圖 6-12 「couart2_regression.sav」 資料檔 (N= 915, 6 variables)

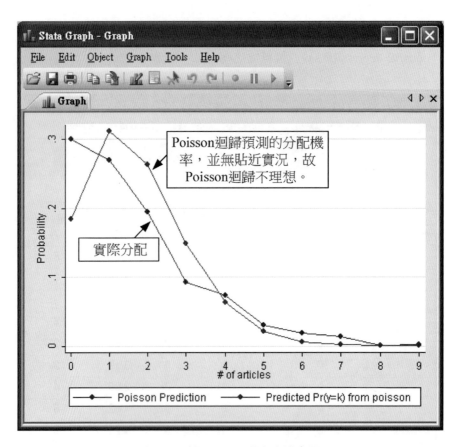

圖 6-13　繪 Poisson 分布之機率圖

Step1　先做線性機率迴歸 ( 當做 count 迴歸之對照組 ) 影響博士生論文發表篇數
　　　( 略 )

Step2　再做 poisson 迴歸、負二項迴歸之預測度比較

Step2-1 求 poisson 迴歸、負二項迴歸之迴歸係數顯著性檢驗

Step2-2 繪 poisson 迴歸、負二項迴歸之預測分布圖，看這二個迴歸誰較貼近事
　　　實？
　　　( 略 )

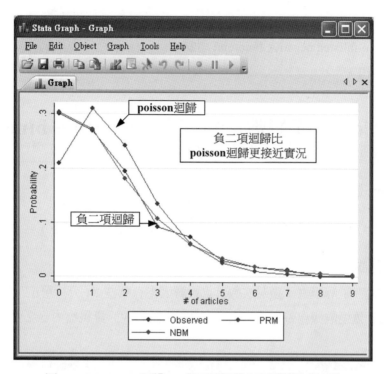

圖 6-14　poisson 迴歸 vs. 負二項迴歸之預測精準度比較

Step2-3 以 phd 當 x 軸刻度，求 poisson 迴歸、負二項迴歸之勝算機率

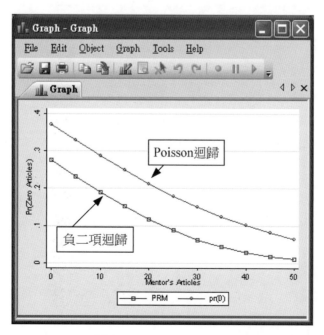

圖 6-15　比較二個迴歸所求 「ment 對 art」 預測機率所繪的散布圖

Step 3 | Zero-inflated poisson 迴歸
Step 4 | Zero-inflated negative binomial 迴歸

（略）

## 6-4 Count 依變數：負二項 (negative binomial) 迴歸：獲獎次數 (GenLin 指令)

Counts 迴歸，也是「categorical and limited 依變數之迴歸」。

範例：負二項 (negative binomial) 迴歸：獲獎次數 (GenLin 指令)

### 一、問題說明

本例旨在了解學生「獲獎次數」之影響因素有哪些？( 分析單位：學生 )

研究者蒐集數據並整理成下表，此「nb_data.sav」資料檔內容之變數如下：

| 變數名稱 | 說明 | 編碼 Codes/Values |
|---|---|---|
| 結果變數 / 反應變數：daysabs | 獲獎次數 | 計次型；0～35 次 |
| 預測因子 / 自變數：prog | 選修學程 | 1～3 種類 |
| 預測因子 / 自變數：math | 數學成績 | 1～99 分 |

## 二、資料檔之內容

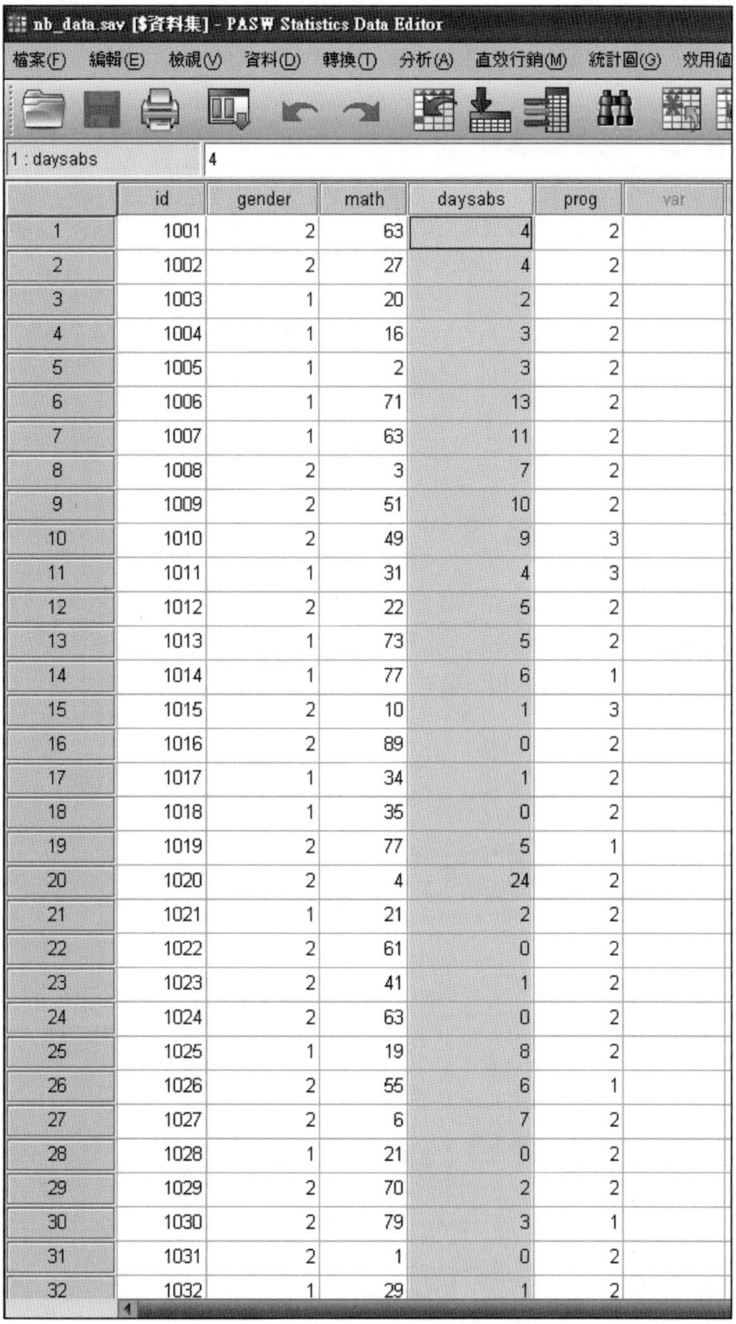

nb_data.sav [$資料集] - PASW Statistics Data Editor

檔案(F) 編輯(E) 檢視(V) 資料(D) 轉換(T) 分析(A) 直效行銷(M) 統計圖(G) 效用值

1 : daysabs 4

| | id | gender | math | daysabs | prog | var |
|---|---|---|---|---|---|---|
| 1 | 1001 | 2 | 63 | 4 | 2 | |
| 2 | 1002 | 2 | 27 | 4 | 2 | |
| 3 | 1003 | 1 | 20 | 2 | 2 | |
| 4 | 1004 | 1 | 16 | 3 | 2 | |
| 5 | 1005 | 1 | 2 | 3 | 2 | |
| 6 | 1006 | 1 | 71 | 13 | 2 | |
| 7 | 1007 | 1 | 63 | 11 | 2 | |
| 8 | 1008 | 2 | 3 | 7 | 2 | |
| 9 | 1009 | 2 | 51 | 10 | 2 | |
| 10 | 1010 | 2 | 49 | 9 | 3 | |
| 11 | 1011 | 1 | 31 | 4 | 3 | |
| 12 | 1012 | 2 | 22 | 5 | 2 | |
| 13 | 1013 | 1 | 73 | 5 | 2 | |
| 14 | 1014 | 1 | 77 | 6 | 1 | |
| 15 | 1015 | 2 | 10 | 1 | 3 | |
| 16 | 1016 | 2 | 89 | 0 | 2 | |
| 17 | 1017 | 1 | 34 | 1 | 2 | |
| 18 | 1018 | 1 | 35 | 0 | 2 | |
| 19 | 1019 | 2 | 77 | 5 | 1 | |
| 20 | 1020 | 2 | 4 | 24 | 2 | |
| 21 | 1021 | 1 | 21 | 2 | 2 | |
| 22 | 1022 | 2 | 61 | 0 | 2 | |
| 23 | 1023 | 2 | 41 | 1 | 2 | |
| 24 | 1024 | 2 | 63 | 0 | 2 | |
| 25 | 1025 | 1 | 19 | 8 | 2 | |
| 26 | 1026 | 2 | 55 | 6 | 1 | |
| 27 | 1027 | 2 | 6 | 7 | 2 | |
| 28 | 1028 | 1 | 21 | 0 | 2 | |
| 29 | 1029 | 2 | 70 | 2 | 2 | |
| 30 | 1030 | 2 | 79 | 3 | 1 | |
| 31 | 1031 | 2 | 1 | 0 | 2 | |
| 32 | 1032 | 1 | 29 | 1 | 2 | |

圖 6-16　「nb_data.sav」 資料檔內容 (N=314 個人，5 個變數 )

完整「negative binomial 迴歸」指令檔「**poisson 迴歸 _ 獲獎次數 .sps**」，內容如下表：

```
title "poisson 迴歸 _ 獲獎次數 .sps".
GET
   STATA FILE='D:\CD 範例 \nb_data.sav'.

subtitle " Step1-1 ：連續變數的描述性統計 ".
DESCRIPTIVES VARIABLES=daysabs math
   /STATISTICS=MEAN STDDEV MIN MAX.

subtitle " Step1-2 ：繪每種 daysabs 次數之直方圖 ".
graph
   /histogram daysabs.

means tables=daysabs by prog
   /cells mean count var.



subtitle " Step2 ：Negative binomial 迴歸：修課學程 (prog) 與數學成績 (math) 對曠課
(daysabs) 次數影響 ".
genlin daysabs by prog (order = descending) with math
   /model prog math distribution = negbin(MLE) link=log.

subtitle " Step3 ：Negative binomial 迴歸：係數之指數化，來印出 incident rate
ratios(IRR)".
genlin daysabs by prog (order = descending) with math
   /model prog math distribution = negbin(MLE) link=log
   /print solution (exponentiated).
   /PRINT SOLUTION (EXPONENTIATED).

subtitle " Step4 ：用 emmeans 副指令來印 prog 每個 level 的預測人數 ".
*emmeans command to calculate the predicted counts at each level of prog, holding
all other variables (in this example, math) in the model at their means.
genlin daysabs by prog (order = descending) with math
   /model prog math distribution = negbin(MLE) link=log
   /emmeans tables = prog scale = original.
```

```
subtitle " Step5-1 ：當 math=20 時，prog 每個 level 的預測人數 ".
subtitle " Step5-2 ：當 math=40 時，prog 每個 level 的預測人數 ".
genlin daysabs by prog (order = descending) with math
  /model prog math distribution = negbin(MLE) link=log
  /emmeans control = math (20)
  /emmeans control = math (40).


subtitle " Step6 ：繪 the predicted number of events ".
genlin daysabs by prog (order = descending) with math
  /model prog math distribution = negbin(MLE) link=log
  /save meanpred (mean_values).


GGRAPH
  /GRAPHDATASET NAME="graphdataset" VARIABLES=math mean_values prog
  /GRAPHSPEC SOURCE=INLINE.
BEGIN GPL
SOURCE: s=userSource(id("graphdataset"))
DATA: math=col(source(s), name("math"))
DATA: mean_values=col(source(s), name("mean_values"))
DATA: prog=col(source(s), name("prog"), unit.category())
GUIDE: axis(dim(1), label(" 數學成績 "))
GUIDE: axis(dim(2), label("Predicted Value of Mean of Response"), delta(1))
GUIDE: legend(aesthetic(aesthetic.color.exterior), label("type of program"))
SCALE:  linear(dim(1), min(0), max(100))
SCALE:  linear(dim(2), min(0), max(14))
SCALE: cat(aesthetic(aesthetic.color.exterior), include("1.00", "2.00", "3.00"))
ELEMENT: point(position(math*mean_values), color.exterior(prog))
ELEMENT: line(position(math*mean_values), color(prog))
END GPL.
```

## 三、分析結果與討論

Step 1 繪統計圖

Step 1-1 連續變數的描述性統計

```
title "poisson 迴歸 _ 獲獎次數 .sps".
GET
   STATA FILE='D:\CD 範例 \nb_data.sav'.

subtitle " Step1-1 ：連續變數的描述性統計 ".
descriptives variables = daysabs math.
   /STATISTICS=MEAN STDDEV VAR MIN MAX .

subtitle " Step1-2 ：繪每種 daysabs 次數之直方圖 ".
graph
   /histogram daysabs.

means tables=daysabs by prog
   /cells mean count var.
```

## 【A. 分析結果說明】

| 敘述統計 | | | | | |
|---|---|---|---|---|---|
| | 個數 | 最小值 | 最大值 | 平均數 | 標準差 |
| number days absent | 314 | 0 | 35 | 5.96 | 7.037 |
| ctbs math pct rank | 314 | 1 | 99 | 48.27 | 25.362 |
| 有效的 N ( 完全排除 ) | 314 | | | | |

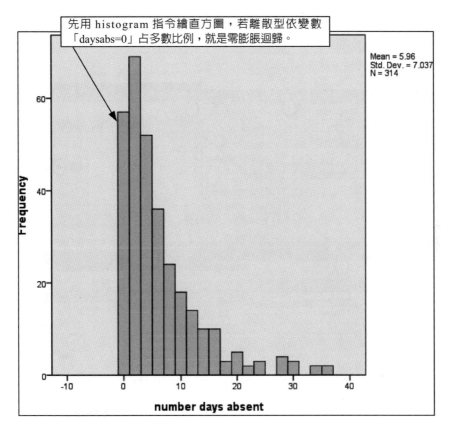

圖 6-17　「graph / histogram daysabs」　繪出直方圖

| 報表 | | | |
|---|---|---|---|
| number days absent | | | |
| prog | 平均數 | 個數 | 變異數 |
| 1 | 10.65 | 40 | 67.259 |
| 2 | 6.93 | 167 | 55.447 |
| 3 | 2.67 | 107 | 13.939 |
| 總和 | 5.96 | 314 | 49.519 |

$\boxed{\text{Step 2}}$ Negative binomial 迴歸：修課學程 (prog) 與數學成績 (math) 對曠課 (daysabs) 次數影響

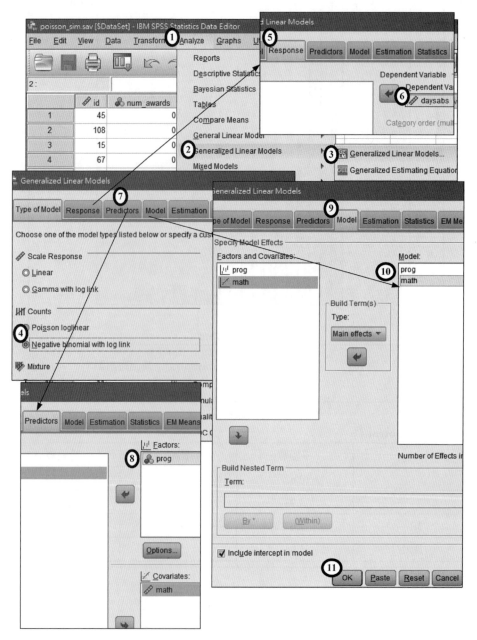

圖 6-18　「GENLIN daysabs by prog (order = descending) with math」　negbin 迴歸之畫面

```
subtitle " Step2：Negative binomial 迴歸：修課學程 (prog) 與數學成績 (math) 對曠課
(daysabs) 次數影響 ".
genlin daysabs by prog (order = descending) with math
  /model prog math distribution = negbin(MLE) link=log.
```

【**B.** 分析結果說明】

| Categorical Variable Information | | | N | Percent |
|---|---|---|---|---|
| Factor | 選課學程 | 3 | 107 | 34.1% |
| | | 2 | 167 | 53.2% |
| | | 1 | 40 | 12.7% |
| | | Total | 314 | 100.0% |

1. 類別變數 (prog)：三種學程的選修人數 (N) 及百分比 (percent)。

| Continuous Variable Information | | N | Minimum | Maximum | Mean | Std. Deviation |
|---|---|---|---|---|---|---|
| Dependent Variable | 缺課天數 | 314 | 0 | 35 | 5.96 | 7.037 |
| Covariate | 數學成績 | 314 | 1 | 99 | 48.27 | 25.362 |

1. 連續變數 (daysabs)：曠課天數的描述性統計：平均數 (mean)、標準差 (Std. Deviation)。
2. 共變數 (math)：又稱「連續型預測因子」：平均數、標準差。

| Goodness of Fit[a] | | | |
|---|---|---|---|
| | Value | df | Value/df |
| Deviance | 358.519 | 309 | 1.160 |
| Scaled Deviance | 358.519 | 309 | |
| Pearson Chi-Square | 339.877 | 309 | 1.100 |
| Scaled Pearson Chi-Square | 339.877 | 309 | |
| Log Likelihood[b] | -865.629 | | |
| Akaike's Information Criterion (AIC) | 1741.258 | | |
| Finite Sample Corrected AIC (AICC) | 1741.453 | | |
| Bayesian Information Criterion (BIC) | 1760.005 | | |
| Consistent AIC (CAIC) | 1765.005 | | |

Dependent Variable: 缺課天數
Model: (Intercept), 選課學程 , 數學成績
a. Information criteria are in smaller-is-better form.
b. The full log likelihood function is displayed and used in computing information criteria.

1. Count 迴歸，都會印出好幾種模型適配度指標。若你想比較二個敵對模型誰優，則可比較那個模型的 AIC、BIC，值愈小代表該模型適配愈佳。

| Omnibus Test[a] | | |
|---|---|---|
| Likelihood Ratio Chi-Square | df | Sig. |
| 61.687 | 3 | .000 |

Dependent Variable: 缺課天數
Model: (Intercept), 選課學程 , 數學成績
a. Compares the fitted model against the intercept-only model.

1. **Omnibus Test** 的虛無假設 $H_0$：「*all* of the estimated coefficients are equal to zero–a test of the model as a whole」，因 $\chi^2_{(3)}$ = 61.687 (p < .05)，故拒絕 $H_0$，表示你界定模型中至少有一係數不為 0。

**Parameter Estimates**

| Parameter | B | Std. Error | 95% Wald Confidence Interval | | Hypothesis Test | | |
| | | | Lower | Upper | Wald Chi-Square | df | Sig. |
|---|---|---|---|---|---|---|---|
| (Intercept) | 2.615 | .1964 | 2.230 | 3.000 | 177.403 | 1 | .000 |
| [ 選課學程 =3] | -1.279 | .2020 | -1.675 | -.883 | 40.076 | 1 | .000 |
| [ 選課學程 =2] | -.441 | .1826 | -.799 | -.083 | 5.828 | 1 | .016 |
| [ 選課學程 =1] | 0ᵃ | . | . | . | . | . | . |
| 數學成績 | -.006 | .0025 | -.011 | -.001 | 5.714 | 1 | .017 |
| (Scale) | 1ᵇ | | | | | | |
| (Negative binomial) | .968 | .0995 | .792 | 1.184 | | | |

Dependent Variable: 缺課天數
Model: (Intercept), 選課學程 , 數學成績
a. Set to zero because this parameter is redundant.
b. Fixed at the displayed value.

1. 「Parameter Estimates」印出，每個變數的迴歸係數以及係數的強健標準誤，p 值和 95% 信賴區間。math 係數 = -.006，表示這意味著 math 每增加一個單位，預期「log count」就減少 0.006。

2. 指標變數 (indicator variable)**[prog=3]** 是「group 3 vs. 比較基準組 (**[prog=1]**)」之間「log count」的差異。與 prog=1 級相比，prog=3 級的預期 log count 會減少 -1.279。

3. 指標變數 (indicator variable)**[prog=2]** 是「group 2 vs. 比較基準組 (**[prog=1]**)」之間「log count」的差異。與 prog=1 級相比，prog=2 級的預期 log count 則減少為 -.441。

4. 「Tests of Model Effects」印出，**prog** 整體效果達到統計顯著的 (significant)。

**Step 3** Negative binomial 迴歸：係數之指數化，來印出 incident rate ratios(IRR)

```
subtitle " Step3：Negative binomial 迴歸：係數之指數化，來印出 incident rate
ratios(IRR)".
genlin daysabs by prog (order = descending) with math
  /model prog math distribution = negbin(MLE) link=log
  /print solution (exponentiated).
  /PRINT SOLUTION (exponentiated).
```

### Parameter Estimates

| Parameter | B | Std. Error | 95% Wald Confidence Interval | | Hypothesis Test | | | Exp(B) | 95% Wald Confidence Interval for Exp(B) | |
|---|---|---|---|---|---|---|---|---|---|---|
| | | | Lower | Upper | Wald Chi-Square | df | Sig. | | Lower | Upper |
| (Intercept) | 2.615 | .1964 | 2.230 | 3.000 | 177.403 | 1 | .000 | 13.671 | 9.304 | 20.088 |
| [選課學程=3] | -1.279 | .2020 | -1.675 | -.883 | 40.076 | 1 | .000 | .278 | .187 | .414 |
| [選課學程=2] | -.441 | .1826 | -.799 | -.083 | 5.828 | 1 | .016 | .644 | .450 | .920 |
| [選課學程=1] | 0[a] | . | . | . | . | . | . | 1 | . | . |
| 數學成績 | -.006 | .0025 | -.011 | -.001 | 5.714 | 1 | .017 | .994 | .989 | .999 |
| (Scale) | 1[b] | | | | | | | | | |
| (Negative binomial) | .968 | .0995 | .792 | 1.184 | | | | | | |

Dependent Variable: 缺課天數
Model: (Intercept), 選課學程, 數學成績
a. Set to zero because this parameter is redundant.
b. Fixed at the displayed value.

1. 在其他保持不變之下，**[prog=3]** 的發生率(獲獎)是參考組 **[prog=1]** 的 0.278 倍。
2. 在其他保持不變之下，**[prog=2]** 的發生率(獲獎)是參考組 **[prog=1]** 的 0.644 倍。
3. **math** 每減少一單位，**daysabs** 會增加 99.4% 發生率。

4. log(daysabs) = Intercept + $b_1$(prog=1) + $b_2$(prog=2) + $b_3$math.

即

daysabs= exp(Intercept + $b_1$(prog=1) + $b_2$(prog=2)+ $b_3$math)

= exp(Intercept) * exp($b_1$(prog=1)) * exp($b_2$(prog=2)) * exp($b_3$math)

5. 迴歸 coefficients 對 log(y) 有相加效果 (additive effect)；IRR 對 (y) 有相乘效果 (multiplicative effect in the y scale)。更詳細解說，請見：Regression Models for Categorical Dependent Variables Using Stata, Second Edition by J. Scott Long and Jeremy Freese (2006).

### Step 4 用 emmeans 副指令來印 prog 每個 level 的預測人數

為了更能了解模型，使用 EMMEANS 副命令來計算 prog 中每個 level 的預測計數，並令其他連續變數（在本例中為 **math**）保持在平均數。

```
subtitle " Step4：用 emmeans 副指令來印 prog 每個 level 的預測人數 ".
*emmeans command to calculate the predicted counts at each level of prog, holding
all other variables (in this example, math) in the model at their means.
genlin daysabs by prog (order = descending) with math
 /model prog math distribution = negbin(MLE) link=log
 /emmeans tables = prog scale = original.
```

【**D.** 分析結果說明】

| Estimate | | | | |
|---|---|---|---|---|
| | | | 95% Wald Confidence Interval | |
| prog | Mean | Std. Error | Lower | Upper |
| 3 | 2.85 | .330 | 2.20 | 3.50 |
| 2 | 6.59 | .551 | 5.51 | 7.67 |
| 1 | 10.24 | 1.674 | 6.96 | 13.52 |
| Covariates appearing in the model are fixed at the following values: math=48.27 | | | | |

1. 上表，可以看到 prog=3 預測事件數大約為 2.85( 曠課天數 )，math 保持平均數。prog=2 的預測事件數是 6.59( 曠課天數 )，prog=1 的預測事件數大約為

10.24（曠課天數）。請注意，prog=1 的預測計數是 prog=2 的預測計數的 1.55 倍 (=10.24/6.59)。

**Step 5** 當「**math=20**」、「**math=40**」時，**prog** 每個 **level** 的預測人數

```
subtitle " Step5-1 : 當 math=20 時，prog 每個 level 的預測人數 ".
subtitle " Step5-2 : 當 math=40 時，prog 每個 level 的預測人數 ".
genlin daysabs by prog (order = descending) with math
  /model prog math distribution = negbin(MLE) link=log
  /emmeans control = math (20)
  /emmeans control = math (40).
```

【**E. 分析結果說明**】當「**math=20**」、「**math=40**」時，**prog** 每個 **level** 的預測人數

| Estimated Marginal Means 1: Grand Mean | | | |
|---|---|---|---|
| **Estimates** | | | |
| | | 95% Wald Confidence Interval | |
| Mean | Std. Error | Lower | Upper |
| 6.84 | .685 | 5.49 | 8.18 |

Covariates appearing in the model are fixed at the following values: math=20.00

| Estimated Marginal Means 1: Grand Mean | | | |
|---|---|---|---|
| **Estimates** | | | |
| | | 95% Wald Confidence Interval | |
| Mean | Std. Error | Lower | Upper |
| 6.06 | .450 | 5.18 | 6.95 |

Covariates appearing in the model are fixed at the following values: math=40.00

1. 上表印出，「**prog=1**」且「**math=20**」時，平均預測數（或平均獲獎數）約為 6.84( 曠課天數 )。

2. 下表印出，「**prog=1**」且「**math=40**」時，平均預測數（或平均獲獎數）約為 6.06( 曠課天數 )。

3. 比較「**math=40**」和「**math=20**」預測的計數，比例是 (6.06/6.84) = 0.89 倍。
   這組配對 ( 在捨入誤差內 ) 對於 math 這 20 單位變化之 1.0727 的發生率是 $0.994^{20}$
   = 0.89。

Step 6 繪 **the predicted number of events**

```
subtitle " Step6 ：繪 the predicted number of events".
genlin daysabs by prog (order = descending) with math
  /model prog math distribution = negbin(MLE) link=log
  /save meanpred (mean_values).

GGRAPH
  /GRAPHDATASET NAME="graphdataset" VARIABLES=math mean_values prog
  /GRAPHSPEC SOURCE=INLINE.
BEGIN GPL
SOURCE: s=userSource(id("graphdataset"))
DATA: math=col(source(s), name("math"))
DATA: mean_values=col(source(s), name("mean_values"))
DATA: prog=col(source(s), name("prog"), unit.category())
GUIDE: axis(dim(1), label(" 數學成績 "))
GUIDE: axis(dim(2), label("Predicted Value of Mean of Response"), delta(1))
GUIDE: legend(aesthetic(aesthetic.color.exterior), label("type of program"))
SCALE:  linear(dim(1), min(0), max(100))
SCALE:  linear(dim(2), min(0), max(14))
SCALE: cat(aesthetic(aesthetic.color.exterior), include("1.00", "2.00", "3.00"))
ELEMENT: point(position(math*mean_values), color.exterior(prog))
ELEMENT: line(position(math*mean_values), color(prog))
END GPL.
```

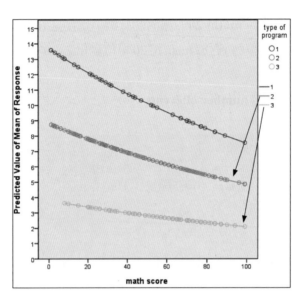

圖 6-19　繪「the predicted number of events」線性圖及散布圖

https://stats.idre.ucla.edu/spss/dae/negative-binomial-regression/

---

**小結**

1. 不建議將負二項模型應用於小樣本。

2. 負二項模型假定「only one process generates the data」。如果超個二個 process，則負二項模型可能會有比預期更多的 0：在這種情況下，零膨脹模型 (zero-inflated Poisson、zero-inflated negative binomial) 可能更合適。

3. 過度分散的一個常見原因，是依變數有過量的 0(excess zeros)，這又是由附加的數據生成過程產生的。在這種情況下，應該考慮零膨脹模型 (zero-inflated model)。

4. 如果數據生成過程不允許任何 0（例如：在醫院度過的天數），那麼 zero-truncated model 可能更合適。

5. 計數數據通常有一個暴露變數 (exposure variable)，表示事件可能發生的次數。應使用 offset 副命令的選項將此變數併入到負二項迴歸模型中。請注意，offset 是暴露量的自然對數 (natural log of the exposure)。

6. 負二項迴歸中的結果變數不能有負數，並且暴露不能有 0。

7. 您需要使用 save 副命令來存殘差，以檢查負二項模型的其他假定 (Cameron and Trivedi (1998)，Dupont(2002)。

## 6-5 單層：ordered logistic 迴歸：申請入學意願 (plum 指令 )

零膨脹模型 (Zero-inflated models) 是人們在社會科學、自然中計數資料的實際研究中，觀察事件發生數中含有大量的零值。例如：保險索賠次數，索賠數爲 0 的機率很高，否則保險公司就面臨破產風險。這種數據資料中的零值過多，超出了 Poisson 分布等一般離散分布的預測能力。零膨脹這個概念首先是由 Lambert 在 1992 年的論文「Zero-inflated Poisson Regression, with an Application to Defects in Manufacturing」中提出。

1994 年，Greene 根據 Lambert 的方法提出了零膨脹負二項模型 (ZINB)。2000 年，Daniel 根據 Lambert 的方法提出了零膨脹二項模型 (ZIB)。

### 6-5-1 ordered logistic 迴歸：申請入學意願 (plum 指令 )

範例：ordered logistic 迴歸：申請入學意願 (plum 指令 )

研究者想了解，影響大學生決定是否直升研究所的因素。大三學生被問到，是否：他們不太可能、有可能或很可能申請研究所 (apply) ( 編碼爲 0,1,2)。因此，我們的結果變數有三類。有關父母學歷 (pared) 的數據，就讀院校是公立還是私立 (public)，還有當前的 GPA。研究人員有理由相信 apply 這三點之間的「距離」不相等。例如：「不太可能」和「有可能」之間的「距離」可能比「有可能」和「非常可能」之間的距離短。

### 一、問題說明

本例旨在了解優質辦校之影響因素有哪些？( 分析單位：學生 )

研究者蒐集數據並整理成下表，此「ologit.sav」資料檔內容之變數如下：

| 變數名稱 apply | 說明 | 編碼 Codes/Values |
|---|---|---|
| 結果變數 / 反應變數：apply | 三等級 (coded 0, 1, 2) | 次序型；0～2 級 |
| 預測因子 / 自變數：pared | 家長有一位是碩士嗎？ | 0,1 ( 虛擬變數 ) |
| 預測因子 / 自變數：public | 就讀公立大學嗎 | 0,1 ( 虛擬變數 ) |
| 預測因子 / 自變數：gpa | 學生平均成績 | 1.9～4 分 |

## 二、資料檔之內容

圖 6-20 「ologit.sav」 資料檔內容 (N=400 個人，4 個變數 )

本例可能會考慮的分析法：

以下是您可能遇到的一些分析法。列出的一些方法是相當合理的，而其他方法或是失寵或有限制。

1. Ordered logistic 迴歸：本例分析的焦點。

2. OLS 迴歸：這種分析會有問題的，因為 OLS 分析 non-interval 型結果變數時，OLS 就已違反假定 (assumptions)。

3. ANOVA：如果只使用一個連續型預測變數，則可「翻轉 (flip)」ordered logistic 模型，例如：反而以 gpa 是結果變數、apply 當預測變數。然後執行單因子 ANOVA。如果你模型只有一個連續型預測變數（來自 logistic 模型），這並不是一件壞事。

4. 多項邏輯斯 (multinomial logistic) 迴歸：除了假定結果變數的類別沒有順序（即類別是名義的）之外，它與 ordered logistic 迴歸相似。這種方法的缺點是，ordering( 等級 ) 的特性會消失。

5. 有序概率 (ordered probit) 迴歸：這與 ordered logistic 迴歸分析非常相似。主要區別在於係數的解釋。

## 三、分析結果與討論

完整指令「Ordered logistic 迴歸 _ 三等級 .sps」如下：

```
title "Ordered logistic 迴歸 _ 三等級 .sps" .GET
GET
  STATA FILE=' D:\CD 範例 \ologit.sav '.

subtitle "Step1-1 ：連續變數的描述性統計" .
freq var = apply pared public.


subtitle "Step1-2 ：連續變數的描述性統計" .
descriptives var = gpa.


subtitle "Step2 ：Ordered logistic 迴歸前：先檢查稀疏 cells" .
CROSSTABS
  /TABLES=apply BY pared public
```

```
    /FORMAT=AVALUE TABLES
    /CELLS=COUNT
    /COUNT ROUND CELL.


subtitle " Step3 : Ordered logistic 迴歸：父母學歷 (pared) 與就讀公立學校嗎 (public) 對
直升意願 (apply) 程度影響 ".
plum apply with pared public
/link = logit
/print = cellinfo.


* 預測因子都視為連續變數 .
plum apply with pared public gpa
  /link = logit
  /print = parameter summary.


subtitle " Step4 : 改求 Ordered logistic 迴歸係數之 proportional odds ratios".


oms select tables
 /destination format = sav outfile = "D:\ologit_results.sav"
 /if commands = ['plum'] subtypes = ['Parameter Estimates'].


plum apply with pared public gpa
/link = logit
/print = parameter.


omsend.


get file "D:\ologit_results.sav".
rename variables Var2 = Predictor_Variables.
* the next command deletes the thresholds from the data set.
select if Var1 = "Location".
exe.
* the command below removes unnessary variables from the data set.
* transformations cannot be pending for the command below to work, so
* the exe.
* above is necessary.
```

```
delete variables Command_ Subtype_ Label_ Var1.
compute expb = exp(Estimate).
compute Lower_95_CI = exp(LowerBound).
compute Upper_95_CI = exp(UpperBound).
execute.

subtitle " Step5 ：假定檢定：每對結果組之間的關係是相同的 ".
plum apply with pared public gpa
/link = logit
/print = tparallel.

subtitle " Step6 ：次序 logistic 迴歸的預測概率 (predicted probabilities)".
Matrix.
* intercept1 intercept2 pared public gpa.
* these coefficients are taken from the output.
compute b = {-2.203 ; -4.299 ; 1.048 ; -.059 ; .616}.
* overall design matrix including means of public and gpa.
compute x = {{0, 1, 0; 0, 1, 1}, make(2, 1, .1425), make(2, 1, 2.999)}.
compute p3 = 1/(1 + exp(-x * b)).
* overall design matrix including means of public and gpa.
compute x = {{1, 0, 0; 1, 0, 1}, make(2, 1, .1425), make(2, 1, 2.999)}.
compute p2 = (1/(1 + exp(-x * b))) - p3.
compute p1 = make(NROW(p2), 1, 1) - p2 - p3.
compute p = {p1, p2, p3}.
print p / FORMAT = F5.4 / title = "Predicted Probabilities for Outcomes 0 1 2 for
pared 0 1 at means" .

subtitle " Step7 ：當「gpa at 2, 3 and 4」時，次序 logistic 迴歸的預測概率 ".
Matrix.
* intercept1 intercept2 pared public gpa.
* these coefficients are taken from the output.
compute b = {-2.203 ; -4.299 ; 1.048 ; -.059 ; .616}.
* overall design matrix including means of pared and public.
compute x = {make(3, 1, 0), make(3, 1, 1), make(3, 1, .1575), make(3, 1, .1425), {2;
3; 4}}.
compute p3 = 1/(1 + exp(-x * b)).
* overall design matrix including means of pared and public.
```

```
compute x = {make(3, 1, 1), make(3, 1, 0), make(3, 1, .1575), make(3, 1, .1425), {2;
3; 4}}.
compute p2 = (1/(1 + exp(-x * b))) - p3.
compute p1 = make(NROW(p2), 1, 1) - p2 - p3.
compute p = {p1, p2, p3}.
print p / FORMAT = F5.4 / title = "Predicted Probabilities for Outcomes 0 1 2 for
gpa 2 3 4 at means".
End Matrix.
```

Step 1 描述性統計

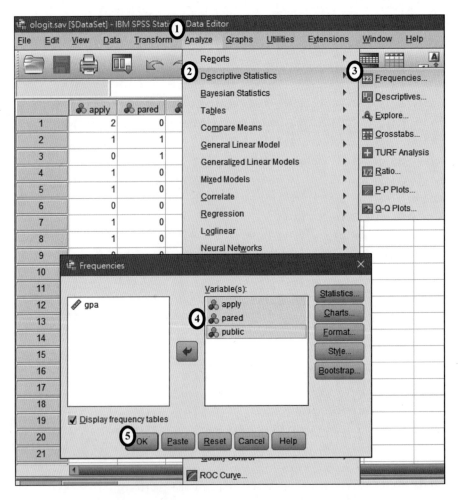

圖 6-21 「freq var = apply pared public」 畫面

對應的指令語法：

```
subtitle " Step1-1 ：連續變數的描述性統計 ".
FREQUENCIES VARIABLES= apply pared public
    /ORDER=ANALYSIS.

subtitle " Step1-2 ：連續變數的描述性統計 ".
descriptives var = gpa.
```

【A. 分析結果說明】

**申請入學意願三等級 (coded 0, 1, 2)**

|       |          | Frequency | Percent | Valid Percent | Cumulative Percent |
|-------|----------|-----------|---------|---------------|--------------------|
| Valid | 不可能   | 220       | 55.0    | 55.0          | 55.0               |
|       | 有點可能 | 140       | 35.0    | 35.0          | 90.0               |
|       | 很可能   | 40        | 10.0    | 10.0          | 100.0              |
|       | Total    | 400       | 100.0   | 100.0         |                    |

**家長有一位是碩士嗎？**

|       |              | Frequency | Percent | Valid Percent | Cumulative Percent |
|-------|--------------|-----------|---------|---------------|--------------------|
| Valid | 父母學歷是大學以下 | 337   | 84.3    | 84.3          | 84.3               |
|       | 父母讀碩士    | 63        | 15.8    | 15.8          | 100.0              |
|       | Total        | 400       | 100.0   | 100.0         |                    |

**公立大學嗎？**

|       |      | Frequency | Percent | Valid Percent | Cumulative Percent |
|-------|------|-----------|---------|---------------|--------------------|
| Valid | 私立 | 343       | 85.8    | 85.8          | 85.8               |
|       | 公立 | 57        | 14.2    | 14.2          | 100.0              |
|       | Total | 400      | 100.0   | 100.0         |                    |

| Descriptive Statistics | | | | | |
|---|---|---|---|---|---|
| | N | Minimum | Maximum | Mean | Std. Deviation |
| 學生平均成績 | 400 | 1.90 | 4.00 | 2.9989 | .39794 |
| Valid N (listwise) | 400 | | | | |

**Step 2** **Ordered logistic 迴歸前：先檢查有否稀疏 cells 嗎？**

```
subtitle " Step2：Ordered logistic 迴歸前：先檢查有否稀疏 cells 嗎 ".
crosstabs
/tables = apply by pared
/tables = apply by public.
```

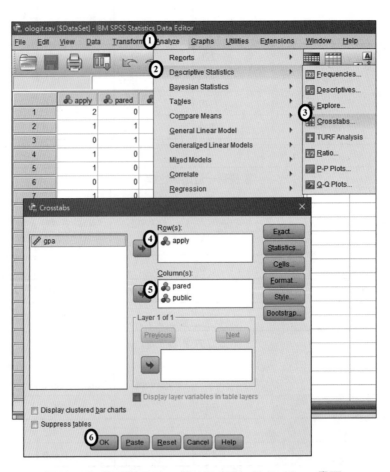

圖 6-22　「crosstabs / tables = apply by pared」 畫面

**Step 3** **Ordered logistic 迴歸：父母學歷 (pared) 與就讀公立學校嗎 (public) 對直升意願 (apply) 程度影響**

```
subtitle " Step3：Ordered logistic 迴歸：父母學歷(pared)與就讀公立學校嗎(public)對
直升意願(apply)程度影響".
plum apply with gpa by pared public
/link = logit
/print = cellinfo.
```

【**B.** 分析結果說明】

<table>
<tr><th colspan="6">Cell Information</th></tr>
<tr><td colspan="6">Frequency</td></tr>
<tr><td></td><td></td><td></td><th colspan="3">apply</th></tr>
<tr><td>pared</td><td>public</td><td></td><td>.00</td><td>1.00</td><td>2.00</td></tr>
<tr><td rowspan="6">.00</td><td rowspan="3">.00</td><td>observed</td><td>175</td><td>98</td><td>20</td></tr>
<tr><td>Expected</td><td>174.640</td><td>95.387</td><td>22.973</td></tr>
<tr><td>Pearson Residual</td><td>.043</td><td>.326</td><td>-.646</td></tr>
<tr><td rowspan="3">1.00</td><td>observed</td><td>25</td><td>12</td><td>7</td></tr>
<tr><td>Expected</td><td>25.168</td><td>15.054</td><td>3.778</td></tr>
<tr><td>Pearson Residual</td><td>-.051</td><td>-.970</td><td>1.734</td></tr>
<tr><td rowspan="6">1.00</td><td rowspan="3">.00</td><td>observed</td><td>14</td><td>26</td><td>10</td></tr>
<tr><td>Expected</td><td>16.233</td><td>23.414</td><td>10.352</td></tr>
<tr><td>Pearson Residual</td><td>-.674</td><td>.733</td><td>-.123</td></tr>
<tr><td rowspan="3">1.00</td><td>observed</td><td>6</td><td>4</td><td>3</td></tr>
<tr><td>Expected</td><td>3.911</td><td>6.147</td><td>2.909</td></tr>
<tr><td>Pearson Residual</td><td>1.241</td><td>-1.193</td><td>.061</td></tr>
<tr><td colspan="6">Link function: Logit.</td></tr>
</table>

1. 沒有一個 cells 太小或空的（沒有案例），所以可放心執行 ordered logistic 模型。在下面的語法中，已經包含內定的 link = logit 副命令，它只是再次提醒我們是使用 logit link 函數。

2. 此外，另省略了 print 副命令，故只印出：個案處理匯總表 (case processing summary table)。

```
subtitle " Step3 :Ordered logistic迴歸:父母學歷(pared)、gpa、就讀公立學校嗎(public)
對直升意願(apply)程度影響".

* 預測因子都視為連續變數.
plum apply with pared public gpa
  /link = logit
  /print = parameter summary.
```

【C. 分析結果說明】

**Case Processing Summary**

|  |  | N | Marginal Percentage |
|---|---|---|---|
| apply | .00 | 220 | 55.0% |
|  | 1.00 | 140 | 35.0% |
|  | 2.00 | 40 | 10.0% |
| Valid |  | 400 | 100.0% |
| Missing |  | 0 |  |
| Total |  | 400 |  |

**Model Fitting information**

| Model | -2 Log Likelihood | Chi-Square | df | Sig. |
|---|---|---|---|---|
| Intercept Only | 557.272 |  |  |  |
| Final | 533.091 | 24.180 | 3 | .000 |

Link function: Logit.

**Pseudo R-Square**

| Cox and Snell | .059 |
|---|---|
| Nagelkerke | .070 |
| McF adden | .033 |

Link function: Logit.

**Parameter Estimates**

| | | Estimate | Std. Error | Wald | df | Sig. | 95% Confidence Interval | |
|---|---|---|---|---|---|---|---|---|
| | | | | | | | Lower Bound | Upper Bound |
| Threshold | [apply=.00] | 2.203 | .784 | 7.890 | 1 | .005 | .666 | 3.741 |
| | [apply=1.00] | 4.299 | .809 | 28.224 | 1 | .000 | 2.713 | 5.885 |
| Location | pared | 1.048 | .268 | 15.231 | 1 | .000 | .522 | 1.574 |
| | public | -.059 | .289 | .041 | 1 | .839 | -.624 | .507 |
| | gpa | .616 | .263 | 5.499 | 1 | .019 | .101 | 1.130 |

Link function: Logit.

1. 案例處理匯總表中，我們可以看到反應變數每個級別的案例人數和百分比。這些數字看起來不錯，但我們擔心如果一個級別的案例很少。我們還看到，我們數據集中的所有 400 個觀察值都用於分析。如果任何變數都有缺失值，則會使用更少的觀測值。內定情況下，SPSS 按照列表方式刪除缺少值的案例。

2. 接下來，印出模型適配度，該表給出了截距和最終模型的 -2 log likelihood。-2 log likelihood 可用來比較二個敵對的巢狀 / 嵌套 (nested) 模型，但不會在這裡顯示這種敵對的例子。

3. 閾值 (threshold) 顯示在參數估計輸出的頂部，它們表明潛在變數 pared 的位置，以便製作我們在數據中觀察到的三個組。請注意，這個潛在變數是連續的。一般來說，這些不用於解釋結果。閾值又稱「分界點 (cutpoints)」。本例中，截距為 -2.203 和 -4.299。在參數估計表中，我們看到係數、標準誤、Wald 檢定和相關的 p 值 (Sig.) 以及係數的 95% 信賴區間。兩者都有統計學意義；public 則未達顯著效果。

4. 「Parameter Estimates」，印出：迴歸係數、標準誤、Wald 檢定和相關的 p 值 (Sig.) 以及係數的 95% 信賴區間。「apply=0」及「apply=1」兩者都有統計學意義；但 public 則未達到顯著效果。因此，在所有其他變數保持不變之下，pared 每增加一個單位 ( 即從 0 到 1)，ordered log odds 的預期 apply 可能性增加 1.05。

5. 在所有其他變數保持不變之下，gpa 每增加一個單位，ordered log odds 的預期 apply 可能性增加 0.62。

**Step 4** 改求 **ordered logistic** 迴歸係數之 ( 勝算比 )**proportional odds ratios**

```
subtitle " Step4 : 改求 Ordered logistic 迴歸係數之 proportional odds ratios".

oms select tables
 /destination format = sav outfile = "D:\ologit_results.sav"
 /if commands = ['plum'] subtypes = ['Parameter Estimates'].

plum apply with pared public gpa
/link = logit
/print = parameter.

omsend.

get file "D:\ologit_results.sav".
rename variables Var2 = Predictor_Variables.
* the next command deletes the thresholds from the data set.
select if Var1 = "Location".
exe.
* the command below removes unnessary variables from the data set.
* transformations cannot be pending for the command below to work, so
* the exe.
* above is necessary.
delete variables Command_ Subtype_ Label_ Var1.
compute expb = exp(Estimate).
compute Lower_95_CI = exp(LowerBound).
compute Upper_95_CI = exp(UpperBound).
execute.
```

## 【D. 分析結果說明】

圖 6-23　「D：ologit_results.sav」資料檔存著 ordinal-logistic 迴歸係數之勝算比

1. 「**expb**」欄是勝算比「proportional odds ratios (the coefficient exponentiated)」，及其 95% confidence interval( 未含 0 值則達顯著效果 )。

2. 在此，解釋 rdinal-logistic 迴歸係數，改用二元邏輯斯迴歸的勝算比 (odds ratios, OR) 概念。對「類別型自變數」pared 來說，當其他變數都保持不變，每增加一個單位 ( 即從 0 到 1)，「high apply 對比 the combined middle and low categories」的勝算比是 2.85 倍。同樣，考慮到模型中的所有其他變數都保持不變，「the odds of the combined middle and high categories versus low apply」機率相差 2.85 倍。

3. 當模型中的其他變數保持不變，「連續型自變數」gpa 每增加一單位，「the low and middle categories of apply versus the high category of apply」的勝算比是 1.85 倍

**Step 5** 假定檢定：每對結果組之間的關係是相同的

次序 logistic/ 次序 probit 迴歸有一假定 (assumption) 是，每對結果組之間的關係是相同的 (the relationship between each pair of outcome groups is the same)。換句話說，次序的邏輯迴歸假定描述反應變數的最低和最高類別 (the lowest versus all higher categories) 之間關係的係數，與描述下一個最低類別和所有更高類別 (next lowest category and all higher categories) 之間關係的係數相同。這又稱「比例勝算假定或平行迴歸假定 (the proportional odds assumption or the parallel regression assumption)」。由於所有組對之間的關係是相同的，因此只有一組係

數（只有一個模型）。如果情況並非如此，則需要用不同的模型來描述每對結果組之間的關係。

　　若您想檢定比例勝算之假定 (proportional odds assumption)，則在 print 副命令上使用 tparallel 選項。這個卡方檢定的虛無假設 (null hypothesis) 是「$H_0$：模型之間的係數沒有差異 (there is no difference in the coefficients between models)」，所以我們希望得到一個不顯著的結果。

```
subtitle " Step5 : 假定檢定：每對結果組之間的關係是相同的 ".
plum apply with pared public gpa
/link = logit
/print = tparallel.
```

| Model Summary | | | | |
|---|---|---|---|---|
| Model | -2 Log Likelihood | Chi-Square | df | Sig. |
| Null Hypothesis | 533.091 | | | |
| General | 529.077 | 4.014 | 3 | .260 |

The null hypothesis states that the location parameters (slope coefficients) are the same across response categories.
a. Link function: Logit.

1. 「Test of Parallel Lines」結果，$\chi^2_{(3)} = 4.014$ (p > .05)，接受「$H_0$：模型之間的係數沒有差異 (there is no difference in the coefficients between models)」，故本次序 logistic 符合 proportional odds assumption( 假定 )。

2. 假如違反「proportional odds assumption」，我們可能想要進行多項式邏輯迴歸 (multinomial logistic regression)。我們使用下列公式來計算結果 (**apply**) 每個 levels 的預測概率。況且預測概率 (predicted probabilities) 比「係數或 odds ratios」更容易理解。

$$P(Y=2) = \left( \frac{1}{1 + e^{-(a_2 + b_1 x_1 + b_2 x_2 + b_3 x_3)}} \right)$$

$$P(Y=1) = \left( \frac{1}{1 + e^{-(a_2 + b_1 x_1 + b_2 x_2 + b_3 x_3)}} \right) - P(Y=2)$$

$$P(Y=0) = 1 - P(Y=1) - P(Y=2)$$

Step 6 次序 **logistic** 迴歸的預測概率 **(predicted probabilities)**

用 SPSS Matrix 如下指令，求出類別型預測因子 (categorical predictor)pared。在這裡，將看到，pared 變化對 apply 的成員概率如何變化，當其他預測變數保持著不變之下。正如你所看到的，如果父母雙方都沒有研究所的學歷，那麼預測的「lowest category of apply」的概率是 0.59；否則是 0.34。

對於「middle category of apply」，預測概率為 0.33 和 0.47，「the highest category of apply」預測概率為 0.078 和 0.196。因此，如果受訪者的父母雙方均未接受過研究生教育，預計「申請直升研究所」的機率會降低。請注意，截距是負閾值。

```
subtitle " Step6 ：次序 logistic 迴歸的預測概率 (predicted probabilities)".
Matrix.
* intercept1 intercept2 pared public gpa.
* these coefficients are taken from the output.
compute b = {-2.203 ; -4.299 ; 1.048 ; -.059 ; .616}.
* overall design matrix including means of public and gpa.
compute x = {{0, 1, 0; 0, 1, 1}, make(2, 1, .1425), make(2, 1, 2.999)}.
compute p3 = 1/(1 + exp(-x * b)).
* overall design matrix including means of public and gpa.
compute x = {{1, 0, 0; 1, 0, 1}, make(2, 1, .1425), make(2, 1, 2.999)}.
compute p2 = (1/(1 + exp(-x * b))) - p3.
compute p1 = make(NROW(p2), 1, 1) - p2 - p3.
compute p = {p1, p2, p3}.
print p / FORMAT = F5.4 / title = "Predicted Probabilities for Outcomes 0 1 2 for
pared 0 1 at means".
End Matrix.
```

【E. 分析結果說明】

```
Run MATRIX procedure:

Predicted Probabilities for Outcomes 0 1 2 for pared 0 1 at means
 .5900 .3313 .0787
 .3354 .4687 .1959


------ END MATRIX -----
```

**Step 7** 當「**gpa at 2, 3 and 4**」時，次序 **logistic** 迴歸的預測概率

　　最高預測概率是在「the lowest category of apply」，這很有意義，因為大多數受訪者都屬於該類別。您還可以看到，隨著 gpa 的增加，「both the middle and highest categories of apply」的預測概率都會增加。

```
subtitle " Step7 ：當「gpa at 2, 3 and 4」時，次序 logistic 迴歸的預測概率 ".
Matrix.
* interceptl intercept2 pared public gpa.
* these coefficients are taken from the output.
compute b = {-2.203 ; -4.299 ; 1.048 ; -.059 ; .616}.
* overall design matrix including means of pared and public.
compute x = {make(3, 1, 0), make(3, 1, 1), make(3, 1, .1575), make(3, 1, .1425), {2;
3; 4}}.
compute p3 = 1/(1 + exp(-x * b)).
* overall design matrix including means of pared and public.
compute x = {make(3, 1, 1), make(3, 1, 0), make(3, 1, .1575), make(3, 1, .1425), {2;
3; 4}}.
compute p2 = (1/(1 + exp(-x * b))) - p3.
compute pl = make(NROW(p2), 1, 1) - p2 - p3.
compute p = {pl, p2, p3}.
print p / FORMAT = F5.4 / title = "Predicted Probabilities for Outcomes 0 1 2 for
gpa 2 3 4 at means".
End Matrix.
```

【**F. 分析結果說明**】

```
Run MATRIX procedure:

Predicted Probabilities for Outcomes 0 1 2 for gpa 2 3 4 at means
 .6930 .2553 .0516
 .5494 .3590 .0916
 .3971 .4456 .1573


------ END MATRIX -----
```

小結

1. 完美預測：完美預測意味著預測變數的一個值僅與反應變數的一個值相關聯。如果發生這種情況，STaTa 通常會在輸出的頂部發出一個備註，並會放棄這些備案以便模型可以運行。

2. 樣本數大小：使用最大概似 (maximum likelihood) 估計，次序邏輯和次序概率都需要足夠的樣本量。樣本人數要多大仍是有爭議的話題，但他們幾乎總是需要比 OLS 迴歸更多。

3. 空細格或稀疏細格 (small cells)：您可於類別型預測變數和結果變數之間進行交叉表檢查空細格或稀疏細格之問題。如果某一 cells 的案例很少，那麼該模型可能會變得不穩定或者根本無法運行。

4. Pseudo $R^2$：它無法用 OLS 中適配度 $R^2$ 來類比。有許多 Pseudo $R^2$ 的形式。請參閱 Long 與 Freese(2005) 的解釋。

5. 診斷 (diagnostics)：對非線性模型進行診斷很困難，而次序的 logit / probit 模型比二元模型更難診斷。

## 6-5-2 練習題：ordered logistic 迴歸

範例：Count 依變數：Zero-inflated ordered probit 迴歸分析 (zioprobit 指令 )

Count 依變數，一定是正整數或 0。例如：家庭人數、新生兒人數、該醫院當年度死亡人數、議會通過法案數、公務員數量、非營利組織數量等。

### 一、問題說明

為了解抽菸嚴重度之影響因素有哪些？( 分析單位：個人 )

研究者蒐集數據並整理成下表，此「tobacco.sav」資料檔內容之變數如下：

| 變數名稱 | 說明 | 編碼 Codes/Values |
|---|---|---|
| 結果變數：零膨脹迴歸依變數 tobacco | 次序型變數 :tobacco usage | 0～3 |
| 自變數：零膨脹迴歸自變數 education | 學歷 (number of years of formal schooling) | 0～28 |

（續前表）

| 變數名稱 | 說明 | 編碼 Codes/Values |
|---|---|---|
| 自變數：零膨脹迴歸自變數 income | annual income ($10000) | 0～21 |
| 自變數：零膨脹迴歸自變數 female | 女性嗎 | 1 = female, 0 = male |
| 自變數：零膨脹迴歸自變數 age | 年齡 (age/10 in years) | 1.4～8.4 |
| 膨脹變數：parent | 1 = either parent smoked | 0=no, 1=yes |
| 膨脹變數：religion | 信仰宗教禁菸嗎 (1 = religion prohibits smoking) | 0=no, 1=yes |

## 二、資料檔之內容

「tobacco.sav」資料檔內容如下圖。

| | tobacco | education | income | parent | female | age | religion |
|---|---|---|---|---|---|---|---|
| 1 | 3 | 10 | 16.15 | 1 | 0 | 7.30 | 0 |
| 2 | 0 | 17 | 8.20 | 0 | 1 | 6.30 | 0 |
| 3 | 0 | 0 | 5.72 | 0 | 0 | 6.60 | 0 |
| 4 | 1 | 13 | .00 | 1 | 0 | 1.40 | 1 |
| 5 | 0 | 28 | 8.52 | 1 | 1 | 8.00 | 1 |
| 6 | 1 | 6 | 10.08 | 1 | 1 | 3.30 | 0 |
| 7 | 2 | 20 | 6.50 | 0 | 0 | 5.10 | 0 |
| 8 | 0 | 3 | 5.57 | 0 | 0 | 5.30 | 0 |
| 9 | 1 | 12 | .00 | 0 | 0 | 1.40 | 0 |
| 10 | 0 | 0 | 4.37 | 0 | 1 | 7.10 | 0 |
| 11 | 0 | 4 | .34 | 1 | 0 | 4.30 | 0 |
| 12 | 1 | 17 | 4.14 | 1 | 1 | 7.00 | 1 |
| 13 | 0 | 18 | 16.91 | 0 | 0 | 2.80 | 0 |
| 14 | 1 | 11 | 4.96 | 0 | 1 | 5.80 | 0 |
| 15 | 1 | 9 | .00 | 0 | 0 | 1.40 | 0 |
| 16 | 0 | 19 | 3.34 | 0 | 1 | 3.90 | 0 |
| 17 | 0 | 16 | 10.99 | 0 | 1 | 6.40 | 0 |
| 18 | 0 | 0 | 7.31 | 1 | 1 | 7.30 | 0 |
| 19 | 0 | 0 | .00 | 0 | 0 | 1.40 | 0 |
| 20 | 0 | 28 | 6.50 | 1 | 0 | 7.70 | 0 |
| 21 | 0 | 21 | 6.58 | 0 | 0 | 3.50 | 0 |

圖 6-24 「tobacco.sav」 資料檔內容 (N=1,500 個人 )

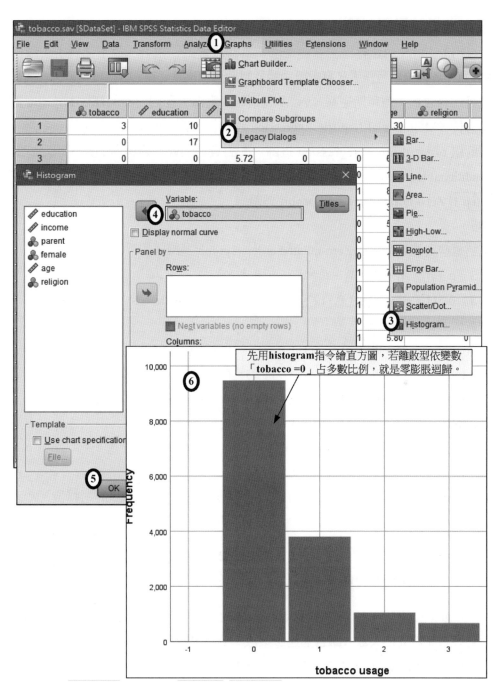

圖 6-25 「histogram tobacco, discrete frequency」 繪直方圖

### 三、分析結果與討論

由於 SPSS 內建程序，並無提供「零膨脹迴歸」指令，故下面例子，改用 STaTa，解答請參考作者《邏輯斯迴歸及離散選擇模型：應用 STaTa 統計》一書，該書內容包括：邏輯斯迴歸、vs. 多元邏輯斯迴歸、配對資料的條件 Logistic 迴歸分析、Multinomial Logistic Regression、特定方案 Rank-ordered logistic 迴歸、零膨脹 ordered probit regression 迴歸、配對資料的條件邏輯斯迴歸、特定方案 conditional logit model、離散選擇模型、多層次邏輯斯迴歸……。

| Step 1 | **Zero-inflated ordered probit 迴歸**

（略）

上述這些自變數所建立 Zero-inflated ordered probit 迴歸式如下：

$$S = \alpha + \beta_1 \times X_1 + \beta_2 \times X_2 + \beta_3 \times X_3 + \cdots + \beta_k \times X_k$$

$$S = 0.511 \times education + 0.712 \times income - 0.397 \times (female = 1) - 0.771 \times age$$

預測機率值為：

$$P(tobacco = 0) = P(S + u \le \_cut1) \qquad = P(S + u \le 2.959)$$

$$P(tobacco = 1) = P(\_cut1 < S + u \le \_cut2) = P(2.959 < S + u \le 8.111)$$

$$P(tobacco = 2) = P(\_cut2 < S + u \le \_cut3) = P(8.111 < S + u \le 11.208)$$

$$P(tobacco = 3) = P(\_cut3 < S + u) \qquad = P(11.208 \le S + u)$$

| Step 2 | **Vuong 檢定來判定：zioprobit 是否比 oprobit 迴歸優？**

（略）

1. Vuong 檢定結果 ($z = 76.28$, $p < 0.05$)，表示 zioprobit 是比 oprobit 迴歸優。

## 6-6 單層：Zero-inflated ordered probit regression 練習：釣魚 (zip 指令)

Count 依變數，一定是正整數或 0( 無負數 )。例如：家庭人數、新生兒人數、該醫院當年度死亡人數、議會通過法案數、公務員數量、非營利組織數量等。

SPSS 無 Zero-inflated 迴歸專屬指令，故改用 STaTa。解答請見作者《多層次模型 (HLM) 及重複測量：使用 STaTa》一書。

本例，釣魚之零膨脹 Poisson 迴歸，存在「零膨脹 Poisson Regression.do」指令檔中。你可自行練習。

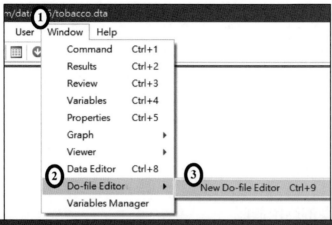

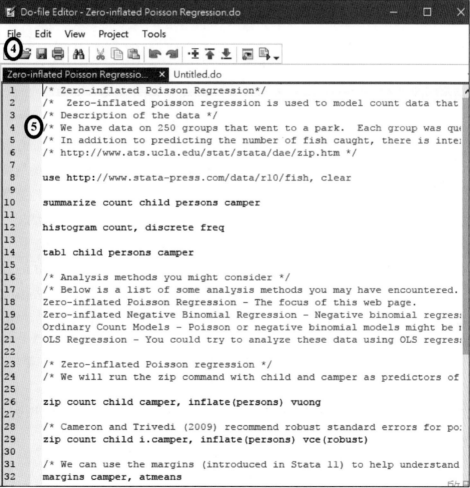

圖 6-26 Zero-inflated regression 練習： 釣魚

## 6-7 雙層：負二項混合模型 (fmm: nbreg 指令)：精神科患者隨訪次數

由於 SPSS 內建程序，並無提供「雙層次之零膨脹迴歸」指令，故下面例子，改用 STaTa，解答請參考作者《有限混合模型 (FMM)：STaTa 分析 ( 以 EM algorithm 做潛在分類再迴歸分析 )》一書，該書內容包括：FMM：線性迴歸、FMM：次序迴歸、FMM：Logit 迴歸、FMM：多項 Logit 迴歸、FMM：零膨脹迴歸、FMM：參數型存活迴歸……等理論與實作。

### 一、負二項混合模型的應用領域

例如：探索有限混合模型的分析特徵 (exploring some analytical characteristics of finite mixture models)。

> 有限的混合模式在過去二十年在犯罪學 (criminology) 中愈來愈普遍。然而，對於有限混合規格的模型選擇的適當準則尚未達成共識。在本文中，我們使用模擬證據來檢驗模型選擇準則。我們的重點是針對事件計數 (event count) 數據的混合模型，如在犯罪學中經常遇到的數據。我們使用兩個指標來衡量模型選擇績效 (model selection performance)。首先，檢查每個準則正確地選擇界定的頻率 (how often each criterion chooses the correct specification)。然後，研究這些準則選擇的有限混合模型，近似於模擬事件計數數據的真實混合分布。我們考慮三組模擬。在第一組中，底層模型本身就是 Poisson-based finite mixture model。在另外兩組模擬係，the underlying distribution of the Poisson rate parameter follows a continuous distribution。分析顯示，適配度指標：AIC 和 BIC 在犯罪學家可能遇到的某些情況，二者可測得模型界定的好壞。

範例：雙負二項混合模型 (fmm: nbreg 指令)「Mixture of Negative Binomials」

### 二、問題說明

為了解精神科患者被隨訪次數之影響因素有哪些？( 分析單位：病患 )

研究者蒐集數據並整理成下表，此「medpar.sav」資料檔內容之變數如下：

| 變數名稱 | 說明 | 編碼 Codes/Values |
|---|---|---|
| 結果變數 / 依變數：los | 精神科患者被隨訪次數 Length of Stay | 1～116 次數 |
| 解釋變數 / 自變數：died | 死亡嗎 | 0,1 (binary data) |
| 解釋變數 / 自變數：hmo | 健康維護組織 (HMO)/readmit' | 0,1 (binary data) |
| 解釋變數 / 自變數：type2 | type== 2.0000 | 0,1 (binary data) |
| 解釋變數 / 自變數：type3 | type== 3.0000 | 0,1 (binary data) |

## 三、資料檔之內容

「medpar.sav」資料檔內容如下圖。

| | provnum | died | white | hmo | los | age80 | age | type1 | type2 |
|---|---|---|---|---|---|---|---|---|---|
| 1 | 030001 | 0 | 1 | 0 | 4 | 0 | 4 | 1 | 0 |
| 2 | 030001 | 0 | 1 | 1 | 9 | 0 | 4 | 1 | 0 |
| 3 | 030001 | 1 | 1 | 1 | 3 | 1 | 7 | 1 | 0 |
| 4 | 030001 | 0 | 1 | 0 | 9 | 0 | 6 | 1 | 0 |
| 5 | 030001 | 1 | 1 | 0 | 1 | 1 | 7 | 1 | 0 |
| 6 | 030001 | 1 | 1 | 0 | 4 | 0 | 5 | 1 | 0 |
| 7 | 030001 | 1 | 1 | 0 | 10 | 1 | 8 | 1 | 0 |
| 8 | 030001 | 1 | 1 | 0 | 3 | 1 | 7 | 0 | 1 |
| 9 | 030001 | 0 | 1 | 0 | 5 | 0 | 4 | 1 | 0 |
| 10 | 030001 | 0 | 1 | 0 | 6 | 0 | 4 | 1 | 0 |
| 11 | 030001 | 0 | 1 | 0 | 4 | 0 | 3 | 1 | 0 |
| 12 | 030001 | 0 | 1 | 1 | 9 | 0 | 5 | 1 | 0 |
| 13 | 030001 | 0 | 1 | 0 | 11 | 0 | 4 | 1 | 0 |
| 14 | 030001 | 0 | 1 | 0 | 29 | 0 | 3 | 1 | 0 |
| 15 | 030001 | 0 | 0 | 0 | 5 | 1 | 9 | 1 | 0 |
| 16 | 030001 | 0 | 1 | 0 | 11 | 0 | 5 | 1 | 0 |
| 17 | 030001 | 1 | 1 | 0 | 7 | 0 | 3 | 1 | 0 |
| 18 | 030001 | 0 | 1 | 0 | 13 | 0 | 5 | 1 | 0 |
| 19 | 030001 | 0 | 0 | 1 | 4 | 0 | 4 | 1 | 0 |
| 20 | 030001 | 0 | 1 | 0 | 3 | 0 | 4 | 1 | 0 |
| 21 | 030001 | 1 | 1 | 0 | 1 | 0 | 6 | 1 | 0 |

圖 6-27    「medpar.sav」資料檔內容 (N=1,495 個人， 潛在類別 (class)=2)

## 四、STaTa 統計分析

解答請見作者《多層次模型 (HLM) 及重複測量：使用 STaTa》一書。解答步驟如下：

Step 1 雙層之負二項混合迴歸分析

Step 2 敵對模型，用 BIC 值來判定哪個適配度較優？

根據 AIC、BIC 準則，都是參負二項混合模型之 AIC 值 (= 9416.572) 較小，表示參負二項混合模型較優。它比雙負二項混合模型優。

## 6-8 雙層：Poisson 混合模型分析 (fmm: poisson 指令)：醫生問診次數

由於 SPSS 內建程序，並無提供「雙層次之零膨脹迴歸」指令，故下面例子，改用 STaTa 解答，請參考作者《有限混合模型 (FMM)：STaTa 分析 ( 以 EM algorithm 做潛在分類再迴歸分析 )》一書，該書內容包括：FMM：線性迴歸、FMM：次序迴歸、FMM：Logit 迴歸、FMM：多項 Logit 迴歸、FMM：零膨脹迴歸、FMM：參數型存活迴歸……等理論與實作。

範例：雙 Poisson 混合模型分析 (fmm: poisson 指令 )「mixture of two Poisson regression models」

## 一、問題說明

為了解「醫生問診次數 (drvisits)」之影響因素有哪些？( 分析單位：病人 )

研究者蒐集數據並整理成下表，此「gsem_mixture.sav」資料檔內容之變數如下：

| 變數名稱 | 說明 | 編碼 Codes/Values |
|---|---|---|
| 結果變數 / 依變數：drvisits | 醫生問診次數 | 0～144 次 |
| 解釋變數 / 自變數：private | 有私人補充保險 has private supplementary insurance | 0,1 (binary data) |
| 解釋變數 / 自變數：medicaid | 有醫療公共保險 has Medicaid public insurance | 0,1 (binary data) |

（續前表）

| 變數名稱 | 說明 | 編碼 Codes/Values |
|---|---|---|
| 解釋變數／自變數：age | 年齡 | 65～90 歲 |
| 解釋變數／自變數：actlim | 有活動限制 has activity limitations | 0,1 (binary data) |
| 解釋變數／自變數：chronic | 慢性病的數量 number of chronic conditions | 0～8 種病 |

## 二、資料檔之內容

「gsem_mixture.sav」資料檔內容如下圖。

gsem_mixture.sav [$DataSet] - IBM SPSS Statistics Data Editor

File Edit View Data Transform Analyze Graphs Utilities Extensions Window Help

| | drvisits | private | medicaid | age | educ | actlim | chronic | income |
|---|---|---|---|---|---|---|---|---|
| 1 | 4 | 1 | 0 | 85 | 15 | 0 | 3 | 27.88 |
| 2 | 6 | 0 | 0 | 83 | 8 | 1 | 2 | 11.63 |
| 3 | 2 | 0 | 1 | 82 | 11 | 0 | 2 | 3.46 |
| 4 | 11 | 1 | 0 | 77 | 13 | 0 | 3 | 38.97 |
| 5 | 3 | 1 | 0 | 76 | 14 | 0 | 1 | 36.86 |
| 6 | 2 | 0 | 0 | 69 | 12 | 0 | 1 | 34.12 |
| 7 | 0 | 0 | 0 | 66 | 12 | 0 | 0 | 33.08 |
| 8 | 5 | 1 | 0 | 71 | 12 | 1 | 2 | 18.22 |
| 9 | 4 | 0 | 1 | 75 | 9 | 0 | 2 | 17.15 |
| 10 | 5 | 0 | 0 | 69 | 10 | 0 | 2 | 19.37 |
| 11 | 2 | 1 | 0 | 76 | 12 | 0 | 2 | 11.68 |
| 12 | 3 | 0 | 1 | 71 | 12 | 0 | 2 | 12.20 |
| 13 | 3 | 0 | 1 | 80 | 10 | 1 | 1 | 3.80 |
| 14 | 1 | 0 | 0 | 85 | 10 | 0 | 3 | 5.00 |
| 15 | 6 | 1 | 0 | 68 | 9 | 0 | 3 | 32.00 |
| 16 | 5 | 1 | 0 | 73 | 16 | 0 | 1 | 8.41 |
| 17 | 3 | 0 | 1 | 80 | 1 | 1 | 2 | 7.00 |
| 18 | 9 | 0 | 0 | 70 | 16 | 1 | 4 | 12.00 |
| 19 | 2 | 0 | 0 | 68 | 11 | 0 | 1 | 16.01 |
| 20 | 0 | 0 | 0 | 72 | 10 | 0 | 0 | 16.01 |
| 21 | 9 | 1 | 0 | 85 | 12 | 0 | 3 | 36.73 |

圖 6-28 「gsem_mixture.sav」 資料檔內容 (N=3,677 個人， 潛在類別 (class)=2)

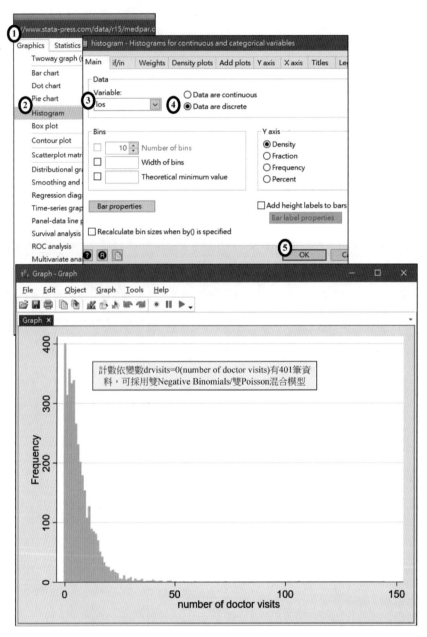

圖 6-29 「histogram drvisits, discrete freq」 繪直方圖之結果

## 三、分析結果與討論

（略）

Chapter

# 07

# 加權OLS(weighted least squares)迴歸 (regression、WLS指令)

## 7-1 加權 OLS(weighted OLS) 迴歸：誤差變異數異質性的校正 (regression 指令 )

範例：weighted least squares(regression 指令 )

## 一、問題說明

本例旨在了解「美國各州的人均公共教育支出」之影響因素有哪些？( 分析單位：州 )

研究者蒐集數據並整理成下表，此「weighted least squares.sav」資料檔內容之變數如下：

| 變數名稱 | 說明 | 編碼 Codes/Values |
|---|---|---|
| 結果變數 / 反應變數：y | 1975 年州的人均公共教育支出 | 208～546 美元 |
| 預測因子 / 自變數：x1 | 1970 年居住在城市地區的居民人數 | 3,448～5,889 人 |
| 預測因子 / 自變數：x2 | 1973 年人均個人收入 | 287～386 美元 |
| 預測因子 / 自變數：x3 | 1974 年，每 18 歲以下的居民人數 | 322～909 人 |
| 預測因子 / 自變數：region | 美國四大地區 | 1～4 區 |

## 二、資料檔之內容

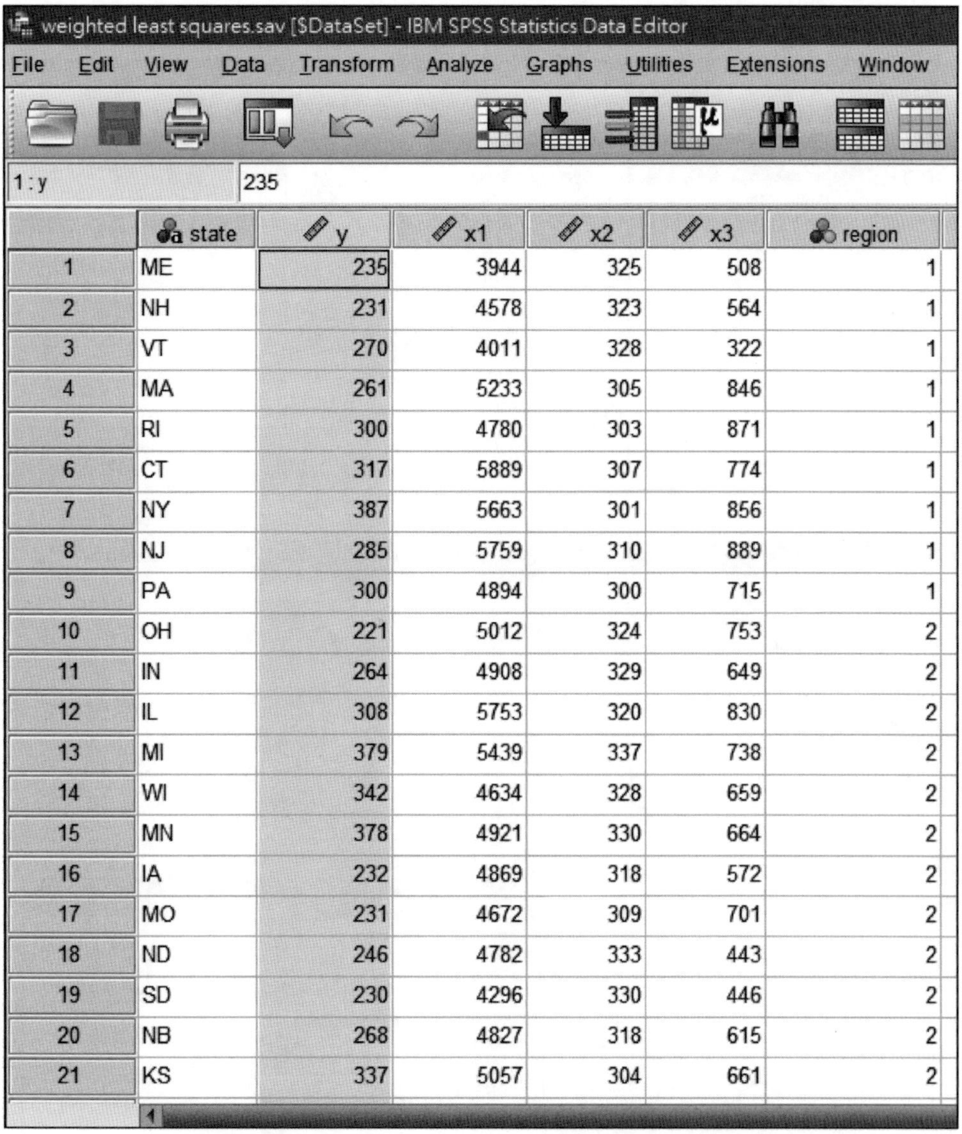


| | state | y | x1 | x2 | x3 | region |
|---|---|---|---|---|---|---|
| 1 | ME | 235 | 3944 | 325 | 508 | 1 |
| 2 | NH | 231 | 4578 | 323 | 564 | 1 |
| 3 | VT | 270 | 4011 | 328 | 322 | 1 |
| 4 | MA | 261 | 5233 | 305 | 846 | 1 |
| 5 | RI | 300 | 4780 | 303 | 871 | 1 |
| 6 | CT | 317 | 5889 | 307 | 774 | 1 |
| 7 | NY | 387 | 5663 | 301 | 856 | 1 |
| 8 | NJ | 285 | 5759 | 310 | 889 | 1 |
| 9 | PA | 300 | 4894 | 300 | 715 | 1 |
| 10 | OH | 221 | 5012 | 324 | 753 | 2 |
| 11 | IN | 264 | 4908 | 329 | 649 | 2 |
| 12 | IL | 308 | 5753 | 320 | 830 | 2 |
| 13 | MI | 379 | 5439 | 337 | 738 | 2 |
| 14 | WI | 342 | 4634 | 328 | 659 | 2 |
| 15 | MN | 378 | 4921 | 330 | 664 | 2 |
| 16 | IA | 232 | 4869 | 318 | 572 | 2 |
| 17 | MO | 231 | 4672 | 309 | 701 | 2 |
| 18 | ND | 246 | 4782 | 333 | 443 | 2 |
| 19 | SD | 230 | 4296 | 330 | 446 | 2 |
| 20 | NB | 268 | 4827 | 318 | 615 | 2 |
| 21 | KS | 337 | 5057 | 304 | 661 | 2 |

圖 7-1 「weighted least squares.sav」 資料檔內容 (N=50 州，6 個變數 )

## 三、分析結果與討論

**Step 1** 對照組：**OLS** 迴歸。繪標準化殘差四個散布圖來判定異質性

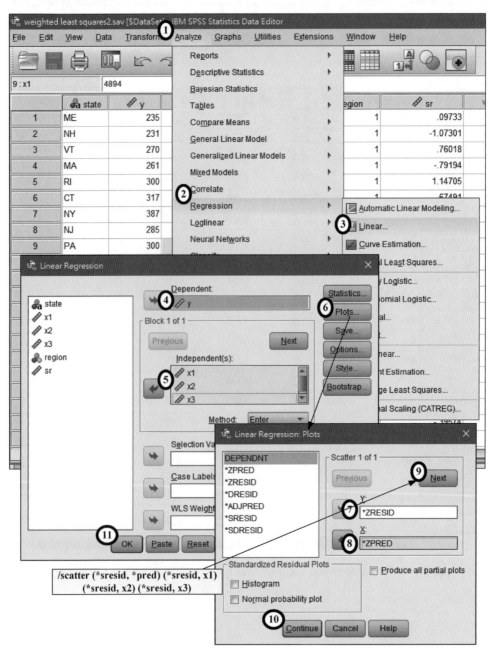

圖 7-2 「regression / dependent = y / method enter = x1 x2 x3」 畫面

```
title "weighted least squares 迴歸_變異數異質性 .sps".
GET
   STATA FILE='D:\CD 範例 \weighted least squares.sav'.

subtitle " Step1 : 對照組：OLS 迴歸。繪標準化殘差四個散布圖來判定異質性 ".
regression
 /dependent = y
 /method enter = x1 x2 x3
 /scatter (*sresid, *pred) (*sresid, x1) (*sresid, x2) (*sresid, x3)
 /save sresid(sr).
```

## 【A. 分析結果說明】

### Model Summary[b]

| Model | R | R Square | Adjusted R Square | Std. Error of the Estimate |
|---|---|---|---|---|
| 1 | .769[a] | .591 | .565 | 40.472 |

a. Predictors: (Constant), 1974 年，每 18 歲以下的居民人數 , 1973 年人均個人收入 , 1970 年居住在城市地區的居民人數

b. Dependent Variable: 1975 年州的人均公共教育支出

### ANOVA[a]

| Model | | Sum of Squares | df | Mean Square | F | Sig. |
|---|---|---|---|---|---|---|
| 1 | Regression | 109020.418 | 3 | 36340.139 | 22.186 | .000[b] |
| | Residual | 75347.582 | 46 | 1637.991 | | |
| | Total | 184368.000 | 49 | | | |

a. Dependent Variable: 1975 年州的人均公共教育支出

b. Predictors: (Constant), 1974 年，每 18 歲以下的居民人數 , 1973 年人均個人收入 , 1970 年居住在城市地區的居民人數

| Coefficients^a | | | | | | |
|---|---|---|---|---|---|---|
| | | Unstandardized Coefficients | | Standardized Coefficients | | |
| Model | | B | Std. Error | Beta | t | Sig. |
| 1 | (Constant) | -556.568 | 123.195 | | -4.518 | .000 |
| | 1970 年居住在城市地區的居民人數 | .072 | .012 | .761 | 6.239 | .000 |
| | 1973 年人均個人收入 | 1.552 | .315 | .491 | 4.932 | .000 |
| | 1974 年，每 18 歲以下的居民人數 | -.004 | .051 | -.010 | -.083 | .934 |
| a. Dependent Variable: 1975 年州的人均公共教育支出 | | | | | | |

1. 加權前，OLS 迴歸式：

   $y = -556.568 + 0.072\ x1 + 1.552\ x2 - 0.04\ x3$

2. 加權後，WLS 迴歸式：

   $y = -304.547 + 0.064\ x1 + 0.831\ x2 + 0.02\ x3$

| Residuals Statistics^a | | | | | |
|---|---|---|---|---|---|
| | Minimum | Maximum | Mean | Std. Deviation | N |
| Predicted Value | 199.99 | 446.76 | 284.60 | 47.169 | 50 |
| Std. Predicted Value | -1.794 | 3.438 | .000 | 1.000 | 50 |
| Standard Error of Predicted Value | 5.782 | 26.904 | 10.790 | 3.861 | 50 |
| Adjusted Predicted Value | 197.84 | 368.17 | 283.04 | 43.628 | 50 |
| Residual | -84.878 | 99.243 | .000 | 39.214 | 50 |
| Std. Residual | -2.097 | 2.452 | .000 | .969 | 50 |
| Stud. Residual | -2.129 | 3.282 | .016 | 1.045 | 50 |
| Deleted Residual | -87.464 | 177.825 | 1.562 | 46.582 | 50 |
| Stud. Deleted Residual | -2.218 | 3.710 | .025 | 1.083 | 50 |
| Mahal. Distance | .020 | 20.674 | 2.940 | 3.448 | 50 |
| Cook's Distance | .000 | 2.133 | .058 | .300 | 50 |
| Centered Leverage Value | .000 | .422 | .060 | .070 | 50 |
| a. Dependent Variable: 1975 年州的人均公共教育支出 | | | | | |

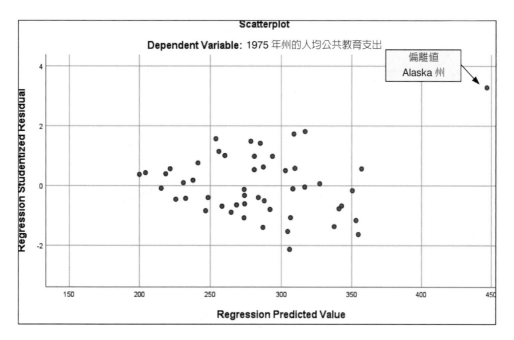

圖 7-3　繪　「scatter (sresid, pred)」　散布圖

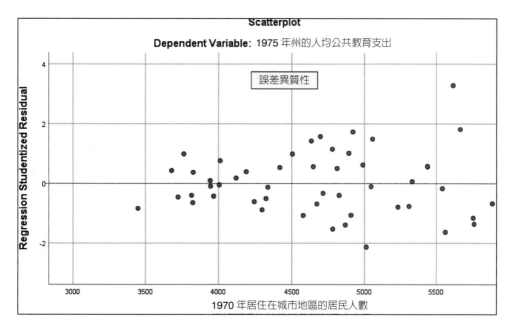

圖 7-4　繪　「scatter ((sresid, x1)」　散布圖

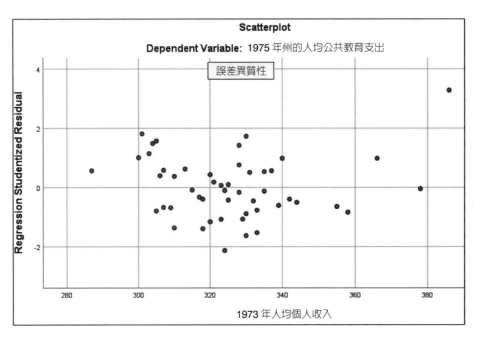

圖 7-5　繪 「scatter ((sresid, x2)」 散布圖

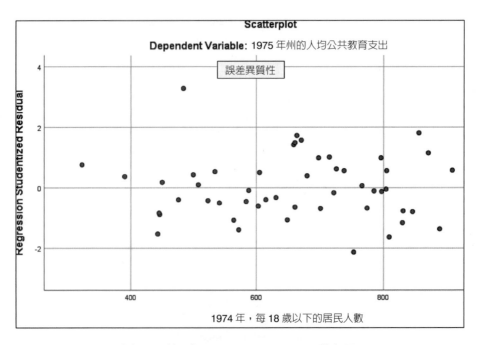

圖 7-6　繪 「scatter ( (sresid, x3)」 散布圖

Step 2-1 散布圖：檢查變異數異質性

```
subtitle " Step2-1 ：散布圖：檢查變異數異質性 ".
graph
 /scatterplot = region with sr.

subtitle " Step2-2 ：排除 Alaska 州，OLS 才沒有偏離值，標準化殘差存 sr_ak ".
select if (state ~= "AK").
regression
 /dependent = y
 /method enter = x1 x2 x3
 /scatter (*sresid, *pred)
 /save sresid(sr_ak).

subtitle " Step2-3 ：排除 Alaska 州之散布圖「region with sr_ak」".
graph
 /scatterplot = region with sr_ak.
```

【B. 分析結果說明】

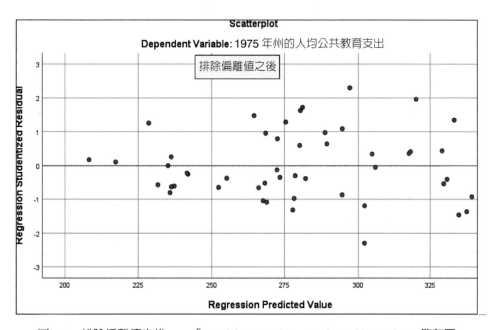

圖 7-7　排除偏離值之後，　「graph/scatterplot = region with sr_ak.」 散布圖

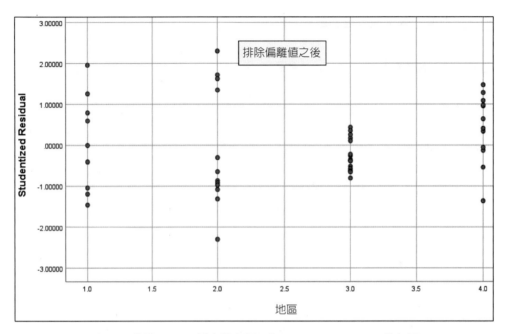

圖 7-8　排除 Alaska 州之散布圖　「region with sr_ak」　散布圖

**Step 3** 迴歸的殘差，求出加權最小平方之權重 **cj**

```
subtitle " Step3 ：從迴歸的殘差，求出加權最小平方之權重 cj".
subtitle " Step3-1 ：先求迴歸的殘差 r".
regression
 /dependent = y
 /method enter = x1 x2 x3
 /save resid(r).
```

　　（略）

```
subtitle " Step3-2 : 先殘差 r 的平方，並存至 r_sqr 新變數 ".
compute r_sqr = r**2.
compute const = 1.
exe.
```

## 【C. 分析結果說明】

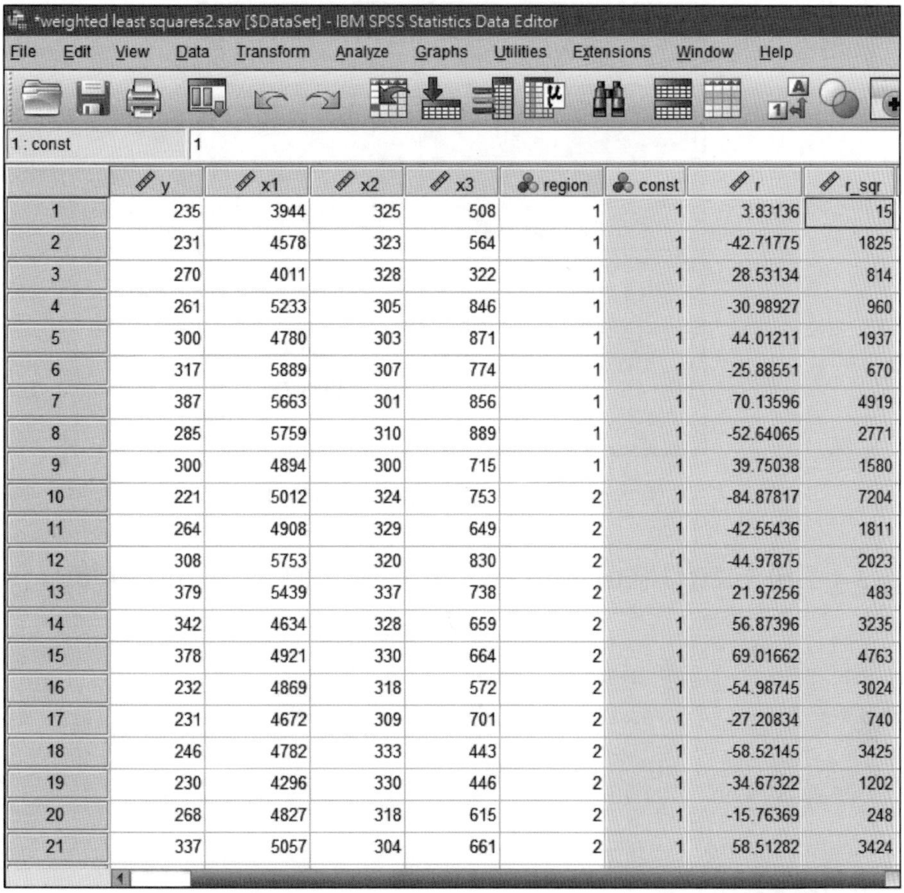

| | y | x1 | x2 | x3 | region | const | r | r_sqr |
|---|---|---|---|---|---|---|---|---|
| 1 | 235 | 3944 | 325 | 508 | 1 | 1 | 3.83136 | 15 |
| 2 | 231 | 4578 | 323 | 564 | 1 | 1 | -42.71775 | 1825 |
| 3 | 270 | 4011 | 328 | 322 | 1 | 1 | 28.53134 | 814 |
| 4 | 261 | 5233 | 305 | 846 | 1 | 1 | -30.98927 | 960 |
| 5 | 300 | 4780 | 303 | 871 | 1 | 1 | 44.01211 | 1937 |
| 6 | 317 | 5889 | 307 | 774 | 1 | 1 | -25.88551 | 670 |
| 7 | 387 | 5663 | 301 | 856 | 1 | 1 | 70.13596 | 4919 |
| 8 | 285 | 5759 | 310 | 889 | 1 | 1 | -52.64065 | 2771 |
| 9 | 300 | 4894 | 300 | 715 | 1 | 1 | 39.75038 | 1580 |
| 10 | 221 | 5012 | 324 | 753 | 2 | 1 | -84.87817 | 7204 |
| 11 | 264 | 4908 | 329 | 649 | 2 | 1 | -42.55436 | 1811 |
| 12 | 308 | 5753 | 320 | 830 | 2 | 1 | -44.97875 | 2023 |
| 13 | 379 | 5439 | 337 | 738 | 2 | 1 | 21.97256 | 483 |
| 14 | 342 | 4634 | 328 | 659 | 2 | 1 | 56.87396 | 3235 |
| 15 | 378 | 4921 | 330 | 664 | 2 | 1 | 69.01662 | 4763 |
| 16 | 232 | 4869 | 318 | 572 | 2 | 1 | -54.98745 | 3024 |
| 17 | 231 | 4672 | 309 | 701 | 2 | 1 | -27.20834 | 740 |
| 18 | 246 | 4782 | 333 | 443 | 2 | 1 | -58.52145 | 3425 |
| 19 | 230 | 4296 | 330 | 446 | 2 | 1 | -34.67322 | 1202 |
| 20 | 268 | 4827 | 318 | 615 | 2 | 1 | -15.76369 | 248 |
| 21 | 337 | 5057 | 304 | 661 | 2 | 1 | 58.51282 | 3424 |

圖 7-9　OLS 迴歸之後，人工新產生「const、r、r_sqr」三個變數

**Step 3-3** 另開一個資料檔 **tempag1.sav**，來存各 **region** 的殘差平方的平均

```
subtitle "Step3-3: 另開一個資料檔 tempag1.sav，來存各 region 的殘差平方的平均值 ".
* s2 = mean(ε²).
aggregate outfile "d:\tempag1.sav"
 /break =region
 /s2 = mean(r_sqr).
```

【**D.** 分析結果說明】

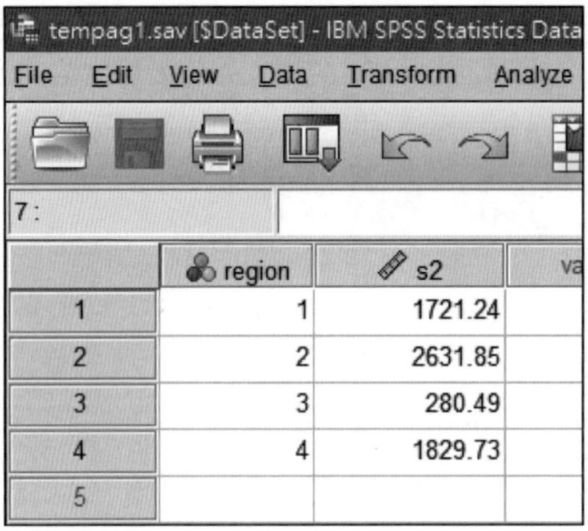

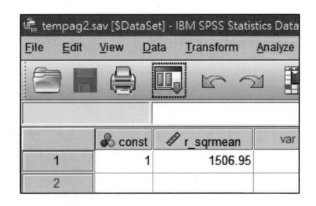

圖 7-10 「tempag1.sav」 資料檔內容

**Step 3-4** 另開一個資料檔 **tempag2.sav**，來「全體」的殘差平方的平均值

```
subtitle " Step3-4 : 另開一個資料檔 tempag2.sav，來「全體」的殘差平方的平均值 ".
aggregate outfile "d:\tempag2.sav"
/break =const
/r_sqrmean = mean(r_sqr).
```

【**E.** 分析結果說明】

圖 7-11 「tempag2.sav」 資料檔內容

### Step4-1 用「tempag1.sav」資料檔 region 來 match

```
subtitle " Step4-1 ：用「tempag1.sav」資料檔 region 來 match ".
match files file = *
 /table ="d:\tempag1.sav"
 /by region.

subtitle " Step4-2 ：用「tempag2.sav」資料檔 const 來 match ".
match files file = *
/table = "d:\tempag2.sav"
/by const.
exe.

subtitle " Step4-3 ：求出 r_sqr 值，並存至 c( 離均差變異數 )".
compute c = sqrt(s2/r_sqrmean).
exe.
```

```
subtitle " Step4-4 ：印出各 region，WLS 的加權值 c、$\varepsilon^2$".

temporary.
split file by region.
descriptives var = c r_sqr
 /stats = mean.
```

## 【F. 分析結果說明】

| 地區 | | N | Mean |
|---|---|---|---|
| 東北部 | c | 9 | 1.21 |
| | r_sqr | 9 | 1451.11 |
| | Valid N (listwise) | 9 | |
| 中北部 | c | 12 | 1.50 |
| | r_sqr | 12 | 2436.98 |
| | Valid N (listwise) | 12 | |
| 南部 | c | 16 | .49 |
| | r_sqr | 16 | 249.43 |
| | Valid N (listwise) | 16 | |
| 西部 | c | 12 | 1.25 |
| | r_sqr | 12 | 950.42 |
| | Valid N (listwise) | 12 | |

*Descriptive Statistics*

**Step 5-1** 實驗組：求 **WLS** 迴歸係數之加權值 **weight** $= \sqrt{c}$

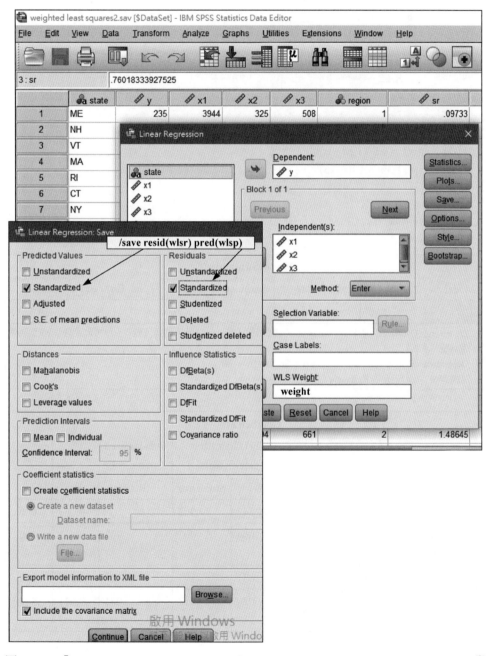

圖 7-12 「regression / regwgt = weight / dependent = y / method enter = x1 x2 x3」 畫面

```
*WLS coefficients for the education data (Alaska omitted).
subtitle " Step5-1 ：實驗組：求 WLS 迴歸係數之加權值 weight = √c ".
compute weight = c**-2.
exe.

subtitle " Step5-2 ：實驗組：做 WLS 迴歸，殘差存至 wlsr、預測值存至 wlsp".
regression
 /regwgt = weight
 /dependent = y
 /method enter = x1 x2 x3
 /save resid(wlsr) pred(wlsp).
```

## 【G. 分析結果說明】

**Model Summary[b,c]**

| Model | R | R Square | Adjusted R Square | Std. Error of the Estimate |
|---|---|---|---|---|
| 1 | .880[a] | .775 | .760 | 29.333 |

a. Predictors: (Constant), 1974 年，每 18 歲以下的居民人數 , 1973 年人均個人收入 , 1970 年居住在城市地區的居民人數

b. Dependent Variable: 1975 年州的人均公共教育支出

c. Weighted Least Squares Regression - Weighted by weight

**Coefficients[a,b]**

| Model | | Unstandardized Coefficients B | Unstandardized Coefficients Std. Error | Standardized Coefficients Beta | t | Sig. |
|---|---|---|---|---|---|---|
| 1 | (Constant) | -304.547 | 74.962 | | -4.063 | .000 |
| | 1970 年居住在城市地區的居民人數 | .064 | .007 | .902 | 8.621 | .000 |
| | 1973 年人均個人收入 | .831 | .193 | .327 | 4.300 | .000 |
| | 1974 年，每 18 歲以下的居民人數 | .020 | .033 | .061 | .611 | .544 |

a. Dependent Variable: 1975 年州的人均公共教育支出

b. Weighted Least Squares Regression - Weighted by weight

1. 加權前，OLS 迴歸式：

   $y = -556.568 + 0.072\,x1 + 1.552\,x2 - 0.04\,x3$

2. 加權後，WLS 迴歸式：

   $y = -304.547 + 0.064\,x1 + 0.831\,x2 + 0.02\,x3$

**Residuals Statistics[a,b]**

|  | Minimum | Maximum | Mean | Std. Deviation | N |
|---|---|---|---|---|---|
| Predicted Value | 206.10 | 346.54 | 276.63 | 38.647 | 49 |
| Residual | -79.850 | 79.777 | 2.635 | 35.530 | 49 |
| Std. Predicted Value[c] | . | . | . | . | 0 |
| Std. Residual[c] | . | . | . | . | 0 |

a. Dependent Variable: 1975 年州的人均公共教育支出
b. Weighted Least Squares Regression - Weighted by weight
c. Not computed for Weighted Least Squares regression.

**Step6-1 繪 WLS「Standardized residuals versus fitted values」散布圖**

```
subtitle " Step6-1 ：繪 WLS「Standardized residuals versus fitted values」散布圖 ".
compute wp = wlsp/c.
compute wr = wlsr/c.
exe.

* 繪 WLS.
graph
 /scatterplot = wp with wr.
```

【**H.** 分析結果說明】

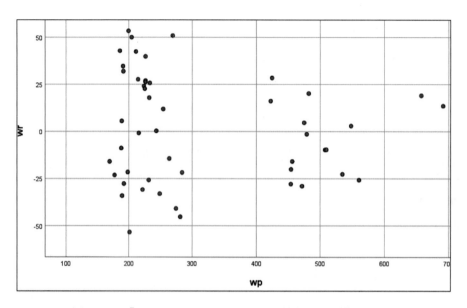

圖 7-13　「scatterplot = wp with wr」　散布圖 ( 加權後 OLS)

```
subtitle " Step6-2 ：繪 WLS「Standardized residuals by geographic region」散布圖 ".
graph
 /scatterplot = region with wr.
```

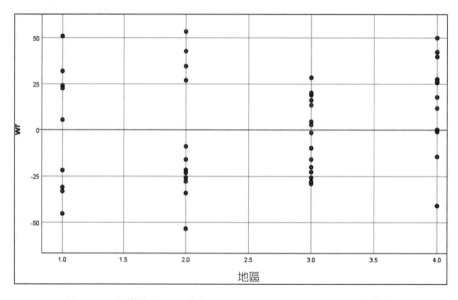

圖 7-14　加權後 OLS,「scatterplot = region with wr」　散布圖

## 7-2 加權 OLS 迴歸 (WLS 指令)

承上題「weighted least squares.sav」資料檔,只是改用 SPSS 指令 WLS 來做,簡單又明瞭。

範例:weighted least squares(regression 指令)

### 一、問題說明

本例旨在了解「美國各州的人均公共教育支出」之影響因素有哪些?(分析單位:州)

研究者蒐集數據並整理成下表,此「weighted least squares4.sav」資料檔內容之變數如下,其中,weight 變數係用「7-1 加權 OLS(weighted OLS) 迴歸」求得:

| 變數名稱 | 說明 | 編碼 Codes/Values |
|---|---|---|
| 結果變數 / 反應變數:y | 1975 年州的人均公共教育支出 | 208～546 美元 |
| 預測因子 / 自變數:x1 | 1970 年居住在城市地區的居民人數 | 3,448～5,889 人 |
| 預測因子 / 自變數:x2 | 1973 年人均個人收入 | 287～386 美元 |
| 預測因子 / 自變數:x3 | 1974 年,每 18 歲以下的居民人數 | 322～909 人 |
| 預測因子 / 自變數:region | 美國四大地區 | 1～4 區 |

## 二、資料檔之內容

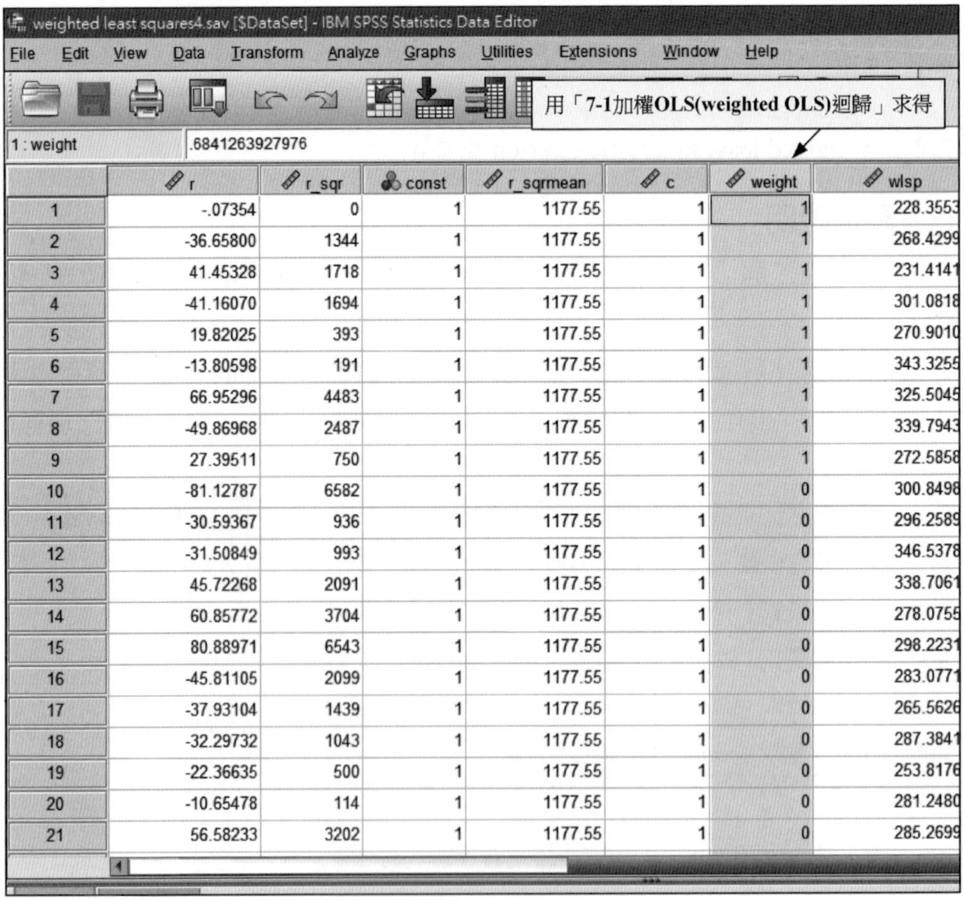


| | r | r_sqr | const | r_sqrmean | c | weight | wlsp |
|---|---|---|---|---|---|---|---|
| 1 | -.07354 | 0 | 1 | 1177.55 | 1 | 1 | 228.3553 |
| 2 | -36.65800 | 1344 | 1 | 1177.55 | 1 | 1 | 268.4299 |
| 3 | 41.45328 | 1718 | 1 | 1177.55 | 1 | 1 | 231.4141 |
| 4 | -41.16070 | 1694 | 1 | 1177.55 | 1 | 1 | 301.0818 |
| 5 | 19.82025 | 393 | 1 | 1177.55 | 1 | 1 | 270.9010 |
| 6 | -13.80598 | 191 | 1 | 1177.55 | 1 | 1 | 343.3255 |
| 7 | 66.95296 | 4483 | 1 | 1177.55 | 1 | 1 | 325.5045 |
| 8 | -49.86968 | 2487 | 1 | 1177.55 | 1 | 1 | 339.7943 |
| 9 | 27.39511 | 750 | 1 | 1177.55 | 1 | 1 | 272.5858 |
| 10 | -81.12787 | 6582 | 1 | 1177.55 | 1 | 0 | 300.8498 |
| 11 | -30.59367 | 936 | 1 | 1177.55 | 1 | 0 | 296.2589 |
| 12 | -31.50849 | 993 | 1 | 1177.55 | 1 | 0 | 346.5378 |
| 13 | 45.72268 | 2091 | 1 | 1177.55 | 1 | 0 | 338.7061 |
| 14 | 60.85772 | 3704 | 1 | 1177.55 | 1 | 0 | 278.0755 |
| 15 | 80.88971 | 6543 | 1 | 1177.55 | 1 | 0 | 298.2231 |
| 16 | -45.81105 | 2099 | 1 | 1177.55 | 1 | 0 | 283.0771 |
| 17 | -37.93104 | 1439 | 1 | 1177.55 | 1 | 0 | 265.5626 |
| 18 | -32.29732 | 1043 | 1 | 1177.55 | 1 | 0 | 287.3841 |
| 19 | -22.36635 | 500 | 1 | 1177.55 | 1 | 0 | 253.8176 |
| 20 | -10.65478 | 114 | 1 | 1177.55 | 1 | 0 | 281.2480 |
| 21 | 56.58233 | 3202 | 1 | 1177.55 | 1 | 0 | 285.2699 |

圖 7-15 「weighted least squares4.sav」 資料檔內容 (N=50 州，6 個變數 )

## 三、分析結果與討論

**Step 1** 對照組：**OLS** 迴歸。繪標準化殘差四個散布圖來判定異質性

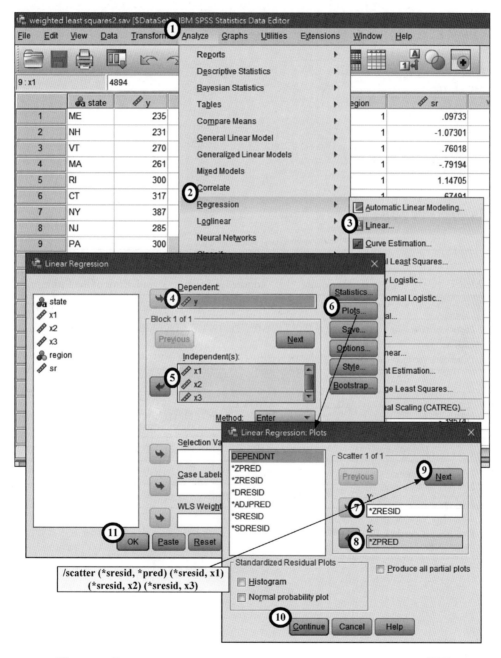

圖 7-16 「regression / dependent = y / method enter = x1 x2 x3」 畫面

對應的指令語法：

```
title "weighted least squares 迴歸_變異數異質性.sps".
GET
  STATA FILE='D:\CD 範例\weighted least squares.sav'.

subtitle " Step1 ：對照組：OLS 迴歸。繪標準化殘差四個散布圖來判定異質性 ".
regression
 /dependent = y
 /method enter = x1 x2 x3
 /scatter (*sresid, *pred) (*sresid, x1) (*sresid, x2) (*sresid, x3)
 /save sresid(sr).
```

## 【A. 分析結果說明】

| Model Summary[b] | | | | |
|---|---|---|---|---|
| Model | R | R Square | Adjusted R Square | Std. Error of the Estimate |
| 1 | .769[a] | .591 | .565 | 40.472 |

a. Predictors: (Constant), 1974 年，每 18 歲以下的居民人數 , 1973 年人均個人收入 , 1970 年居住在城市地區的居民人數
b. Dependent Variable: 1975 年州的人均公共教育支出

| ANOVA[a] | | | | | | |
|---|---|---|---|---|---|---|
| Model | | Sum of Squares | df | Mean Square | F | Sig. |
| 1 | Regression | 109020.418 | 3 | 36340.139 | 22.186 | .000[b] |
| | Residual | 75347.582 | 46 | 1637.991 | | |
| | Total | 184368.000 | 49 | | | |

a. Dependent Variable: 1975 年州的人均公共教育支出
b. Predictors: (Constant), 1974 年，每 18 歲以下的居民人數 , 1973 年人均個人收入 , 1970 年居住在城市地區的居民人數

**Coefficients[a]**

| Model | | Unstandardized Coefficients | | Standardized Coefficients | t | Sig. |
|---|---|---|---|---|---|---|
| | | B | Std. Error | Beta | | |
| I | (Constant) | -556.568 | 123.195 | | -4.518 | .000 |
| | 1970 年居住在城市地區的居民人數 | .072 | .012 | .761 | 6.239 | .000 |
| | 1973 年人均個人收入 | 1.552 | .315 | .491 | 4.932 | .000 |
| | 1974 年，每 18 歲以下的居民人數 | -.004 | .051 | -.010 | -.083 | .934 |

a. Dependent Variable: 1975 年州的人均公共教育支出

1. 加權前，OLS 迴歸式：

   y = −556.568 + 0.072 x1 + 1.552 x2 − 0.04 x3

2. 加權後，WLS 迴歸式：

   y = −304.796 + 0.068 x1 + 0.792 x2 + 0.05 x3

**Residuals Statistics[a]**

| | Minimum | Maximum | Mean | Std. Deviation | N |
|---|---|---|---|---|---|
| Predicted Value | 199.99 | 446.76 | 284.60 | 47.169 | 50 |
| Std. Predicted Value | -1.794 | 3.438 | .000 | 1.000 | 50 |
| Standard Error of Predicted Value | 5.782 | 26.904 | 10.790 | 3.861 | 50 |
| Adjusted Predicted Value | 197.84 | 368.17 | 283.04 | 43.628 | 50 |
| Residual | -84.878 | 99.243 | .000 | 39.214 | 50 |
| Std. Residual | -2.097 | 2.452 | .000 | .969 | 50 |
| Stud. Residual | -2.129 | 3.282 | .016 | 1.045 | 50 |
| Deleted Residual | -87.464 | 177.825 | 1.562 | 46.582 | 50 |
| Stud. Deleted Residual | -2.218 | 3.710 | .025 | 1.083 | 50 |
| Mahal. Distance | .020 | 20.674 | 2.940 | 3.448 | 50 |
| Cook's Distance | .000 | 2.133 | .058 | .300 | 50 |
| Centered Leverage Value | .000 | .422 | .060 | .070 | 50 |

a. Dependent Variable: 1975 年州的人均公共教育支出

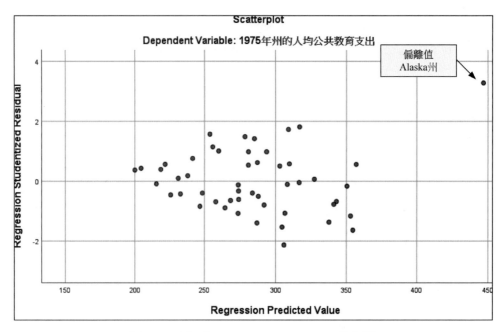

圖 7-17　繪 「scatter (sresid, pred)」 散布圖

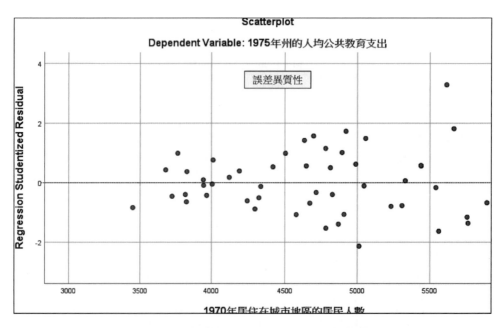

圖 7-18　繪 「scatter ((sresid, x1)」 散布圖

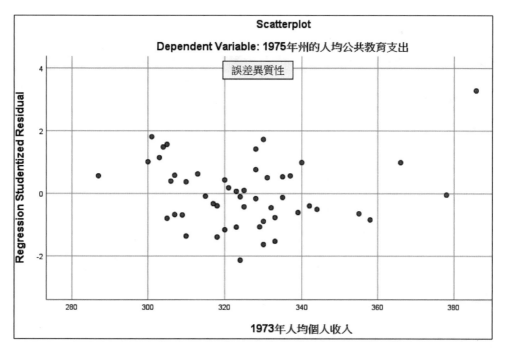

圖 7-19　繪　「scatter ((sresid, x2)」　散布圖

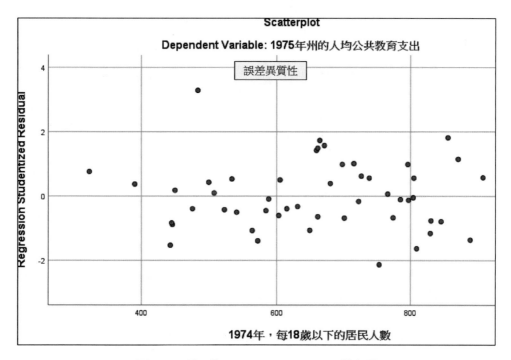

圖 7-20　繪　「scatter ( (sresid, x3)」　散布圖

**Step 2** 實驗組：**WLS 迴歸**

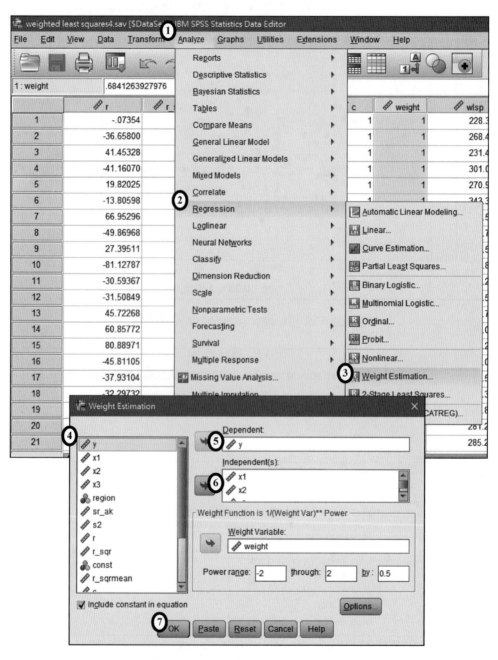

圖 7-21 加權 OLS 「WLS y WITH x1 x2 x3 / SOURCE weight」 畫面

對應的指令語法：

```
title "weighted least squares 迴歸_變異數異質性.sps".
GET
   STATA FILE='D:\CD範例\weighted least squares4.sav'.


subtitle " Step1 ：實驗組：WLS 迴歸 ".
* Weight Estimation.
TSET NEWVAR=NONE.
WLS y WITH x1 x2 x3
   /SOURCE weight
   /POWER -2 TO 2 BY 0.5
   /CONSTANT
   /PRINT BEST.
```

## 【B. 分析結果說明】WLS 迴歸分析

| Model Description | | |
|---|---|---|
| Dependent Variable | | y |
| Independent Variables | 1 | x1 |
| | 2 | x2 |
| | 3 | x3 |
| Weight | Source | weight |
| | Power Value | -1.500 |

Model: MOD_2.

| Model Summary | |
|---|---|
| Multiple R | .930 |
| R Square | .865 |
| Adjusted R Square | .856 |
| Std. Error of the Estimate | 28.229 |
| Log-likelihood Function Value | -227.757 |

| ANOVA | | | | | |
|---|---|---|---|---|---|
| | Sum of Squares | df | Mean Square | F | Sig. |
| Regression | 229268.731 | 3 | 76422.910 | 95.901 | .000 |
| Residual | 35860.040 | 45 | 796.890 | | |
| Total | 265128.771 | 48 | | | |

| Coefficients[a] | | | | | | |
|---|---|---|---|---|---|---|
| | Unstandardized Coefficients | | Standardized Coefficients | | | |
| Model | B | Std. Error | Beta | Std. Error | t | Sig. |
| (Constant) | -300.796 | 53.938 | | | -5.577 | .000 |
| x1 | .068 | .006 | .981 | .080 | 12.296 | .000 |
| x2 | .792 | .139 | .333 | .059 | 5.692 | .000 |
| x3 | .005 | .024 | .015 | .077 | .200 | .842 |

1. 加權前，OLS 迴歸式：

   $y = -556.568 + 0.072\,x1 + 1.552\,x2 - 0.04\,x3$

2. 加權後，WLS 迴歸式：

   $y = -304.796 + 0.068\,x1 + 0.792\,x2 + 0.05\,x3$

參考文獻

Agresti, A. (1996). An Introduction to Categorical Data Analysis. New York: John Wiley & Sons, Inc.

Agresti, Alan, (1990). Categorical Data Analysis. New York: Wiley.

Amemiya, T., (1985). Advanced Econometrics，Harvard University Press.

Amemiya, Takeshi (1981). Qualitative Response Models： A Survey. Journal of Economic Literature (19 (December),1483-1536.

Andersen, E. B. (1970). Asymptotic properties of conditional maximum likelihood estimators. Journal of the Royal Statistical Society, Series B 32: 283-301.

Archer, K. J., and S. Lemeshow. (2006). Goodness-of-fit test for a logistic regression model fitted using survey sample data. Stata Journal 6: 97-105.

Beggs, S., S. Cardell, and J. A. Hausman. (1981). Assessing the potential demand for electric cars. Journal of Econometrics 17: 1-19.

Ben-Akiva, Moshe, and Steven R.Lerman (1985). Discrete Choice Analysis： Theory and Application to Travel Demand. Cambridge, Mass. : MIT Press.

Berry, W. D., and Feldman, S. (1985). Multiple Regression in Practice. Sage University Paper Series on Quantitative Applications in the Social Sciences, 07-050. Beverly Hill, CA: Sage.

Blevins, J. R., and S. Khan. (2013). Distribution-free estimation of heteroskedastic binary response models in Stata. Stata Journal 13: 588-602.

Brady, A. R. (1998). Adjusted population attributable fractions from logistic regression. Stata Technical Bulletin 42: 8-12. Reprinted in Stata Technical Bulletin Reprints, vol. 7, pp. 137-143. College Station, TX: Stata Press.

Breslow NE, Day NE, Halvorsen KT, Prentice RL, Sabai C (1978). Estimation of multiple relative risk functions in matched case-control studies.. Am J Epidemiol. 108 (4): 299-307.

Breslow, N.E.; Day, N.E. (1980). Statistical Methods in Cancer Research. Volume 1-The Analysis of Case-Control Studies. Lyon, France: IARC. pp. 249-251.

Buis, M. L. (2010a). Direct and indirect effects in a logit model. Stata Journal 10: 11-29.

Buis, M. L. (2010b). Stata tip 87: Interpretation of interactions in nonlinear models. Stata Journal 10: 305-308.

Bulletin Reprints, vol. 6, pp. 152-158. College Station, TX: Stata Press.

Cameron, A. C. and Trivedi, P. K. (1998). Regression Analysis of Count Data. New York: Cambridge Press.

Cameron, A. C., and P. K. Trivedi. (2010). Microeconometrics Using Stata. Rev. ed. College Station, TX: Stata Press.

Chamberlain, G. (1980). Analysis of covariance with qualitative data. Review of Economic Studies 47: 225-238.

Cleves, M. A., and A. Tosetto. (2000). sg139: Logistic regression when binary outcome is measured with uncertainty. Stata Technical Bulletin 55: (20-23. Reprinted in Stata Technical Bulletin Reprints, vol. 10, pp. 152-156. College Station, TX: Stata Press.

Collett, D. (2003). Modelling Survival Data in Medical Research. 2nd ed. London: Chapman & Hall/CRC. de Irala-Est evez, J., and M. A. Mart ınez. (2000. sg125: Automatic estimation of interaction effects and their confidence intervals. Stata Technical Bulletin 53: 29-31. Reprinted in Stata Technical Bulletin Reprints, vol. 9, pp. 270-273.College Station, TX: Stata Press.

Daniel, B. Hall. (2000). Zero-Inflated Poisson and Binomial Regression with Random Effects: A Case Study.

Biometrics. 56 (4): 1030-1039.

Day, N. E., Byar, D. P. (1979). Testing hypotheses in case-control studies-equivalence of Mantel-Haenszel statistics and logit score tests. Biometrics. 35 (3): 623-630.

De Luca, G. 2008. SNP and SML estimation of univariate and bivariate binary-choice models. Stata Journal 8:190-220.

Dupont, W. D. (2002). Statistical Modeling for Biomedical Researchers: A Simple Introduction to the Analysis of Complex Data. New York: Cambridge Press.

Dupont, W. D. (2009). Statistical Modeling for Biomedical Researchers: A Simple Introduction to the Analysis of nComplex Data. 2nd ed. Cambridge: Cambridge University Press.

Flay, B. R., B. R. Brannon, C. A. Johnson, W. B. Hansen, A. L. Ulene, D. A. Whitney-Saltiel, L. R. Gleason, S. Sussman, M. D. Gavin, K. M. Glowacz, D. F. Sobol, and D. C. Spiegel. 1988. The television, school, and family smoking cessation and prevention project: I. Theoretical basis and program development. Preventive Medicine 17:585-607.

Freese, J. (2002). Least likely observations in regression models for categorical outcomes. Stata Journal 2: 296-300.

Garrett, J. M. (1997). sbe14: Odds ratios and confidence intervals for logistic regression models with effect modification. Stata Technical Bulletin 36: 15-22. Reprinted in Stata Technical Bulletin Reprints, vol. 6, pp. 104-114. College Station, TX: Stata Press.

Gould, W. W. (2000). sg124: Interpreting logistic regression in all its forms. Stata Technical Bulletin 53: (19-29. Reprinted in Stata Technical Bulletin Reprints, vol. 9, pp. 257-270. College Station, TX: Stata Press.

Greene, W. H. 2012. Econometric Analysis. 7th ed. Upper Saddle River, NJ: Prentice Hall.

Greene, William H. (1994). Some Accounting for Excess Zeros and Sample Selection in Poisson and Negative Binomial Regression Models. Working Paper EC-94-10: Department of Economics, New York University.

Greene, William H. (2012). Econometric Analysis (Seventh ed.). Boston: Pearson Education. pp. 824-827. ISBN 978-0-273-75356-8.

Hair, J. F., Jr., W. C. Black, and B. J. Babin, and R. E. Anderson. (2010). Multivariate Data Analysis. 7th ed. Upper Saddle River, NJ: Pearson.

Hamerle, A., and G. Ronning. (1995). Panel analysis for qualitative variables. In Handbook of Statistical Modeling for the Social and Behavioral Sciences, ed. G. Arminger, C. C. Clogg, and M. E. Sobel, 401-451. New York: Plenum.

Hardin, J. W. 1996. sg61: Bivariate probit models. Stata Technical Bulletin 33: 15-20. Reprinted in Stata Technical.

Harvey, A. C. (1976). Estimating regression models with multiplicative heteroscedasticity. Econometrica 44: 461-465.

Heckman, J. 1979. Sample selection bias as a specification error. Econometrica 47: 153-161.

Hilbe, J. M. (1997).sg63: Logistic regression: Standardized coefficients and partial correlations. Stata Technical Bulletin 5: 21-22. Reprinted in Stata Technical Bulletin Reprints, vol. 6, pp. 162-163. College Station, TX: Stata Press.

Hilbe, J. M. (2009).Logistic Regression Models. Boca Raton, FL: Chapman & Hill/CRC.

Hole, A. R. (2007). Fitting mixed logit models by using maximum simulated likelihood. Stata Journal 7: 388-

401.

Hosmer, D. and Lemeshow, S. (2000). Applied Logistic Regression (Second Edition). New York: John Wiley & Sons, Inc..

Kleinbaum, D. G., and M. Klein. (2010). Logistic Regression: A Self-Learning Text. 3rd ed. New York: Springer.

Lambert, Diane,(1992).Zero-Inflated Poisson Regression, with an Application to Defects in Manufacturing. Technometrics. 34 (1): 1-14.

Lemeshow, S., and D. W. Hosmer, Jr. (2005). Logistic regression. In Vol. 2 of Encyclopedia of Biostatistics, ed. P. Armitage and T. Colton, 2870-2880. Chichester, UK: Wiley.

Lemeshow, S., and J.-R. L. Gall. (1994). Modeling the severity of illness of ICU patients: A systems update. Journal of the American Medical Association 272: 1049-1055.

Lokshin, M., and Z. Sajaia. 2011. Impact of interventions on discrete outcomes: Maximum likelihood estimation of the binary choice models with binary endogenous regressors. Stata Journal 11: 368-385.

Long and Freese, Regression Models for Categorical Dependent Variables Using Stata, 2nd Edition.

Long, J. S. (1997). Regression Models for Categorical and Limited Dependent Variables. Thousand Oaks, CA: Sage Publications.

Long, J. S., and J. Freese. (2006). Regression Models for Categorical Dependent Variables Using Stata. 2nd ed. College Station, TX: Stata Press.

Marden, J. I. (1995). Analyzing and Modeling Rank Data. London: Chapman & Hall.

McCullagh, Peter (1980). Regression Models for Ordinal Data. Journal of the Royal Statistical Society. Series B (Methodological). 42 (2): 109-142.

McFadden, D. L. (1974). Conditional logit analysis of qualitative choice behavior. In Frontiers in Econometrics, ed. P. Zarembka, 105-142. New York: Academic Press.

McFadden, D. L. (1974). Conditional logit analysis of qualitative choice behavior. In Frontiers in Econometrics, ed. P. Zarembka, 105-142. New York: Academic Press.

Menard, S. (1995) Applied Logistic Regression Analysis. Sage University Paper Series on Quantitative Applications in the Social Sciences,07-106. Thousand Oaks, CA: Sage.

Miranda, A., and S. Rabe-Hesketh. (2006). Maximum likelihood estimation of endogenous switching and sample selection models for binary, ordinal, and count variables. Stata Journal 6: 285-308.

Mitchell, M. N., and X. Chen. (2005). Visualizing main effects and interactions for binary logit models. Stata Journal 5: 64-82.

Pagano, M., and K. Gauvreau. (2000). Principles of Biostatistics. 2nd ed. Belmont, CA: Duxbury. Pampel, F. C. (2000). Logistic Regression: A Primer. Thousand Oaks, CA: Sage.

Paul, C. (1998). sg92: Logistic regression for data including multiple imputations. Stata Technical Bulletin 45: 28-30.Reprinted in Stata Technical Bulletin Reprints, vol. 8, pp. 180-183. College Station, TX: Stata Press.

Pearce, M. S. (2000).sg148: Profile likelihood confidence intervals for explanatory variables in logistic regression. Stata Technical Bulletin 56: 45-47. Reprinted in Stata Technical Bulletin Reprints, vol. 10, pp. 211-214. College Station, TX: Stata Press.

Pindyck, R. S., and D. L. Rubinfeld. 1998. Econometric Models and Economic Forecasts. 4th ed. New York:McGraw-Hill.

Poirier, D. J. 1980. Partial observability in bivariate probit models. Journal of Econometrics 12: 209-217.

Pregibon, D. (1981). Logistic Regression Diagnostics, Annals of Statistics, Vol. 9, 705-724.

Pregibon, D. (1981).Logistic regression diagnostics. Annals of Statistics 9: 705-724.

Punj, G. N., and R. Staelin. (1978). The choice process for graduate business schools. Journal of Marketing Research 15: 588-598.

Rabe-Hesketh, S., and A. Skrondal. 2012. Multilevel and Longitudinal Modeling Using Stata. 3rd ed. College Station, TX: Stata Press.

Reilly, M., and A. Salim. (2000. sg156: Mean score method for missing covariate data in logistic regression models.

Schonlau, M. (2005). Boosted regression (boosting): An introductory tutorial and a Stata plugin. Stata Journal 5: 330-354.

Van de Ven, W. P. M. M., and B. M. S. Van Pragg. 1981. The demand for deductibles in private health insurance:A probit model with sample selection. Journal of Econometrics 17: 229-252.

Vittinghoff, E., D. V. Glidden, S. C. Shiboski, and C. E. McCulloch. (2005). Regression Methods in Biostatistics: Linear, Logistic, Survival, and Repeated Measures Models. New York: Springer.

Xu, J., and J. S. Long. (2005). Confidence intervals for predicted outcomes in regression models for categoricaloutcomes. Stata Journal 5: 537-559.

# 五南研究方法書系 STaTa 系列

張紹勳 博士 著

**1H0U**

多變量統計之線性代數基礎：
應用STaTa分析

**1H0R**

有限混合模型(FMM)：STaTa分析
(以EM algorithm做潛在分類再迴歸分析)
（附光碟）

**1H0Q**

邏輯斯迴歸及離散選擇模型：
應用STaTa統計（附光碟）

**1H0P**

多層次模型（HLM）及
重複測量——使用STaTa（附光碟）

**1H0F**

STaTa在財務金融
與經濟分析的應用（附光碟）

**1H0C**

STaTa在結構方程模型
及試題反應理論的應用（附光碟）

**1HA8**

生物醫學統計：
使用STaTa分析（附光碟）

**1H99**

STaTa與高等統計
分析（附光碟）

**1HA1**

Panel-data迴歸模型：STaTa在
廣義時間序列的應用（附光碟）

  五南文化事業機構
WU-NAN CULTURE ENTERPRISE

  五南財經異想世界

106臺北市和平東路二段339號4樓
Tel：02-27055066 轉824、889 林小姐

國家圖書館出版品預行編目資料

邏輯斯迴歸分析及離散選擇模型：應用SPSS／
張紹勳, 林秀娟著. －－初版. －－臺北市：五
南, 2018.12
　　面；　公分
　ISBN 978-957-763-125-1（平裝附光碟片）
　1.統計套裝軟體　2.統計分析
512.4　　　　　　　　　　107019108

1H1H

# 邏輯斯迴歸分析及離散選擇模型：應用SPSS

作　　者 ― 張紹勳　林秀娟 著

發 行 人 ― 楊榮川

總 經 理 ― 楊士清

主　　編 ― 侯家嵐

責任編輯 ― 黃梓雯

文字校對 ― 許宸瑞　鐘秀雲

封面設計 ― 盧盈良

出 版 者 ― 五南圖書出版股份有限公司

地　　址：106台北市大安區和平東路二段339號4樓

電　　話：(02)2705-5066　　傳　　真：(02)2706-6100

網　　址：http://www.wunan.com.tw

電子郵件：wunan@wunan.com.tw

劃撥帳號：01068953

戶　　名：五南圖書出版股份有限公司

法律顧問　林勝安律師事務所　林勝安律師

出版日期　2018年12月初版一刷

定　　價　新臺幣550元

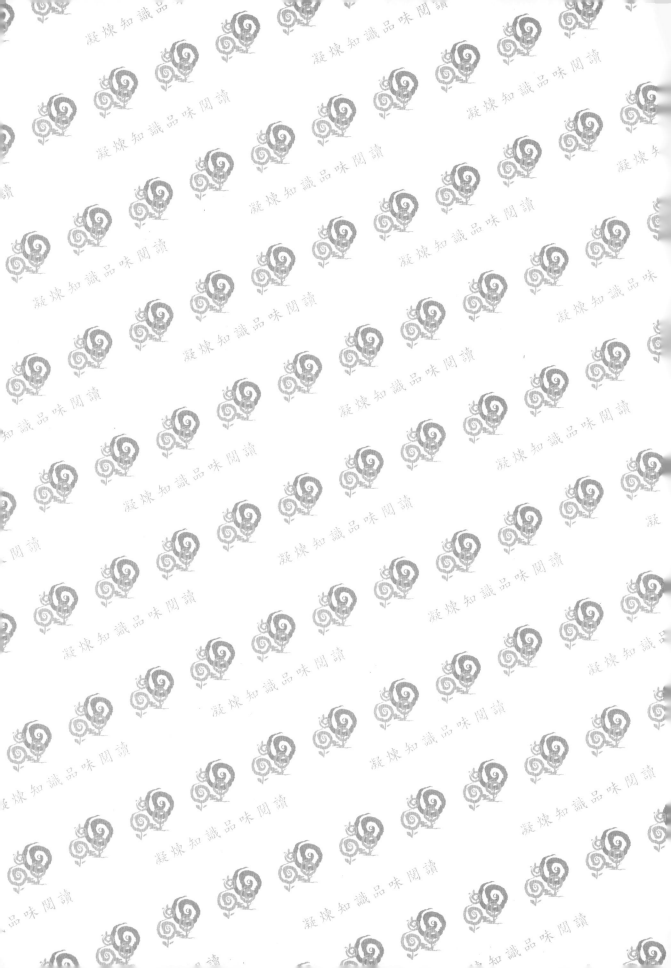